KB203260

<한국교회를 강타한>

월경잉태설 논쟁, 무엇이 문제인가?

한창덕 목사 지음

바른말씀

차 례

감수 및 추천

김재성 교수
한국교회연합 신학위원장
국제신학대학원대학교 부총장, 조직신학

이 책을 통해서 한국교회는 최근에 벌어진 허망한 이단논쟁의 전모를 밝히 이해할 수 있을 것이다. 한창덕 목사님의 수고와 헌신적인 작업으로 무엇을 쟁점으로 삼았는가를 확연하게 파악할 수 있을 것이다. 모든 논쟁 자료들을 성실하게 집대성하는 큰 수고를 해 주셨고, 정통 개혁주의 신학을 근거로 하여 적절하게 비판하므로서 큰 유익을 주리라 확신한다.

예수님의 동정녀 탄생은 중요한 구원역사의 사건이자, 신비로운 기적이요, 놀라운 비밀이다. 그래서 신약성경에서 매우 강조되어지는 부분이지만, 동시에 동정녀 탄생의 과정에 대해서는 자세한 설명이 없다. 예수님이 인간의 몸을 입고 오시는 구체적인 형성과정에 대해서는 알려주시지 않으신 것이다. 한마디로 말하자면, 지나친 상상이나, 허망한 구성을 해서는 안 된다는 것이다. 여기에 바로 숨은 함정과 미혹이 도사리게 된다. 그 누구도 선명하게 알 수 없는 비밀을 마치 자신만이 다 알고 있다는 듯이 단정하는 자들이 나타나서 혼란을 야기하게 되는 것이다.

왜 하나님이시며, 신성을 영원 전부터 소유하신 예수 그리스도께서 인간이 되셨는가? 하나님께 속한 것을 우리 인간에게 주시고, 우리 인간에게 속한 것을 대신 취하시기 위해서였다. 은혜를 베푸시고자, 우리와 하나가 되시어서 하나님의 것을 부여해 주시고자 함이다. 중보자 예수 그리스도는 살과 피를 입으시고 인간의 자녀들을 하나님의 자녀가 되도록 만드셨다.

로마서 5장 12절-19절에 설명된 대로, 예수님은 두 번째 아담이 되어서, 참사람으로 낳으셨고, 아담의 이름과 인격을 취하셨다. 첫 아담을 대신해서, 하나님께 순종을 드렸고, 하나님의 의로운 심판을 만족시키고자 사람 대신에 대가를 지불하였다. 우리와 같은 육체를 입으셔서 우리가 받아야 마땅한 형벌을 치르셨다.

소위 형벌 유전설을 주장한다거나, 직접 육체적 신체적 타락을 강조하는 박윤식 씨와 그에게 영향을 주었다고 추정되는 그 이전의 이단적인 사람들은 죄와 전가에 대한 교리를 포함하여 정통신학의 가르침을 전체적으로 받아들이지 않고, 독단적으로 자신만의 우월한 왜곡을 신봉하는 자들이다. 마땅히 건전한 교회에서 격리되어야 하고, 잘못된 교리들에 대해서 현혹되지 않도록 주시해야만 한다. 그들의 왜곡된 주장들은 16세기에 이미 전개되었던 신학논쟁에서 드러났던 것들과 아주 유사하다. 그래서 우리는 교회의 역사에서 도움을 얻게 된다.

종교개혁시대에 멘노 시몬스(1496-1561)는 예수 그리스도가 마리아의 육체에 참여함이 없이 성육신 했다고 주장하였다. 그리스도는 천상의 인간이었으며, 마리아 안에 있을 뿐이지, 결코 마리아의 것을 받지 않았다고 강조했다. 성육신을 풀이할 때에, 마리아가 지극히 평범한 여성이었다면 그녀의 타락성이 있었을 것인데, 예수 그리스도가 그녀에게서 육체적 실체를 부여 받았다면 큰 문제가 발생한다고 생각했던 것이다.

1545년부터 칼빈은 시몬스의 문제점에 대해서 개인적인 편지와 「기독교 강요」 제 2권 13장에서 통렬하게 반박하였다. 그리스도가 마리아에게서 났다면, 그는 필연적으로 부정하게 된다는 메노 시몬스의 기본적인 왜곡을 비판한다. 소위 형벌유전설 혹은 직접 유전설을 주장하는 한국의 이단자들이 말하는 것은 기본적인 전제가 왜곡되어있다. 즉, 그리스도께서 모든 인간의 더러움과 죄악에서 완전히 자유로우시며, 거룩하시고, 깨끗하시다는 고백을 우리가 하는 이유는 남자와의 성적인 교합이 없이 생성되었고, 성령으로 잉태되고 성령의 권능 가운데서 태어나셨기 때문이다. 첫 사람 아담이 에덴동산에서 태어날 때와 마찬가지로, 둘째 아담 예수 그리스도께서는 성령으로 잉태하셔서 순결하고 오염되지 않으신 상태로 출생하셨다. 마리아가 처녀였기에 그녀가 죄가 없었다거나, 그에게서 태어난 예수 그리스도가 거룩했다는 것이 아니라고 논박하였다.

예수 그리스도께서 마리아에게 태어나셨다는 것에서 우리가 조심해야만 할 것은 그녀의 정상적인 여성의 생리적 기능에만 의존했다는 것이 아니라는 점이다. 물론, 마리아는 처녀로서 여성의 생리적 특성이나 신체적 조직과 기능을 정상적으로 갖고 있었다. 그녀의 몸 안에서 아기 예수님이 언제, 어떻게, 거룩한 몸을 입으셨는지에 대해서는 알 수 없다.

마리아의 여성적인 상태에 대해서, 성경에 언급되지 않은 것들을 자꾸만 강조하고, 그것에 근거해서 성도들에게 구원의 진리를 풀이하는 것은 이단적이 교리이다. 박윤식 씨의 주장에는 이런 내용들이 너무나 많이 담겨있음을 이 책에서 확인할 수 있다. 예수님의 탄생에 연계시켜서 "월경"이라는 단어를 사용하는 것은 결코 성경적인 해설이라고 할 수 없으며, 적절하지 못하다. 더구나 구원받은 자들의 특성을 논함에 있어서, 이 단어를 사용하는 것은 기독교의 기본진리가 아니다. 철저히 배격되어야할 개념이고, 무지하고 무식한 자들의 발상이다. 더 이상 불결하고도 부적절한 용어들을 남발하거나 마치 중요한 발견인양 과대선전을 해서는 안 된다. 결코 더 이상 이런 용어를 남발해서 예수 그리스도의 거룩하심을 손상시켜서는 안 되며, 마치 자신이 다 비밀스러운 부분들을 다 아는 것 인양 오만해서도 안 된다.

마리아가 그냥 통로의 역할만을 해서, 마치 터널처럼, 예수님이 어린 아이의 몸으로 통과해서 세상에 나오시도록 만들어 드리는 것으로 끝이 났다고 한다면, 진정한 육체적 존재이자 우리와 동일한 인간의 몸을 입을 수가 없다. 따라서, 마리아의 몸속에서 형성되고 성장하는 기간 동안에 정상적인 인간의 과정을 거쳤다고 추론하는 것이 마땅하다. 마리아의 몸에서 지내는 동안에 태아가 산모에게서 영양을 공급받았을 것이고, 피를 받았으며, 육체적 성질들이 자라났다고 생각해야만 지극히 자연스러운 추론이 된다. 그러나, 성경은 더 이상 자세하게 설명하지 않았다. 단지, 그리스도의 인간적 성질들이 남자와 여자 사이에서 발생하는 성적인 교합에 의해서 생산되지 않았다고 하는 것과 성령에 의해서 창조되었다고 하는 것만이 강조될 뿐이다.

처녀의 몸에서 어떤 상태로 생성되었느냐, 어떤 과정으로 머물렀느냐 하는 것은 우리의 신앙고백에서 중요한 본질적인 내용을 왜곡할 가능성이 많다. 예수님은 만물을 말씀으로 창조하시고, 채우시고, 다스리시는 분으로서 분명히 신성을 가진 분이시다. 예수님의 인성은 육체로 거하시는 동안에도, 신성은 사라지거나 포기되거나 소멸되지 않으신다(골 2:9). 신적인 속성과 인간적인 속성들을 모두 가지시고, 각각의 독특한 본성들을 그대로 유지하면서, 이 둘은 하나로 통합된 예수 그리스도의 인격을 이루신다.

이 책에 거명되는 한국교회의 지도자들은 겸허하게 자신의 언행 심사에서 매우 조심해야 하고, 겸손해야만 하며, 앞으로는 철저히 자제해야만 한다. 우리는 성경의 명백한 가르침을 벗어나서 현학적인 자기해석으로 과시하려는 교만함을 경계해야만 한다.

감수 및 추천

박문수 박사

전 서울신학대학교 교수, 현 목회신학연구원 원감

기성 이단사이비대책위원회 전문위원

한국교회는 정말 향방 없이 항해하는 돛단배일까? 요즘 한국교회
는 내외적으로 일종의 고난의 행군(?)을 하고 있다. 외적으로는 각
종 여론을 비롯하여 안티기독교 세력과 일반 국민들로부터 질타를
받고 있으며, 내적으로는 다수 이단들이 세력 확장을 꾀하고 있어
적지 않은 피해를 입었고, 또한 이단 친화적 인사들이 장악한 한국
교회 연합기관에는 현재 각종 이단들이 영입되어 교계를 혼란의 도
가니로 만들고 있다. 오늘날 이단세력은 교회 밖에서만 활동하는
것이 아니라 교회 안에서도 기만적 전술로 한국 교회와 사회에 부
정적인 영향을 미치고 있다.

이 책을 저술하신 예장 개혁교단의 한창덕 목사님은 오랫동안 이
단 세력과 맞서 싸우신 분들 중의 한 분이다. 특히 이 책은 섬세한
필체로 장로교단을 중심으로 하여 빚어진 '최삼경 목사 이단시
비'의 전후 맥락을 가감 없이 소개하고 있다. 한국기독교총연합회
(한기총)의 이단상담소 소장을 지낸 최삼경 목사에게 소위 '삼신
론과 월경잉태설을 주장한 한국기독교 역사상 가장 악한 이단'이
라는 굴레를 뒤집어씌운 황당 사건이 한국교회에 미친 파장이 적지
않았다. 무엇보다도 저자는 최삼경 목사를 '한국교회가 권한을 부
여하지 않은 자의적인 이단감별사'로 부르며 개인 혹은 교단 차원
에서 비난과 공격을 일삼았던 사건의 배후에는 그동안 한국교회가
이단으로 규정했던 대부분의 집단을 일거에 이단에서 해제하려는
음흉한 정치적 동기에서 비롯된 것임을 명쾌하게 잘 밝혀주고 있

다.

추천자는 이 책의 원고를 받아 정독하면서 최근 한국교회 안에서 빚어진 '최삼경 목사 이단시비'의 근본 오류들을 발견했다.

첫째, 전제의 오류로서 "최삼경은 이단이다"라는 명제를 성급하게 앞세우다 보니 비판하는 분들이 최삼경 목사의 주장에 대해 냉정하고 치밀한 분석을 하기 보다는 주관적으로 무리한 주장을 하거나 반대논리를 세울 때 오히려 스스로 이단적 사상에 토대를 두거나 심지어 근거자료까지 조작하는 일도 있음을 알았다.

둘째, 자가당착의 오류로서 최삼경 목사에게 이단성이 있다며 비판하는 사람들이 오히려 이단감별사 노릇을 하고 있음을 볼 수 있다. 즉 그들은 최삼경 목사를 검증받지 못한 이단감별사로 몰아세웠는데 오히려 자신들도 동일한 행태를 보이기 때문이다. 추천자도 그들에게 묻고 싶다. "누가 당신들에게 이단감별사의 자격을 부여했는가?"

셋째, 이단해제 절차의 오류로서 사건의 발단이 되었던 박윤식 목사에 대한 이단해제 절차를 이행할 때 특히 예장 개혁교단이 그를 이단으로 규정한 역사가 없음에도 이단해제를 단행하거나 급히 며칠 만에 이단해제 절차를 이행하므로 연구내용의 부실은 물론이고, 가장 기본절차인 자숙기간(최소한 1년)을 두지 않는 등 일방적인 이단해제 절차를 진행하므로 한국교회의 합의를 결코 끌어내지 못했다는 사실이다.

무엇보다도 안타까운 일은 한국교회의 일부 지도자들이 무분별하게 이단을 옹호하거나 비호하는 행태를 보이고 있다는 점이다. 예를 들어, 박윤식 목사가 저술했다는 [구속사 시리즈]에 대한 찬사를 아끼지 않는 인물들 중에는 한국교회의 주요 인물들이 들어있다는 현실이 매우 안타깝다. 사람이 한 번 받아들인 사상은 뿌리를 깊이 내리므로 쉽게 변할 수 없다. 성령의 조명이 아니고서는 그런 이단사상으로부터 벗어나기란 아주 어렵다. 이 책은 한 사람, 이단을 척결하는 일에 앞장 선 최삼경 목사를 옹호하려는 단순목적이 아니라 한국교회를 향한 경종으로서 기독교의 근본교리와 역사적 신앙고백을 보수하는 일이 얼마나 중대한 일인지를 새삼 깨닫게 해 주는 지침서라고 묘사하고 싶다.

감수 및 추천

이승구 교수
합동신학대학원대학교 조직신학 교수

- 칼케톤 신조에 충실하려고 하는
  한창덕 목사님의 노력을 높이 사면서 -

　지난 몇 년간 우리나라의 이단 연구가들과 관련하여 마리아의 수
태를 어떻게 이해해야 하는가에 대한 논쟁이 있었습니다. 이 책의
저자인 한창덕 목사님은 이 책을 통해서 이 논쟁이 어디서 비롯하
였고, 어떻게 전개하여 왔는지를 잘 밝혀 주고 있습니다. 사실 신
학자들은 우리나라에서 나타난 구체적인 이단 논쟁을 살펴 볼 시간
적 여유가 없는 때가 많습니다. 기본적으로 보다 바른 가르침을 잘
제시하면 이단적 사상이 없어질 것을 생각하면서 바른 사상을 제시
하는 일에 힘쓰기 때문입니다. 저 자신도 우리나라에서 전개된 논
쟁들을 일일이 찾아 볼 시간적 여유가 없습니다. 그래서 이를 일목
요연하게 정리해 주시는 한 목사님 같은 분의 노고를 높이 사게 됩
니다. 이 귀한 노력을 높이 사면서 이와 관련된 논의를 할 때 우리
들이 잊지 말아야 할 점을 몇 가지 언급하고자 합니다.
　첫째는 우리들이 바른 신조에 참으로 충실하려는 노력을 해야 한
다는 것입니다. 그러기 위해서는 신조 작성 당시 어떤 이단들이 과
연 어떤 주장을 하였는지를 알아보는 것이 도움이 됩니다. 예를 들
어서, 이 논쟁과 관련하여 매우 중요한 신조가 451년 칼케톤
(Chalcedon)에 모여서 결정한 칼케톤 정의(the Chalcedonian
definition)입니다. 칼케톤 공의회는 그리스도의 양성 중 인성이
신성에 흡수되었다고 주장하던 유티케스(Eutyches, 혹 Eutychus)와

양성이 각기 독자적 인격을 가진다는 네스토리우스주의(Nestorian) 이단을 처리하기 위한 공의회의 결정문이었습니다. 여기서 정죄된 이단자의 한 사람인 유티케스의 주장 중에는 그리스도의 인성은 신성에 흡수 되었기에, 그의 몸은 신적인 몸, 즉 하늘의 몸이라는 주장이 있었고, 그리하여 마리아는 그리스도를 낳기는 하였으나 마리아 자신이 전혀 기여한 것이 없으므로 그저 도관 역할을 했을 뿐이라는 주장이 있었습니다. 칼케톤 정의는 이런 주장이 비성경적이고 이단적임을 선언한 신조입니다. 이 사실을 안다면 정통교회에 속하면서도 마리아는 동정녀 탄생에서 기여한 것이 전혀 없는 마치 도관과 같은 역할을 하였다는 식의 표현이나 그런 함의를 전달하는 말이 나올 수가 없는 것입니다. 과거의 이단자들과 그들을 처리하기 위한 교리를 정확히 알면 우리의 논쟁은 많이 사라 질 수 있습니다.

둘째로 과거 신조에 근거하여 후대의 신앙고백서들이 이를 보다 구체화 한 것에도 충실해야 합니다. 예를 들자면, 웨스트민스터 신앙고백서도 이런 칼케톤 정의에 충실하여 동정녀 탄생을 설명하면서 그러므로 그리스도께서는 "성령의 능력으로 동정녀 마리아의 태에, 그녀의 본질로부터 수태되시되"(being conceived by the power of the Holy Ghost, in the womb of the virgin Mary, of her substance)라고 고백하였습니다(웨스트민스터 신앙고백서, 8장 2항). 이 논쟁과 관련하여 여기서 중요한 어구는 "그녀의 본질로부터(of her substance)"라는 어구입니다. "그녀의 실체로부터"라고 번역할 수도 있는데, 현대인들에게는 이것도 오해를 낳기 쉬우니 "그녀의 본질로부터"라고 해야 하는 것이지요. 동정녀 탄생이라는 가장 놀라운 기적을 이루시는 데 하나님께서는 마리아의 본질을 사용하신 것입니다. 그리하여 영원하신 신성을 지닌 로고스의 인격이 마리아가 수태하는 그 순간부터 인성(human nature)도 취하신(assume) 것입니다. 웨스트민스터 신앙고백서를 작성하신 분들(the Westminster divines)은 이렇게 표현하는 것이 성경의 가르침에 충실한 것이고, 칼케톤 정의에 충실한 것이라고 생각한 것입니다. 그러므로 우리들도 동정녀 탄생에 대해서 이와 같이 생각하는 것이 마땅한 것입니다.

그 함의는 무엇입니까? 마리아는 동정녀 탄생에서 기여한 것이 전혀 없는 것이 아니고, 그녀의 본질이 기여한 바가 있다는 것입니다. 원죄가 있는 마리아가 자신의 본질을 기여하여 성육신이 이루어 질 때, 그러하기에 진정한 인성을 취하게 하시되 마리아 자신도 가진 원죄가 전달되지 않게 성령께서 보호하신 것이 동정녀 탄생의 신비요 의미인 것입니다. 우리 시대에 이를 믿지 않는 다양한 이단이 우리들 주변에도 있음을 안타깝게 여기면서 우리는 진정 동정녀 탄생을 믿고, 메이첸과 같이 이를 잘 변증해야 합니다. 동시에 우리는 동정녀 탄생의 이적성을 강조한 나머지 유티케스처럼 그리스도의 인성이 신성에 흡수 된 것 과 같은 인상을 주지 않도록 해야 합니다. 우리나라에서 전개된 논쟁에 그런 인상을 주시는 분들이 있다는 것은 안타까운 것입니다. 유티케스와 칼케톤 정의를 정확히 알았더라면 그렇게 표현하지 않았을 것이기 때문입니다. 부디 우리나라에 정통신학에 충실한 교회들이 더 성경적이고 성령님께 순종해 가는 일들이 있기를 원합니다.

마지막으로 우리나라에 이런 바른 가르침에 충실하는 운동이 더 많아진다면 이단이 나타나지도 않을 것이고, 이단적 주장을 하는 사람들이 나타나도 그들을 따라 가지 않게 될 것입니다. 그러므로 영적인 분별력이 우리나라 성도들에게 절실하게 필요한 것이라는 말을 강하게 하고 싶습니다. 부디 이상한 가르침을 따라가지 말고

2,000년 교회 역사에서 가장 정통적인 가르침을 주시는 분들의 가르침을 중심으로 자신들의 생각을 부단히 정리해 주시기 바랍니다. 이 책도 이런 방향을 가려는 노력의 하나라고 믿으면서 이 추천의 말을 마치고자 합니다.

2015년 3월 27일
합동신학대학원대학교 연구실에서

추천서

황인찬 목사

한교연 직전 바른신앙수호위원장

「월경잉태설 논쟁, 무엇이 문제인가?」를 쓴 한창덕 목사는 예장(개혁)총회의 이단사이비대책위원회 위원장이며, 한국교회연합 바른신앙수호위원회 전문위원으로 「한권으로 끝내는 신천지 비판」과 박윤식 씨의 '구속사 시리즈'에 대한 연구 비판 등, 책과 연구 논문 등으로 한국교회를 어지럽히는 이단, 사이비 등에 대하여 균형 잡히고 날카로운 비판과 대안을 제시하는 한국교회 몇 안 되는 이단 사이비문제의 전문가 중의 한 분이다.

작금의 한국교회는 이단의 발호가 극심하여 그 어느 때보다 심한 홍역을 치루고 있다. 전도관, 통일교, 신천지 등등은 그 교주의 이단성이 현저하고, 그 폐해가 극심하여 그들이 왜 이단이냐 만이 아니라 대사회적으로 그 폐해를 고발함으로서 한국교회가 어떤 형태로든 하나의 입장을 취하고, 이런 일들로 하나 됨을 꾀하여 왔다.

반면에 '월경 잉태설'은 대단히 난해하고, 민감한 신학적인 문제로서 대 사회적 이슈 또는 폐해의 문제가 아니라 한국교회의 신학적 일치성을 확보하는 일에 있어 대단히 중요한 문제가 되고 있다.

이 문제로 인하여 연합기관 그리고 교단 또는 전문가들 간의 극심한 대립양상을 보이고 있으며, 감정들까지 다쳐서 한국교회가 깊은 내홍에 휩싸이고 있는 것이 주지의 사실이다.

이때에 한창덕 목사께서 이 예민한 문제에 적극적으로 뛰어들어 엄청난 자료를 수집하고, 비교 분석하여 양측 간의 주장뿐만이 아니라, 독자 스스로가 분별할 수 있도록 논점을 정리함으로서 저자의 기대처럼 소비적이고, 대립적인 논쟁을 종식시키는데 기여할 수 있을 것이라고 여겨 기쁜 맘으로 추천하는 바이다.

추천서

김진신 목사

한교연 바른신앙수호위원장

　현재 우리나라에는 많은 이단들로 인해 가히 이단천국이라 할 수 있는 지경이 되었습니다. 여기에는 많은 원인이 있겠지만, 가장 큰 원인은 정통교회 내부의 교리적 혼란으로 인한 몸살이라 생각합니다.

　건강하면 병균이 침입해도 이길 수 있습니다. 그러나 허약하면 쉽게 무너져 건강을 잃게 되는데, 오늘의 한국교회의 상황이 바로 그와 같은 상황으로 보이기 때문입니다.

　소위 '월경잉태 논쟁'이라 하는 논쟁은 한국교회를 허약하게 만들었습니다. 한국교회를 두 패로 나누어지게 만들었고, 소모적인 논쟁을 하게 만들었습니다. 일치단결하여 이단을 대처해도 쉽지 않은데 정통교회 내부를 뒤흔들어 놓아 심한 몸살을 앓게 만들었습니다.

　이런 때, 한창덕 목사님이 쓰신 이 책은 한국교회를 건강하게 만들 처방전이자 치료약이라 생각합니다. 예리한 관찰과 심도 깊은 연구, 그리고 명쾌한 해설과 설명은 단번에 혼란을 잠재울 것이라 확신하기 때문입니다.

　이것이 바로 한국교회연합회 바른 신앙수호위원회 전문위원으로 활발하게 활동 하시는 한창덕 목사님의 책을 기쁘게 추천하는 이유입니다. 부디 이 책을 통해 혼란이 잠재워지고, 아픈 머리가 상쾌해지며, 한국교회가 주님의 은혜 가운데 건강하게 되어 튼튼하게 자라기를 기도 합니다.

추천서

이영호 목사

한교연 바른신앙 교육원장

　이 책을 읽고 나서 이솝의 우화가 생각났다. 외눈박이 원숭이 마을에 두눈박이 원숭이가 찾아 갔더니, 외눈박이 원숭이 들은 "눈이 두 개나 달렸다." 면서 놀려댔다는 이야기다. 누가 정상이고 누가 비정상 인가를 생각하게 하는 우화인 것이다. 독자들이 이 책을 다 읽고 나면, 누가 정상이고 누가 비정상 인지 판단할 수 있을 것이다.

　근래에 인터넷에서 이름만 대면 알 수 있는 서울 대형교회 목사의 이단 비판 동영상이 올라와 있다. 동영상에서 그는 요즈음 삼신론을 주장하는 목사가 있다면서 물이 얼음도 되고 증기도 되듯, 혹은 한 아버지가 집에서는 아버지가 되고 회사로 가면 사장이 되고 부인에게는 남편이 되듯, 하나님은 성부 성자 성령 삼위일체 하나님이라고 했다. 양태론자들이 사용하는 양태론적 예화를 가지고 비난한 것이다.

　외눈박이 원숭이들처럼, 자기들이 비정상 이면서 남을 비정상 이라고 놀려댄 셈이다. 이같은 경우는 이단 비판자들이 범하기 쉬운 실수 중에 하나일 수도 있는데, 있어서는 안 될 일이다.

　본서의 주제가 되는 '월경잉태설' 문제는 한국적 상황에서 남의 이야기로 외면해 버릴 수만은 없는 문제이다. 한국인의 잠재의식 속에는 혈통유전사상이 깔려 있기 때문이다. '월경잉태설' 은 혈통유전설이 주축을 이루는데, 혈통유전설은 보편적인 사상이기는 하지만 기독교 정통사상은 아니다.

　기독교에서 혈통유전설은 전도관과 통일교의 기본사상이라고 볼 수가 있는데, 통일교에서는 '피갈음 사상' 이라는 것이 혈통유전설을 주축으로 한 것이고, 전도관 박태선 장로의 해괴한 사상들도 혈통유전설을 주축으로 한 것이다. 특히 박태선 장로가 '예수는 98% 죄인이기 때문에 구세주가 될 수 없다.' 고 한 이유는 이런 것이었다.

사람이 태어 날 때 남자의 정자는 수만 마리 중에 한 마리가 태(胎)안으로 들어가지만, 임신할 때 여자의 피는 98%가 들어간다는 것이다. 이래서 마리아에게서 태어난 예수는 98%가 죄인이기 때문에 가짜 구세주라면서 자칭 하나님이 되었던 것이다. 그것은 죄 있는 마리아의 피를 98%나 받아 태어났기 때문이라는 것이다.

'월경 이야기'에서, 최삼경 목사가 월경 없이 마리아는 잉태할 수 없었을 것 이라면서, 박윤식 목사를 비판한 것이, 마치 천부교 박태선의 주장 같아서 공격하고 나섰지만 이것은 '자라보고 놀란 사람이 솥뚜껑 보고 놀란 격' 일뿐 사실은 우리들의 정통 신앙고백과 배치되지 않는다.

반면에 박윤식의 입장을 옹호하는 사람들의 주장은, 최삼경 목사를 박태선 같은 이단으로 공격했지만 이것은 사실 정통 신앙고백과 정면 배치되는 박태선이나 통일교 이단 사상이다.

양측의 논쟁을 볼 때 최삼경은 이단 같으나 정통의 입장이고, 박윤식과 그 옹호자들은 경건한 정통사상 같지만 그것은 이단 사상이다. 본서는 그 이유를 명쾌하게 밝혀주고 있다.

본서는 독자의 잘못된 시각을 교정해 줄 것으로 믿어 이 책을 기쁜 마음으로 추천한다.

추천서

김철원 목사
기성 이단사이비대책위원회 위원장
한교연 바른신앙수호위원회 전문위원

월경잉태설 논쟁은 음모가 가득한 극히 위험하고 조심스러운 어둠의 논쟁이다. 학자들 간의 토론이나 제대로 된 연구하나 없이 특정인이 월경잉태론자로 매도되어 "교회사에 나타난 가장 사악한 이단"으로 규정되는가 하면, 그가 소속되어 있는 총회의 임원들이 이단 옹호자로, 그리고 그와 회의를 같이 했다는 이유로 한장총의 이대위원들 중 상당수까지 이단옹호자로 몰리는 일도 있었다.

이와 같은 사실은 이 논쟁이 얼마나 일방적이고, 감정적이며, 위험한 것인가 하는 것을 적나라하게 보여주는 것이라 할 수 있다. 그래서 어느 누구도 감히 이 논쟁에 뛰어들기를 주저했다. 옳건 그르건 간에 논쟁에 개입하는 것만으로도 자신이 일방적으로 매도당할 위험성이 있었기 때문이다.

그러므로 이런 입장에서 보았을 때, 『월경잉태설 논쟁, 무엇이 문제인가?』라는 책을 쓴 한창덕 목사의 용기에 먼저 박수를 보낸다. 그는 예상되는 모든 어려움을 각오하고 오직 하나님의 말씀과 진리를 위하여 용감하게 이 책을 썼기 때문이다.

또한 한창덕 목사는 월경잉태설 논쟁에 관해 사건의 전개 과정과 핵심적인 내용을 제대로 파악하여 일목요연하게 정리해 주고 있어서 누구든지 이 책을 본다면 옥석을 가릴 수 있도록 해주고 있다.

더욱 정통신학에 충실하고 바른 신앙을 유지하려는 여러 교회들이 이 책을 통하여 성경에 충실하게 되므로 이단적 주장하는 자들을 따라 가거나 동조하지 않으리라고 믿는다.

사실, 이 책을 읽어보면 알겠지만 이 논쟁은 말도 되지 않는 왜곡과 조작으로 얼룩진 부끄러운 논쟁이다. 그러므로 이 책을 통해 모든 혼란스러운 논쟁이 잠재워지기를 바라며 기쁘게 추천 하는 바이다.

머리글

한국교회가 월경잉태설 논쟁으로 인해 뜨겁다. 많은 사람들과 단체들이 최삼경 목사가 '월경잉태설'을 주장한다면서 문제를 삼았다. 한국기독교총연합회에서도 최삼경 목사를 "교회사에 나타난 가장 사악한 이단"으로 규정 하고, 그와 동조하는 자는 누구든지 이단으로 정죄하겠다고 선언 하였다.

당사자는 물론 많은 사람들이 반발하였다. 공교단과 연합기관 중에서도 반발하였다. 그와 같은 주장과 규정들이 오히려 잘못되었다는 것이다. 결국 한국교회는 정통교회 내에서 월경잉태 문제로 인해 두 편으로 나누어져 이단 시비를 벌이고 있는 셈이다.

그렇다면 둘 중 과연 어느 쪽이 옳을까? 논쟁의 핵심은 무엇일까? 서로 간에 타협점은 없을까? 서로 다르다 하더라도 대한예수교장로회 통합 측의 보고서와 같이 양쪽 다 문제가 되지 않는 것일까?

현재 한국교회는 이단으로 인해 몸살을 앓고 있다. 서로 하나 되어 대처해도 쉽지 않은 상황이다. 그러므로 정통 교단 내에서 벌어지고 있는 이런 상황을 더 이상 방치해서는 안 된다. 내부의 적전분열은 치명적이기 때문이다. 이것이 바로 필자가 이 책을 쓰게 된 동기이다.

월경잉태설 논쟁은 어느 한 쪽이 정통이면 나머지 다른 쪽은 이단이 될 수밖에 없다. 그러나 필자는 어느 한 쪽을 이단으로 정죄하고 싶지는 않다. 극히 일부를 제외하고 대부분은 성경과 교리나 쌍방의 주장에 대해 주도면밀하게 살펴보지 못한 채 반응하고 있기 때문이다.

논쟁하는 내용을 살펴보면 험악하다. 성경에 대한 해석상의 오류는 물론 논리적 비약이 심하고, 교리나 신앙고백서들도 무시하며, 조작과 왜곡도 서슴지 않는 것들이 상당하게 눈에 띈다. 문맥을 무시하고 진의를 파악하지 않은 채 일방적인 자기주장을 하거나 부분을 인용하여 전체 시 하며 공격하는 모습도 보인다. 그래서 본서에서는 공정한 판단을 위해 주장하는 내용에 대해 부분 인용보다는 전체를 실은 다음 그것을 분석하여 비판하는 방식으로 글을 썼다.

논쟁의 내용은 우리의 구원과 관련하여 핵심에 해당한다. 그러므로 본서를 통해 독자들의 현명한 판단을 기대하고 나아가 논쟁을 종식시켜 한국교회가 하나 되는데 자그마한 도움이라도 되었으면 하는 바람이다.

이 책의 원고를 이틀 만에 다 보고 기꺼이 감수와 추천을 해주신 김재성 교수님, 끝내야할 논문 때문에 바쁜 중에서도 수고해주신 박문수 박사님, 적지 않은 분량의 원고를 꼼꼼하게 살피는 수고와 더불어 추천과 감수를 해주신 이승구 교수님, 바른 신앙 수호를 위해 헌신해 오시며 즐거운 마음으로 추천서를 써 주신 전·현직 한교연의 바른신앙수호위원회의 위원장님들과 바른신앙교육원의 원장님, 그리고 동료인 김철원 목사님께 감사하는 마음을 전하고 싶다.

사랑하는 아내와 가족들에게도 감사하다는 마음을 전하고 싶다. 위하여 기도해 주신 수많은 사람들에게도 감사하고 싶다. 그러나 그 무엇보다도 "나의 나 된 것은 하나님의 은혜"(고전 15:10)라는 말씀과 같이 뒤돌아보면 그런 고백을 할 수밖에 없도록 이끌어 주신 주님의 은혜와 사랑에 대해 감사할 뿐이다. 주님의 은혜가 아니었다면 오늘의 나는 존재할 수 없었기 때문이다.

Coram Deo Sori Deo Gloria!
2015년 4월 저자 한창덕 목사

제 I부
월경잉태설 논쟁의 발단과 전개

박윤식 목사의 이단성을 지적하며 시작된 논쟁은 "마리아 월경잉태설"이란 이름으로 한국기독교총연합회(이하 한기총)에 의해 정죄 되더니 지금은 "마리아 피가름사상"으로까지 발전되어 논쟁을 거듭하고 있다. 박윤식 목사의 주장을 통일교 사상이라고 공격했던 최삼경 목사가 이제는 통일교의 사상이라는 공격도 받고 있다.1) 그렇다면 두 주장 가운데 어느 것이 옳을까? 어느 것이 통일교의 사상과 관련되어 있을까?

이와 같은 문제를 해결하기 위해서는 성경적으로 교리적으로 살펴봐야겠지만 먼저 논쟁의 전개 과정을 살펴보아야 한다. 이 문제는 사실 논쟁의 전개 과정만 알아도 쉽게 해결될 수 있는 문제이기 때문이다.

---

1) 법과교회의 황규학은 예수님이 마리아의 피를 받았다고 한다면 그것은 '마리아 피가름'으로 통일교의 피가름과 비슷한 것이기 때문에 최삼경 목사는 통일교 사상과 비슷하다고 하면서 공격한다.
  http://www.lawnchurch.com/sub_read.html?uid=4306&section=sc82&section2=

제 1 장
논쟁의 발단과 전개

월경잉태설 논쟁은 2005년 6월 22일에 대한예수교 장로회 합동 측(이하 합동 측) 서북노회에서 평강제일교회(구 대성교회)의 박윤식 목사를 영입함으로 시작되었다. 이미 이단으로 정죄된 박윤식 목사를 대한예수교장로회 합동 측(이하 합동 측) 서북노회에서 영입하자 최삼경 목사가 2005년 6월 30일자 교회와 신앙과 같은 해 현대종교 8월 호에 "박윤식씨 이단 사이비 핵심 이단 옹호자에게 공청회를 제안한다." 라는 제목으로 박윤식 목사의 이단성에 대해 기고함으로 시작된 것이다.[2]

최삼경 목사는 박윤식 목사가 <씨앗 속임>에서 주장한 '하와와 뱀의 성관계'는 부정하지만, <월경하는 여인들의 입장에서 떠나라>는 설교에서 인간이 타락한 후에 월경이 생겼다고 한 것에 대해서는 부정하지 않기 때문에 그럼 좋다. 당신이 여러 곳에서 그와 같이 주장하니 그것을 한 번 따져보자 라고 하면서 박윤식 목사의 주장에 대해 이단성을 제기하였다.

박윤식 목사의 주장은, 인간은 타락한 이후에 월경이 생겼다. 여인에게서 난 자는 월경을 통해서 낳은 자이다. 월경으로 낳은 자는 다 부정한 자이다. 약속의 자녀는 월경 없이 낳은 자이다. 이삭과 세례요한과 예수님은 월경 없이 낳았다는 것이다.

반면에 최삼경 목사는 타락한 이후에 월경이 생기지 않았다. 월경이란 피를 말하는 것이기 때문에 사라나 엘리사벳이 월경 없이

---

[2] 박윤식 목사는 대한예수교장로회 통합 측 제 76회(1991년) 총회에서 이단으로 정죄 되었고, 1996년에 있었던 대한예수교장로회 합동 측 제 81회 총에에서도 이미 이단으로 정죄 되었다.

이삭이나 세례요한을 낳았다면 그것은 이삭이나 세례요한이 사라나 엘리사벳의 피를 받지 않았다는 것이 된다. 월경으로 낳았느냐 월경 없이 낳았느냐 즉, 피를 받고 태어났느냐 그렇지 않았느냐에 따라 구원 받아야할 죄인이 되느냐 그렇지 않느냐가 된다면 이삭이나 세례요한은 원죄 없는 자가 된다. 월경의 유·무에 따라 구원받는 것이 아니다. 예수님이 마리아의 월경 없이 태어나서 마리아의 피를 받지 않고 태어나셨다면 그것은 예수님의 인성을 부인하는 것이 된다. 예수님의 인성은 임신이 가능한 정상적인 월경하는 여자를 통한 것이다. 박윤식 목사의 주장은 성적 모티브 없이 나올 수 없고, 그런 측면에서 그것은 통일교 출신 변찬린의 영향을 받은 것이라고 하면서 맹공을 퍼부었다.

최삼경 목사의 주장에 대해 평강제일교회를 영입했던 합동 측 서북노회에서는 즉각 반발하며 "최삼경 목사 이단성 여부 조사청원서"를 제출하였고,3) 그 후 통합 측 서울북노회도 질의서를 제출하였으며,4) 구생수, 이광호, 예영수, 이정환 목사 등도 "서북노회와 서울북노회의 주장에 동조하면서 최삼경 목사가 주장한 것을 '월경잉태설'이라 하며 그의 이단성을 제기하면서 본격적으로 논쟁의 불이 붙기 시작하였다.5)

이것이 소위 '월경잉태설 논쟁'의 배경이다. 그러나 최삼경 목사는 자신이 '월경잉태설'을 주장한 적이 없다고 한다. 이정환 목사가 자신이 하지도 않은 말을 인용부호를 사용하면서 조작하였다 하며, 자신의 주장도 옳다고 항변 한다.

---

3) <http://www.christiantoday.co.kr/view.htm?id=205067> (2009.11.2).
4) 이정환, 『최삼경목사의 마리아 월경잉태설, 무엇이 문제인가?』, pp.43-47.
5) 구생수 목사와 이광호, 예영수 교수 등은 2010년 4월 9일 한국교회백주년기념관 소강당에서 포럼을 통해 "최삼경 목사의 월경잉태론, 기독교 근본 흔드는 이단"이라고 하면서 최삼경 목사를 공격하였다.

필자는 최삼경 목사가 정말 월경잉태설을 주장했는지, 이정환 목사가 그것을 조작했는지에 대해서는 별 관심이 없다. 그러나 관심을 기울이지 않을 수 없는 것이 있다. 그것은 이 논쟁으로 인해 현재 한국교회가 심각하게 분열되어 있다는 사실이다.

한기총이 최삼경 목사를 이단으로 정죄 하더니 합동 측 실행위원회에서도 정죄하고, 이어서 해외합동에서도 그를 이단으로 정죄 하였다. 그러나 한국교회연합(이하 한교연)을 중심한 대부분은 그 반대의 입장에 서 있는 듯 보인다. 결국 두 패로 나누어져 사생결단을 하듯 심각하게 싸우고 있는 셈이다.[6]

그러므로 이 문제를 해결하기 위해 이제 이 논쟁이 어떻게 시작하게 되었는지, 어떤 과정을 거쳤는지 가능하면 상대의 주장들을 원문대로 싣고 차근차근 살펴보자. 그래야 독자들도 당사자들의 주장을 직접 보면서 스스로 판단할 수 있기 때문이다.

이제 정확한 판단을 위하여 먼저 평강제일교회의 원로목사인 박윤식 목사의 설교를 평가 없이 각주만 다는 정도로 보고 이어서 최삼경 목사의 글을 본 다음 그들의 논쟁에 대해 살펴보자.

박윤식 목사의 설교

평강제일교회(구. 대성교회) 박윤식 씨 육성설교②[7]
- "월경하는 여인들의 입장에서 탈출하자" 녹취록

---

6) 교회연합신문에서는 이슈 / 최삼경의 월경잉태론 이단논쟁을 보는 교계의 두 시각을 통해 한기총과 한교연, 합동 측과 통합 측 어느 쪽이 옳은가라고 묻고 있다. 한국교회에는 월경잉태 논쟁에 대해 전혀 다른 두 시각이 존재하고 있다는 것이다. <http://www.ecumenicalpress.co.kr/article.html?no=65554> (2013.8.23).

7) 이 녹취록에 2번이라는 원문자가 붙어 있는 이유는 한 설교를 둘로 나누어 1과 2가 아니라 1번이 박윤식 목사의 또 다른 설교인 "씨앗 속임"이기 때문이다. <http://www.amennews.com/news/articleView.html?idxno=13005> (2014.1.24)

(아래의 숫자는 '월경하는…' 설교 테이프 시간을 표시한 것
입니다. 테이프 뒷면부터 mp3로 변환된 관계로, 앞뒤 시간이 바
뀌어 있음을 알려드립니다. 또한, 음질이 분명치 않은 부분은
"…" 처리 하였음을 밝힙니다.)

00:49:45 ~ 00:51:44
다음 주일날 제목이 뭔고 하니 거룩한 개새끼야. 뭐요? (거룩한
개새끼) 그래서 장로님들이나 인쇄소에서도 이거 다 … 이왕이
면 거룩하면 뭐… 대한민국에 다 다녀 봐야 양반말도 못하고…
무식하게 그냥… 무식하게 들었습니다. 때문에, 제 제목을 따라
적으세요. 기도해서 응답받았다는 사실을 믿으시기 바랍니다.
적었어요? (웃음) 다 적으세요. 월경하는, 월경이 뭐죠? (예)
여자들 한 달에 새는 거 말이야. (예) 알죠이? (예) 경도, 경수
라는 말? 월경하는 여인들의 입장에서 탈출하자. 성경에 있는
얘기야. 없는 얘기 안 해. 제목이 뭐예요? (월경하는 여인의 입
장에서 탈출하자) 기니깐 내가 뭔고 하니 주일날 헌금할 때에
저번 주 헌금위원들 남자들도 있지만 여자들 말이야. 응? 가라
사대 해당되는 사람들은… 뭐 내가… 아니, 마음을 다하고 뜻을
다하고 정성을 다하는 게, 원래 죄 짓기 전에 여자가 월경을 나
왔었느냐? …그러나 죄 짓기 전에 여자가 월경이 안 나왔고, 죄
지은 다음에 나왔기 때문에, 하나님께서 월경하는 사람을 향해
서 부정하다 했습니다. 알았죠잉? (예)

00:53:09 ~ 00:54:18
다시 한 번 제목이 뭐요? (월경하는 여인들의 입장에서 탈출하
자) 그러니까 집에 가서… 지저분하면… 이건 목사가 대준 게
아니라 하나님이 대준 대로 하는 겁니다. 왜? 성경은 안 되고
계시 받았다. …내가 장담하지만… 그러나 하나님의 사자로서, 이

건 꼭 알아야 되기 때문에, 간단히 말씀을 드리도록 하겠습니다.[8] 적으세요. 죽은 자의 맥과 산 자의 맥이, 우리는 장자의 축복을 통해서 깨달았다고 적으세요. 한의사라든가 양의사들한테 가면 맥을 짚어요? 안 짚어요? (짚어요) 맥을 짚죠잉? (예) 이거 봐요. 맥이 없으면 죽어요? 안 죽어요? (죽어요) 그러면, 신구약에 여기에 죽음의 맥이 있고, 영생의 맥이 있죠? 아 그래요? 안 그래요? (예)

00:54:20 ~ 00:56:52
갈라디아서 4장 22절서부터 지난번에 읽었지만 다시 한 번 새로 오신 분이 있기 때문에, 가장… 월경하는 데서 탈출해야 돼, 에? …새지 못 해야 돼. 이거 뭐 월경해야만 아이를 낳는 줄 알아? 월경 안 해도 아이 낳는 거,[9] 그게 진짜 약속의 씨야. 22절, 자! 우리 여자 집사께서 한번 크게 읽어보세요. (갈라디아서 4장 22절) 더 크게! (기록된바 아브라함이 두 아들이 있으니 하나는 계집종에게서, 하나는 자유 하는 여자에게서 났다 하였으나 계집종에게서는 육체를 따라 났고 자유 하는 여자에게서는 약속으로 말미암았느니라) 바로 이거예요! 여기에 산 자의 맥과 죽은 자의 맥이 나오죠잉? (예) 계집종에게서는 육체가 났고, 그렇죠잉? (예) 약속의 여자에게서는 뭐고 하니 그건 뭘 못하는데? 응? (자유 하는 여자에게) 자유 하는 여자에게 뭐요? (약속으로 말미암아) 자유 하는 여자에게는 장자의 자의 맥이 흐르죠? (예) 아, 그래? 안 그래? (그래요) 답변 좀 해줘, 답변 좀. 응? 글쎄, 이런 말씀 못 들어. 지금 내가 이 저 여자의 경수에

---

8) 여기에는 박윤식 목사의 불건전한 계시관이 여기에 잘 드러나 있다.
9) 월경이란 임신이 되지 않고 배출되는 현상이기 때문에 월경으로는 자식을 낳을 수 없다. 그러나 박윤식 목사는 월경을 해야 자식을 낳을 수 있는 것으로 생각하는 것 같다. 그래서 그는 월경잉태를 주장할 수 있었던 것 같다.

서 공부하는 것은, 거 목사가 자기 여편네 놓고 얘기하지 누구하고 얘기 해? …왜 그러냐? 그건 뭔고 하니, 월경을 통해서 붉은 피가 나오는 거? 끝난 다음에 배란기가 되기 때문에 남자 씨를 받으면 애새끼 된다? 그런 게 어딨어. 웃기지 말라고 그래. 그게 다 없어도 월경 안 나와도 애 낳게 돼. 왜? 산자의 뭘 통해서? ('맥') 신구약에 산 자의 맥을 짚어보니까 당연히 그것은 산 자입니다. (예) 그 약속! (아멘) 날 따라해. 죽은 자의 맥을 통해서 (네) 육신의 씨라고 적고, 산자의 맥은 언약의 씨라고 적어. 언약의 씨.

01:02:46 ~ 01:04:01
언약의 자식이란 성령을 따라 난 자들이며, 꼭 적어요. 육신의 자식이란 혈대 몇 대 몇 대, 나는 몇 대 손이다, 응? …혈대10)와 육을 따라 낳은 자들이지. 그렇기 때문에 우리 인간들은 이삭적 존재가 있고, 하갈도 언약의 자식 됐어요. 이스마엘적 존재가 육신의 자식으로 구별되어 있다.

01:05:07 ~ 01:06:07
여러분들은 혈통의 자식들이어야 돼. 예수님의 피가 우리 혈통이야? 그 분의 혈통은 인간들이 가질 수 없는, 알았어요? 신령한 혈통이야.11) 죄가 없는 사람은 있지만…땅의 혈통은 죄가 있습니다. 인간들의 인간된 피와 인간들의 피가 그 죽은피야. 속

---

10) '혈대'라는 단어는 국어대사전에도 나오지 않는 것으로 혈통의 댓수를 의미하는데, 정통교회에서 거의 쓰지 않는 것으로 통일교에서 잘 쓰는 용어이다. 이와 같은 사실은 통일교의 교리 중 핵심을 가리켜 흔히 '피가름의 원리'라고 하지만, 통일교에서는 피가름의 원리라고 하면 잘 알아듣지 못하고 '혈대교환'이라고 해야 무슨 말인지 알아듣는다는 사실을 통해 확인할 수 있다..

11) 박윤식 목사는 여기에서 예수님은 우리와 다른 혈통을 가졌다고 함으로 그분의 피와 인간의 피가 서로 다른 피임을 분명히 하고 있다. 박윤식 목사의 이런 주장은 전도관 박태선의 혈통유전설을 연상시킨다.

는 피야. 무슨 피야? 그러면 신령한 우리의 어머니는 누굽니까? (하늘의 예루살렘) 응? (하늘의 예루살렘) 예루살렘 말구? (사라) 사라지? (예) 사라. 그럼 육신의 자식이요? 언약의 자식이요? (언약의 자식) 그럼 이게 누구야? (이삭) 단, 성경은 폐하여 진 것 같지 않더라. 그랬죠잉? (예)

01:06:10 ~ 01:07:57
아브라함이 낳은 그들이 다 아브라함의 자손이 아니라, 오직 약속의 씨가 하나님의 유업이란 말이야. 그러면 여러분들은 성령을 따라서 난 하나님의 아들이기 때문에 월경을 통한 이러한 육신의 자식이요 하나님의 선물로 주신 예수 그리스도의 놀라우신 축복으로 말미암아 부르심을 얻은 자니 얻어진 게 뭡니까? (아들) 뭡니까? (아들) 그러면? (아멘) 시들은 것도 없고, 늙은 것도 없고, 마른 것도 없고, 세세토록 살아있는 말씀으로, 우리를 낳았기 때문에 여러분들 죽지 않고 살 수 있다는 것은 믿으시기 바랍니다. (아멘) 알았어요? (예) 빨리 믿음으로 월경들을 조심하셔야 돼요. 그렇죠? (예) 조심하셔야 돼요. 명심할 것은 50년 60년간 월경 안 나온다고 하더라. 빨리 귀찮은데 육신에 문제가 있다 그따위 생각하면 안 돼. 나중에 영적 문제를 깨달아야지. 알았죠? (예) 그러니까 여자의 태줄이 월경해서 낳은 인간들이 달아 달아 밝은 달아 이태백이 놀던 달아 응? 오늘 복중에 어떻게 태양 볼 수 있냐 말이야. 하나님 보시기에는 태양도 시커멓게 보인다 이거야. 달도 명랑치 못하는 거야. 더군다나 하물며…여자에서 난 사람들이 월경 잉태를 하죠?[12] 아니, 욥기 25장 4, 5절 말씀이 거짓말이냐? 믿으세요. 적으세요.

---

12) 여기에 '월경잉태'라는 정확한 용어가 등장한다. 그러므로 '월경잉태'란 용어를 최초로 만들어 사용한 사람은 박윤식 목사인 것을 알 수 있다.

01:12:47 ~ 01:13:38
여러분 이 말을 잘 모를까봐 예수 당시 때 바리새인들이 예수님 보고 어디까지 말씀했느냐, 이것저것 질문합니다. 사람의 피와 예수님의 보혈. 괄호하고 차이점. 적으세요. 바리새인들은 영적으로 깨닫지 못한 혈통을 중요시 한다든가 (혈통을 중요시 한다든가) 마태복음 22장 다 보시기 바랍니다.

01:18:55~ 01:19:48
예수님의 말씀, 그건 부모한테 불효하라는 거예요? 아니, 십계명에서도 뭐고 하니 '네 부모를 공경하라' 고 그랬는데, 예수께서도 부모를 공경한 건데. 제자들에게…이 사실은 말씀의 배후에 육적과 영적을 딱 갈라서 우리 성도들은 어디에 붙어야 되느냐, 그렇지? 육적을 떠나서 육의 태에 붙어서 믿을 게 아니라, 영적 한의사가 맥을 짚듯이 맥을 짚어서, 그렇지. 언약의, 약속의 자식이기 때문에 과연 이 말씀에 따라서도 …나흘 만에 구주가 되고도 남은 거야. 그래요 안 그래요? (그래요) 샌 중에서, 월경을 통해서 난 새끼들하고 내 새끼야~ 내 새끼야~ 에잇! 웃기지 말라고 그래요.

01:26:40 ~ 01:28:17
이 말씀 봐서 예수는 한 달에 한 번씩 하는 그러한 거에서 나왔어요? 아닙니까? (아니에요) 아니죠? (예) 그런데 아니면 왜 육일을 왜 범하였느냐 말이야. 응? 왜 육 일을 범해? 월경할 때 하는 사람들 있지, 응? 월경할 때 미친 짓 하는 사람들 있지? (~27:25까지 잡음 삭제) …남녀 결혼생활에서 신부가 어떻게 해? 그래, 성신 충만한 사람들이 월경할 때 관계하고 있어? 하나님이 어이가 없어서. 전부 다 죄 지어놓고 응?. 이거 다 오늘 우리 대성교회 여전도 회원들 공부해야 되는 거야. 그러니까 이게 사실 더 지금 많아. 두 군데 말씀을 봐도 분명히, 예수님은 다시 말하면, 그건 여자를 통해서 몸이 나긴 났지만 생명이 그러한 그따위…난 게 아니라 예수는 하나님 아버지가 직접 뭐야? (성령으로) 알았죠? (예) …에서 그거 없이 그저 나신 분 아닙니까? (예)13)

01:30:13 ~ 01:32:35
달을 옷 입은… 달, 달, 달, 달, 달! 월경 하면서 달도 몰라? 아 달 월자가 뭐야, 여자 한 달 새는 거…. (달) …거 다 알구 있자나. …새는 거 이거 …있자나, 뭐하는 여자? 다 적어요. 바로 여러분이 뭐 하는 여자? 다 적어요. 알았죠잉? (예) 달을 옷 입은 여인은 뭐하는 여자라고 적어. …으로. …라든가 …라고 적어. 그래 가지고 …여자의 적으세요. 자궁은, 자궁 자궁! 자궁은 무덤이야. 그 여자의 배는…배 배. 적으세요. 하나님이 하와를 아담의 배필로 지을 때 하와는 산 자의 어미. 하와도, 알았어요? 뭐가 없었다. 산자의 어미는 뭐가 없었다. 알았죠잉? 하나님이 하와는 아담의 배필로 지을 때…. 하와는 산자의 어미. 하와도 뭐 뭐 없을 때 알았죠잉? (예) 그러나 타락으로 말미암아 하와는 죽은 자의 어미가 되었다. 이거 봐요. 그러면 여자에서 아무 때나 나오는 그 피는 산피요? 죽은피요? (죽은피요)

---

13) 박윤식 목사는 예수님이 마리아의 몸을 통해 나긴 하셨지만 그거 없이 그저 낳은 분이라고 하면서 무월경으로, 즉 마리아의 본질과는 상관없이 성부 하나님께서 성령으로 직접 조성하셨다는 것으로 보고 있다. 그러므로 박윤식 목사의 이와 같은 주장은 재세례파의 주장과 비슷한 것으로 주님의 인성을 부인하는 것이다. 그런데 재미있는 것은 그는 그의 구속사 시리즈 제 2권 392페이지에서는 여기에서의 주장과는 정반대로 예수님의 인성을 정확하게 인정하는 것 같은 표현도 썼다. 거기에서 그는 "로마서 1:3에서는 "육신으로는 다윗의 혈통으로 나셨고" 라고 하여 예수 그리스도의 완전한 사람 되심(인성)을 말씀하셨고, 이어서 롬1:4에서는 부활하심으로 사망권세를 이기신 예수 그리스도 자신의 완전한 하나님 되심(신성) 확증하시고 선포 하셨습니다."라는 주장을 하였기 때문이다.

죽은피가 나와야 돼. 조수야, 조수.

00:13:44 ~ 00:14:39
적었어요? 여인들이 달의 지배를 받는 한 육신의 자식을 낳았는데, 이 육신의 자식은 죽은 자들이라. 괄호하고, 월경은, 육신![14] 적으세요. 그 다음에 건강한 여인, 월경하는 여인의 소생들은 부정한 형제들이며, 괴로움은 실존적이다. 적었어요?

00:16:27 ~ 00:18:00
따라하세요. 욥기 15장 14절 (욥기 15장 14절) 사람이 무엇이관대 깨끗하겠느냐 (사람이 무엇이관대 깨끗하겠느냐) 여인에게서 난 자가 (여인에게서 난 자가) 무엇이 관대 (무엇이 관대) 의롭겠느냐 (의롭겠느냐) 알았죠잉? (예) 뭘 깨끗해? 또 욥기 25장. 따라하세요. 그런즉 (그런즉) 하나님 앞에서 사람이 어찌 의롭다 하며 (하나님 앞에서 사람이 어찌 의롭다 하며) 부녀에게서 난 자가 어찌 깨끗하다 하랴 (부녀에게서 난 자가 어찌 깨끗하다 하랴) 하나님의 눈에는 (하나님의 눈에는) 달이라도 명랑치 못하고 (달이라도 명랑치 못하고) 별도 깨끗지 못하거든 (별도 깨끗지 못하거든) 하물며 벌레인 사람 (하물며 벌레인 사람) 다 같이, 구더기인 인생이랴! 무슨 인생이요? (구더기 인생) 그러니까 그거 통해서 난 새끼는 거저 구더기 심판에 불이 나믄서. …그러니까 이다음에 갈 때에 우리가 전 번에 할 때에 탈출해야만 돼. 탈출해야지, 성도는. …영광의 탈출이라 했죠? (예) 맞습니다. 제가 뭐한 게 아니고 영광의 축복된 말씀의 세계로 거

---

14) 박윤식 목사는 여기에서 월경을 육신이라 하고 있다. 그러므로 박윤식 목사가 주장한 마리아의 월경은 마리아의 육신을 뜻하는 것이기 때문에 그가 예수님께서 마리아의 월경 없이 태어나셨다고 한 것은 예수님께서 마리아의 본질인 그의 살과 피를 받지 않고 태어나셨다는 것을 의미한다.

듭난! (아멘)

00:19:24 ~ 00:20:34
(사도행전 2장 20절. 주의 크고 영화로운 날이 이르기 전에 해가 변하여 어두워지고 달이 변하여 피가 되리라) 해가 변하여 어두워지고 달이 변해 뭐가 돼? (피가 돼요) 달이 변해서 피가 돼요. 달이 변해서 뭐가 돼? (피가 된다) 애새끼 여자들이 한 이만큼 돼갖고 동네방네 사람들 아주 배가 불렀다고 하나? 달 찼다고 해? (예) 달이 찬 거? 예수는 달이 찬 거야? 해가 찬 거야? (해가) 해가 찬 거야. 예수가 무슨…? 예수는 태양이야? 우리 예수는…나 같은 건 이거 가지고 다 해 먹어. 알아죠잉? (예)

00:20:57 ~ 00:21:54
요한계시록 6장 봐요. 12절. (6장 12절. 내가 보니 여섯째 인을 떼실 때에 큰 지진이 나며 해가 총담 같이 검어지고 온 달이 피 같이 되며 하늘의 별들이 무화과나무가 대풍에 흔들려) 그러니까 뭐고 하니, 종말인데 아니, 달이 떨어지고 뭐가 된다? (피가 된다) 피가 된다. 피가 된다. 이거 대성교회 박윤식 목사가 왜 이렇게 두리뭉실한 그런 얘기를 하느냐 하지만 나는 그게 아니야. 양심에 바른 말을 가르쳐야 해.

00:23:11 ~ 00:24:19
적으세요! 여인이여, 달의 지배를 받지 말라. 새 날? 성령을 따라 새 신부들은, 새 날! 성령을 따라 새 신부들은 월경을 하지 않는 신성한 모태가 될 것이다! 아브라함의 아내 사라도, 아브라함의 아내 사라도, 정수가 끊어진 다음, 아브라함의 아내 사라도, 정수가 끊어진 다음에 이삭을 잉태하지 않는다. 바로 창세기 18장 11절 말씀입니다.

00:30:00 ~ 00:31:21
그러니까 뭔고 하니, 아까 로마서에서 가라사대 우리는 언약의 약속의 씨지요? (예) 그럼 약속 없이는 물론 신성함이 없는데……그 분은 달을 갖다가 어디다 놨어요? (발아래) 발아래. 말씀했죠? (예) 그리고 우리 대신 뭐 입었나? (해) 해 입구 있어? 예? 그러면 뭐 인고 하니, 태교를 하지. 예? 왜 합니까? 그래서, 그러니까 여러분들 중요한 것은, …어떠한 허망한 사람을 만나셨거나, 어떠한 집, 소위 가문을 통해서 난다 이거야. …하나님의 둘도 없는 성자 예수님. 이 땅에 오셔서 33년 동안, 결국 제가 증거합니다. 그렇지요? 그래 그의 보혈로, 모든 속죄를 받고 예수의 성령을 받아 이제는 땅의 자식이 아니라 우리의 시민권은 우리의 족보는 우리의 자손 어디 매로? (하늘에) 하늘이야. 하나님의 놀라우신 뜻 이루었으니 이제 오늘부터 여러분들은 땅의 사람이 아니라 (아멘) 하늘의 태양이신 예수 그리스도의 빛에 들어간 것을 믿으시길 바랍니다! (아멘)

최삼경 목사의 비판

현대종교와 교회와신앙 2005년 6월 30일에 실렸던 "박윤식씨 이단 사이비 핵심 이단 옹호자에게 공청회를 제안한다"라는 최삼경 목사의 글은 상당히 길며 포괄적이다. 그런데 여기에서 살피고자 하는 것은 '월경잉태설' 논쟁의 발단과 전개 과정이며, 내용에 대해서는 앞에서 설명 했으므로 잘잘못은 뒤에 살피기로 하고 평가 없이 그 글 중 월경에 관한 부분을 보자.

본론: 박윤식 씨 이단 사상의 핵심은 무엇인가
- 성적 모티브를 가진 타락관을 중심해서[15]

1. 박씨의 월경 문제

박씨는 인간이 타락한 후부터 인간에게 월경이 생겨났다고 한다. 박씨는 자신의 설교 <씨앗 속임>에서 주장한 '하와와 뱀의 성관계'는 부정하지만, <월경하는 입장에서 떠나라>는 설교에서 주장한 '인간이 타락한 후에 월경이 생겼다'는 부분에 대해서는 부정하지 않았다. 박씨는 자신의 월경관이 옳다고 여러 곳에서 주장하였다. 그러니 이 월경 문제에서 이단성이 있다면 박씨의 다른 사상은 살펴볼 필요도 없다는 말이 된다. 왜냐하면 자신이 스스로 인정하는 교리 속에 이단성이 있게 되니 말이다. 인간이 타락한 후에 월경이 생겼다는 박씨의 타락관(월경 문제)에서 무엇이 비성경적이며 무엇이 문제인지 밝혀보자.

그가, 인간이 타락한 후에 월경이 생겼다고 주장하는 성경적인 근거는 이렇다. 성경에는 월경을 부정하다고 하였다(레 18:19, 25, 겔 18:6). 그런데 월경 없이 태어난 사람으로 성경 속에 세 사람이 있다고 한다. 하나는 창세기 18장의 사라가 낳은 이삭이며, 둘째는 누가복음 1장에 사가랴의 아내 엘리사벳이 낳은 세례요한이며, 끝으로 예수님이라는 것이다.

우선, 왜 박씨가 '하와와 뱀의 성관계 부분'은 부정하고 '월경분에 대하여 심도 있는 비판을 받아본 일이 없기 때문일 것이다. '씨앗 속임' 부분은 누가 보아도 이단이라고 생각하게 될 것이지만 이 월경 부분은 그렇지 않게 보이는 요소가 있다는 것

---

15) 같은 내용이 2005년 현대종교 8월호에도 실려 있다.
   <http://www.amennews.com/news/articleView.html?idxno=5549> (2005.6.30).

이다.

박 씨 생각에 월경 부분은 자기가 옳다고 인정을 하여도 문제가 되리라는 생각을 하지 않았기 때문에 옳다고 말한 것으로 생각된다. 그의 타락관(월경관)에서 비성경성을 증명하여 그가 얼마나 신학적으로 무지한 이단자인가를 증명하겠다.

1) 먼저, 박씨의 말처럼 인간이 타락한 후부터 월경이 생겼고, 월경이 인간의 타락을 증명하는 것인가?
성경 어디에서도 그런 근거를 찾을 수 없다. 박씨가 구약에서 '월경은 부정하다'고 한 것을 가지고 인간이 타락한 후에 월경이 생겼다고 하는 것은 그의 잘못된 이단적 타락관에서 나온 산물이다.

그것이 옳다면 다음과 같은 문제가 발생한다. <u>우선 하나님의 창조는 이중창조가 되어야 한다.</u> 성경에는 부정한 짐승들이 많다. 즉 사반(레 11:5), 토끼(레 11:6), 돼지(레 11:7), 그리고 족제비와 쥐와 도마뱀(레 11:29) 같은 것은 부정하다고 했다. 이 부정한 짐승들은 언제 창조되었겠는가? 언제 창조되어 언제부터 부정한 짐승이 되었는가? 창세기 1장에서 창조되었다고 보아야 당연하다. 그런데 박씨의 이론을 따르면 창세기 3장 후에 다시 창조되었다고 해야 맞게 된다. 왜냐하면 우선 에덴동산에서는 부정하다는 짐승들이 없었어야 하기 때문이다. 월경이 부정하다는 이유로 월경은 타락 후에 생긴 것이라고 한다면 이 부정한 짐승들도 타락한 후에 생겼어야 논리적으로 맞을 것이기 때문이다.

과연 이것들이 언제 창조되었다고 보아야 하는가? 이것들이 창세기 1장의 창조 때 만들어졌는데 타락한 후에 부정하게 된 것인가, 아니면 원래 에덴동산에서는 존재도 없었던 부정한 짐승들이 타락한 후에 만들어졌는가 하는 점이다. 박씨의 말에 의하면 후자가 옳게 된다. 결국 박씨의 타락관(월경관)에 의하면, 월경은 에덴동산에서는 없었는데 타락한 후에 생긴 것처럼, 이 부정한 짐승들도 후에 다시 창조되었어야 하는 것이다. 이것이 바로 이중창조이다. 박씨는 통일교 출신 변찬린 씨의 책을 표절하여 자기 사상을 정립하였기 때문에 이런 주장을 하게 되었다고 하는데 이해가 되지만, 이런 비성경적 사상이 정통신학에 아무런 문제가 없다고 하는 서북노회 사람들은 왜 문제가 없다고 하는지 이해가 되지 않는다.

필자는, 월경은 타락하지 않았어도 있었다고 본다. <u>타락 후에 월경이 부정하게 된 것이지 타락한 후에 월경이 생긴 것이 아니라고 보아야 맞다.</u> 박씨의 말에 의하면 에덴동산에서는 동물들도 다 월경이 없어야 하고 심지어 짐승도 섹스를 하지 않았어야 할 것이다. 하나님께서 부정하다는 짐승들도 창조 때 만드셨을 것이 분명하다. 마찬가지로 월경도 타락한 후에 생긴 것이 아니라 타락한 후에 부정하게 된 것으로 보아야 한다.

만일 박씨의 말이 맞다면, 성생활 자체가 타락의 산물이요(그는 그렇게 보는 것 같지만) 에덴동산에서는 성생활 없는 종족번식을 하도록 하나님이 창조하셨다고 보아야 할 것이다. 성경에 보면 정액도 부정하다고 했기 때문이다(레 15:18). 아니다. 원래 하나님은 성을 깨끗하게 만드셨고, 월경도 깨끗하게 만드셨다. 박씨의 타락관이 월경과 관계를 맺으면서 나타난 잘못된 사상인 것이다.

2) 과연 이삭과 세례요한이 월경 없이 태어났는가?

이삭도 세례 요한도 월경 없이 태어났다는 박씨의 말을 듣고도 문제를 느끼지 못한다는 것이 문제 같다. 하나님께서 사라의 경도가 끊어졌을 때 이삭을 주었고, 엘리사벳이 늙어서(경도가 끊어졌다는 말은 없다) 요한을 주었다는 것이, 이들이 월경 없이 태어났다는 증거인가? 아니라고 본다. 그러면 우선 다음과 같은 문제가 발생한다.

박씨의 타락관에 의하면 이삭과 요한은 죄가 없는 사람이 되고 만다. 왜냐하면 타락한 후에 월경이 생겼다면, 저들이 월경 없이 태어났다는 말은 원죄가 없다는 말이 되기 때문이다. 기가 막힌 말이다. 이들이 월경 없이 태어난 것이 아니라 전능하신 하나님께서 이미 월경이 끝난 저들에게 월경을 열어주셔서 태어나게 하신 것으로 보아야 한다. 우리 주변에 월경이 끝났다가 다시 시작하는 사람들도 많이 볼 수 있다. 박씨는 월경과 난자를 혼동하는 것은 아닌지 모르겠다.

월경이란 인간의 피를 말하는 것이다. 월경이 있다는 말은 아이를 생산할 능력이 있다는 것을 피로 말해주는 것이다. 그래서 임신을 하면 월경이 없어지는데 그 피가 아이에게 가는 것이다. 그 피로 아이를 기르는 것이다.16) 이들에게 혹 눈에 보이는 월경이 없었다고 하여도 월경 없이 태어났다는 말은 결국 이삭과 요한은 사라나 엘리사벳의 피를 받지 않고 태어났다는 말이 되고 마는 것이다. 박씨의 성적 모티브가 없이는 이런 말이 나올

---

16) 이정환 목사는 이 부분을 '예수님이 마리아의 월경에 의해 잉태되고 복중에서 마리아의 피를 받아먹고 자라셨'고 하면서 해석적으로 인용을 하였고, 최삼경 목사를 공격하는 사람들은 이것을 근거로 하여 그가 '월경잉태설'을 주장한다고 한다. 그러나 앞의 박윤식 목사의 설교에 있는 것과 같이 '월경잉태'란 용어를 최초로 사용한 사람은 박윤식 목사이다.

수가 없다. 역시 통일교 출신의 변찬린씨의 영향 때문에 나온 말이다.

3) 예수님도 월경 없이 태어났다는 말이 기독론적으로 맞는가?
이 말도 아주 이단적인 말이다. 예수님이 월경 없이 태어났다는 말 속에는 예수님의 인성이 부정되고 만다. 우선 마리아는 요셉의 정액에 의하여 임신하지 않았다는 말은 성경이 주장하는 사상이다. 동정녀에게서 태어났다는 의미가 그렇다. 그러나 월경 없이 태어났다는 말은 마리아의 육체를 빌리지 않고 태어났다는 말과도 같이 된다. 굳이 마리아의 몸에 들어가 10달이나 있어야 할 필요가 없는 것이다. 마리아에게 월경이 없었어야 예수님의 무죄를 증명한다고 한다면 아브라함에게 나타난 천사처럼 마리아의 몸을 빌리지 않고 그냥 오셨어야 한다.

앞의 이삭과 요한 두 사람은 어머니의 경도가 끊어졌을 때(엘리사벳에게는 그런 말이 없지만) 하나님께서 임신하게 하였기 때문에 그런 말이 가능하게 되었지만, 마리아의 경우는 다르다. 마리아가 월경이 없었다는 말은 마리아의 피 없이 예수님이 마리아의 몸에서 자랐다는 말이 되기 때문에 인성이 부정되는 결과를 가져오고도 남는다.

생각해 보자. 박씨의 말에 의하면 다음과 같은 상상이 가능하다. 마리아는 원래 월경이 없는 여자였든지, 아니면 예수님을 임신하기 전 어느 시점부터 미리 월경을 끊으시고 예수님을 임신하게 하였든지, 아니면 예수님을 임신하고도 계속해서 월경(하혈)을 하였을 것이다. 그래야 죄 없는 예수님이 태어나기 때문이다. 마리아가 젊은 나이에 월경이 없을 리가 없다고 본다. 그렇게 본다면 마리아는 예수님을 임신하고도 하혈의 월경은 계속했어야 한다는 말이 되는 것이다.

왜 성경에 없는 이런 상상을 해야 하고 그런 말을 변증해야 하는지 모르겠다. 그의 잘못된 타락관 때문이다. 이런 교리를 정통신학에 이상이 없다고 하는 사람들에게 개탄을 금할 길이 없다. 박윤식 씨의 월경관이 옳다고 주장하는 어떤 사람, 어떤 학자와도 공청회를 할 의사가 있음을 밝혀둔다. 어떻게 하여도 예수님은 마리아의 몸을 빌렸다는 것만으로도 죄인이 될 것이다. 월경에 의하여 예수님이 죄인이 되고 안 되고 한다면 말이다.

박씨의 월경관을 중심해서 다음의 말이 가능한가 생각해 보자. 박씨는 그래서 헌금 시간에 월경하는 여자들에게 여전도 회장이 "너 새니('너 월경하여 피가 나오니'란 말이다)? 너 새니" 물어서 월경하는 여자들은 헌금당번을 빼야 한다고 하였는데, 지금도 평강제일교회는 그렇게 하는가? 월경하는 여자들은 헌금당번도 맡기지 않아야 하고 대표기도도 하지 않아야 할 것이다. 그렇다면 월경하는 사람은 예배당에 들어가지 못하게 해야 맞지 않은가? 그러려면 모든 여자 성도들에게 월경의 주기를 스스로 밝혀서 예배당에 들어오지 못하게 하여야 할 것이다.

타락의 상징물이요, 성적 상징물인 월경을 하면서도 예배를 드리게 하는 것은 부정한 짐승을 하나님께 드리는 것이 되고 말 것이다. 그가 이렇게 주장하는 것은 지금은 은혜의 신약 시대라는 것을 몰라서가 아니라 월경을 타락의 징조로 보니까 나온 말이라고 본다.

아니 더 기가 막힌 것이 있다. 박씨는 <신라의 달밤>이란 노래의 달이 월경을 말하는 것으로 본다. 박 씨는 "신라의 달밤 좋아하네" 라고 비아냥거리는 말을 하였다. 기가 막힐 일이다. 박씨는 밤에 달을 보면 월경을 연상하는 것 같다. 이 사상은 "해를 옷 입은 여인과 달을 옷 입은 여인" 이란 변찬린의 사상에서 왔기 때문으로 생각된다.

그리고 "성령의 자식들은 월경 없이 낳는다" 고 하였고, "월경을 해야만 아이 낳는 줄 알아? 월경 없이 난 자는 약속의 자녀야" 라고 했고, "붉은 피가 떨어진 다음 배란기가 되어 남자의 씨가 심어진 다음에 아기가 생긴 줄 알아? 천만에"라고 한 점을 보면, 박씨는 월경 없이 태어난 사람들이 있다고 보는 것 같다. 묻고 싶다. 박씨는 육적 사람인가 아니면 성령의 사람인가, 아니면 사탄의 자녀인가 언약의 성도인가? 만일 박씨가 성령의 사람이요, 언약의 성도라면 그도 월경 없이 태어났기 때문인가? 아니다. 월경으로 태어났느냐 아니냐가 우리가 성령의 사람이 되고, 약속의 자녀가 되는 것이 아니다.

그리고 박씨는 "허리춤 추어(남자가 섹스를 하는 장면을 두고 하는 말이다)" "색출해서 월경(을) 통해서 난 새끼들만 가지고 내 새끼야 내 새끼야 "17) 해서는 안 된다고 하였다. 모든 사람들은 다 월경을 통해서 자식을 낳는다. 그러면 그 자식들은 다 타락한 자식들이요, 이스마엘적 존재로서 예뻐하고 사랑하지 말아야 한다는 말이다. 이런 교리를 정통교회에 조금도 위배되지 않는다고 주장하는 신학자는 누구이며 목사들은 과연 누구인지 알고 싶어진다.

---

17) 인용부호가 이상하게 되어있지만 그대로 실었다.

1. 합동 측과 월경잉태설 논쟁

서북노회 관계자들은 2005년 6월 21일에 평강제일교회의 서북노회
가입을 만장일치로 받아들였다.[18]

합동 측 서북노회는 2005년 6월 21일 박윤식 목사가 원로목사로
있는 평강제일교회에서 제 9회 임시노회를 열고 평강제일교회 가입
의 건을 그날 모인 153명의 노회 회원 가운데 단 한 명의 반대나
이의 없이 만장일치로 통과 시켰다. 그런데 최삼경 목사가 박윤식
목사의 이단성에 대해 지적하자 그들은 즉각 반발했다.

(1) 최삼경 목사 이단성 여부 조사청원서

합동 측 서북노회는 즉각 반발하면서 "최삼경 목사 이단성 여부
조사청원서" 라는 제목으로 다음과 같이 주장했다.

---

18) <http://www.amennews.com/news/articleView.html?idxno=5548> (2005.6.30).

[최삼경 목사 이단성 여부 조사청원서] 19)

최삼경은 '교회와 신앙' (2005년) 6월 30일자, "이단 옹호자에게 공청회를 제안한다"는 제하의 기사에서, 3쪽 하단 8-9줄에서 '예수님이 월경없이 태어났다'는 박 목사의 말을 '기독론적으로 아주 이단적인 발언'이라고 비판하며, "예수님이 월경없이 태어났다는 말 속에는 예수님의 인성이 부정되고 만다"라고 함으로써 최삼경 목사는 "예수님은 마리아의 월경을 통해서 태어났다"는 이단적 주장을 하였다.

"예수님은 마리아의 월경을 통해서 태어났다"는 최 목사의 이단적인 발언은 1) 예수의 잉태에 마리아의 난자가 관여했음을 주장함으로써 '초자연적인 성령잉태'를 부정하는 결과를 가져왔으며,

2) 그리스도의 '성령잉태'는 '죄가 전혀 없는 인간', '죄과의 전달도 전혀 없는 인간', '무죄인이요 완전한 의인이요 죄의 오염이 완전히 배제되었으므로 완전히 거룩한 사람'으로 출생한 것임에도 이를 '마리아의 월경을 통해서'라고 주장함으로서 "인간 부모 중 어머니의 개입을 가져옴으로써 이 모든 성령의 역사를 부정하고 훼손하는 결과"를 가져왔으며,

3) '그리스도의 신성뿐 아니라 인성도 성령의 역사로 형성된 것임'에도 불구하고 그리스도의 인성이 '마리아의 월경, 즉 난자로 인해 형성되었다는 주장을 함으로써 '성령으로 잉태됨'

---

19) 크리스천투데이에서는 합동 측 서북노회에서 문서를 제출한 것은 2005년이지만 최근 다시 문제가 되고 있어서 싣는다고 하면서 2009년 11월 2일에 이 글을 실었다. <http://www.christiantoday.co.kr/view.htm?id=205067> (2009.11.2).

의 신비적 역사를 훼손하는 결과를 가져왔으며,

4) 그리스도의 인성(人性)형성은 죄의 오염과 부패가 전혀 전달되지 않게 마리아를 지키고 그의 육을 깨끗하게 함으로써 '다시 중생을 필요로 하지 않고 성화의 과정을 거칠 필요가 없는 완전한 인성'으로 이루어진 것임에도 '마리아의 월경의 피를 통해 인성이 형성되었다'고 함으로써 성부께서 「그리스도의 육의 어머니의 죄와 부패가 '그리스도의 신비적인 잉태 시에 성자에게 전달되지 않게 막는데 실패하셨다'」는 이단적인 주장을 하고 있으며, 또한 최삼경은 같은 글 3쪽 하단 4줄에서 "예수님이 마리아의 월경없이 태어났다는 말은 마리아의 육체를 빌리지 않고 태어났다는 말과 같다"고 함으로써

5) 성부께서는 '마리아의 월경이 없다할찌라도 그의 육체를 빌리는데 어떠한 제약이나 제한이 없는 전능하신 분이라는 사실'을 망각하고, 성부의 능력을 인간적인 생각으로 제한하는 신성모독적인 주장을 하였으며, 또한 최삼경은 같은 글 3쪽 하단 6-7줄에서 「'요셉의 정액에 의하여 임신하지 않은 것'이 '동정녀에게 태어났다는 의미'」라고 함으로써

6) 성부 하나님의 신비적 이적이요 기독교가 타종교와 구별되는 최고의 교리인 '동정녀탄생'의 교리에 대해 "요셉의 정액에 의하여 임신하지 않은 것"으로 폄하함으로써 거룩한 교리의 신비성과 지고(至高)성을 훼손하였을 뿐 아니라 불신자들에게는 "요셉의 정액이 아니면 다른 남자의 정액에 의해 임신하였나?"라는 조롱과 비난을 받는 교리로 전락시키는 결과를 가져

왔으며,

7) 그리스도의 신비적 탄생에는 그분의 '신성과 인성'을 모두 포함함에도 불구하고 「 '요셉의 정액에 의하여 임신하지 않은 것'이 '동정녀에게 태어났다는 의미' 」라고 주장함으로써 그리스도의 신성은 '성령을 통해', 그리스도의 인성은 '마리아의 월경'을 통해 형성됐다는 해괴한 이단적 사상을 주장하고 있으며

8) 그 결과 '신성은 성령을 통해, 인성은 마리아의 월경을 통해서'라는 최 목사의 이단적 주장이 결국 그리스도를 '반신반인(半神半人)'의 희한한 괴물로 만드는 엄청난 결과를 가져왔으며, 또한 최삼경은 같은 글 3쪽 하단 15-17줄에서 "월경이란 인간의 피를 말하는 것이다. 월경이 있다는 말은 아이를 생산할 능력이 있다는 것을 피로 말해주는 것이다. 그래서 임신을 하면 월경이 없어지는데 그 피가 아이에게 가는 것이다. 그 피로 아이를 기르는 것이다." 라고 말함으로써

9) 그리스도의 속죄의 피가 인간 모친 마리아의 피라고 하여 만인류를 구원하는 구세주의 '보배로운 피'의 능력과 가치와 기원을 부정하였고, 그 결과 그리스도의 십자가 피로 인한 인류의 구원을 부정하는 이단적인 주장을 하였으며

10) 의학적으로도 산모의 피는 한 방울도 태아에게 전달되지 아니하고 태아 자신에게서 생성되는 것이므로 부모 중 누구의 피도 만인간의 구세주 되시는 예수님에게 전달되지 아니하고 성령

의 신비한 능력으로 구세주만의 "흠 없고 점 없는 보배로운 피"(벧전1:18-19)가 형성되었음에도 불구하고, 그 피의 기원이 산모인 인간 마리아에게서 온 것이라고 주장함으로써 그리스도 피의 유일성과 독특성과 구속성을 훼손하였고

11) 그 결과 그리스도의 보배로운 피가 온인류를 구원하는 능력의 피라는 것을 부정하고 기독교 교리의 중심인 "그리스도의 보배로운 피로 인한 구원"의 교리를 무너뜨리는 이단적 주장을 하였습니다.

이상의 내용을 볼 때 수년 전부터 삼신론의 이단성을 의심받아 온 것이 허구가 아니라는 것을 분명히 확인하게 된 바, 기독교 신앙의 가장 중요한 뿌리인 삼위일체론과 그리스도의 구속주 되심의 가장 중요한 교리인 '성령잉태'를 부정하고 '그리스도의 속죄의 피가 바로 인간 모친 마리아의 피'라는 주장을 함으로써 기독교 구원론의 뿌리를 훼손하였는 바 …본 노회는 성 총회가 이 사실을 철저히 조사하여 결과에 따라 엄중 처벌해줄 것을 청원하는 바입니다.

합동 측 서북노회는 최삼경 목사가 박윤식 목사의 이단성을 지적한 것에 대해 노회의 이름으로 조목조목 반박 하면서 오히려 그의 이단성을 제기하였다. 그러므로 여기에는 그들의 사상이 고스란히 나타나 있는데, 이것은 아주 중대한 의미를 갖는다. 왜냐하면 이것은 그들이 단순히 부분적으로 실수를 했거나 오해를 한 것이 아니라 교리적으로 하나의 체계를 이루고 있다는 것이며, 그들이 단 한 사람의 반대나 이의도 없이 받아들였기 때문에 거기에는 정치적인

이유나 몇 가지 원인도 있을 수 있겠지만 집단적으로 이미 이와 같은 사상을 가지고 있었을 가능성이 있기 때문이다.

아무튼 양자는 단순한 논쟁이 아니라 흑백을 가리는 논쟁이었기 때문에 그들의 주장이 옳다면 최삼경 목사가 이단이 되고, 최삼경 목사가 맞다면 합동 측 서북노회 또한 이단이 되는 것과 같은 이단 논쟁이 되었다. 그렇다면 이들 가운데 과연 누가 이단일까?

(2) 합동 측 서북노회의 사과

어느 쪽이 옳은지 판단하는 데는 오래 걸리지 않았다. 서북노회가 박윤식 목사를 영입하자 합동 측 교단 내에서는 난리가 났다. 대대적인 반대 운동이 일어났고 총신대학교 신학대학원 및 신학원 원우회에서는 조기를 달고 수업에 참여하기도 했다.

총신대 원우회가 학생들에게 배포한 자료집과 조기 20)

---

20) 당시 박윤식 목사의 영입을 반대하며 조기 달고 수업했던 학생들은 현재 대부분 교단의 목사가 되어 있을 것이다. 그런데 지금은 합동 측 총회에서 최삼경 목사에

총회를 사랑하는 동문들의 모임이 서울 장충체육관에서 사랑의교회 성도와 목회자 등 7천여 명이 참석한 가운데 '한국교회와 총회의 거룩성 회복을 위한 특별기도모임'이 있었다.

이 기도회의 사회는 사랑의교회 오정현 목사가 보았다.21)

교단지도부는 진리수호와 교회 거룩성 유지를 위해 평강제일교회(원로목사 박윤식) 영입을 단호하게 거부하고 신앙과 신학의 순수성을 파수해 줄 것을 촉구하였다.

박윤식 목사가 있는 평강제일교회를 영입한 것은 정통개혁신앙의 입장에서 도저히 받아들일 수 없는 배교적 행위라는 결의문도 발표하였다. 아예 서북노회를 '제명 또는 폐지하자'는 헌의까지 제출되기도 했다.

게 이단성이 없다고 했지만, 이기창 목사의 총회장 재임시절 총회에서 사실상 박윤식과 같은 입장에서 최삼경 목사를 이단이라고 했을 때 그들이 왜 침묵하고 있었는지 궁금하다. <http://www.amennews.com/news/articleView.html?idxno=5832> (2005.9.1).

21) 당시 사회를 보았던 오정현 목사는 사랑의교회 부목사였다.
<http://www.amennews.com/news/articleView.html?idxno=5879> (2005.9.12.).

비상대책위원회의 공동회장이었던 옥한흠 목사와 길자연 목사[22]

서북노회의 청원서에 대해 최삼경 목사가 이단이 아니라는 이단 대책위원회의 공식적인 연구 결과도 나왔다. 그래서 결국 견디지 못한 서북노회는 2006년 9월 22일 91차 총회에서 노회장이 공식적 으로 사과까지 하게 되었다.

서북노회 박충규 목사의 공식 사과[23]

---

22) 박윤식 때문에 반대하는 특별모임의 공동회장이었던 길자연 목사는 2011년에 한 기총의 대표회장이 되어 박윤식을 공격했던 최삼경 목사를 이단으로 정죄한다. 아 이러니한 일이다. http://www.amennews.com/news/articleView.html?idxno=5879
23) 박충규 목사의 사과한 내용이 이단으로 규정되어 있는 박윤식 목사를 영입한 것

교단 차원에서 대대적인 반발에 부딪혀 합동 측 서북노회가 공식적으로 사과 하였다는 것은 그들의 주장이 잘못되었고, 최삼경 목사의 주장이 옳다는 것을 의미한다. 그렇다면 이 사건은 단순히 사과 정도로 끝나서는 안 될 것이었다. 그것은 최삼경 목사와 서북노회가 죽느냐 사느냐, 이단이냐 정통이냐를 판가름하는 이단시비의 사건이었을 뿐만 아니라 그런 구체적인 이단적 주장은 현행범과 같기 때문에 반드시 조사와 권징, 그리고 재교육이 필요한 것이었기 때문이다. 왜냐하면 아무런 이의도 없이 만장일치로 박윤식 목사를 받아들였기 때문에 어떤 이유와 배경 속에서 그와 같은 일이 벌어지게 되었는지에 대해서도 반드시 조사가 필요한 사안이었기 때문이다.

생각해 보자. 그 노회가 이단자들의 치밀한 작전 속에서 신학 교육부터 시작해서 목사가 되기까지 파송된 자들로 구성되었거나 그들에 의해 포섭된 자들로 구성되어 있다면 어떻게 되겠는가?

그러므로 그 사건은 그렇게 단순히 공개사과 정도로 끝나서는 안 될 사안이었다. 그런데 합동 측에서는 그들에 대해 조사하지 않았을 뿐만 아니라 그 정도 선에서 그만 면죄부를 주고 말았다. 그래서 그 결과 그것은 더 큰 불행의 씨가 되고 말았다.

(3) 불필요한 사색

합동 측 총회에서는 최삼경 목사를 조사해 달라는 '조사 청원

에 관한 것이지 자기들이 주장한 내용에 관한 것이 아니라고 할 수 있을 것이다. 그러나 같은 총회 기간 내에 있었던 이단대책위원회의 연구보고서는 서북노회의 입장을 기각한 것이므로 재론의 여지를 없게 만든다.
<http://www.amennews.com/news/articleView.html?idxno=7215> (2006.9.23).

서'를 받은 다음 그 청원서 속에 있는 이단적인 사상과 그 노회에
대해서는 조사하지 않고 최삼경 목사만 조사하는 우를 범하고 말았
다. 합동 측의 이단대책위원회에서는 보고서를 통해 박충규 목사가
공식사과 했던 2006년 9월 총회에 다음과 같이 보고했다.

> 최삼경 목사의 삼위일체론의 삼신론 시비는 삼위일체 교리에 대한
> 그의 정상적인 견해의 표명으로 보기보다는 윗트니스 리 측과의 지
> 상논쟁 중에 윗트니스 리 측에 의해 제기된 것으로 표현상 신중하지
> 못한 것은 사실이나, 최 목사가 기독교 삼위일체 교리의 한 분 하나
> 님이심과 삼위 하나님으로 계신 것을 고백하고 있는 것('교회와신
> 앙', 1977년 8월호 155: 1997년 11월호, 169)으로 보아서 이단성이
> 없는 것으로 사료된다.
> 최삼경 목사가 "월경 없이 태어나면 인성이 부인 된다"고 말한 것
> 은 정확하지 못한 말이요 불필요한 사색이지만 인성을 강조하고자
> 하는 의도에서 한 말인 동시에 예수님의 신성을 부인하는 말이 아니
> 므로 최 목사의 진술은 이단성이 없는 것으로 사료된다.[24]

이 보고의 내용은 크게 두 가지인데, 하나는 최삼경 목사의 '삼
신론'에 관한 문제이며, 또 하나는 '월경잉태설'에 관한 문제이
다. 그런데 여기에서 다루고자 하는 것은 '월경잉태설에 관한 논
쟁'이기 때문에 월경에 관한 문제만 살펴보자.

보고서의 내용은 아주 묘하다. "최삼경 목사가 "월경 없이 태
어나면 인성이 부인 된다"고 말한 것은 정확하지 못한 말이요 불
필요한 사색이지만 인성을 강조하고자 하는 의도에서 한 말인 동시
에 예수님의 신성을 부인하는 말이 아니므로 최 목사의 진술은 이
단성이 없는 것으로 사료된다."라고 하면서 '정확하지 못한 말'

---

24) <http://www.amennews.com/news/articleView.html?idxno=7213> (2006.9.23).

과 '불필요한 사색' 이라는 말과 함께 '이단성이 없다' 는 결론을 내리고 있기 때문이다.

정확하지 못한 말

최삼경 목사가 박윤식 목사의 월경관에 대해 공격한 내용은 전체적으로 옳다. 그러나 그의 표현 가운데에는 적절하지 못한 것도 있다.

그는 박윤식 목사의 '무월경잉태설' 에 대해 반박 하면서 "월경이란 인간의 피를 말하는 것이다. 월경이 있다는 말은 아이를 생산할 능력이 있다는 것을 피로 말해주는 것이다. 그래서 임신을 하면 월경이 없어지는데 그 피가 아이에게 가는 것이다. 그 피로 아이를 기르는 것이다." 라고 했다.

월경과 피는 의미적으로 약간 다를 수 있다. 그런데 그는 월경을 피라 했다. 이것은 산모의 피 속에 있는 여러 성분이 아이에게로 가서 아이를 기르는 것이 사실이기 때문에 완전히 틀린 말은 아니다. 그러나 어머니의 피가 직접적으로 아이에게 가는 것은 아닌데, 그는 산모의 피가 아이에게 마치 직접적으로 가서 아이를 기르는 것처럼 표현한 것이다.

뿐만 아니다. 그는 "월경으로 태어났느냐 아니냐가 우리가 성령의 사람이 되고, 약속의 자녀가 되는 것이 아니다." 라고 했다. 정확한 지적이다. 월경의 유·무에 따라 구원이 좌우되지 않는다. 그러나 '월경으로 태어났다' 는 말도 정확하게 맞는 말이 아니다. 월경이란 임신이 되지 않고 배출되는 것을 가리키므로 사람이 월경으로 잉태되거나 태어나는 것도 아니기 때문이다. 그래서 아마 합동 측 교수들이 최삼경 목사의 이런 표현 때문에 '정확하지 못한 말'이라고 하였을 것이다.

그러나 박윤식 목사가 모든 사람은 월경으로 태어났다고 하면서 예수님은 월경으로 태어나지 않았다고 한 것을 공격하기 위해 그가 사용한 어법 그대로를 사용하여 '월경으로 태어났다'고 한 것이기 때문에 그것을 문제 삼아 그렇게 표현했다면 그것은 공정하지 못하다. 그는 다만 박윤식 목사가 했던 말을 가지고 그렇게 표현했을 뿐이기 때문이다.

아무튼 합동 측 이단대책위원회에서는 이와 같은 사실들을 간과한 채 의학적 입장에서 '정확하지 못한 말'이라 했기 때문에 다소의 논쟁거리를 제공하게 되었다.

불필요한 사색

합동 측 보고서의 또 하나의 묘한 표현은 '불필요한 사색'이다.

이것은 "최삼경 목사가 "월경 없이 태어나면 인성이 부인 된다"고 말한 것은 정확하지 못한 말이요 불필요한 사색이지만" 이라는 문장구조 속에서 나온 것이기 때문에 앞에 있는 '정확하지 못한 말'과 관련 되는데, 아마 최삼경 목사의 다음과 같은 표현을 지적한 것이 아닌가 생각한다.

3) 예수님도 월경 없이 태어났다는 말이 기독론적으로 맞는가?

이 말도 아주 이단적인 말이다. 예수님이 월경 없이 태어났다는 말 속에는 예수님의 인성이 부정되고 만다. 우선 마리아는 요셉의 정액에 의하여 임신하지 않았다는 말은 성경이 주장하는 사상이다. 동정녀에게서 태어났다는 의미가 그렇다. 그러나 <u>월경 없이 태어났다는</u>

말은 마리아의 육체를 빌리지 않고 태어났다는 말과도 같이 된다. 군이 마리아의 몸에 들어가 10달이나 있어야 할 필요가 없는 것이다. 마리아에게 월경이 없었어야 예수님의 무죄를 증명한다고 한다면 아브라함에게 나타난 천사처럼 마리아의 몸을 빌리지 않고 그냥 오셨어야 한다.

앞의 이삭과 요한 두 사람은 어머니의 경도가 끊어졌을 때(엘리사벳에게는 그런 말이 없지만) 하나님께서 임신하게 하였기 때문에 그런 말이 가능하게 되었지만, 마리아의 경우는 다르다. 마리아가 월경이 없었다는 말은 마리아의 피 없이 예수님이 마리아의 몸에서 자랐다는 말이 되기 때문에 인성이 부정되는 결과를 가져오고도 남는다.[25]

최삼경 목사의 이 표현 중 밑줄 친 곳과 같은 것들은 앞에서 지적한 것과 같이 일반적인 표현으로 박윤식 목사의 어법을 그대로 사용한 것이다. 그래서 그 논쟁의 과정을 정확하게 이해하지 못하고 의학적으로만 따졌을 때에는 정확하지 않다고 말할 수도 있다. 엄밀한 의미에서 사람은 월경으로 잉태되지도 않고, 그 월경이라는 피로 길러지지도 않기 때문이다. 그런데 그는 그런 얘기를 하면서 거기에서 한걸음 더 나아가 '생각해 보자'라고 하면서 다음과 같은 상상도 하였다.

생각해 보자. 박씨의 말에 의하면 다음과 같은 상상이 가능하다. 마리아는 원래 월경이 없는 여자였든지, 아니면 예수님을 임신하기 전 어느 시점부터 미리 월경을 끊으시고 예수님을 임신하게 하였든지, 아니면 예수님을 임신하고도 계속해서 월경(하혈)을 하였을 것이다. 그래야 죄 없는 예수님이 태어나기 때문이다. 마리아가 젊은 나이에 월경이 없을 리가 없다고 본다. 그렇게 본다면 마리아는 예수님을 임신하고도 하혈의 월경은 계속했어야 한다는 말이 되는 것이다.[26]

25) <http://www.amennews.com/news/articleView.html?idxno=5549> (2005.6.30).
26) <http://www.amennews.com/news/articleView.html?idxno=5549> (2005.6.30).

아마 합동 측 보고서에서 '불필요한 사색'이라고 했던 것은 바로 이와 같은 그의 상상의 글을 보고 한 것이 아닌가 생각한다. 그리고 이것 또한 앞에 있는 '정확하지 못한 말'과 같이 아무런 설명도 없이 한 말이었기 때문에 큰 오해를 사게 되었고, 의도와는 다르게 그야말로 '불필요한 사색'이란 말을 듣게 되었다. 그러나 전체적인 내용은 결코 불필요한 사색이 아니었다. 그것은 역사적으로 교리적으로 아주 중요한 문제이기 때문이다.

이단성이 없다

'이단성이 없다.' 그렇다. 중요한 것은 바로 이것이다. 최삼경 목사의 주장에는 이단성이 없다. 이것이 정상적인 절차를 거친 합동 측의 연구 결과이다. 그렇다면 이것은 무엇을 의미 하는가?

최삼경 목사의 주장에 이단성이 없다는 것은 그의 이단성을 주장하며 "최삼경 목사 이단성 여부 조사청원서"를 냈던 합동 측 서북노회가 오히려 이단성이 있다는 것이다. 왜냐하면 최삼경 목사와 합동 측 서북노회는 어느 한쪽이 이단일 수밖에 없는 논쟁을 벌이고 있었기 때문이다. 그렇다면 여기에는 반드시 후속 조치가 있어야 했다.

보통의 이단 규정은 제보가 들어오면 노회에서는 그 제보를 살펴본 뒤 결의하여 헌의안을 총회에 제출하게 되고, 총회에서 타당하다고 여겨 조사하기로 결의하면 이단대책위원회에 넘기게 된다. 그러면 이단대책위원회는 이단성 여부를 연구하게 되고, 연구보고서를 통해 그 결과를 총회에 보고하게 된다. 그러면 그것을 가지고 다음 총회 때 이단성 여부를 결정하는 과정을 거치게 된다.

그런데 서북노회는 "최삼경 목사 이단성 여부 조사청원서"를 통하여 스스로에 대한 헌의의 과정을 거친 셈이 되었다. 단순한 헌의가 아니라 최삼경 목사의 문제점을 자신들의 입장에서 조목조목 밝히면서 제출한 헌의안이었다. 그러므로 거기에는 그들의 이단성이 고스란히 드러나 있기 때문에 최삼경 목사의 주장을 조사하는 과정에서 드러나 있었을 그들의 이단성에 대한 연구 결과와 거기에 따른 조치가 당연히 있어야 했다. 그러나 합동 측에서는 그 과정을 생략해버렸기 때문에 완전히 꺼버릴 수 있었던 논쟁의 불씨가 다시 살아날 수 있도록 기회를 제공한 셈이 되었다. 그래서 세월이 지나자 결국 그 불씨는 다시 되살아나게 되었고, 더 큰 양상으로 타오르게 되었다.

2. 개혁 측과 월경잉태설 논쟁

합동 측에서 서북노회의 "최삼경 목사 이단성 여부 조사청원서"를 조사하는 가운데 최삼경 목사의 주장에 이단성이 없다는 사실이 밝혀졌다. 이것은 반대로 서북노회의 주장에 이단성이 있다는 사실이 밝혀진 셈이다. 양 측은 어느 한 쪽이 이단일 수밖에 없는 논쟁을 하고 있었기 때문이다. 그렇다면 최삼경 목사에 대해서만 '이단성 없음'이라는 연구 결과만 내어놓아서는 안 될 문제였다.

서북노회의 주장에는 자연스럽게 박윤식 목사의 이단성까지 담겨 있다고 볼 수 있다. 최삼경 목사가 박윤식 목사의 이단성을 거론했을 때 그들이 최삼경 목사를 공격했던 내용은 박윤식 목사와 동일한 사상으로 그를 변호하며 공격한 것이었기 때문이다. 그러므로 그때 서북노회의 주장에 대해 조목조목 반박하면서 그들뿐만 아니라 박윤식 목사의 이단성에 대해서도 다시 한 번 공적으로 분명하게 밝혔다면 박윤식 목사와 관련된 사건은 완전히 매듭지어지고, 그 불씨도 완전히 꺼지게 되었을 것이다. 그러나 합동 측 총회에서는 최삼경 목사에 대해서만 밝혔을 뿐 서북노회의 사상에 대해서는 밝히지 않았다. 그래서 그 결과 박윤식 목사의 사상은 한국교회에 다시 살아날 불씨로 남게 되었다.

사실, 박윤식 목사는 1991년에 이미 통합 측에서 이단으로 정죄하였고, 그 후 1996년에는 합동 측에서도 그를 정죄 하였으며, 2005년에 또 다시 합동 측에서는 그의 이단성을 재확인 하였다. 그러므로 박윤식 목사의 사상은 한국 교회에서 공식적으로 이단이었다.

그러나 그것은 박윤식 목사를 직접 조사하거나 원자료를 통해 그렇게 한 것이 아니라 특정한 인사의 조작에 의해 그렇게 되었다는 주장이 박윤식 목사와 그를 옹호하는 사람들에 의해 꾸준히 제기되었다. 그러므로 그것은 공식적인 것이었으면서도 공적인 것으로 인정하지 않는 사람들이 있었지만 이번에는 변명의 여지없이 그 모든 것을 잠재울 수가 있었다. 그런데 그런 절호의 기회를 살리지 못해서 결국 한국 교회는 또 다른 논쟁에 휩싸이게 된 것이다.

(1) 되살아난 불씨

2005년과 2006년도 있었던 합동 측의 월경 잉태설 논쟁 이후 또다시 월경 잉태설 논쟁이 있게 된 것은 2009년이며, 그 후 2010년도에는 그야말로 활화산처럼 타오르기 시작했다. 합동 측에서 서북노회를 정죄하지 않고 사과만으로 마무리 한 결과 그 불씨가 잠복해 있다가 다시 살아나게 된 것이다.

여기에 대해 최삼경 목사는 이정환 목사와 논쟁하면서 쓴 첫 번째 글에서 자신의 주장은 과거 합동 측에서 이미 '이단성 없음'이라는 결론이 내려진 것이라며 다음과 같이 주장한다.

> 그리고 이 결의는 5년 전 결의인데도 그동안 침묵을 지키고 있다가, 이제 문제를 삼는 것은 이단옹호 언론으로 규정되고 난 후에 강춘오 씨(교회연합신문)와 <크리스천 투데이>가 복수하기 위하여 한 일이며 이 일에 이정환 목사가 빌미를 주고 또 합류하고 있다는 점입니다.27)

그는 이정환 목사가 소속되어 있는 통합 측 서울북노회에서 2009

---

27) <http://www.amennews.com/news/articleView.html?idxno=10679> (2010.10.4).

년 11월에 " '소위 최삼경목사의 월경잉태설'에 대하여 총회에 질의와 조사를 청원하오니"라고 하면서 "이단사이비 주장에 대한 질의, 조사의 건"을 제출하고, 2010년부터 본격적으로 논쟁하게 된 이유가 통합 측에서 교회연합신문과 크리스천 투데이를 이단옹호 언론으로 규정하자 거기에 대한 복수로 그와 같은 일을 벌인 것으로 보고 있는 것이다.

물론, 그것도 이유가 될지 모르겠다. 그러나 필자가 보기에 또 다른 이유가 있는 것으로 보이는데, 그중의 하나가 바로 대한예수교 장로회 개혁 측(이하 개혁 측)에서 박윤식 목사를 영입하려고 했던 것이 아닌가 생각한다.

당시 개혁 측의 인준 신학교인 개신대학원대학교(이하 개신대)의 교수들로 구성된 '기독교 신학 검증 위원회'에서 "평강제일교회 박윤식 원로목사 신학검증 보고서"를 제출하고, 그의 신학 사상에 대해 '문제없다'라고 보고 한 것이 2009년 12월 15일이었다.

개신대에서는 2009년 8월 19일 교수회의의 논의를 시작으로 2009년 11월 4일 "기독교신학검증위원회"를 구성하였고, 11월 12일까지 "기독교 이단 판단의 기준"을 세운 다음, 11월 18일에 서면으로 질의서를 보냈는데, 답변서가 11월 29일에 왔다. 질의서와 "따라서 박윤식 목사와 평강제일교회의 현재의 신학사상은 정통 복음주의 신학에 비추어 볼 때 합당하며, 다소 미흡한 요소들이 있어 보이지만 과거처럼 이단성이 있는 오해 요소들을 가르치거나 주장하고 있지 않음을 보고합니다."[28] 라는 답변서와가 나오기까지 불과 15일 정도 밖에 되지 않았다.

뿐만 아니다. 그와 같은 속성의 보고서가 나오기도 전에 개신대에서 박윤식 목사에게 명예박사 학위를 수여한다는 것이 9월 초에

---

28) 개신대학원대학교,『평강제일교회 박윤식 원로목사 신학검증보고서』, pp.7-8.

이미 언론에 노출되어 개혁 측에서 박윤식 목사를 영입하려 한다는 소문이 파다하였다.

통합 측 서울북노회에서 최삼경 목사에 대해 질의와 조사의 건을 내기도 전에, 그리고 개신대의 검증위원회가 구성 되거나 검증하여 그 결과가 나와서 그에게 '문제가 없다'고 하기도 선에 이미 그의 명예박사 학위 수여를 개신대에서는 논의 하였을 뿐만 아니라 그를 영입하려고 한다는 소문이 꼬리에 꼬리를 물고 있을 무렵, 그를 옹호하는 언론들을 통해 '최삼경 목사의 월경잉태설 문제 있다'라는 식으로 글이 올라오기 시작하였고, 그 보고서 이후에는 폭발적으로 언론에 노출되기 시작하여 소위 '최삼경 Vs 이정환'으로 대표되는 새로운 논쟁의 구도가 형성 되었다. 그렇다면 이것은 무엇을 의미하는가?

이것은 개혁 측의 신학 검증에 영향을 주고 나아가서는 그가 영입 되도록 돕기 위해서 그와 같은 일이 벌어졌다고 볼 수밖에 없다.

아무튼 이유가 어떤 것이건 간에 2009년부터 월경잉태설 논쟁은 다시 불씨가 지펴지기 시작하더니 2010년에는 그야말로 활화산처럼 폭발하기 시작한 것이다.

(2) 개신대의 신학검증 보고서

앞에서 잠간 언급한 것과 같이 박윤식 목사는 한국 교회에서 공식적으로 이단으로 규정되었다. 그러나 그를 옹호하는 사람들은 그것은 박윤식 목사를 직접 조사하거나 원자료를 통해 그렇게 한 것이 아니라 특정한 인사의 조작에 의해 그렇게 되었다고 주장한다.

그런데 이와 같은 입장은 개신대의 신학검증 보고서에도 그대로 나타나고 있다.

자의적 판단

평강제일교회 박윤식 원로목사 신학 검증보고서[29]

최근 한국 교회 안에서 <u>자의적 판단</u>에 따른 이단 논쟁 시비로 인한 여러 혼란을 막고자 구성된 개신대학원대학교 기독교신학 검증위원회는 평강제일교회 박윤식 원로 목사의 신학 사상을 다음과 같은 과정을 통해 검증하고 이에 보고합니다.

- 다음 -

1. 신학검증 대상
주　　소 : 서울특별시 구로구 오류X동 ○○○-76
소속교회 : 평강제일교회 직위 : 원로목사
이　　름 : 박 윤 식(朴潤植)

2. 박윤식 목사의 이단 검증의 필요성

박윤식 목사는 대한예수교장로회 합동보수 총회장을 역임한 목사였지만, 이단 시비가 대두되자 총회 활동을 중지하고 있던 중, 대한예수교장로회 개혁 교단을 중심한 9개 보수교단 대 통합 시 합동보수 교단이 개혁교단에 편입됨에 따라 그 교적은 자동적으로 대한예수교장로회 개혁교단 소속이 되었습니다. 시간이

---

29) 개신대, 『평강제일교회 박윤식 원로목사 신학검증보고서』, p.1.

흘러 개혁 교단 내의 합동보수 출신의 증경 총회장들을 비롯한 일부 목사들뿐만 아니라, 상식 있는 한국 교계의 목회자들 가운데 박윤식 목사의 구명에 대한 동정적인 정서가 일어나고 있는 이때에, 한국 교계의 <u>검증받지 못한 "이단감별사"</u>들에게 이단 판단의 대임을 맡길 수 없다고 생각한 개혁교단의 증경 총회장이요, 개신대학원대학교의 이사장, 조경대목사의 제의로 개신대학원대학교의 기독교신학검증위원회에서 이 문제를 검토하게 되었습니다.

박윤식 목사에 관해서는 개신대 교수들도 그의 옹호자들이 주장한 것과 같은 생각을 한 듯하다. 그래서 그들도 밑줄 친 곳과 같이 '자의적 판단'이라는 말이나 '검증받지 못한 이단감별사'라는 표현을 써가면서 그들에게 맡겨둘 수가 없어서 검증하게 되었다고 한다. 그리고 그들은 다음과 같은 검증 결과를 내어 놓았다.

또 다른 면죄부

5. 박윤식 목사의 현재의 신학사상에 대한 판단

본 신학검증위원회는 이상에서 밝힌 평강제일교회 박윤식 원로목사의 신학을 심도 있게 다각적으로 검증한 결과, 과거의 "십단계 말씀공부"와 "씨앗 속임" 설교나 "말씀 승리가" 등에 나타난바, 신학적으로 혼란스럽고 미숙한 표현들로 인하여 통일교 및 나운몽, 박태선 등과 관련된 것으로 오해받을 소지가 있었고, 소수의 대학생과 평신도에 의하여 만들어진 "말씀에 이르는 단계"와 "예수님을 알자"(『참 평안』에 실린 만화) 등을 인하여 박목사의 신학 사상이 이단적인 것으로 오해될 소지가 있었습니다. 그러나 검증 과정을 통해서 밝혀진 대로, 박목사는 사실상 통일교와 나운몽, 박태선과도 전혀 직접적인 관계가 없었습니다. 이에 대하여 법원의 판결도 뒷받침하고 있습니다. 한편, 그는 과거의 자신의 신학적 소양의 부족함을 인하여 이단 시비를 불러일으킨 점을 유감스럽게 생각했습니다. 그래서 그는 노령(현재 82세)에도 불구하고 부단히 성경과 신학을 개혁주의적으로 연구하여 2007년부터 2009년 사이에 4권의 저서를 출판하여 자신의 개혁신학 사상을 밝히 드러내 보였습니다.

1960년대부터 현재에 이르기까지 박윤식 목사의 신학사상을 검증해 볼 때, 소수의 교인들 가운데서 이단성에 대한 오해의 소지가 있어 보이지만, 박목사는 정통적 신앙노선의 교단에 속한 것을 계기로 교단 소속 신학교에서 3년간(M.Div 과정)개혁신학을 배우고 또 그리스도 중심의 구속사적으로 성경을 꾸준하게 연구함으로써 신학적으로 변화하고 발전하였습니다. 그 결과로 최근 네 권의 저서를 출판한바 있습니다.

비록 박목사의 신학이 과거에 이단성에 대한 오해가 있었고, 또 그로 인하여 지금도 극소수의 제명된 평신도들 가운데 그 같은 잔재들이 남아 있어 보이지만, 박목사 자신과 평강제일교회 자체의 공식적이 신앙고백과 신학 사상은 이단성이 없으며, 개혁주의 신학을 추구하고 있습니다.

따라서 박윤식 목사와 평강제일교회의 현재의 신학사상은 정통 복음주의 신학에 비추어 볼 때 합당하며, 다소 미흡한 요소들이 있어 보이지만 과거처럼 이단성이 있는 오해 요소들을 가르치거나 주장하고 있지 않음을 보고합니다.30)

개신대의 교수들은 과거에는 박윤식 목사가 여러 가지 문제점이

30) 개신대, 『평강제일교회 박윤식 원로목사 신학검증보고서』, pp.7-8.

있기는 했지만 그것은 그가 신학적 소양이 부족하여서 심히 유감스럽게 생각했던 것이라 하며, 다소 오해의 소지가 있지만 지금의 신학 사상은 정통 복음주의 신학에 비추어 볼 때 합당하기 때문에 아무런 문제가 없다고 보고를 한 것이다. 그러나 이것은 '눈 가리고 아웅' 한 것으로 그야말로 한쪽 눈을 감아버린 봐주기식의 보고서에 불과할 뿐이다.

눈 감은 보고서

박윤식 목사의 문제점은 아주 여러 가지다. 조명의 한계를 넘은 그의 계시론으로부터 시작해서 에덴동산, 말씀과 진리, 십 단계 성경공부, 말씀의 승리가, 씨앗 속임, 무월경잉태설 등 아주 많다. 그러나 그중에서도 가장 크게 부각 된 것은 통일교 사상과 관련된 것으로 보이는 '씨앗 속임'과 '무월경잉태설'이다.

박윤식 목사의 이단성에 대해서는 총신대 교수회의 보고서를 통해 이미 판명이 났다. 대법원에서까지 승소한 상태이기 때문에 더 이상 언급할 필요가 없다. 그러나 박윤식 목사가 대법원에서 패소한 것은 2010년 9월 10일이기 때문에 개신대 교수들이 보고서를 내던 때에는 아직 패소하지 않은 상태였다. 그렇지만 총신대 교수들의 첫 보고서가 나온 것이 2005년 6월 7일이었고, 최삼경 목사가 박윤식 목사의 무월경잉태설에 대해 문제를 삼은 것이 2005년 6월 30일이었으며, 그 후 바로 그 월경과 관련한 잉태설 때문에 합동 측 서북노회와 이단 공방을 벌였고, 그것 때문에 총신대생들은 서북노회의 행보에 대해 반대하며 조기를 달고 수업에 참여하기도 하였으며, 같은 총회의 '총회를 사랑하는 동문들의 모임'이 9월 11일 서울 장충체육관에서 기도회를 하면서 박윤식 목사가 있는 평강제일교회를 영입한 것은 정통개혁신앙의 입장에서 도저히 받아들일 수 없는 배교적 행위라는 결의문도 발표 하였고, 서북노회 또한 사과까지 하는 등 월경에 관한 문제는 박윤식 목사의 이단시비에 있어서 가장 중요한 사건으로 이미 부상되어 있었다.

뿐만 아니다. 2005년도 6월 30일자 교회와 신앙, 그리고 같은 해 현대종교 8월호에 실렸던 최삼경 목사의 글이 월경잉태설 논쟁을 불러일으킨 이후 이듬해 합동 측 총회에서 "최삼경 목사가 "월경 없이 태어나면 인성이 부인 된다"고 말한 것은 정확하지 못한 말이요 불필요한 사색이지만 인성을 강조하고자 하는 의도에서 한 말인 동시에 예수님의 신성을 부인하는 말이 아니므로 최 목사의 진술은 이단성이 없는 것으로 사료된다."라고 한 결론은 '불필요한 사색이지만 이단성은 없다'라는 말로 상당히 유명하였다.

그러므로 박윤식 목사의 이단성을 조사하고 있었던 개신대의 교수들이 그것을 모르고 있었다고 보기는 어려우며, 또한 그 의미나 중요성도 모르고 있었다고 보기는 어렵다. 그런데도 불구하고 그들은 그것에 대해 눈을 감아버린 것이다.

개신대 보고서에 나타난 박윤식의 월경관

박윤식 목사가 이단으로 정죄된 이유는 총신대 교수들이 밝힌 것과 같이 통일교와 관련된 사상 때문이다. 통일교에서는 창세기 3장의 선악과 사건을 뱀과 하와와의 성관계로 보고, 그 결과 인류에게는 더러운 피가 흐르게 되었으며, 그 더러워진 피 때문에 죽게 되었다고 한다.

그들은 성경에 피가 생명이라 하며, 생명이 피에 있다 하는데 피가 더러워졌으므로 죽게 되었다는 것이다. 그래서 그들은 그 더러워진 피를 제거하고 깨끗한 피로 교체해야 구원받는다고 한다. 이것이 바로 통일교에서 '혈대교환'이라고 칭하는 '피가름의 원리'를 주장하고 있는 배경이다.

통일교의 핵심 사상은 섹스를 모티브로 한 '혈통 유전설'이라할 수 있다. 죄가 피 속에 있으며, 그 죄는 성관계를 통하여 피가 유전됨으로 이어진다는 것이다. 박윤식 목사의 '씨앗 속임'과 '월경에서 탈출하자'라는 설교가 통일교의 사상과 유사하다는 이유가 바로 여기에 있다. 그의 주장 가운데 육체적인 섹스는 논란거리가 있지만 그 또한 피를 통하여 죄가 유전된다 생각하기 때문에 통일교와 같은 혈통 유전설이라 할 수가 있기 때문이다.

그러므로 박윤식 목사의 죄의 전가 교리나 피에 관한 그의 사상은 통일교와의 관련사실과 이단성을 밝혀주는 핵심적인 문제라 할수가 있다. 그런데 신학검증 보고서의 내용을 보면 박윤식 목사의 신학사상을 검증하는 가운데 다음과 같은 질의가 있음에도 불구하고 그것을 간과한 것이다.

　　나. 아담의 원죄의 전가 교리에 대하여 박 목사님은 어떻게 가르치십니까? 간단한 대답이나 관련된 자료를 말씀해 주십시오.

　　라. 죄인들이 "그리스도의 피로 죄 씻음을 받아 구원을 얻는다"고 말할 때, 그의 피 안에 말씀이 들어 있기 때문입니까? 아니면 그의 피 자체에 능력이 있기 때문입니까? 왜 그의 십자가는 하나님의 능력이요 지혜입니까?[31]

같은 페이지에 있기는 하지만 앞에 있는 '**나**'는 인간과 관련된 질문이고, 뒤에 있는 '**라**'는 그리스도와 관련한 질문이다. 그런

---

31) 개신대, 『평강제일교회 박윤식 원로목사 신학검증보고서』, p.10.

데 박윤식 목사는 거기에 대해 다음과 같은 답변서를 제출했다.

> **나.** 아담의 원죄로 인하여 그 죄책이 후손들에게 전가되었습니다. 그러므로 아담이후 모든 사람은 다 죄인입니다. 또한 죄안에서의 죽음과 부패한 본성이 일반적인 생육에 의하여 그의 후손들에게 전가되었습니다.[32]

인간과 관련한 답변은 그 자체만을 놓고 보면 별 문제가 없어 보인다. 그러나 그리스도와 관련된 질문에 대해서는 약간의 유도성 질문이기는 하지만 다음과 같이 답변함으로 어느 정도 문제가 있는 것이 노출 되었다.

> **라.** 십자가의 피 자체에 능력이 있기 때문이며, 하나님께서 십자가를 통하여 하나님의 백성들의 죄를 다 사하셨기 때문에 하나님의 능력이요 지혜입니다.[33]

십자가의 피 자체에 능력이 있다는 박윤식 목사의 답변은 일반 성도 가운데 좀 예민한 사람이 아니라면 이상을 발견하지 못할 가능성이 있다. 그러나 그의 이단성 여부를 조사하고 있는 교수들이 그것을 발견하지 못했다는 것은 이해하기 어렵다. 그의 사상이 통일교와 관련된 것이라는 얘기가 떠돌았고, 그것 때문에 월경 잉태설 논쟁 또한 시끄러웠다는 것을 알고 있었을 것이기 때문이다.

더구나 신학검증 보고서의 특집 Ⅱ에 있는 "왜곡된 진실에 대한 우리의 입장"의 "'월경'에 대하여"에는 다음과 같은 기록도 있었다.

---

32) 개신대, 『평강제일교회 박윤식 원로목사 신학검증보고서』, p.17.
33) 같은 책, p.17.

구원받기 이전 인간의 상태는 죄와 허물로 죽어 있었다(엡 2:1). 즉 총명이 어두워지고 무지함과 마음이 굳어짐으로 말미암아 하나님의 생명에서 떠나 있었다(엡4:18). 하나님의 영원하신 생명과 연결되지 못한, 영적으로 죽어 있는 상태였던 것이다. 죄악된 인생은 혈통과 육정으로 난 자요 사람의 뜻으로 난 자이며(요1:13) 부정한 모혈로 난 자이다. 성경 안에서 생활하지 못하기에 육신을 좇는 자요, 육신의 일을 생각하는 자들이며, 의롭지 못하다.

욥14:1-4 "여인에게서 난 사람은 사는 날이 적고 괴로움이 가득하며... 이와 같은 자를 주께서 눈을 들어 살피시나이까... 누가 깨끗한 것을 더러운 것 가운데서 낼 수 있으리이까" 욥15:14 "사람이 무엇이관대 깨끗하겠느냐 여인에게서 난 자가 무엇이관대 의롭겠느냐" 욥25:4-5 "하나님 앞에서 사람이 어찌 의롭다 하며 부녀에게서 난 자가 어찌 깨끗하다 하랴..." 이처럼 혈통과 육신을 통해 낳은 자녀들, 즉 혈과 육은 하나님 나라를 유업으로 받을 수 없다. 부활의 영을 받아야 하는 것이다. 고전15:50 "혈과 육은 하나님 나라를 유업으로 받을 수 없고 또한 썩은 것은 썩지 아니한 것을 유업으로 받지 못하느니라"했다. 여인에게서 난 사람은 월경을 통해서 난 것이며 성경은 월경하는 여인에 대해서 불결하고 부정하게 여기고 있음을 본다.

레15:25 "여인의 피의 유출이 그 불결기 외에 있어서 여러 날이 간다든지 그 유출이 불결기를 지나든지 하면 그 부정을 유출하는 날 동안은 그 불결한 때와 같이 부정한즉"

레18:19 "너는 여인이 경도로 불결할 동안에 그에게 가까이하여 그 하체를 범치 말찌니라" 레20:18 "누구든지 경도하는 여인과 동침하여 그의 하체를 범하면 남자는 그 여인의 근원을 드러내었고 여인은 자기의 피 근원을 드러내었음인즉 둘 다 백성 중에서 끊쳐지리라"

겔18:6 "...월경 중에 있는 여인을 가까이 하지 아니하며"

겔22:10 "...네 가운데 월경하는 부정한 여인에게 구합하는 자도 있었으며"

이상의 말씀에서 월경하는 여인을 더럽고 부정하게 보면서 가까이하지 못하도록 한 것을 보게 된다. 결국 타락한 인간 여인에게서 난 자는 모두 월경을 따라서 낳았기에 혈통과 육신으로 난 자임을 알 수 있다. 즉 육신의 자식들인 것이다. 그러나 성경에 보면 월경없이 생산한 사건이 기록되어 있다.

아브라함의 처 사라

아브라함은 창18:2에서 세 사람이 서 있는 것을 보고 곧 달려나가 영접하며 몸을 땅에 굽혀 가로되 내 주여 주께 은혜를 입었사오면 원컨대 종을 떠나 지나가지 마옵시고 물을 조금 가져오게 하사 당신들의 발을 씻기시고 나무 아래서 쉬소서 하며 나그네 대접에 정성을 다하였다. 계속해서 창18:10에 보면 천사로부터 "기한이 이를 때에 내가 정녕 네게로 돌아오리니 네 아내 사라에게 아들이 있으리라 하시니 사라가 그뒤 장막문에서 들었더라. 아브라함과 사라는 늙었고 사라의 경수는 끊어졌는지라" 라고 말씀하고 있다. 사라가 믿지 못했으나, 창18:14에 "여호와께 능치 못할 일이 있겠느냐, 기한이 이를 때에 내가 네게로 돌아오리니 사라에게 아들이 있으리라" 말씀하셨다. 그후 창21:1-7에 보면 여호와께서 말씀대로 사라를 권고하시고 행 하셨음으로 마침내 경수없이 아들을 낳았다. 그 아들의 이름이 이삭이었다.

사가랴의 아내 엘리사벳

사가랴가 그 반열의 차례대로 제사장의 임무를 하나님 앞에서

행할 때 하나님의 성전에서 분향할 백성은 그 분향하는 시간에 밖에서 기도하더니 주의 사자가 사가랴에게 나타나 "너의 간구함이 들린지라 네 아내 엘리사벳이 네게 아들을 낳아 주리니 그 이름을 요한이라 하라"(눅1:13) "보라 네 친족 엘리사벳도 늙어서 아들을 배었느니라"(눅1:36) 세례요한은 늙으신 부모에게서 태어났다. "엘리사벳이 수태를 못하므로 저희가 무자하고 두 사람의 나이 많더라"(눅1:7). 늙어서 월경이 없어진 지 오랜 후에 임신이 되었고 이 아이는 모태로부터 성령의 충만함을 입어 이스라엘 자손을 주 곧 저희 하나님께로 돌아오게 하는 특수 사명자가 되었다(눅1:15-16).

예수의 어머니 마리아

우리의 신앙고백의 핵심이 되는 예수님은 구약의 모든 예언의 중심이다. 이 예수님은 창3:15에 여인의 후손으로 오신다고 예언하셨다. 그리고 이사야도 사7:14 "보라 처녀가 잉태하여 아들을 낳을 것이요 그 이름을 임마누엘이라 하리라"고 말씀했다. 예수님은 마리아가 정혼하기 전에 그리고 남자를 알기 전에 성령으로 잉태되었으니 사람의 상식을 벗어나 하나님의 능력으로 태어나셨다. 월경에서 벗어난다함은 인간의 출생 방법을 떠나 하나님의 능력으로 태어나는 것을 뜻한다.

남자와 상관없이 태어난 것도 하나님의 이적으로 태어난 것임을 우리에게 보여주고 있다.

요1:12-13 "영접하는 자 곧 그 이름을 믿는 자들에게는 하나님의 자녀가 되는 권세를 주셨으니 이는 혈통으로나 육정으로나 사람의 뜻으로 나지 아니하고 오직 하나님께로서 난 자들이니라"고 말씀하셨다. 이런 사람은 육신에 속한 월경이나 육신의 씨로 태어난 사람이 아님을 밝힌 말씀이다.

벧전1:18-19 "너희가 알거니와 너희 조상의 유전한 망령된 행실에서 구속된 것은 은이나 금같이 없어질 것으로 한 것이 아니요 오직 흠 없고 점 없는 어린양 같은 그리스도의 보배로운 피로 한 것이니라"

요1:12-13 "영접하는 자 곧 그 이름을 믿는 자들에게는 하나님의 자녀가 되는 권세를 주셨으니 이는 혈통으로난 육적으로나 사람의 뜻으로 나지 아니하고 오직 하나님께로서 난 자들이니라"

벧전1:23 "너희가 거듭난 것이 썩어질 씨로 된 것이 아니요 썩지 아니할 씨로 된 것이니 하나님의 살아 있고 항상 있는 말씀으로 되었느니라"

딛3:5 "우리를 구원하시되 우리의 행한 바 의로운 행위로 말미암지 아니하고 오직 그의 긍휼하심을 좇아 중생의 씻음과 성령의 새롭게 하심으로 하셨나니" 하늘의 새 생명의 역사를 이식받아 중생한 하나님의 자녀요 성령을 따라 난 처음 익은 앨매들이니 언약의 씨로부터 난 약속의 자녀들인 것이다. 갈4:28 "형제들아 너희는 이삭과 같이 약속의 자녀라" 롬9:6-8 "이스라엘에게서 난 그들이 다 이스라엘이 아니요 또한 아브라함의 씨가 다 그 자녀가 아니라 오직 이삭으로부터 난 자라야 네 씨라 칭하리라... 육신의 자녀가 하나님의 자녀가 아니라 오직 약속의 자녀가 씨로 여기심을 받느니라"고 했다.

갈4:21-31 하갈과 사라는 아브라함의 아내로서 역사적으로 존재한 인물이었다. 2.000년 후에 사도바울은 역사적으로 실재했던 하갈과 사라를 비유의 인물로 보았다. 그리하여 하갈은 시내산과 땅에 있는 예루살렘으로 보았고 사라는 시온산과 하늘에 있는 예루살렘으로 보았다. 또 사라는 곧 자유자니 우리의 어머니라 했으며 두 여자는 곧 두 언약으로 보았던 것이다. 두 여자로부터 난 자녀 중에 이스마엘은 육체를 따라 난 육신의 자녀를 가리키고 이삭은 성령을 따라 난 약속의 자녀를 가리킨다고 말씀하신다(갈4:28-29). 죄악 된 인간은 육신의 어머니를 통해 죄악 중에서 태어났고, 죄와 허물로 죽은 자들이다. 혈과 육은 하나님의 유업을 잇지 못한다. 따라서 물과 성령으로 거듭나지 아니하고는 하나님의 나라를 볼 수도 없다(고전15:50, 요3:3-5)

이제 우리는 믿음으로 예수 그리스도 안에서 하나님의 말씀으로 거듭나서 성령을 따라 난 자가 되어 하나님의 기업의 영광의 풍성함에 참예하는 것이다. 월경하는 여인에게서 난 육신의 자식들인 우리는 성령의 역사로 다시 거듭나야 한다. 그래야만 약속의 자녀로서 하늘나라의 유업을 받게 된다." 34)

월경과 관련된 박윤식 목사의 주장은 최삼경 목사와 그를 공격하는 자들의 논쟁을 다루는 가운데 본격적으로 살펴볼 것이기 때문에 여기에서는 더 이상 언급하지 않으려 한다. 그러나 그릇된 성경해석들과 밑줄 친 부분을 보면 그의 주장이 얼마나 통일교의 사상과 유사한 지 당장 알게 되었을 것이다. 그런데 그럼에도 불구하고 그의 가르침에서 이단성을 발견하지 못하였고, 복음주의 신학에 합당하며, 웨스트민스터신앙고백대로 개혁주의 신학에 충실한 답변을 해 주었다고 보고한 것은 아무래도 합당한 조사보고서라고 보기 어렵다.

---

34) 개신대, 『평강제일교회 박윤식 원로목사 신학검증보고서』, pp.37-39.

3. 통합 측과 월경잉태설 논쟁 - (1)

이단으로 정죄 되었던 박윤식 목사의 사상이 어떤 과정을 통해 살아남아 다시 논쟁의 핵으로 떠오르게 되었는가를 살펴보았다.

합동 측 서북노회에서 박윤식 목사를 영입하려 하였지만 최삼경 목사가 그의 이단성을 제기하자 거기에 반발한 서북노회에서 최삼경 목사가 월경잉태설을 주장한다며 오히려 그의 이단성을 제기한 것이 발단이 되었다. 그러나 박윤식 목사를 영입한 것에 대해 합동 내에서 조차 대대적으로 반발하였을 뿐만 아니라 최삼경 목사에 대해 '이단성 없음' 이라는 조사결과가 발표되자 월경잉태설 논쟁은 일단락 된 것 같았다. 더구나 서북노회 노회장이 총회에서 공개사과까지 했으니 재론하기는 어렵게 되었다. 그러나 합동 측은 총회에서 당시 서북노회에서 주장한 내용에 대해 적절한 조치를 취하지 않음으로 또 다른 불씨를 남겨두게 되었다.

그 불씨가 되살아난 것은 개혁 교단에서 박윤식 목사를 영입하려한 것에서 시작되었다 해도 과언이 아니다. 2009년 9월쯤에는 개신대에서 박윤식 목사에게 명예박사 학위를 수여한다는 소문이 언론에 떠돌았으며, 그를 영입하려 한다는 얘기까지 퍼지고 있었다. 그런데 신학검증위원회는 이해하기 어려울 정도로 아주 짧은 기간에 문제없다는 식의 연구 보고서를 제출하였다.

그 연구 보고서가 작성된 경위를 간략하게 살펴보면 대략 다음과 같다.

개신대학원대학교에서는 2009년 8월 19일 교수회의의 논의를 시작으로 2009년 11월 4일 "기독교신학검증위원회"를 구성하였고, 11월 12일까지 "기독교 이단 판단의 기준" 을 세운 다음, 11월 18일에 박윤식 목사에게 보내는 질의서를 우송한 결과 11월 29일에 답변서가 왔으며, 12월 1일 11시에 평강제일교회를 방문하였으나 당사자에게 직접 질의도 하지 않고 박윤식 목사가 위임한 사람들 (유종훈 담임목사, 이승현 목사, 남선교회 대표회장 김길진 장로) 에게 오후 2시까지 3시간 동안 질의 하고나서 "박윤식 목사와 평강제일교회의 현재의 신학사상은 정통 복음주의 신학에 비추어 볼 때 합당하며, 다소 미흡한 요소들이 있어 보이지만 과거처럼 이단성이 있는 오해 요소들을 가르치거나 주장하고 있지 않음을 보고합니다." 라는 보고서를 냈다.35)

그러므로 이러한 사실을 종합하여 보았을 때, 즉 교리적으로 그의 이단성의 조사가 시작되기도 전에 개신대에서 명예박사 학위수여가 이미 거론된 것이나 당사자를 직접 조사도 하지 않은 사실, 그리고 검증 위원회가 구성 된 후 실제적으로는 겨우 15일 정도 만에 초스피드로 그와 같은 결론을 내린 것으로 보았을 때, 소위 기독교신학 검증위원회의 검증 행위는 이미 적극적으로 영입하려는 의도를 가지고 면죄부를 주기 위한 형식적인 절차에 불과했음을 쉽게 알 수가 있다.

아무튼 그 무렵 이미 일단락되어서 끝난 것처럼 여겨졌던 최삼경 목사에 대한 이단 시비가 다시 불붙기 시작했다. 몇 몇 신문들을 중심으로 과거에 합동 측 서북노회에서 주장했던 내용들과 거의 유사한 내용들, 즉 박윤식 목사의 주장과 같은 것들이 이정환 목사를 중심으로 거론되기 시작했고, 그가 소속되어 있는 통합 측 서울북노회는 다음과 같은 내용의 질의서를 총회에 제출하기에 이르렀다.

---

35) 검증보고서 7-8페이지에 있는 것인데, 오전 11시부터 오후 2시까지 질의 한 것으로 되어 있다. 그렇다면 실제적으로는 3시간도 질의하지 못했을 가능성이 높다. 중간에 점심시간이 있었을 것이기 때문이다.

(1) 서울북노회의 질의서

주님의 은혜와 평강을 기원합니다. 다음과 같은 주장의 이단 적 내용여부에 대하여 질의하오니 답변해 주시기 바랍니다.

최근 모 인터넷 언론의 상임이사이며 우리 교단 이단대책위원 회 최삼경 목사가 2005년 6월30일과 7월15일에 발행된 자신의 인터넷언론 기고문에서 다음과 같은 주장을 한 사실로 인하여 이단시비가 일고 있습니다. 그의 주장을 요약하면 다음과 같습 니다.

최삼경목사 : "예수님은 마리아의 월경을 통해서 태어났다. 예수님이 월경없이 태어났다고 주장하면 예수님의 인성이 부정 되고 만다. 예수님이 마리아의 월경 없이 태어났다는 말은 마리 아의 육체를 빌리지 않고 태어났다는 말과 같다"

최 목사의 주장은 "예수님께서 월경이 없었던 마리아에게서 태어났다면 마리아의 육체를 통해서 태어났다는 것을 부정하는 것" 이라는 의미입니다.

이는 경수가 끊어진 사라가 하나님의 능력으로 이삭을 잉태한 사실을 기록한 성경을 부인하는 것과 같은 것으로 일찍이 어느 누구도 그 같은 주장을 한 적이 없는 신흥 이단사상이 아닐 수 없습니다.

최삼경목사 : "(마리아가)요셉의 정액에 의하여 임신하지 않 은 것이 동정녀에게 태어났다는 의미"

동정녀 탄생은 하나님의 신적 역사로 부정모혈이 아닌 신비한 하나님의 역사입니다. "동정녀 탄생이 요셉의 정액에 의해 마리아가 임신하지 않은 것"이라는 최 목사의 주장은 신비한 하나님의 역사를 극히 인본적으로 해석하여 동정녀 탄생교리를 훼손 하였습니다.

최삼경목사 : "월경이란 인간의 피를 말하는 것이다. 월경이 있다는 말은 아이를 생산할 능력이 있다는 것을 피로서 말해 주는 것이다. 그래서 임신을 하면 월경이 없어지는데 그 피가 아이에게로 가는 것이다."

최 목사의 주장은 결국 "마리아의 월경(피)이 예수님에게로 갔다"는 뜻이됩니다. 만일 예수께서 마리아의 피와 살을 이어받았다면 그것은 범죄한 아담의 피를 이어받았다는 뜻으로, 이는 마리아의 유전적 죄악이 예수님에게 그대로 이어졌다는 것을 뜻하는 것이며 결국 예수님도 모든 인류와 같이 하나님의 구속이 필요한 한 사람의 인간이며, 그렇게 되면 예수 그리스도의 무죄잉태와 예수님을 통한 구원의 역사, 곧 기독교의 구원론마저 부정되고 기독교는 붕궤되는 심각한 이단사상이라 할 것입니다.

이 같은 주장에 대하여 총회신학교 교수 고 박형룡박사는 **"그리스도께서 통상한 생리대로 사람에 의해 발생되셨다면 그는 한 개(인)의 인적 인격이 되어 행위언약에 포함되고, 또한 인류의 공동죄책에 참여하시고 또 오염되었을 것이다. 예수께서 마리아의 생리(월경)로 태어나셨다면 우리와 같은 인간으로 죄악 중에 출생한 것"**이라고 하였습니다. 박형룡박사의 말대로 하면 이 같은 주장은 결국 예수 그리스도의 동정녀 탄생을 부인하는 것으로 이단적 주장이라 사료됩니다.

또한 대한예수교장로회 총회(합동) 제91회 총회는 "월경 없이 태어나면 인성이 부정 된다"는 주장에 대하여 이는 "정확하지 못한 말이요 불필요한 사색"이라고 잘못을 지적한 바 있습니다.

최삼경목사는 우리 총회의 이단대책위원회 서기직에 있는 인사로 스스로 성경적이고 교리적으로 바른 위치에 있어야 교단의 이단 사이비대책을 감당 할 수 있을 것이나 이 같이 기독교 교리의 핵심이 되는 예수 그리스도의 동정녀 탄생에 대한 심각한 오류에 빠져있다면 교단적으로 큰 문제가 아닐 수 없습니다.

서울북노회는 노회의 결의로 '소위 최삼경목사의 월경잉태설'에 대하여 총회에 질의와 조사를 청원하오니 그러므로 총회장께서는 최 목사의 주장에 대하여 공정하고 투명한 방법으로 편견 없는 연구와 조사를 통해 우리 총회의 위상에 손상이 되지 않도록 그 결과를 답변해 주시기 바랍니다.[36]

통합 측 서울북노회의 이 질의서는 과거 2005년도에 있었던 합동 측 서북노회의 주장과 내용에 있어서 거의 비슷하다. 그러므로 이 주장도 박윤식 목사의 사상과 유사하여 내용상으로 통일교나 전도관과 맥이 닿아 있는 것처럼 보인다.

그런데 이 질의에 대해 통합 측에서는 조금 자세하기는 하지만 과거 합동 측과 거의 같은 형태로 최삼경 목사만 변호하고 말았다. 다음은 통합 교단 이단대책위원회에서 내놓은 답변서이다.

---

36) 이정환, 『최삼경목사의 마리아 월경잉태설, 무엇이 문제인가?』, pp.43-47.

(2) 통합 측 이대위의 연구보고서

최삼경목사의 소위 "마리아 월경 잉태론"에 대한 연구보고서[37]

I. 연구경위

서울 북노회(서북노 제53-13호, 2009.11.12)가 제출한 최삼경 목사의 소위 "마리아 월경 잉태론"이 이단사이비성이 있다고 조사해 달라는 건의가 본 위원회에 이첩됨으로 (예장총서 제 94-25호, 2010.1. 28) 연구하게 되었다.

II. 연구내용

1. 최삼경목사의 배경

최삼경목사는 총신대학교, 신학대학원을 졸업하고 미국 풀러신학교 석사(Th.M) 코스 및 장로회신학대학교 청목과정을 수료하였다. 그 후 미국 샌프란시스코 신학교의 목회학 박사(D.Min) 과정을 이수하였다. 최삼경목사는 이단사이비에 대처하는 사역에 헌신하여 본 교단 이단사이비대책위 산하 이단사이비상담소의 소장(1-3대)으로 봉사하였고, 한국기독교총연합회 이단사이비문제 상담소장으로 봉사하기도 하였다. 현재 본 교단 서울 동노회 산하 빛과 소금교회 담임목사로 있으며 현재 본 교단 이단사이비대책위원회 서기로 봉직하고 있다.

---

37) 이정환, 『최삼경목사의 마리아 월경잉태설, 무엇이 문제인가?』, pp.48-53

2. 논란의 발단과 전개

소위 "마리아 월경 잉태론"은 당시 한기총 이단사이비 상담소 소장이었던 최삼경목사가 「현대종교」 2005년 8월호에 "박윤식씨 이단 시비의 핵심 - 이단 옹호자에게 공청회를 제의한다"라는 기고문에서 비롯되었다.(45-56쪽). 이 글은 원래 인터넷 신문 「교회와 신앙」 2005년 6월 30일 실린 것을 옮겨 게재한 것이다.

최삼경 목사의 이 글에 대해 비판적인 시각을 담은 글은 다음과 같다.

구생수, "예수님의 월경 잉태를 주장한 배경과 문제성"
예영수, "최삼경목사의 마리아잉태설의 오류 및 이단성"
이광호, "예수님의 성령에 의한 잉태와 동정녀 탄생"(2010. 4. 9. 『제 12회 기독언론포럼 자료집』 이 자료집의 주제는 "예수님의 월경 잉태론 무엇이 문제인가"이다).

이 밖에 현 한국기독교총연합회 산하 이단대책위원회 전문위원인 이정환목사가 본 교단이 이단옹호언론으로 규정한 「교회연합신문」에 2010년 3월 26일 기고한 "한국교회가 바라는 신학교수 상"이라는 기고문에도 부정적인 견해가 피력되어 있다. 또한 같은 저자의 미발표문 "마리아 월경잉태설 무엇이 문제인가?"라는 글도 최삼경목사에 대한 부정적 시각이 담겨있다. 이들의 부정적인 견해는 본 교단이 이단 옹호언론으로 규정한 언론들에 의해 널리 보도되고 확대 재생산되었다 (「교회연합신문」, 「크리스천 투데이」 등).

반면, 최삼경목사에 대한 긍정적인 글은 합동 신학대학

원 교수인 김병훈목사가 「기독교 개혁신보」에 2010. 5. 12일 기고한 " "성령으로 잉태하사 동정녀 마리아에게서 나시고"에 대한 개혁 신학적 관점" 이란 기고문이 있다. 또 제 91회 합동 측 제 91회 총회 보고서 중 이단조사연구위원회 최종 보고서가 있다. 이 보고서는 "최삼경목사가 "월경 없이 태어나면 인성이 부인 된다"고 말한 것은 정확하지 못한 말이요 불필요한 사색이지만, 인성을 강조하고자 하는 의도에서 한 말인 동시에 예수님의 신성을 부인하는 말이 아니므로 최 목사의 진술은 이단성이 없는 것으로 사료 된다"고 보고하면서 최삼경목사가 이단적인 견해를 피력한 것이 아닌 것으로 평가하고 있다(합동측 『제 91회 총회 보고서』, 544쪽).

3. 논란이 된 최삼경목사의 언급들

박윤식씨를 비판하는 과정에서 논란이 된 최삼경목사의 정확한 인용문은 다음과 같다.

"월경이란 인간의 피를 말하는 것이다. 월경이 있다는 말은 아이를 생산할 능력이 있다는 것을 피로 말해 주는 것이다. 그래서 임신을 하면 월경이 없어지는데 그 피가 아이에게 가는 것이다. 그 피로 아이를 기르는 것이다." (「현대종교」 2005년 8월호, 48-49쪽)

"예수님이 월경 없이 태어났다는 말 속에는 예수님의 인성이 부정되고 만다. 우선 마리아는 요셉의 정액에 의하여 임신하지 않았다는 말은 성경이 주장하는 사상이다. 동정녀에게서 태어났다는 의미가 그렇다. 그러나 월경 없이 태어났다는 말은 마리아의 육체를 빌리지 않고 태어났다는 말과도 같이 된다. 굳이 마리아의 몸에 들어가 10달이나 있어야 할 필요가 없는 것이다.”
(「현대종교」2005년 8월호, 49쪽)

“마리아가 월경이 없었다는 말은 마리아의 피 없이 예수님이
마리아의 몸에서 자랐다는 말이 되기 때문에 인성이 부정되는
결과를 가져 오고도 남는다.” (「현대종교」2005년 8월호, 49
쪽)
“생각해 보자. 박 씨의 말에 의하면 다음과 같은 상상이 가능
하다.... 왜 성경에 없는 이런 상상을 해야 하고 그런 말을 변
증해야 하는지 모르겠다. 그의 잘못된 타락관 때문이다.”
(「현대종교」2005년 8월호, 49쪽)

4. 최삼경목사의 글에 대한 신학적 판단

      a. 위의 인용문에서 보듯이 최삼경목사가 자극적이고
불경스럽게 보이는 “월경”이란 단어를 예수님과 관련하여 사
용한 것은 박윤식 이단 집단을 비판하는 과정에서 나온 것으로
불가피한 면이 있다. 물론 최삼경 목사는 예수님의 성육신을 통
한 인성을 긍정하면서 그분의 신성 또한 인정하고 있다. 그런데
‘예수님이 월경으로 태어났느냐’는 공격은 최삼경 목사 이전
에 칼빈도 받았다. 당시 재세례파와 논쟁하는 과정에서 칼빈은
이와 같은 공격을 받았던 것이다. 칼빈은 당연히 재세례파의 이
러한 공격을 논박하고 있다. 이 부분에 대해 기독교 강요를 인
용하면 다음과 같다.

“그러나 그들 무리 중 몇몇은 부끄러움을 옆으로 던져 버리고
너무나도 터무니없이 우리가 그리스도는 처녀의 월경의 씨에서
잉태되었다는 것을 의미하는 지 질문한다. 이에 대하여 나는 도

리어 그들에게 예수님이 그의 어머니의 피와 연결되지 않았는지 반문할 것이다 - 그들은 이 사실을 인정해야만 할 것이다." (칼빈, 『기독교강요』, 2. 13.3)

Some of their tribe, however, casting shame aside, too wantonly ask whether we mean that Christ was engendered of the virgin's menstrual seed. In return I shall ask them whether he did not unite with his mother's blood - which they will have to admit.(Calvin, *Institutes of the Christian Religion,* II. 13. 3)

   b. 예수님이 마리아에게서 피와 살을 받지 않았다는 주장은 당시 재세례파의 대표자들인 멘노 시문스(Mennon Simmons), 덕 필립스(Dirk Philips) 등이 주장한 사상이었다. 이에 대해 칼빈을 비롯한 개혁파 진영에서는 예수님의 몸은 마리아와 실체적인 연결(substantial unity)을 갖는다는 주장으로 이 견해에 대해 격렬하게 반대하였다. 그 후 우리 교단의 전통인 개혁파 진영에서 만든 몇몇 신조에서도 칼빈의 이러한 사상은 확인되고 있다. 이 부분에 해당되는 신조를 인용하면 다음과 같다.

벨직 신앙 고백서 (Belgic Confession, 1561년)

18항: 성육신
그러므로 우리는 그리스도께서 그의 어머니로부터 인간의 살을 취하셨다는 것을 부인하는 재세례파 이단들에 반대하며 다음과 같이 고백한다: 그리스도는 자녀들의 살과 피를 공유하며, 육체에 따른 다윗의 허리의 열매이며, 육체를 따라 다윗의 씨에서 나셨으며, 동정녀 마리아의 자궁의 열매이며, 여인에게서 나셨으며, 다윗의 씨요, 이새의 뿌리의 가지이며, 유다지파에서 나셨고, 육체를 따라 유대인들에서 나셨으며, 아브라함의 씨에서부터 아브라함의 씨를 취하셨다. 그리하여 모든 면에서 그의 형제들과 다름이 없으시나 죄는 없으시다.

Belgic Confession, 1561
    Article 18: Incarnation:
...Therefore we confess, against the heresy of the Anabaptists who deny that Christ assumed human flesh from his mother, that he "shared the very flesh and blood of children"; that he is "fruit of the loins of David" according to the flesh; "born of the seed of David" according to the flesh; "fruit of the womb of the virgin Mary"; "born of a woman"; "the seed of David"; "a shoot from the root of Jesse"; "the offspring of Judah," having descended from the Jews according to the flesh; "from the seed of Abraham"-- for he "assumed Abraham's seed" and was "made like his brothers except for sin."(http://www.reformed.org/documents)

하이델베르크 요리문답 (1563년)

질문 35, "성령으로 잉태되어 동정녀 마리아에게서 나시고" 라는 뜻은 무엇입니까?
대답: 그것은 현재나 장래나 참되며 영원한 하나님이신 영원한 하나님의 아들이 성령의 능력으로 동정녀 마리아의 살과 피로부터 참된 사람의 본질을 취하셨으며, 따라서 다윗의 참된 씨가 되었으며, 죄가 없으신 것을 제외하고는 모든 면에서 다른 사람

들과 동일하다는 뜻입니다.

The Heidelberg Catechism (1563)
Q. What is the meaning of: "Conceived by the Holy Spirit,
born of the Virgin Mary?"
A. That the eternal Son of God, who is and remains true and
eternal God, took upon himself our true manhood from the
flesh and blood of the Virgin Mary through the action of
the Holy Spirit, so that he might also be the true seed of
David, like his fellow men in all things, except for
sin.(*The Constitution: Part I, The Book of Confessions*,
P.C.U.S.A)

웨스터민스터 신앙고백 (1647년)

18장 2항

삼위일체 하나님의 제 2격이신 하나님의 아들은 영원한 참 하나
님이시며, 아버지와 한 본질이시며 동등하신 분이시다. 때가 찼
을 때 삶의 본질적인 속성과 공통된 연약함을 가진 사람의 본성
을 입으셨으나 죄는 없으셨다. 성령의 능력에 의해 동정녀 마리
아의 자궁 안에서 그녀의 본질을 취하셔서 잉태되셨다. 그리하
여 완전하면서도 완벽한 그리고 전적으로 구분된 두 본성인 신
성과 인성이 분리됨이 없이 한 인격에 연합되셨는데 변화나 혼
합이나 혼동이 없으시다. 이 분은 참 하나님이시요, 참 사람이
며 하나님과 사람의 단 하나의 중보자이신 한 분 그리스도이시
다.

The Westminster Confession of Faith (1647)

Chapter VIII

2. The Son of God the second Person in the Trinity, being very and eternal God, of one substance, and equal with the Father, did, when the fullness of time was come, take upon him man's nature, with all the essential properties and common infirmities thereof, yet without sin; being conceived by the power of the Holy Ghost, in the womb of the Virgin Mary, of her substance. So that two whole, perfect, and distinct natures, the Godhead and the manhood, were inseparably joined together in one person, without conversion, composition, or confusion. Which person is very God and very man, yet one Christ, the only Mediator between God and man.(*The Constitution: Part I, The Book of Confessions*, P.C.U.S.A)

본 교단의 헌법의 요리문답 (2007년)

문 22. 그리스도가 하나님의 아들이신데 어떻게 사람이 되셨습니까?
답. 하나님의 아들이신 그리스도는 참 육신과 영혼을 취하심으로써 사람이 되셨습니다. 그는 성령의 능력에 의하여 동정녀 마리아의 몸에 잉태되어 그에게서 나셨으나 죄는 없으십니다.

　　　　c. 따라서 예수님이 마리아의 살과 피를 취하셨음에도 어떻게 죄가 없는가 하는 질문에 대해서는 우리 장로교회의 전통은 성령의 능력이라고 대답한다. 그리하여 본 교단은 예수님이 사람의 살과 피를 취하여 다른 사람들과 동일한 인성을 가지셨으나 성령의 능력으로 죄는 없으시며 따라서 우리의 영원한

구원자이심을 고백한다.

III. 연구 결론

이상에서 볼 때 비록 최삼경목사가 월경이라는 자극적인 단어를 사용하였으나 이는 불가피하게 이단을 논박하면서 사용한 것이다. 또한 예수님이 마리아에게서 살과 피를 취하였으나 성령의 능력으로 죄는 없으시다고 고백하는 우리 교단의 전통에서 볼 때 그의 사상이 본 교단의 전통을 떠난 이단적인 것이라고 볼 수 없다. 그리고 그가 이 단어를 통해 그리스도를 모독하려는 의도가 없으며 따라서 당연히 이단성도 없다고 보아야 할 것이다.

통합 측의 이 연구보고서는 서울북노회의 질의에 대해 깔끔하게 답변하고 있다. 최삼경 목사를 공격하고 있는 사람들의 주장과 같이 예수님이 마리아의 살과 피를 받지 않았다는 것은 칼빈을 공격했던 재세례파의 지도자였던 멘노 시문스(Mennon Simmons), 덕 필립스(Dirk Philips) 등이 주장한 것으로 이단이지만, 최삼경 목사의 주장은 벨직신앙고백서나 하이델베르그 요리문답과 웨스트민스터 신앙고백서, 그리고 통합 교단의 헌법과 요리문답에 비추어보았을 때 이단성이 없으며 정통이라는 것이다.

통합 측의 이 연구보고서는 합동 교단의 이대위 연구보고서 보다는 진일보한 것이다. 최삼경 목사에게 단순히 이단이 아니라고만 한 것이 아니라 신앙고백서들에 비추어볼 때 정통이며, 그를 공격한 자들의 주장이 오히려 재세례파와 같은 사상이라는 것을 구체적으로 밝혔기 때문이다. 그러나 이 연구보고서 역시 서울북노회의 질의서에 대해 간접적으로만 이단적이라 했지 박윤식 목사와 유사한 사상으로 질의한 서울북노회에 대해서는 침묵하면서 그들의 주장에 대해 조목조목 반박하지도 않았고, 문제점을 제기하지 않았다. 그 결과 동일한 사건들이 계속해서 일어나게 되었으며, 2010년 총회에서는 더 큰 충돌이 벌어지게 되었다.

4. 기독교 언론 포럼

2010년 4월 9일에 '예수님의 월경잉태론, 무엇이 문제인가'라는 주제로 기독언론포럼이 서울 연지동 한국교회백주년기념관 소강당에서 개최되었다. 월경잉태설 논쟁은 이 포럼을 통해 교단을 초월하여 본격적으로 벌어지게 되었다.

▲포럼 발제자들의 모습. 왼쪽부터 사회를 맡은 강춘오 목사
구생수 목사, 예영수 박사, 이광호 목사38)

크리스천투데이(통합(2009/94/, 합신(2010/95/ 이단옹호언론으로 규정)에서는 이 포럼에 대해 다음과 같이 썼다.

한국기독언론협회(회장 임종권 국장) 주최로 3백여명이 참석한 가운데 열린 이번 포럼은 구생수 목사(베드로출판사 대표)가

---

38) <http://www.christiantoday.co.kr/view.htm?id=207910> (2010.4.10).

'예수님의 월경잉태를 주장한 배경과 문제점'을, 예영수 박사 (전 한신대 대학원장)가 '최삼경 목사의 '마리아 월경잉태 설'의 오류 및 이단성'을, 이광호 목사(조에성경연구원장)가 '예수님의 성령에 의한 잉태와 동정녀 탄생'을 각각 강의했다.

포럼에 앞서 열린 예배에서는 김호윤 목사(햇불중앙교회·한기 총 공동회장)가 설교했다. 김 목사는 '비유와 실재의 길(히 8:5, 마 13:10-13)'을 주제로 한 설교에서 "우리가 비유 속에 서 하나님의 길을 바로 알지 못하고 방황할 수 있는데, 하나님 은 분명 삼위일체이시다"며 "신앙이 잘못됐을 때는 다 버리고 기본으로 돌아가야 하는데, 그 비결은 비유에서 실재로 넘어가 는 길이고, 그 핵심은 바로 성령의 인도하심"이라고 강조했다.

사회는 직전회장 김형원 장로(크리스챤한국신문 발행인), 2부 포럼 사회는 강춘오 목사(교회연합신문 발행인)가 각각 진행했다.

임종권 회장은 "기독교인이면 누구나 성경대로 예수님은 성령 으로 동정녀 마리아에 의해 잉태됐다(마 1:18)고 믿고 있는데, 이번 포럼은 기독교의 핵심 사상이자 근본 교리인 이 성육신 사 건을 주제로 개최한다"며 "기독교인의 상식인 이 사실에 대해 최근 이단을 전문으로 감별한다는 인사가 상식을 부정하고 예수 님이 마리아의 월경에 의해 태어났다고 주장하는 바 이에 대한 신학적·윤리적 평가를 하고자 포럼을 개최하게 됐다"고 밝혔 다.39)

이 포럼에 참석한 발제자들은 한결같이 최삼경 목사를 비판하면 서 그가 이단성이 있다고 주장했다. 그런데 그들이 비판한 내용을

---

39) <http://www.christiantoday.co.kr/view.htm?id=207910> (2010.4.10).

살펴보면 합동 교단의 서북노회나 통합 교단의 서울북노회에서 문제제기했던 것과 거의 유사하다. 합동 측과 통합 측에서 확실하게 마무리를 짓지 못한 결과 이런 사태에까지 이르게 된 것이다.

아무튼 이 포럼으로 인해 월경잉태설 논쟁은 폭발적으로 논의되기 시작 하였고, 2010년에 있었던 통합 측 총회에서는 최삼경 목사가 곤경에 처하는 일까지 벌어지게 되었다.

5. 통합 측과 월경잉태설 논쟁 - (2)

혈통 유전설을 배경으로 한 '무월경잉태설'은 통일교와 유사한 박윤식 목사의 핵심 사상이다. 그런데 그 사상으로 인해 대 혼란이 일어난 것은 지난 2010년도에 있었던 통합 측 총회였다.

통합 교단 서울북노회는 2009년 총회가 끝난 이후인 11월에 "이단 사이비 주장에 대한 질의, 조사의 건"이란 질의서를 총회에 제출하며 최삼경 목사를 공격했다. 여기에 대해 이단대책위원회에서는 연구보고서를 통해 '최삼경 목사가 월경이란 자극적인 단어를 사용했지만 그것은 어디까지나 이단을 논박하기 위해 불가피하게 사용한 것이었으며, 또한 예수님이 마리아에게서 살과 피를 취하였으나 성령의 능력으로 죄는 없으시다고 고백한 교단의 전통에서 볼 때 이단성이 없다'는 연구 결과를 내어 놓았다.

이 연구보고서는 2010년도 총회를 앞두고 이정환 목사가 쓴 『최삼경목사의 마리아 월경잉태설, 무엇이 문제인가?』라는 책에 실려 있다. 이 책은 이대위의 연구보고서를 비판하면서 최삼경 목사를 공격하는 한편 그를 비판하는 자들을 변호하고 있다.

이정환 목사는 이대위의 연구보고서가 학문적인 고뇌나 객관적인 연구의 노력도 기울이지 않고 합신의 김병훈 교수가 2010년 5월 12일에 기독교 개혁신보에 기고한 "'성령으로 잉태하사'의 개혁신학적 관점"의 내용을 일부 발췌하여 최삼경 목사에게 면죄부를 주기 위한 것이며[40], "월경잉태설에 대한 보고서가 아니라 예수님의 성육신을 부정하는 이단(마르시온, 재세례파)에 대한 연구보고서"로 엉뚱한 연구보고서라 하였다.[41]

---

40) 이정환, 『최삼경목사의 마리아 월경잉태설, 무엇이 문제인가?』, p.8.
41) 같은 책, 머리말.

그는 또한 자신의 책을 통해 "이대위 연구보고서가 문제가 되는 것은 최목사의 월경잉태론을 비판하는 사람들에 대해서 <u>예수님이 마리아에게서 피와 살을 받지 않았다고 주장하는 것으로 오도하고</u> 이 같은 비판을 이단자들의 주장으로 몰아가고 있다"고 하면서 그와 같은 주장을 하였다.42)

이정환 목사도 예수님이 마리아의 살과 피를 받지 않았다면 이단이라는 것 정도는 알고 있는 모양이다. 그래서 그는 최삼경 목사를 비판하는 사람들은 예수님이 마리아에게서 피와 살을 받지 않았다는 주장을 하지 않았다고 한다. 그러나 이정환 목사의 이 주장은 진실하지 않다. 최삼경 목사를 공격하고 있는 각 개인이나 단체의 주장들을 하나하나 구체적으로 살펴보겠지만 그들의 핵심 주장은 예수님이 죄인 된 마리아의 살과 피를 받았다면 죄인이 되기 때문에 구세주가 되지 못한다고 하면서 예수님은 마리아의 피를 한 방울도 받지 않았다고 주장하고 있기 때문이다.

그러므로 이정환 목사가 이단이라고 정죄하는 그 주장들을 가지고 그들이 최삼경 목사를 공격하고 있기 때문에 이정환 목사에 의해 그들은 이단으로 정죄되고 있는 셈이다.

아무튼 통합 교단 이단대책위원회에서 최삼경 목사만 살펴보지 않고 서울북노회의 질의서 가운데 나타나 있는 내용들을 하나하나 살펴보면서 쌍방 간의 주장을 성경과 신앙고백서 등을 통해 누가 봐도 바로 판단할 수 있도록 옥석을 가려주었다면 논쟁이 거기에서 끝나지 않았을까 하는 생각이 든다. 그러나 아쉽게도 그렇게 하지 않은 결과 통합 측은 더 큰 논쟁에 휩싸이게 된 것이다.

이정환 목사는 이대위의 연구보고서에 불복하여 2010년도에 총회를 앞두고 「최삼경목사의 마리아 월경잉태설, 무엇이 문제인가?」

---
42) 이정환, 『최삼경목사의 마리아 월경잉태설, 무엇이 문제인가?』, p.9.

라는 책을 1만권 출판하였다. 이 책은 판매가 아니라 교계에 배포하여 영향을 주는 것이 목적이었던 듯하다. 필자가 가지고 있는 책도 통합 측과는 아무런 상관이 없는 타 교단 사람을 통해서 얻었는데, 그분은 우편으로 보내와서 갖게 되었다고 했으며, 필자가 소속한 총회에도 익명의 인사가 무료로 배포하였기 때문이다.

타 교단에도 이 정도였으니 오죽하였을까? 2010년도 통합 측 총회는 그야말로 아수라장이었다. 전주에서 목회하고 있는 주건국 목사란 분은 예수병원에서 발행한 진단서까지 가져와 산모의 피가 아이에게 직접 가는 것이 아니라며 문제 제기를 하는 등 총회가 시끄러웠다.

43)

크리스천투데이의 이대웅 기자가 2010년 9월 9일자로 쓴 "최삼

---

43) 이 진단서는 2014년 7월 31일에 한국기독교회관 2층에서 기독시민연대 등 7개 단체가 "소위 이단감별사들의 이단성을 논한다" 는 제목으로 포럼을 하면서 나누어 준 것이다.

경 '월경잉태론', 임원회서 특별위 구성해 처리키로"란 제목의
글을 보면 2010년 9월 총회에서 그 논쟁이 얼마나 치열했는지를 잘
알 수 있다.

총대들 "월경잉태라니… 오직 성령으로 잉태하셨다" 44)

최삼경 목사의 '월경잉태론' 문제가 예장 통합 총회 임원회에
상정됐다. 임원회는 특별위원회를 구성해 다음 총회 때까지 1년
간 이에 대해 연구하게 된다.

관련 헌의안은 부산노회에서 제출한 최삼경 목사의 연구 조사가
끝날 때까지 이단사이비대책위원직을 일시 물러나게 하고 위원
회 내에 '최삼경 목사 조사위원회'를 구성해 처리해 달라는
건이다.

총회는 최삼경 목사의 '월경잉태론'에 반박해 온 이정환 목사
(정치부장)에 대해 최삼경 목사가 속한 서울동노회에서 제출한
이단성 조사의 건도 함께 임원회로 넘겨 특별위원회에서 연구토
록 했다. 이대위는 최삼경 목사와 이정환 목사 관련 건은 모두
임원회로 넘기고 이를 제외한 나머지 사안들만으로 보고를 마무
리했다.

당초 이대위측은 최삼경 목사를 뺀 전문위원들이 관련 문제를
처리하고 최삼경 목사를 이대위 내에 그대로 두자는 안을 제출
했으나, 문제가 있다는 총대들의 요구로 받아들여지지 않았다.

총대들, '월경잉태론'에 경악·분노 표출

예장통합 넷째 날 이단사이비대책위원회 보고에서 총대들은

---

44)<http://www.christiantoday.co.kr/view.htm?code=cg&id=240733> (2010.9.9).

'월경잉태론'이라는 말 자체에 분노하는 반응들이 주를 이뤘다.

한 총대는 "불경스럽기 짝이 없으니 월경잉태론이라는 말 자체를 만든 사람을 징계해 달라"고 소리 높였으며, 다른 총대는 "하나님 앞에서 이 문제를 다시 언급하는 사람이 있다면 그 사람을 이단으로 규정하자. 오직 성령으로 잉태하셨다"고 말했다.

주건국 목사총대(전북노회)는 "총회를 앞두고 헌의서를 받은 뒤 경악을 금치 못했다. 어떻게 총회가 성 마리아의 월경까지 이야기하느냐. 그래서 산부인과 의사에게 이를 질의한 결과 절대로 태아의 피와 산모의 피는 다르다고 했다"며 "이 문제는 월경을 이야기하는 사람들이 사과하고, '성령으로 잉태하사 마리아에게 나시고' 그 이상도 이하도 아닌 교리대로 가야 한다. 거기서 벗어난 사람은 악마요 이단이요 사탄"이라고 전했다.

조은복 장로총대(부산남노회)는 "신성한 교회에서 왜 '성령잉태'에 '월경'이라는 말을 갖다 붙이는가, 이건 말이 안 되는 이야기"라며 "하나님의 성령 역사로 예수님이 탄생했고, 사람의 피와 살이 섞이지 않았다. 정확히 알고 이야기해야 하는 것 아니냐"고 밝혔다.

장창만 목사총대(평양노회)는 "월경잉태론은 2천년간 내려온 신학 논쟁으로, 짧은 시간 안에 총대들이 토론하는 것 자체가 어렵다"는 의견을 내기도 했다.

최삼경 목사는 이에 대해 관련 발언을 신청했으나 논의가 종결돼 받아들여지지 않았다.

유튜브에 올려져있는 통합 교단의 총회 모습을 보아도 알 수 있지만 이 기사의 내용만 놓고 보아도 당시의 분위기가 얼마나 험악했을지 눈에 선하다. 목사 총대와 장로 총대가 산부인과 의사에게 질의한 내용을 소개하며 악마와 사탄 운운 하면서 목소리를 높였던 모습이 잘 나타나 있으니 당시의 분위기가 어떠했겠는가!

불과 몇 년 전까지만 하더라도 총신대 신학생들이 조기를 달고 수업하는가 하면 전국적으로 기도운동이다 뭐다 하면서 합동 측에서 대대적인 반대운동을 펼쳤는데, 비록 교단이 다르다 하더라도 통일교와 관련된 박윤식 목사의 사상으로 인해 이와 같은 일이 벌어졌다는 것은 놀랄만한 일이다. 그러나 이정도도 나중에 한기총을 통하여 벌어진 사건에 비하면 아직 시작에 불과했다.

6. 통합 측의 이상한 봉합

통합 측은 시끄러웠던 2010년의 총회 후 2011년도에 이단대책위원회의 연구보고서를 채용하지 않고 재미있는 보고서를 발표 하였다. 제 I 부에서는 논쟁의 전개과정을 다루기 때문에 문제점들을 조목조목 다루지 않았지만 이 보고서는 더 이상 다룰 기회가 없을 것이므로 조금 살펴보는 것이 필요할 것 같다. 전문은 다음과 같다.

> ### 이단사이비관련 조사연구위원회 보고서[45)]
> ### (최삼경 목사, 이정환 목사에 대한 연구 보고서)
>
> ### 1. 헌의 내용
>
> 1) 서울동노회장 김충렬 목사가 제출한 이정환 목사에 대한 이단성 여부에 대한 헌의는 아래와 같다.
> "예수님은 마리아의 피를 한 방울도 받지 않으셨다. 만약에 예수의 피 속에 마리아의 피가 한 방울이라도 섞여 있다면 예수는 그리스도가 될 수 없다. 인간의 타락된 피를 가진 자가 인류를 구속하는 대속자가 될 수 없기 때문이다." [46)]

---

45) 이 조사연구 보고서는 이단대책위원회 연구조사 보고서와 전혀 다르다. 들려오는 얘기는 최삼경 목사에 대해 우호적이지 않았던 이 모 교수가 쓴 것이라 한다. <http://www.amennews.com/news/articleView.html?idxno=11590> (2011.10.13).

46) 본래의 헌의안에는 주문 내용에 이런 주장을 하는 이정환 목사의 주장이 "예수님의 인성을 부정하는 재세례파나, 마니교나, 말시온파나, 그리고 도케니즘의 주장과 같은 주장으로 여겨집니다. 이에 대하여 연구하여 밝혀 주심이 옳은 줄 알아 헌의하는 바입니다."라고 되어 있다. 그런데 이 연구보고서에는 이런 주문 내용에 대해 아무런 답변을 하지 않고 사소한 것으로 생물학적인 문제라 하였다. 그러나 마리아가 생물학적으로 예수님의 인성의 어머니냐 아니냐 하는 문제는 동정녀 탄생에 관한 것으로 기독론에 있어서 핵심에 해당하는 신학적 문제이다.

2) 부산노회장 김성득 목사가 제출한 최삼경 목사에 대한 이단성 여부에 대한 헌의 내용은 다음과 같다. "예수님은 마리아의 월경(피)을 받아먹고 나셨다는 소위 마리아 월경잉태를 주장한 당사자인 최삼경 목사가 마리아 월경잉태설의 이단성 여부를 연구하는 총회 이대위 자리에 있는 것은 의혹을 받기에 충분하다 할 것입니다. 그러므로 마리아 월경잉태와 관련하여 부산동노회 서울북노회 서울동노회가 총회에 상정한 질의, 청원, 헌의 안건의 연구결과가 나올 때까지 당사자인 최삼경 목사는 총회 이대위에서 물러나야 합니다."

2. 양자는 정통 기독론의 근본적인 가르침에 대하여 동의하였다.

양자는 각각 자신의 주장이 기독론의 지엽적인 차원임을 인정하고, 세계교회가 고백하고 있는 '사도신경'의 "성령으로 잉태하사 동정녀 마리아에게 나시고"와 '니케아-콘스탄티노플신조'(381)의 "성령과 동정녀 마리아를 통하여 성육신하셔서 인간이 되셨다"(정통 삼위일체 신앙의 맥락 안에 있는 정통 기독론), 451년 '칼케돈 공의회와 정통 기독론', 그리고 1986년 우리 교단이 고백한 '대한예수교장로회 신앙고백'에 나타난 기독론을 모두 인정하고 받아들였다. 정통 기독론에 대한 본문은 아래와 같다.

1) 니케아-콘스탄티노플 신조(381)
그분(예수 그리스도)은 우리 인류와 우리의 구원을 위하여 하늘로부터 내려 오사, 성령과 동정녀 마리아를 통하여 성육신하셔서 인간이 되셨습니다(사도신경: "그는 성령으로 잉태되어 동정녀 마리아에게서 나시고").

2) 칼케돈 신조(451)

거룩한 교부들의 가르침을 본받아 우리는 다음의 사실을 고백해야 할 것을 만장일치로 가르치는 바이다. 우리 주 예수 그리스도는 아버지 하나님과 완전히 동일하신 하나님의 아들이시며, 이 동일하신 분은 신성에 있어서 완전하시고 인성에 있어서 완전하시며, 참 하나님이시며 참 인간이시고, 이성적 영혼(a rational soul)과 몸으로 구성되셨다. 그는 신성에 있어서 아버지와 동일 본질이시고 인성에 있어서 우리와 동일본질이시지만 죄를 제외하고는 우리와 똑같으시다. 그는 신성에 관한 한 창세 전에 아버지로부터 태어나시고, 그의 인성에 관하여서는 이 동일하신 분이 마지막 날에 우리와 우리의 구원을 위해서 동정녀 마리아에게서 나셨으니, 이 마리아는 (예수 그리스도의) 인성에 있어서 하나님의 어머니(God-bearer)이다. 이 동일하신 그리스도는 하나님의 아들이시오, 주님이시오, 독생자이시며, 우리에게 두 본성으로 되어 있으심이 알려진 바, 이 두 본성은 혼돈이 없고, 변화도 없으며, 분리될 수도 없고, 동떨어질 수도 없다. 그런데 이 두 본성의 차이는 이 연합으로 인해서 결코 없어질 수 없으며, 각 본성의 속성들은 한 위격(one Person=prosopon)과 한 본체(one hypostasis) 안에서 둘 다 보존되고 함께 역사한다. 주 예수 그리스도는 두 위격(two prosopa)으로 나뉘거나 분리되실 수 없다. 이분은 동일하신 아들이시오, 독생자이시오, 하나님인 로고스(말씀)이시오, 주 예수 그리스도 이시다. 이에 관하여는 일찍이 예언자들과 예수 그리스도 자신이 우리에게 가르치시는 바요, 교부들의 신조가 우리에게 전하는 바이다.

3) 대한예수교장로회 신앙고백(1986)

우리는 예수 그리스도가 하나님의 아들로서 사람이 되셨다는 것과(요 1:14) 그가 하나님이시오 또한 사람이시며 하나님과 사람 사이의 유일의 중보자가 되신 것을 믿는다(엡 2:13~16; 딤전 2:5). 그는 성령으로 잉태하사 동정녀 마리아의 몸에서 나시사 완전한 사람이 되어 인류 역사 안에서 생활하셨다(마 1:23). 이와 같은 그리스도의 성육신은 단 한번으로 완결된 사건이요 최대의 기적에 속하는 사건이다(히 9:28).

3. 월경잉태론은 최삼경 목사가 만든 용어가 아니다. 이는 이정환 목사도 인정하였다.

한기총이단사이비상담소 소장으로서 최삼경 목사는 2005년 8월 <현대종교>에 합동측 서북노회의 박윤식 씨 이단옹호에 반대하는 목적에서 "박윤식 씨 이단 시비의 핵심"이란 글을 썼다. 박윤식 씨는 '월경'을 타락 후 여성에게 생긴 것으로 보고, 성경에는 이삭을 낳은 사라(창 18), 세례요한을 낳은 사가랴의 아내 엘리사벳(눅 1), 그리고 예수님을 낳은 마리아가 '월경' 없이 자식을 낳았다고 하였다(49쪽). 그래야 죄와 무관하게 태어날 수 있었기 때문이다.47) 이에 대응하여 최삼경 목사는 이삭과 요한이 결코 '월경' 없이 태어난 것이 아니라며 "임신하면 '월경'이 없어지는데 그 피가 아이에게 간다"(49쪽)고 하여 생물학적이고 의학적인 주장을 펼쳤다. 그리고 "예수님도 월경 없이 태어났다는 말이 기독론적으로 맞는가?"라고 하면서, 이삭과 요한과는 다르지만 "마리아는 요셉의 정액에 의하여 임신하지 않았다"고 하는 생물학적이고 의학적인 주장을 펼쳤다(49쪽). 그렇지만 "마리아가 월경이 없었다는 말은 마리아의 피 없이 예수님의 마리아의 몸에서 자랐다는 말이 되기 때문

---

47) 그래야 예수님이 죄와 무관하게 태어나는 것이 아니다. 그런 주장은 영지주의적 사고나 사람의 피 속에 죄가 있고 피를 통해 죄가 유전 된다는 죄관에 의한 것이다.

에 인성이 부정되고도 남는 결과를 가져온다"(49쪽)라고 하였다.

이상과 같은 최삼경 목사의 주장에 대하여 2005년 9월 예장합동 서북노회가 "최삼경 목사의 예수님은 월경으로 태어나셨다고 하는 주장의 이단성 여부에 대한 질의서"를 합동총회에 올리면서 "월경잉태론"의 논의가 시작되어, 그 후 매스컴을 통하여 이 용어가 퍼져나갔다. 그런즉, 최삼경 목사는 합동측 서북노회의 박윤식 씨 이단옹호를 반론하는 맥락에서 '월경 잉태론'을 주장하는 사람으로 알려졌다. 따라서 최삼경 목사 자신이 그 용어를 직접 만든 것은 아니다. 이정환 목사 역시 최 목사 자신이 그 용어를 만든 것은 아니라고 하였다(소명자료에서).

4. 그러나 양자는 기독론의 지엽적인 문제에 대하여 강조점의 차이를 보였다.

이상과 같은 기독론에 대한 정통성 시비의 표준에 비추어 볼 때, 양자의 논쟁은 매우 주변적이다. 왜냐하면 "예수님은 마리아의 피를 한 방울도 받지 않으셨다. 만약에 예수의 피 속에 마리아의 피가 한 방울이라도 섞여 있다면 예수는 그리스도가 될 수 없다. 인간의 타락된 피를 가진 자가 인류를 구속하는 대속자가 될 수 없기 때문이다"라고 주장한 이정환 목사의 주장과 "월경 잉태설"로 알려진 최삼경 목사의 주장은 모두 생물학적이고 의학적이며 물리학적인 차원의 주장이기 때문이다. 이와 같은 성경 해석은 성경의 증언과 신조의 본문에 매우 낯선 것임에 틀림없다.[48] 따라서 우리 '이단사이비관련 조사연구위원

---

48) 이런 논쟁은 낯선 것이 아니다. 월경잉태설이란 용어 자체는 낯설기는 하지만 칼빈 당시에 이미 월경에 관한 논쟁이 있었고, 마리아의 피와 예수님의 인성과의 관계는 신앙고백서들에 있어서 아주 핵심적인 사항이기 때문이다.

회'는 그 어떤 생물학이나 의학이나 물리학과 같은 인간의 학문을 성경해석과 신조해석에 결코 직접적으로 사용할 수 없다고 하는 사실에 전혀 이견이 없었다. 다시 말하면 우리는 예수님의 탄생 그 자체에 대한 생물학적이고 의학적이며 물리학적인 해석으로 인한 논쟁이야말로 우리 교회에게 아무런 유익도 주지 못한다고 하는 결론에 도달하였다.49)

그럼에도 불구하고 '이단사이비관련 조사연구위원회'는 지엽적인 문제에 대한 양자의 미소한 차이를 발견하였다. 즉, 우리가 칼케돈 공의회의 정통 기독론에 비추어 볼 때, 이정환 목사는 5세기 기독론 논쟁 당시 알렉산드리아 학파처럼 예수님의 하나님 아들 되심 혹은 그분의 신성을 힘주어 주장한 나머지 예수님의 인성을 약화시킨 셈이고, 최삼경 목사는 안디옥 학파처럼 예수 그리스도의 인성을 힘주어 주장하다가 예수님의 인성으로 기울어져, 하나님의 아들에 의한 양성의 통일성을 약화시킨 셈이다. 이에 대한 이정환 목사의 주장을 먼저 들어보자.

"잉태는 생명의 탄생을 의미합니다. 예수님은 곧 생명입니다. 누구에 의해서 창조된 분(생명)이 아니라 영원하신 자존자이십니다.50) ...성령은 생명이신 예수님이 마리아의 몸에서 자라고

---

49) 예수님이 마리아의 피를 한 방울도 받지 않았다고 하면 그것은 예수님의 인성을 부인하는 것이 된다, 왜냐하면 생물학적으로 마리아는 예수님의 인성과 아무런 관련이 없게 되어 마리아가 예수님의 어머니가 되지 못할 뿐만 아니라 설혹 어머니가 된다 해도 마리아는 다만 운하나 도관처럼 사용되었다고 하는 재세례파의 이단 사상이 되기 때문이다. 그런데 이런 사실을 망각하고 이런 결론을 내렸다는 연구보고서는 이해하기 어렵다.

50) 이정환 목사의 이런 주장은 신학적인 중대한 문제를 야기시킨다. 예수님의 신인 양성 중 신성은 시작도 없고 끝도 없지만 그분의 인성은 성육신하기 이전에 이미 가지고 있던 것이 아니라 성육신을 통해 마리아의 본질을 취하여 창조된 것이기

태어나게 하심으로 자연스럽게 그 어머니로부터 인성을 취하셨습니다. 마리아의 몸을 통하여 사람이 된 것입니다. (소명자료에서)."

반면에 최삼경 목사는 다음과 같이 말하였다.

"박윤식 씨가 '예수님의 어머니 마리아에게 월경이 없었다(이삭의 어머니도, 세례요한의 어머니도)'라고 한 점에 대하여 마리아에게 월경이 없을 수 없고, 예수님이 하나님의 아들이 되는 것은 성령으로 된 것이기 때문에, 마리아의 피(월경)가 예수님에게 기여했다고 해도 예수님의 신성에는 아무런 하자가 없으며, 오히려 그래야 예수님이 참 사람이 된다고(인성) 본 것입니다. 본인은 오직 예수님이 하나님의 아들이 된 것을 마리아의 피나 자궁이나 유전자를 받지 않아서가 아니라 오직 성령의 능력에 있는 것으로 믿었습니다. (소명자료에서)."

그런데 두 사람 모두 하나님의 아들로서 예수 그리스도의 영원한 선재(pre-existence)를 의식하지 않고 있다. 그도 그럴 것이 최삼경 목사는 위의 인용문에서 마치 예수님이 성령으로 마리아에게 잉태되는 순간에 하나님의 아들이 된 것으로 오해하게 하는 인상을 주고 있고, 이정환 목사 역시 "잉태는 생명의 탄생을 의미합니다"라고 하여 "그는 신성에 관한 한 창세전에 아버지로부터 태어나시고"라고 고백한 칼케돈의 본문에 주의하지

때문이다(벨직신앙고백서 19조 참조). 그러므로 이정환 목사가 예수님의 인성에 관한 논쟁을 하면서 그분의 인성이 '창조되지 않았다'고 한다면 이것은 신성과 인성을 혼동한 것이거나 유티케스에 영향을 받은 '비창조론자'(aktistists)이거나 피조되지 않았다는 슈벵크벨트의 이단사상을 가진 것이 된다.

않고 있다.

물론, 동정녀 마리아는 성령으로 하나님의 아들을 잉태하여 낳으셨으니, 그녀는 "하나님의 어머니"(칼케돈 정통 기독론)이시다. 431년 에베소 공의회는 마리아를 인간의 어머니로 보는 네스토리우스의 입장(anthropotokos)을 정죄하고, 마리아를 하나님의 어머니로 보는 시릴의 입장(theotokos)을 지지하였다. 그래서 정통 기독론을 확정한 451년 칼케돈 공의회는 마리아를 "하나님의 어머니"라고 못 박았다. 결국, 마리아는 아버지 하나님과 동일 본질이신, (선재하시던)하나님이신 아들 예수님을 낳으셨다고 하는 뜻이다.51)

예수 그리스도께서는 내재적 삼위일체 하나님 안에서 아버지로부터 영원 전에 낳음을 입으신(eternally begotten)(시 2:7, 행 13:33, 히 1:5, 벧전 1:3) 하나님의 영원하신 아들이셨다. 그리고 성령께서는 아들로부터 시간 차원(경세 차원의 삼위일체)으

---

51) 최삼경, 이정환 목사 두 사람 다 하나님의 아들로서 예수 그리스도의 영원한 선재(pre-existence)를 의식하지 않고 있다고 하면서 마리아는 아버지 하나님과 동일 본질이신, (선재하시던)하나님이신 아들 예수님을 낳으셨다고 한 것은 문제가 있어 보인다. 물론, 마리아가 아버지 하나님과 동일 본질이신, (선재하시던)하나님이신 아들 예수님을 낳으셨다고 한 것 자체만을 놓고 본다면 어느 정도 이해는 된다. 예수님은 신·인 양성을 가지셔서 신성으로는 하나님과 동일본질로 참 하나님이시며 인성으로는 다만 죄가 없을 뿐 우리와 동일본질로 참 사람일지라도 신성과 인성을 분리할 수 없고 인격이 둘이 아니라 하나로써 성자 하나님의 인격이기 때문이다. 그래서 그분은 창조주 하나님이 비록 피조물을 입었을지라도 참 하나님이시고, 그런 측면에서 마리아는 하나님의 어머니가 된다. 그러나 인성에 대한 논쟁을 하고 있는 가운데 마리아가 낳은 분(인성이라는 측면에 있어서)이 선재했다거나 하나님과 동일분질이라고 한다면 그것은 인성도 선재하고 하나님과 동일본질이라는 것이 되어버리기 때문에 문제가 되는 것이다. 그리고 그런 뜻으로 이런 글을 썼다면 그것은 단성론이라는 이단사상이다.

로 파송되시기 전에 아들의 아버지이시요 아들 안에 계신 아버지로부터 발출하셨다. 이 성령으로 마리아는 하나님의 아들을 잉태하셨던 것이고, 이 하나님의 아들은 동시에 참 인간이 되신 것이다(an hypostatic union). 성육신 하신 한 하나님의 아들의 위격(the Son as the second Person of the tri-une God) 안에서 신성과 인성, 양성의 다양성이 보전되고 '상호 소통하였다'(communicatio idiomatum). 복음서가 이야기하고 있는 모든 예수님의 말씀들과 행동들, 무엇보다도 그분의 십자가 사건과 부활사건이야 말로 바로 두 본성의 상호 교류 속에 계신 이 한 분 하나님 아들의 말씀들과 행동들이었다.

마태복음(1:1~25)에서 예수님은 모든 이스라엘을 대표하는 한 유대인(a Jew)으로서 탄생하셨고, 향후 유대적인 역사와 사회문화에 의하여 조건 지워질 참 사람(vere Homo)이요, 누가복음(3:23~38)에서는 예수님이 '한 유대인'을 넘어서 모든 아담의 후예들의 선조요, 바울에게선 제2의 아담(롬 5)으로서 모든 인간(the whole human race)의 대표이시다. 따라서 인간 예수는 역사적이요 동시에 초역사적이시다. 바로 이분이 성령에 의하여 동정녀 마리아에게서 나신 분으로서 모든 인류를 위하여 세례를 받으셨고, 성령에 이끌리시어 시험을 받으셨으며, 하나님 나라를 선포하시고 그것을 미리 보여주셨으며 온 인류와 창조세계를 위하여 십자가에 달려 죽으셨다가 부활하신 하나님의 아들이셨다.

바로 이 하나님의 아들은 두 본성의 다양성과 통일성 속에서 모든 말씀들과 행동들을 하신 것이다. 하나님의 아들 안에 있는 이 두 본성은 "혼돈이 없고, 변화도 없으며, 분리될 수도 없

고, 동떨어질 수도 없다.”(칼케돈). 이것이 다름 아닌 니케아
콘스탄티노플 신조가 고백하는 삼위일체 하나님 신앙의 맥락 안
에 있는 정통 기독론이요, 칼케돈 공의회가 고백한 한 위격 안
에서의 두 본성의 조화일 것이다. 여기에서 ‘마리아의 피’ 혹
은 ‘월경 잉태’에 대한 논의는 설 자리가 없다.52) 중요한 것
은 첫째로 예수님이 죄만 없으실 뿐 우리와 꼭 같으신 인간(the
body and the rational souls: 칼케돈 공의회)이시고 동시에 하
나님의 아들로서 신성을 지니셨다고 하는 사실이요, 둘째로 두
본성이 한 위격 안에서 신비스럽게 교류하고(perikoresis), 나
아가서 삼위일체 하나님의 영원한 교류 속에서 인류와 창조세계
를 향한 그분의 목적을 이루어 가신다고 하는 사실이다.53)

또한 부활 후 하나님 우편에 앉아계신 승귀하신 하나님의 아들
예수 그리스도께서는 영성체(soma pneumatikon)를 지니신 하나
님의 아들로서 이 땅 위에서 성령을 통하여 아버지의 이름을 거
룩하게 하시고 아버지의 뜻이 하늘에서 이루어 진 것 같이 땅에
서도 이루어지게 하시며 재림하시어 아버지의 나라를 완성하시
고 그것을 아버지께 양도하실 것이다(고전15:24). 따라서 부활

---

52) 통합 측 연구보고서의 이런 주장을 보면 황당하다. 칼케돈 신경에 예수님의 인
성에 관해 다만 죄가 없을 뿐 우리와 동일본질로 참 사람이라 하여 어느 정도 언
급되어 있지만 그 칼케돈 신경의 가르침을 이어받아 벨직신앙고백서나 하이델베
르크 요리문답, 그리고 웨스트민스터 신앙고백서 등의 개혁주의 신앙고백서들은
한결같이 마리아의 피와 예수님의 인성을 연결시키고 있기 때문이다. 그런데 그
런 신앙고백서들이 있음을 알텐데도 마리아의 피가 설자리가 없다는 것은 말도
되지 않기 때문이다.
53) 예수님이 삼위일체 하나님 중 제 2위의 하나님으로 삼위 간에 구별은 되나 분
리할 수 없고, 신인 양성이 속성교류가 된다 하더라도 인성이 변하지 않으며 마
리아의 피와 관련이 없다면 그분의 인성을 부인하는 것이라 하는 것이 성경과 신
앙고백서들의 가르침인데 난데없이 삼위일체와 신인양성의 속성교류를 얘기하면
서 마리아의 피 문제는 아무것도 아니라 하니 기가 막힌다.

승천 승귀하시어 아버지 우편에 앉아서 성령을 통하여 자신의 백성들(교회)과 인류의 역사와 창조세계를 다스리시다가 장차 하나님의 카이로스에 재림하실 우리 주님 역시 양성을 조화롭게 지니신 하나님의 아들이시다.

부활하신 주님은 승천하시기 전에 도마에게 자신의 손에 못 자국을 보이셨고, 갈릴리 호숫가에서 사도들과 떡과 물고기를 잡수시면서 대화를 나누셨으며 아버지께로부터 오시는 성령의 강림을 약속하시면서 하나님 나라의 복음을 사도들에게 위임하셨다(눅 24:46~49). 그리고 "네가 나를 사랑하느냐?"라고 3차례나 베드로에게 물으시면서 하나님의 백성에 대한 목양이 다름 아닌 자신에 대한 사랑임을 분명히 하셨다(요 21:15~17). 바로 이와 같은 부활하신 주님께서 다름 아닌 두 본성을 한 위격(하나님의 아들) 안에 조화롭게 지니신 분으로서 성령을 통하여 오늘날 교회와 인류와 창조세계를 통치하시다가 장차 다시 오실 것이다. 바로 이 영광의 주님이 오고계시는 하나님이시다. "…너희 가운데서 하늘로 올리우신 이 예수는 하늘로 가심을 본 그대로 오시리라 하였느니라."(행 1:11). 성령의 전이요 하나님의 백성인 교회는 다름 아닌 이 부활하신 주님 그리고 장차 재림하실 이 주님의 "지상적 역사적 실존양식"(an earthly-historical form of existence)이요, "교회는 그의 몸이니 만유 안에서 만물을 충만케 하는 자의 충만이니라."(엡 1:23). 성령께서는 교회의 설교와 세례와 성만찬을 통하여 우리로 하여금 부활하신 주님을 만나게 하시고 역사의 변혁과 창조세계의 보전에 동참하도록 우리를 부르신다.

5. 연구결과

두 사람의 주장하는 바는 차이가 있지만, 이는 기독론에 있어서 지엽적인 문제일 뿐이며 정통기독론의 근본적 가르침에는 전적으로 동의하였습니다. 따라서 두 사람 모두 어떤 이단성이나 사이비성이 없음을 보고 드립니다.

6. 청원사항

이단사이비조사 관련 연구위원회는 이상과 같은 연구결과를 보고 드리면서 이 문제와 관련된 모든 문제는 보고서의 채택과 동시에 종결하고, 더 이상 논쟁을 그치도록 청원합니다.

이정환 목사와 최삼경 목사의 논쟁은 기독론에 관한 것으로 더 구체적으로 말하자면 성육신에 관한 것이다. 성육신은 예수님의 동정녀 탄생을 가리키는 것으로 사도신경에도 있을 만큼 기독교에서 가르치는 핵심적인 믿음 사항이다. 그런데 이들은 성육신의 방식에 있어서 양쪽 다 성령의 능력을 강조하지만 한 쪽에서는 예수님이 마리아의 피를 받았다 주장하고 또 한 쪽에서는 예수님이 마리아의 피를 받지 않았다고 하면서 구원과 관련시켜 서로 상반된 주장을 하고 있다.

그러므로 이것은 구원과 관련된 기독론의 핵심적인 문제이지 지엽적인 문제가 아니다. 그런데 이 보고서는 둘의 주장을 지엽적인 문제라 하고 있다.

정통이냐 이단이냐

최삼경 목사와 이정환 목사의 주장은 기독론의 핵심에 해당하는 것으로 어느 한 쪽이 정통이면 나머지 한 쪽은 분명히 이단이 될 수밖에 없는 생존게임과 같다. 그래서 둘 다 '문제가 없다' 라고 하거나 둘 다 '정통이다' 라고 하는 것은 불가능하다. 그런데 이 보고서는 둘의 주장이 생물학적이고 의학적이며 물리적인 차원이라 하면서 그것을 지엽적인 것이며, 차이는 있다 하더라도 사소한 것이기 때문에 둘 다 이단성이 없다는 결론을 내리고 있다. 그러나 생물학적인 문제가 사소한 것일까?

예수님의 인성과 마리아와의 관계에 있어서 생물학적인 관계가 있다는 것은 그분의 인성과 마리아가 실체적 관계가 있다는 것이다. 그러나 생물학적 관계가 없다는 것은 실체적 관계가 없다는 것이 되기 때문에 그분의 인성을 부인하는 것이 된다. 그러므로 예수님과 마리아와의 생물학적인 관계는 단순히 생물학적인 관계에만 그치는 것이 아니라 주님의 인성과 관련한 신학적인 문제가 되기 때문에 결코 사소한 것이 아니다. 그러므로 예수님의 인성과 마리아와의 생물학적인 관계야 말로 동정녀 탄생에 있어서 핵심사항이 되기 때문에 그런 결론을 내려서는 안 되는 것이었다.

이와 같은 사실은 이정환 목사의 책 내용과 이 보고서에서 있는 글의 내용을 비교만 해 보아도 잘 알 수 있다. 이 보고서에는 다음과 같은 언급이 있다.

> 이상과 같은 기독론에 대한 정통성 시비의 표준에 비추어 볼 때, 양자의 논쟁은 매우 주변적이다. 왜냐하면 "예수님은 마리아의 피를 한 방울도 받지 않으셨다. 만약에 예수의 피 속에 마리아의 피가 한 방울이라도 섞여 있다면 예수는 그리스도가 될 수 없다. 인간의 타락된 피를 가진 자가 인류를 구속하는 대속자가 될 수 없기 때문이다" 라고 주장한 이정환 목사의 주장과...

이정환 목사는 자신의 책 머리말에서 먼저 나왔던 이단대책위원회의 보고서에 대해 "한 마디로 동문서답식의 내용으로 월경잉태설에 대한 보고서가 아니라 예수님의 성육신을 부정하는 이단(마르시온, 재세례파)에 대한 연구보고서"라고 불만을 털어놓으면서 9페이지에서는 "이대위 연구보고서가 문제가 되는 것은 최목사의 월경잉태론을 비판하는 사람들에 대해서 "예수님이 마리아에게서 피와 살을 받지 않았다고 주장하는 것"으로 오도하고 이같은 비판을 이단자들의 주장으로 몰아가고 있다는 사실이다."라고 하였다. 이정환 목사조차 마리아의 피에 관한 문제는 지엽적인 문제가 아니라 핵심적인 문제로 보고 있는 것이다.

스스로의 이단 규정

이정환 목사의 주장은 "예수님이 마리아에게서 피와 살을 받지 않았다고 주장하는 것"이야말로 마르시온이나 재세례파와 같은 이단의 주장인데, 첫 번째 나온 보고서에서 최삼경 목사를 공격하는 사람들에 대해 예수님께서 마리아에게서 피와 살을 받지 않았다는 이단 사상으로 몰아가고 있다는 것이다.

그러므로 "예수님이 마리아에게서 피와 살을 받지 않았다는 것"은 이정환 목사가 스스로 이단으로 규정한 것이다. 그런데 보고서에서는 밑줄 친 곳과 같이 이정환 목사 스스로 자신이 이단으로 규정해 놓은 그 주장을 하고 있다. 자신이 자신 스스로를 이단이라 하고 있는 셈이다. 그런데도 불구하고 이 보고서에서는 그 문제를 사소한 문제라 하면서 눈을 감아버리고 말았다.

그리고 이정환 목사는 마치 인간의 피 속에 죄가 있는 것처럼 주장한다. 그래서 그는 마리아의 피를 한 방울이라도 예수님이 받았다면 예수님은 타락한 인간의 피를 가지게 되기 때문에 인류를 구속하는 대속자가 될 수 없다는 생물학적이거나 의학적인 차원을 넘어서서 신학적인 해석도 덧붙이고 있다. 그러나 죄에 대한 이와 같은 그의 주장은 기독교가 믿고 있는 정통적인 것이 아니라 통일교나 전도관과 비슷한 사상이다.

피 속에 죄 없다

정통신학에서의 죄는 "행동과 본성에 있어서 하나님의 도덕법에 일치하지 못하는 것[54]"을 가리키기 때문에 피 속에 있는 어떤 물질이 아니라 하나님과의 언약관계에 있는 것이다. 인간이 죄 가운데 있어서 타락하고 부패하게 된 것은 인류의 대표인 아담의 범죄로 말미암아 그 행위언약 아래에 있기 때문이다. 그러므로 정통신학에서는 죄가 피 속에 있다거나 비록 아담 안에서 모든 사람이 범죄 했을지라도 피를 타락한 피라고 하지 않는다. 그런데 이 보고서는 이와 같은 문제점에 대해서도 눈감아버리고 말았다.

동정녀 탄생의 의미

"예수님이 마리아의 피를 한 방울도 받지 않으셨다"는 이정환 목사의 주장은 성경과 우리가 믿고 있는 신앙고백서들을 정면에서 부정한 것이며, 동정녀 탄생을 부인하는 것으로 예수님의 인성을 부정하는 이단 사상이다. 우리가 받아들이고 있는 신앙고백서들에는 다음과 같이 되어 있다.

---

54) 웨인 그루뎀, 『조직신학(상)』, 노진준(역)(서울: 은성출판사, 2009), p.740.

벨직 신앙고백서 18항: 성육신

그러므로 우리는 그리스도께서 그의 어머니로부터 인간의 살을 취하셨다는 것을 부인하는 재세례파 이단들과 반대하며 다음과 같이 고백한다: 그리스도는 자녀들의 살과 피를 공유하며, 육체에 따른 다윗의 허리의 열매이며...

하이델베르크 요리문답 질문 35

질문 35, "성령으로 잉태되어 동정녀 마리아에게서 나시고"라는 뜻은 무엇입니까?

대답: 그것은 현재나 장래나 참되며 영원한 하나님이신 영원한 하나님의 아들이 성령의 능력으로 동정녀 마리아의 살과 피로부터 참된 사람의 본질을 취하셨으며, 따라서 다윗의 참된 씨가 되었으며, 죄가 없으신 것을 제외하고는 모든 면에서 다른 사람들과 동일하다는 뜻입니다.

웨스트민스터 신앙고백서 8장 2항

성삼위 중에 제2위이신 하나님의 아들은, 참되시고 영원하신 하나님이시오, 성부와 한 본체이시며 또한 동등하신 분으로서, 때가 차매 인간의 본성을 입으셨다. 또한 인간의 본성에 속한 모든 본질적인 성질들과 일반적인 약점들을 아울러 취하셨으나, 죄는 없으시다. 그는 성령의 능력으로, 동정녀 마리아의 몸에 잉태되시고, 그녀의 피와 살을 받아 태어나셨다. 그러므로 두 개의 온전하고, 완전하고, 구별된 본성인 신성과 인성이, 전환이나 혼합이나 혼동됨이 없이 한 위격 안에서 분리할 수 없게 서로 결합되었다. 그 위격은 참 하나님이자 참 사람이시되, 한 분 그리스도시요, 하나님과 사람 사이의 유일한 중보자이시다.[55]

벨직 신앙고백서와 하이델베르크 요리문답, 그리고 웨스트민스터

---

55) 이 웨스트민스터 신앙고백서는 최삼경 목사를 이단으로 정죄한 한기총의 이단대책위원회 전문위원으로 있었던 나용화 교수가 번역했던 것이다. 고든 H. 클라크, 『장로교인들은 무엇을 믿는가?』, 나용화(역)(서울: 개혁주의신행협회, 2010), p.127.

신앙고백서 등의 내용은 이정환 목사의 주장과는 정반대로 성령의 능력으로 동정녀 마리아의 살과 피를 통해 성육신 하셨다고 한다. 신앙고백서들에 이와 같이 되어 있는 이유는 신약성경 "이 아들로 말하면 육신으로는 다윗의 혈통에서 나셨고"라는 로마서 1장 3절 말씀이나 히브리서 2장 14-15절에 있는 "자녀들은 혈육에 함께 속하였으매 그도 또한 한 모양으로 혈육에 함께 속하심은 사망으로 말미암아 사망의 세력을 잡은 자 곧 마귀를 없이하시며 또 죽기를 무서워하므로 일생에 매여 종노릇 하는 모든 자들을 놓아 주려 하심이니"라는 말씀과 같은 구절들 때문이다.

히브리서 2장 14-15절은 왜 성육신을 하게 되었는지 성육신의 의미를 밝혀주면서 왜 예수님께서 우리와 같은 혈육을 갖게 되셨는지를 밝혀주고 있다. 그 이유는 우리를 구원하기 위해서 우리와 같은 형제가 되셨다는 것이다.

히브리서 2장 14-15절에 있는 혈육은 원어에 '하이마토스 카이 싸르코스'($\alpha\H{\iota}\mu\alpha\tau o\varsigma$ $\kappa\alpha\H{\iota}$ $\sigma\alpha\rho\kappa\acute{o}\varsigma$)로 되어 있는데, 이것은 문자 그대로 하자면 '피와 육체'를 뜻한다. 그런데 교회사를 보면 예수님의 인성을 부인하는 자들이 이것을 부정했다. 그래서 그런 이단자들 때문에 신앙고백서들은 한 결 같이 예수님은 우리와 같은 살과 피를 가졌다고 기록하고 있는 것이다.

우리나라의 믿음의 위대한 유산을 물려주었던 박형룡 박사는 이와 같은 사실을 분명히 하기 위해 다음과 같이 언급했다.

성육신은 그리스도를 인류의 일원으로 만들었다. 초대 이단자들 중에서 혹은 그리스도가 진정한 인생 신체를 가지지 아니하셨다 하고 혹은 그의 신체는 물질로 구성된 것이 아니라 천적 실질로 형성되었다고 말하였다. 그런고로 교부들은 그들에게 반대하여 그는 「동정녀 마리아의 실질로 출생되셨다」는 문구를 그들의 신조에 삽입하였다.

재세례파의 교훈에 반대하여 웨스트민스터 신도게요서 8장 2조는 그리스도께서 그의 모친의 실질로부터 인성을 취해 입으셨다는 것을 긍정한다. 재세례파 중에 성행하는 의견은 주께서 그의 인성을 하늘로부터 가져오셨고 마리아는 그것이 통과하여 온 운하 혹 도관뿐이었다는 것이었다. 그 견해에 의하면 그의 인성은 실로 새 피조물이어서 우리의 것과 유사하면서도 유기적으로 연결된 것이 아니었다. 죄는 물질적인 무엇인 듯이, 그들은 그리스도가 만일 마리아로부터 살과 피를 취하셨다면 그는 거룩하지 못하실 것이라 하였다. 그 견해에 반대할 필요는 쉽게 알려질 것이다. 만일 그리스도의 인성이 우리의 것과 같은 근원에서 오지 않고 유사하기만 하다면 우리의 복리를 위한 그의 중재에 필요한 밀접 관계가 우리와 그의 사이에 있을 수 없다. 주께서 그의 모친의 실질로부터 인성을 취해 입으셨다는 것은 그가 여인에게서 나셨다고 한 성경적 진술에 함의되었으니 그 진술은 주께서 다른 아이들이 여인에게서 출생됨과 같은 의미로 출생되셨다는 것 밖에 다른 것을 의미할 수 없다. 이것은 그의 성육신에 근본적으로 중요하니 성육신은 그가 혈육에 동참하심으로 사람들과 같이 되시어 그들로 하여금 그의 동생이 되게 함이었다(히2:14).그리고 그의 거룩한 잉태와 출생, 삼십년 간 나사렛 부모 집에서의 생활이 모두 우리를 위한 그의 대속의 사역에 속하여 우리의 구원에 직접 의미를 가진다.[56]

박형룡 박사의 이 글은 더 이상 논쟁을 필요 없게 만든다. 초대교회의 어떤 사람들이 성육신에 대해 예수님께서 진짜 육체를 가진 것이 아니라 하거나[57], 우리와 같은 육체가 아니라 하늘에서 온 천적실질이라 주장하는 사람들이 있었다는 것이다.[58] 그래서 그런 이

---

56) 박형룡, 『박형룡박사 저작전집 제 4권』 (서울: 개혁주의신행협회, 2011), pp.144-145.
57) 요한이서 1장 7절에 있는 "미혹하는 자가 세상에 나왔나니 이는 예수 그리스도께서 육체로 임하심을 부인하는 자라 이것이 미혹하는 자요 적그리스도니"라는 말씀을 염두에 둔 것으로 가현설을 지적한 것이다.
58) 이것은 가현설의 변형된 형태이다.

단자들 때문에 신조에 「동정녀 마리아의 실질로 출생되셨다」는 문구를 넣게 되었다는 것이다.

재세례파의 교훈에 대해서도 언급하고 있다. 재세례파에서 성행하는 의견 중의 하나는 예수님의 인성이 하늘에서 온 것이고 마리아는 다만 운하나 도관처럼 이용되었을 뿐이라는 것이다. 그들은 예수님의 마리아의 살과 피를 받았다면 죄인의 살과 피를 받았기 때문에 그분이 거룩하지 못하여 구세주가 되지 못할 것이라는 주장을 한다는 것이다.

그러나 그렇게 된다면 예수님의 인성은 우리를 구원하기 위하여 인류와 일원화가 된 우리와 같은 피조물이 아니라 우리와 다른 새로운 피조물이 되기 때문에 우리와 아무런 상관이 없게 되어 우리를 구원하지 못하게 되고, 예수님이 마리아의 살과 피를 받았다면 죄인의 살과 피를 받았기 때문에 그분이 거룩하지 못하게 되어 구세주가 되지 못할 것이라 하지만 죄는 물질이 아니라는 것이다.

성육신 때 예수님이 마리아의 살과 피를 받은 것은 우리와 같은 형제로서 인류와 일원이 되기 위한 것이었다. 그리고 예수님은 부성이 제외된 가운데, 성령의 능력으로 말미암아 마리아의 실체인 살과 피를 취하여 죄의 오염으로부터 방지된 가운데 탄생하셨기 때문에 죄가 없으시며, 행위언약아래 있지 않고 마지막 아담으로서 우리의 죄를 위한 화목제물이 되실 수 있었던 것이다.

그러므로 예수님의 인성에 마리아의 살과 피가 아무런 관련이 없다고 한다면 그것은 동정녀 탄생을 부인하는 것과 같다. 동정녀 탄생이란 성자 하나님이신 로고스가 성령의 능력으로 마리아의 살과 피를 취하여 우리와 같은 형제가 되셨다는 것을 의미하는 것이기 때문이다.

이상한 보고서

성육신은 기독론의 핵심이다. 성육신은 성령의 능력으로 부성이 제외된 체 동정녀 마리아에게서 살과 피를 취하여 예수님이 탄생하셨느냐 그렇지 않았느냐에 관한 것이다. 그러므로 마리아의 살과 피의 문제는 결코 사소하거나 지엽적인 문제가 아니다. 단순히 생물학적이거나 의학적인 표현상의 문제가 아니라 신학적인 문제이다. 그런데 이 보고서는 이런 중대한 문제를 사소하고 지엽적인 문제라 하였고, 의학적이고 생물학적 문제라 하며 눈을 감고 말았다.

마리아의 피가 아이에게 직접 들어가느냐 그렇지 않느냐, 그 피로 아이를 기르느냐 그렇지 않느냐 하는 문제는 의학적인 문제일 수 있다. 그러나 예수님이 마리아의 살과 피를 전혀 받지 않았고 아무런 관련도 없다는 것은 신학의 문제이며 신앙의 문제이다. 그러므로 마리아의 피를 받았고 그 피로 길렀다는 최삼경 목사의 주장은 완전히 잘못되었다 보기도 어렵지만 비록 잘못되었다 하더라도 의학적인 문제로 끝날 수 있다. 그러나 피를 받지 않았고 아무런 상관도 없다는 이정환 목사의 주장은 결코 의학적인 문제로 끝나지 않는다. 그런데 이 보고서는 이 문제를 간과했다.

최삼경 목사와 이정환 목사의 주장은 어느 한쪽이 이단일 수밖에 없는 논쟁이었다. 그런데 이 보고서는 이해할 수 없게 양쪽 다 정통이라는 식으로 마무리 했다.

이 보고서에는 "예수님은 마리아의 피를 한 방울도 받지 않으셨다. 만약에 예수의 피 속에 마리아의 피가 한 방울이라도 섞여 있다면 예수는 그리스도가 될 수 없다. 인간의 타락한 피를 가진 자가 인류를 구속하는 대속자가 될 수 없기 때문이다"라고 하는 이정환 목사의 핵심적인 주장도 실었다. 이것은 이미 살펴본 것과 같이 벨직 신앙고백서나 하이델베르크 요리문답, 그리고 웨스트민스터 신앙고백서 등과 비추어 보았을 때 도저히 용납될 수 없는 것이었다. 더구나 같은 총회의 이대위에서 그와 같은 연구보고서를 이미 내놓은 상태였다. 그런데 어떻게 그런 신앙고백서들이나 이대위의 연구보고서를 묵살하고 이런 연구보고서가 나오게 되었을까? 참 이상한 연구보고서다.

아무튼 통합 측에서는 이 연구보고서를 내놓으면서 더 이상 논쟁을 그치라고 하였다. 그러므로 공 교단에서 그렇게 결정하였기 때문에 이제는 더 이상 논란이 없을 것 같았다. 그러나 결과는 그렇지 않았다. 논쟁은 통합 측의 의도와는 다르게 보다 더 확대 되어 한기총으로 옮겨 붙게 되었다.

7. 한기총과 월경잉태설 논쟁

2010년도와 2011년도에는 한기총에 많은 사건들이 있었다. 이광선 목사 체제이던 2010년도에는 한기총의 이단대책위원회에서 여러 이단들을 해제 하려 하다 오히려 이단대책위원회가 해체되는 사건이 있었다. 길자연 목사가 한기총의 대표회장으로 당선 된 이후 이광선 대표회장 체제의 마지막 실행위원회에서 이단대책위원회를 해체해 버린 것이다.[59]

길자연 목사는 이단척결을 내세워 한기총의 대표회장으로 당선되었다. 그래서 누가 보아도 그가 2011년도에는 대표회장이 되었으므로 이단문제에 관해서는 단호하리라 생각했다. 그러나 그 결과는 정반대였다.

길자연 목사는 대표회장으로 당선 되었으나 취임도 하지 못하고 금권선거 문제로 직무가 정지 되었고, 한기총은 김용호 변호사의 대행체제가 되는 초유의 사건이 벌어졌다. 그래서 그랬는지 이대위의 해체에 영향을 주었던 그가 전임 대표회장이었던 이광선 목사와 손을 잡았고, 그는 취임하자마자 이광선 목사 때보다 더한 친 이단 행보를 보였다.

2010년에는 한기총의 회원 교단인 개혁 교단이 다락방 영입 문제로 분열되는 사건이 있었다.

---

59) 교회와신앙에서는 "한국기독교총연합회(한기총, 대표회장 이광선 목사) 실행위원회가 12월 21일 제21-3차 회의를 열고 현 이단사이비대책위원회(이대위, 위원장 고창곤 목사)를 해체하기로 결의했다."라고 하면서 한국교회 주요 교단들이 이단 규정한 자에게 면죄부를 주다 한기총 이대위가 역풍을 맞은 것이다."라고 기록하고 있다.
   <http://www.amennews.com/news/articleView.html?idxno=10883> (2010.12.22).

개혁 측 목회자들이 게시한 현수막60)

개혁 측의 총회장 조경삼 목사가 총회원들의 반대를 무릅쓰고 다
락방을 영입하려 하자 총회원들은 총회장과 그를 동조하던 사람들
을 면직하게 되었고, 결국 분열하게 되었다.

개혁 교단이 분열된 것은 한기총이 김용호 변호사의 대행체제 때
였다. 그래서 그때에는 실사위원회가 구성되어 양쪽을 실사하게 되
었고, 양쪽의 총대들은 기존의 인물들을 그대로 인정하였다. 그런
데 직무를 회복한 길자연 목사는 대표회장이 되자마자 김용호 대행
체재 때의 실사 자체를 인정하지 않고 다락방을 영입한 쪽에만 회
원권을 주는 돌이킬 수 없는 우를 범하고 말았다.

다락방은 한기총의 회원교단 가운데 9개 교단이 위험한 사상, 사
이비 운동, 이단 등으로 규정하였다. 다락방을 영입한 조경삼 목사
측은 분열되기 전 개혁 교단의 9% 정도에 불과했지만 다락방 영입
을 반대한 장세일 목사 측이 90%나 되는 절대 다수였다. 그럼에도
불구하고 길자연 목사 체제의 한기총은 다락방을 영입한 조경삼 목

60) <http://www.amennews.com/news/articleView.html?idxno=11223> (2011.5.6).

사 쪽에만 회원권을 주고 반대한 장세일 목사 쪽에는 회원권을 주지 않은 것이다.

여기에 대해 당사자인 개혁 교단은 물론 예장 합동과 통합 등 11개 교단의 이단대책위원장들과 총무들이 모임을 갖고 "다락방전도총회(류광수 씨)를 영입한 예장 개혁(조경삼 목사 측)의 한기총 가입을 원천무효화 하라"는 성명서를 내고 반발하였다.61)

11개 교단 이대위원장 연석회의62)

한기총이 다락방을 영입한 개혁 측 소수파에게 회원권을 주고 그들을 반대한 절대 다수의 개혁 측을 내친 것에 대해 반발한 것은 이들만이 아니었다. 전국의 신학교의 교수 34인이 성명서를 발표하고 한기총의 잘못을 지적하였다. 그리고 이어서 87인, 100인의 교수가 성명서를 발표하며 한기총에서 다락방을 영입한 교단에 회원권을 준 것에 대해 반대 하였다. 그러나 한기총의 대표회장 길자연 목사는 마이동풍이었다.

---

61) <http://www.amennews.com/news/articleView.html?idxno=11578> (2011.10.6).
62) 이때 필자도 개혁교단의 이대위원장으로 이 회의에 참석했다.

신학대 교수 100명 2차 성명 발표 63)

길자연 목사체제의 친이단 행보는 그것뿐만이 아니었다. 그는 재림주 의혹을 받고 있으며, 통합과 합신 측에서 이단시 결의한 장재형 목사에 대해서도 소속 교단들의 결의사항을 무시하고 우호적이었다. 당신의 임기가 얼마 남지 않았기 때문에 "짧은 기간에 어떻게 이단을 연구하겠느냐"고 하면서 이단사이비대책위원회는 아예 구성하지도 않으면서 질서확립위원회라는 무소불위의 위원회를 만들어 놓고 그것을 통하여 통합 측 현직 이대위원장일 뿐만 아니라 한국교회의 대표적인 이단 연구가인 최삼경 목사를 이단으로 규정하기도 하였다.64)

한기총은 최삼경 목사를 감싸는 통합 측의 총무를 포함하여 임원들 전체를 이단 옹호자로 규정하기도 하였으며, 누가 되었건, 어떤 교단이나 단체가 되었건 최삼경 목사를 옹호하는 자들은 다 그와 같이 이단 옹호자로 규정하겠다는 고압적인 태도를 보였다.

63)<http://www.amennews.com/news/articleView.html?idxno=11715> (2011.12.13).
64)<http://www.ecumenicalpress.co.kr/article.html?no=60605> (2011.12.8).

다음은 한기총의 질서확립대책위원회에서 발표한 최삼경 목사에 대한 연구조사 보고서이다.

최삼경 목사의 삼신론과 월경잉태론 조사보고서] [65]

최삼경 목사(예장 통합)의 삼신론과 월경잉태론은 그간 교계에서 지속적으로 논란이 되어 온 사안으로, 한국기독교총연합회(한기총)에서는 이에 대해 엄벌해 달라는 7개 회원교단 총무들의 진정서가 들어와, 지난 10월 7일 임원회 논의 후 이를 본 질서확립대책위원회(질서위)에 위임해 조사토록 한 바 있다.

본 질서위에서는 이후 그간 논란이 된 최삼경 목사의 글과 강의 내용 등의 모든 자료를 입수해 조사한 결과, 심각한 이단이자 신성모독에 해당한다고 판단했다. 그러나 최종 결론을 발표하기에 앞서 본인 스스로의 변증과 회개의 기회를 주는 것이 옳다고 여겨, 이를 위해 지난 11월 21일 청문회를 가졌다.

헌데 최삼경 목사는 처음에는 본 질서위가 준비한 질의에 답변하겠다고 하여, 정회하고 준비할 시간을 30분씩이나 주었음에도, 그는 정회 후 갑자기 돌변해 답변을 거부했고, 그럴 뿐 아니라 따로 기자회견을 열어 이단을 돕는다며 한기총을 모독하고, 한국교회가 망한다는 극단적인 발언까지도 서슴지 않았다.

이에 본 질서위는 최삼경 목사에게 더 이상의 사과나 회개의 의

---

65) <http://www.christiantoday.co.kr/view.htm?id=251769> (2011.11.24).

지가 없는 것으로 판단하고, 심각한 이단이자 신성모독을 범한 최삼경 목사의 삼신론과 월경잉태론에 대해 회원교단과 단체들에 극히 경계하고자 다음과 같이 결의하고 발표하니, 앞으로는 교계에서 이같은 사상을 주장하거나 옹호함이 절대 없어야 할 것이다.

최삼경 목사의 삼신론

삼신론은 성삼위 하나님의 본질의 통일성(단일성)을 부정하는 것으로 삼위일체 안에는 세 가지 신적 본질(ousiai)이 있다고 주장하는 이단사상을 지칭하는 말이다.

최삼경 목사는 "성부도 한 인격으로서 한 영이시요 성자도 한 인격으로서 한 영이시요 성령도 한 인격으로서 한 영이시다. 그러므로 하나님은(한 영의 하나님이 아니라) 세 영들의 하나님이다" 라고 주장할 뿐 아니라, 하나님도 한영이요, 성령님도 한 영인데 어떻게 이 둘이 하나라고 하는가?" 라고 주장한 바 있다 (교회와신앙 96. 12월호)

최목사의 주장은 하나님 아버지도 한 영이시고 성령도 한 영으로서 하나님은 두 본질(영)을 가진 분으로 '이 둘은 결코 하나가 될 수 없다' 고 주장하는 것으로 자신이 주장한 하나님은 '한 영이 아니라 세 영들이며 결코 하나가 될 수 없음' 을 주장하고 있는 것이다.66) 이러한 주장은 삼위 하나님은 영이 각각

---

66) 한기총의 연구보고서에서는 바로 앞에서 최삼경 목사가 '인격으로서 한 영이다'라고 했다 하면서도 불과 서너줄 밖에 지나지 않았음에도 불구하고 여기에서는 '인격'을 '본질'이라는 말로 바꾸고 있다.

다른 본질을 지닌 세 하나님이라는 뜻이다.[67]

장로회신학대학교 총장을 역임한 고 이종성 박사는 "하나님은 영이시며... 영은 삼위일체 하나님의 존재 형식을 의미한다... 하나님은 처음부터 그 존재방식에 두 가지 특성을 가지고 있었다. 하나는 삼위일체라는 형식이요 다른 하나는 영적 존재라는 것이다" 라고 하였다.

최 목사는 삼위 하나님을 각각의 본질을 가진 '세 영들의 하나님', 곧 세 분 하나님으로 주장하고 있다.[68]

최삼경 목사의 신론에 대한 연구 결론

1. 삼위 하나님은 본질적으로 영이시다. 영은 페르소나(위격)가 아닌 숩스탄티아(본질)을 나타내는 말이다. 삼위일체론에서 페르소나를 영으로 표현하는 것은 잘못된 것이며 신론에서 '하나님은 영이시다' 라고 할 때는 언제나 영은 하나님의 속성, 곧 본질을 나타내는 것이다.[69] 혹 영이란 단어를 한 하나님 안에서

---

67) 하나님의 신성과 영적 존재로서의 영조차 구별하지 못하는 이런 주장을 보면 가슴이 아프다. 신격, 신성, 본질, 본체 등은 거의 같은 의미로 사용된다. 그러나 영이라는 말은 조금 다르다. 루이스 벌코프는 그의 조직신학 책에서 "공유적 속성 (인격적인 영으로서의 하나님)"이라 해놓은 다음 첫 번째로 하나님의 영성, 즉 "하나님은 영이시다"라는 것을 들었다. 공유적 속성은 하나님과 피조물인 우리 인간이 공통으로 가지고 있는 속성을 의미한다. 그러므로 한기총과 같은 이런 논리라면 영적 존재인 천사도 하나님의 본질이고 영혼을 가진 우리도 하나님과 질적으로 같은 하나님의 본질이다. 기가 막힌다.

68) 한기총의 연구보고서에서는 '인격'이라고 했던 것을 '본질'로 조작하여 왜곡하고 있다.

69) 이 주장도 잘못되었다는 것을 각주 67번을 참조해 보면 확인할 수 있을 것이다.

인격적 개체를 표현하는 의미로 사용할 수도 있으나 그러나 '삼위 하나님을 세 영들의 하나님' 이라고 주장하는 것은 본질의 단일성을 부정하는 것으로 삼신론 사상이다. 이 문제와 관련 최삼경 목사가 예장(통합)총회에 그가 삼신론자가 아니다라고 해명한 신학자들이 제출한 답변서 중 김영제박사(합동신학원 교수)의 답변서에는 "persona를 영으로 번역하면 안된다"고 지적하며 최삼경 목사가 하나님을 세 영(persona)으로 주장한 것은 문제가 있음을 지적한 바 있다. 그러므로 최삼경 목사가 주장한 '성부 하나님도 한 인격으로 한 영이시요 아들 하나님도 한 인격으로 한 영이시며 성령 하나님도 한 인격으로 한 영이시다. 그러므로 하나님은 세 영들의 하나님이시다' 라는 주장은 결국 하나님은 세 하나님이 되어 삼신론의 근거가 되며 모든 기독교회가 믿고 고백하는 아다나시우스 신조와 상충된다.[70]

2. "성부의 영, 성자의 영, 성령이 각각 하나라고 한 것은 셋에 속한 부분" 이라는 최삼경 목사의 주장은 하나님을 삼등분하여 성부, 성자, 성령을 각기 1/3로 분리시킴으로 성삼위가 하나의 신적 본질 안에 서로 구별되며 나뉘거나 혼합되지 않고 상호 종속됨이 없이 온전하신 개별적 실재를 손상시키고 삼위가 하나가 될 때만이 완전한 하나님이 될 수 있다는 주장으로 온전하신 삼위일체 하나님의 존재를 부정하고 있다.

---

70) 아타나시우스 신조에 "성부는 하나님이시고, 성자도 하나님이시며, 성령도 하나님이시다. 그러나 세 분 하나님이 아니라, 유일의 한 분 하나님이 계신다." 는 명문구절이 있는 것은 사실이다. 그러나 거기에서의 '분' 이라는 단어가 어떤 의미로 쓰였는지를 알아야 한다. 우리말에서의 분은 신격이나 인격에도 다 쓰일 수 있기 때문이다. 그리고 최삼경 목사는 '인격으로는' 이라는 말을 하면서 영을 말하고 있기 때문에 인격이라는 말이 없는 것처럼 떼어내 버리고 공격한다는 것은 말도

3. 최삼경 목사는 '영'이 하나님의 본질, 곧 성부, 성자, 성령이 하나의 영이심을 의미하는 것임을 인정하면서도 "구약이나 신약이나 아버지 하나님도 한 영이시요 성령님도 한 영이신데 어떻게 이 둘이 하나라고 하는가?" 하는 주장은 하나님의 영과 성령은 각기 다른 영이라는 뜻으로 성부의 영과 성령의 하나 되심을 부정하고 성부의 영과 성령이 각각 다른 영이라고 주장함으로 이신론, 혹은 삼신론 주장을 하고 있다.

최삼경 목사가 주장한 소위 예수의 마리아 월경잉태론

월경잉태론의 주된 골자는 "예수가 마리아의 월경(피)을 통해서 태어났다" "예수님이 마리아의 월경 없이 태어났다는 말은 마리아의 육체를 빌리지 않고 태어났다는 말과 같다" "예수님이 월경 없이 태어났다는 말 속에는 예수님의 인성이 부정되고 만다" "동정녀 탄생은 마리아가 요셉의 정액에 의하여 임신하지 않았다는 의미"라고 주장한 것이다.

"월경이란 인간의 피를 말하는 것이다. 월경은 피를 말하는 것이지 난자를 말하는 것이 아니다. 월경이 있다는 말은 아이를 생산할 능력이 있다는 것을 피로 말해 주는 것이다. 그래서 임신을 하면 월경이 없어지는데 그 피가 아이에게로 가는 것이다. 그 피(마리아의 피)로 아이를 기르는 것이다"

이 모든 주장을 종합하면 예수는 마리아의 월경, 곧 마리아의

되지 않으며, 공유적 속성인 하나님은 영이시다는 것을 신성이나 신격으로 잘못 해석하여 하나님의 본질이라 하며 공격하는 것도 잘못이다.

피를 통해 잉태되고 자라고 나셨다는 뜻이다.

최삼경 목사는 2005년 8월호 현대종교에 게재한 글과 예장(통합) 제95회 총대들에게 배포한 글, 그리고 자신이 상임이사로 있는 교회와 신앙 인터넷 신문 등을 통해서 주장한 내용을 요약하면 다음과 같다.

1. 예수님은 마리아의 월경으로 잉태되고 나셨다.

2. 임신을 하면 월경이 없어지는데 월경이 태아에게로 가며 "그 피로"아기가 자란다.

3. 마리아의 월경이 없이는 예수는 태어날 수 없었다.

4. 마리아의 월경이 없이 예수께서 태어나셨다면 인성이 부정되고 만다.

5. 마리아의 월경으로 예수님이 마리아의 복중에서 열 달 동안 성장하신 것이며 월경이 아니라면 열 달 동안 마리아 복중에 계실 필요가 없다.

6. 소위 월경잉태가 예수님의 신성을 부정한다면 그 말은 논리적으로 맞다.

7. 예수님이 월경으로 나시지 않았다고 한다면 이단적이다.

8. '칼빈도 예수님은 마리아의 피(월경)와 씨(난자)로 나셨다'고 하였다.

9. 하나님은 마리아의 난자와 유전자, 수정체 등을 사용(이용)하셔서 예수님을 잉태하게 하셨다.

10. 동정녀 탄생이란 마리아가 요셉의 정액에 의해 임신하지 않았다는 뜻이다.

"우리는 어떻게 부모의 죄가 자녀에게 유전되는지 정확하게 알지 못한다. 그러므로 성령께서 그리스도께 어떻게 성화의 역사를 취하셨는지 알지 못하지만(성령의 성화의 역사를 통해) 그리스도가 죄에 오염되지 않게 하셨다"(벌고프, 그리스도론 p74, 75)

"처녀 탄생은 자연법을 지배하고 그 법을 초월하는 야훼신이 일으킨 사건이기 때문에 자연법이나 이성이나 체감이나 생물학적인 것과는 관계가 없이 일어난 사건이다"(이종성, 조직신학 p398)

"예수님은 마리아의 월경과 무관하게 태어나셨다"(이형기, 에클레시안 2010. 6.)

학자들의 주장이 언제나 정확하다고 할 수는 없으나 대표적인 보수학자들의 주장은 분명히 월경이니, 난자니 하는 따위의 생물학적인 것과 그리스도의 탄생은 무관함을 밝히고 있다.

월경잉태 논쟁의 첫째 핵심은 과연 마리아의 월경으로 예수가 나셨느냐 하는 것이다. 최삼경 목사는 "마리아의 월경으로 예수께서 나지 않으셨다면 인성이 부정되고 만다"고 주장하였으며 "월경으로 태어나지 않았다면 마리아의 복중에서 열 달 동안 있을 필요가 없다"고 하였다. 이 말은 예수께서 마리아의 월경으로 복중에서 자라고 태어나셨다는 의미이다. 즉 월경으로 태어나지 않았다면 인성이 부정된다는 주장이다. 인성이 무엇인가? 인성이란 사람이 되셨다는 뜻이다. 마리아의 월경으로 태어나지 않았다면 – 최 목사의 주장대로라면 태어날 수가 없다 – 인성이 부정되고 만다는 주장은 결국 마리아의 월경이 없었다면 예수님이 인간이 되실 수 없다는 뜻이다.

총신대 교수회는 분명히 "월경으로 나지 않았다고 해서 인성이 부정되는 것이 아니다. 이는 정확하지 못한 말이다"라고 하였다.

'월경으로 태어나야 예수가 인간이 된다는 주장과 월경으로 태어나지 않아도 예수는 인간이 된다'는 주장 중 하나는 분명히 이단적인 주장이 될 것이다. 왜냐하면 월경에 의하면 예수님이 사람이 되실 수도 있고 또 그 반대로 사람이 되실 수가 없는 문제이기 때문이다. 예수님이 사람이 되시지 못하면 하나님과 인간의 중보자와 구속자가 되실 수 없기 때문이다. 월경으로 나지 않았다면 예수님이 사람이 되지 못했다는 것이니 월경의 문제는 그리스도는 신성과 인성을 가지신 우리의 중보자요 구속자라고 믿는 기독교 신앙과 직결되는 중요한 문제이다.

총신대 교수회는 "인성을 강조하기 위해서 그런 주장을 한 것이니... 이단성이 없다"고 하였다. "인성을 강조하기 위해서"라는 말이 무슨 뜻인가? 총신대 교수회 보고서대로라면 지금 최 목사가 주장하는 월경잉태와 출산의 문제는 인성을 강조하기 위한 것이 아니라 아예 인성을 부정하는 것이다. 71)

---

71) 한기총 보고서의 이런 주장을 보면 황당하다. "인성을 강조하기 위해서"라는 말을 가지고 그 뜻이 무엇이냐고 물으면서 총신대 교수회의 보고대로라면 그것은 아예 인성을 부정하는 것이라고 하니 어이가 없다. 사전에서 '강조'라는 단어를 찾아보면 "어떤 부분을 특별히 강하게 주장하거나 두드러지게 함"이라 되어 있다. 그런데 그런 강조라는 단어를 가지고 부정하는 뜻이라니 기가 막힌다.

월경잉태론의 또 한 가지 핵심은 예수님의 생명은 피조된 것인가, 아니면 선재하신 하나님이신가 하는 것이다. 마리아의 몸에 잉태된 예수의 생명은 누가 준 것인가. 어디서 온 것인가? 성령은 "성령으로 잉태되셨다"고 말한다. 예수님의 생명이 성령으로 말미암았다는 뜻이다. 그 생명이 마리아를 통해서 육신을 입으신 것이다.

성경 레위기 17:14에 "모든 생물은 그 피가 생명과 일체라, 모든 육체의 생명은 그 피인즉"

레위기 17:11 "육체의 생명은 피에 있음이라"창세기 9:4 "고기를 그 생명되는 피채 먹지 말지니라"

레위기 17:11 하 "생명이 피에 있음으로 피가 죄를 속하느니라"

성경은 피가 곧 생명이라고 말한다. 그렇다면 마리아의 피는 곧 마리아의 생명이다. 마리아의 피(월경)로 예수가 태어났다면 예수에게 생명을 준 것은 마리아이다. 성경은 마리아의 몸에 잉태된 예수에게 생명을 주신 이가 분명히 성령이라고 말하고 있는데 "마리아의 월경으로 예수가 태어났다"고 주장하는 것은 결국 예수에게 생명을 준 이가 마리아라는 이야기다.

마리아의 피는 곧 마리아의 생명이다. 마리아의 피로 예수가 태어났다는 주장은 곧 마리아가 예수에게 생명을 주었다는 뜻으로 이것은 예수의 생명이 "성령으로 잉태되었다"는 성경을 부정하는 것이다. 마리아의 피가 예수에게 들어갔다면 (절대로 산모의 피가 태아에게로 가지 않는다) 예수는 결국 마리아로부터 생명을 얻은 것이며 그렇다면 예수는 인간 마리아의 피로 태어난 것이기 때문에 우리와 다를 바 없는 인간이 되고 만다. 그러므로 "마리아의 월경으로 태어나지 않았다면 인성이 부정되고 만다"는 주장은 결국 마리아의 월경(피)이 아니면 예수가 사람이 될 수 없다(인성이 부정되고 만다)는 뜻이니 예수의 생명이 마리아의 피에 의한 것이라는 주장인 것이다.

예장(통합) 제96회 총회 이단관련조사특별위원회 보고서는 최삼경 목사의 소위 월경잉태론은 예수의 신성이 마리아에게 잉태된 때로부터 존재하게 된 것으로 오해하게 만들어 그리스도의 선재성을 약화시키고 있다고 지적하였다. 마리아의 월경(피)이 아니면 예수가 태어날 수 없다고 주장한 최 목사의 주장은 결국 그리스도의 신성을 부정하는 것으로 최 목사 스스로가 "소위 월경잉태론이 예수의 신성을 부정하는 것이라고 (지적)하면 그 말은 맞는 말이다"라고 시인한 것을 뒷받침하는 보고서라고 할 수 있다.

결론

2011. 9. 20 한기총 7개 교단 총무들이 최삼경 목사의 삼신론과 소위 월경잉태론에 대하여 철조한 조사를 의뢰하여 와 임원회에서 질서확립대책위원회에서 조사케 하고 조사한 내용을 임원회에 보고하기로 하였음.

최삼경 목사의 신론은 그 존재방식에 있어 삼위로 계시나 본질적으로 하나이신 성부, 성자, 성령 하나님을 각각 개체로 만들어 기독교의 하나님을 한 분이 아닌 세 신으로 만드는 삼신론 사상으로 기독교의 정통 삼위일체론을 부정하는 이단이다.

그가 자신이 주장한 삼신론 사상에 대하여 자신이 소속된 예장 (통합) 교단 총회나 혹은 한국교회에 이 문제에 대한 진솔한 사과나 해명을 하기보다는 교단의 배경을 업고 정치적으로 삼신론 굴레를 벗으려는 행위는 매우 유감스러운 일이다.

그러므로 소위 월경잉태론이나 삼신론은 그리스도의 선재성을 약화시켜 예수의 신성을 훼손할 뿐 아니라 마리아의 월경이 아니면 그리스도의 성육신이 불가능 하다고 주장함으로 성령으로 잉태하신 그리스도의 인성을 부정하는 이단사상이다. 그리스도의 신성과 인성이 부정되거나 약화될 경우 기독론은 물론이요 신론, 구원론, 속죄론을 무너뜨리는 이단적 주장이다. 더구나 칼빈을 왜곡하여 예수 그리스도의 출생을 생물학적 주장으로 웃음거리로 만들어 기독교 신앙의 근간을 뿌리채 흔드는 결과를 가져왔다. 이는 교회사에 등장한 이단들 중 가장 악한 이단이라 할 것이다. 그러므로 본 질서확립대책위원회에서는 약 2개월 동안 각계 각층의 교수 및 전문가와 그동안 수집된 자료를 토대로 결론을 내리고 임원회에 보고하기로 하였다.

2011. 11. 24

한국기독교총연합회 질서확립대책위원회

한기총에서는 이 보고서를 근거로 2011년 12월 19일에 최삼경 목사에 대해 "극히 심각한 이단 사상이자 신성모독"이라고 발표했다.[72] 그러나 이 보고서에는 심각한 결함이 있다.

---

72) <http://www.christiantoday.co.kr/view.htm?id=252393> (2011.12.20).

불공정한 보고서

통합 측에서는 이정환 목사와 최삼경 목사의 월경잉태설 논쟁에 대해서 양쪽 다 이단성이 없다고 하면서 더 이상 논쟁하는 것을 불허한다고 하였다. 그런데 한기총의 연구보고서에는 그 논쟁의 당사자였던 이정환 목사가 한기총 질서위의 전문위원으로 등장하고 있다. 그는 자신의 소속 교단의 결정에 불복하면서까지 최삼경 목사를 이단으로 정죄하는데 참여한 것으로 보인다. 그렇다면 이 연구보고서의 결론은 뻔하지 않겠는가?

그러므로 이 연구보고서에는 논쟁의 당자사인 이정환 목사의 입김이 작용할 수밖에 없는 상황이기 때문에 태생적으로 한쪽으로 기울어질 수밖에 없었다.

공정성을 잃을 수밖에 없는 또 다른 이유도 있다. 한기총 질서위원회의 위원장은 김용도 목사였다. 김용도 목사는 혈통 유전설로 유명한 전도관의 일곱 번째 회장을 지냈다.[73] 전도관의 박태선은 다음과 같은 주장들을 하였다.

> 피 속에 마음이 있고 죄를 지으면 마음이 더러워진다 하는 것은 피가 더러워지는 것을 안 것이다 ... 그러므로 아담 해와의 원죄가 흘러내려오는 것은 혈통으로 흘러 내려오는 것을 안 것이다. 피 속에 있는 것을 분명하게 안 것이다.[74]

> 조상 대대의 죄가 혈통으로 흘러 내려오는 그 속에 아버지의 죄의 흐름보다는 어머니의 죄의 흐름이 더 크다는 것을 안 것이다. 아버

---

73) 김용도 목사가 전도관 출신이었는지는 확실치 않다. 그가 전도관의 회장이 되었을 때에는 전도관은 이미 천부교로 바뀐 뒤였고, 그는 과거 전도관 시절의 재산환수를 위해 대표가 된 것으로 알려졌다.

74) 방진용, 『천상천하 하나님이신 박태선 장노님의 설교집-예수는 개자식이다』 (서울: 도서출판 선경, 1989), p.94에 있는 "원죄는 혈통으로 내려왔다" 중에서.

지는 보이지 않는 정자 한 마리 속에 죄가 함유된 것 밖에는 죄가 들어가지 않는다는 것을 안 것이다. <u>어머니의 죄는 몽땅 흘러 들어가는 것을 안 것이다. 어머니 계통의 죄가 흘러 조상 만대의 죄가 피로 뭉쳐져서 인간이 나오는 것을 안 것이다.</u>[75]

김용도 목사가 전도관 출신이었는지는 정확하지 않다. 그가 전도관의 회장직을 수행했을 때 전도관은 이미 천부교로 바뀐 뒤였고 그는 과거 전도관 시절의 재산환수를 위해 대표를 맡은 것으로 알려졌기 때문이다. 그러나 그가 직접적인 전도관 출신이 아니라 하더라도 전도관의 피 사상에 대해서는 몰랐다고 보기는 어렵다. 전도관에 대해 어느 정도 알았기 때문에 회장직을 맡았을 것이기 때문이다.

전도관의 피 사상은 "피 속에 죄가 있고 피를 통해 죄가 유전된다"는 혈통 유전설이다. 혈통 유전설은 어느 정도 성경적인 것처럼 보이기 쉽다. 사도행전 17장 26절을 보면 "인류의 모든 족속을 한 혈통으로 만드셨다" 하고, 아담과 하와의 피를 물려받은 모든 인류는 다 죄인으로 태어나기 때문이다. 그러나 피 속에 죄가 있는 것이 아니다. 죄는 피 속에 있는 어떤 물질이 아니기 때문이다. 그리고 죄의 유전은 하나님과 인류를 대표한 아담과의 행위언약 아래에서 정상적인 부부 사이의 자연적인 출생, 혹은 보통 생육법으로 출생한 결과 아담 안에서 죄가 전가된 것이지 피를 통해서 유전된 것이 아니다.

그러므로 정통신학에서는 죄가 피 속에 있다거나 비록 아담 안에서 모든 사람이 범죄 했을지라도 피를 통해서 죄가 유전된다는 식으로는 믿지 않는다. 그래서 당연히 '타락한 피'나 '부패한

---

75) 방진용, 『천상천하 하나님이신 박태선 장노님의 설교집-예수는 개자식이다』 94페이지의 "어머니의 죄의 흐름이 더 크다" 중에서.

피' 라는 식으로 말 하지 않는다. 그런데 전도관의 박태선은 피 자체가 마치 무슨 문제나 있는 것처럼 부패한 피라 하거나 타락한 피라 하였으며, 피를 정결케 해야 구원 받는다고 하였다. 그리고 피를 정결케 하는 방법으로 자기 피를 받아야 구원 받는다고 하면서 피가름이라 하는 섹스안찰을 하였던 것이다.

이단의 주장이라고 해서 다 그른 것은 아니다. 먹으면 죽을 수밖에 없는 사약도 마실 수 있는 물에 소량의 극독이 섞여있을 뿐이다. 전도관의 사상도 마찬가지이다. 그들의 피 사상 중에 예수님이 마리아의 피를 받은 것은 옳지만 피 속에 죄가 있거나 피를 통해서 죄가 유전되었다고 주장한 것은 잘못이다.

아무튼 전도관에 있었다가 나온 사람이나 영향을 받았던 사람들은 전도관의 피 사상을 가지고 있을 확률이 높다. 전도관에 있는 사람들은 피 속에 죄가 있으며 피를 통해 죄가 유전된다는 혈통유전설을 믿고 있을 것이며, 전도관에서 나온 사람들은 재교육을 통하여 정리되지 않았다면 동일한 사상을 가지고 있을 확률이 높다. 그래서 예수님이 마리아의 피를 받았다고 하면 알레르기 반응을 보일 수도 있을 것이다. 예수님이 마리아의 피를 받았다는 것이 전도관의 사상이라 생각하기 때문이다.

이런 측면에서 김용도 목사가 위원장으로 있던 한기총의 질서확립대책위원회는 공정할 수 없었을 확률이 높다. 전도관의 시각으로 보았다면 최삼경 목사를 전도관의 사상이라 생각해서 교회사에 나타난 가장 악한 사상이라 할 수밖에 없었을 것이기 때문이다.

신앙고백을 부정하는 보고서

예수님의 인성에 대해 최삼경 목사를 공격하고 있는 한기총의 연구보고서를 보면 기가 막힌다. 질서확립대책위원회라는 비전문가들의 집단을 통해 연구보고서가 나왔다는 것도 이해하기 어렵지만 아무리 그렇다 해도 한국교회에 영향력 있는 연합기관의 연구보고서라고는 믿을 수 없을 정도이기 때문이다. 그리고 이런 보고서가 한기총의 연구보고서로 받아진 것과 그동안 아무런 비판을 받지 않았다는 것도 이해하기 어렵다.

> 성경은 피가 곧 생명이라고 말한다. 그렇다면 마리아의 피는 곧 마리아의 생명이다. 마리아의 피(월경)로 예수가 태어났다면 예수에게 생명을 준 것은 마리아이다. 성경은 마리아의 몸에 잉태된 예수에게 생명을 주신 이가 분명히 성령이라고 말하고 있는데 "마리아의 월경으로 예수가 태어났다"고 주장하는 것은 결국 예수에게 생명을 준 이가 마리아라는 이야기다.

> 마리아의 피는 곧 마리아의 생명이다. 마리아의 피로 예수가 태어났다는 주장은 곧 마리아가 예수에게 생명을 주었다는 뜻으로 이것은 예수의 생명이 "성령으로 잉태되었다"는 성경을 부정하는 것이다. 마리아의 피가 예수에게 들어갔다면 (절대로 산모의 피가 태아에게로 가지 않는다) 예수는 결국 마리아로부터 생명을 얻은 것이며 그렇다면 예수는 인간 마리아의 피로 태어난 것이기 때문에 우리와 다를 바 없는 인간이 되고 만다. 그러므로 "마리아의 월경으로 태어나지 않았다면 인성이 부정되고 만다"는 주장은 결국 마리아의 월경(피)이 아니면 예수가 사람이 될 수 없다(인성이 부정되고 만다)는 뜻이니 예수의 생명이 마리아의 피에 의한 것이라는 주장인 것이다.

한기총에서는 예수님이 마리아의 피를 받았다면 예수님은 마리아로부터 생명을 받은 것이 되며, 그분이 우리와 다를 바 없는 인간이 되고 만다며 문제 삼고 있다. 그러나 한기총의 이런 주장은 성경을 부인하고, 신앙고백을 부인하는 것으로 예수님의 인성을 부정하는 이단 사상이다.

예수님의 신성은 성육신과 상관없이 시작이 없고 끝도 없다. 누군가에 의해 생명을 부여받은 피조물이 아니다. 그러나 인성은 다르다. 예수님의 인성은 역사 속에서 시작이 있다. 부성이 제외되어 처녀가 아이를 낳는다는 것은 불가능했지만 성령으로 말미암아 동정녀 마리아가 낳은 것이다. 그러므로 마리아에게서 생명을 받은 것이다.

성경의 가르침은 예수님이 여인의 후손으로(창 3:15), 아브라함의 씨로(창 22:18), 다윗의 자손으로(마 1:1) 때가 차매 여자에게서 나신 분(갈 4:4)이라 한다. 그분은 육신으로는 다윗의 혈통으로(롬 1:3,) 동정녀 마리아에게서 탄생하셔서(사 7:14, 마 1:23) 우리와 같은 혈육에 속하여 우리의 형제가 되셨다 한다(히 2:11-14). 차이는 죄가 없다는 것이라 한다(히 4:15). 그래서 칼케돈신조에서는 죄가 없는 것만 우리와 다를 뿐 인성에 있어서는 "우리와 동일 본질"이다. 즉 우리와 똑같은 사람이라 하였던 것이다. 그런데 놀랍게도 한기총에서는 그런 성경과 신앙고백의 가르침을 겁도 없이 문제 삼으면서 공격하고 있는 것이다.

성령으로 낳았다고 해서 예수님의 인성의 생명을 마리아에게서 받지 않았다는 뜻이 아니다. 예수님의 인성의 생명은 마리아에게서 얻은 것이다. 성령으로 낳았다는 것은 남자를 알지 못하는 처녀가 자식을 낳는다는 것은 불가능하지만 성령께서 역사하심으로 낳게 되었다는 것이지 일반적인 출산의 과정을 거치지 않았다는 뜻이 아니기 때문이다. 그런데 한기총의 보고서는 성령으로 낳았다는 것을 강조하면서 이런 것도 다 무시하고 있는 것이다.

어이없는 보고서

예수님의 인성은 역사 속에서 마리아의 본질로 말미암아 기원한 것이기 때문에 그 자체만으로는 피조물이며,[76] 선재하지 않았다. 그런데 한기총의 연구보고서에서는 예수님의 인성에 관한 문제를 언급하면서 "그리스도의 선재성을 약화시켜 예수의 신성을 훼손할 뿐"이라고 하는 엉뚱한 비판도 하니 기가 막힌다.

예수님이 삼위일체 중 제 2위의 하나님이신 것은 사실이다. 그러나 예수님이 하나님이라고 해도 성육신하기 이전에 그분의 인성도 본래부터 가지고 있었던 것이라고 해서는 안 된다. 인성은 신성처럼 선재하지 않았고, 신성이 변하여 인성이 된 것도 아니기 때문이다.

선재하신 것은 예수님의 신성이며, 창조주 하나님이 피조물인 인성을 입어 참 하나님임과 동시에 참 사람이 되었다 하더라도 그분이 성자 하나님의 인격이기 때문에 그분을 삼위일체 중 제 2위의 하나님이라 하는 사실을 알아야 한다. 그런데 한기총의 연구보고서는 이런 것도 구별하지 못하고 인성 문제에 대해 신성의 잣대를 대니 기가 막힌 것이다.

최삼경 목사의 삼신론 문제는 다루고 싶지 않지만 삼신론 문제를 다룬 것도 보면 어처구니가 없다. 한기총의 연구보고서에서는 이종성 박사와 김영재 교수를 언급하면서 최삼경 목사를 공격 하지만 정작 두 교수는 최삼경 목사가 삼신론자가 아니라고 주장하는 대표적인 학자들이기 때문이다.

---

[76] 벨직신앙고백서 제19조에서는 예수님께서 부활 승천하신 이후에도 인간의 본성이 그 고유성을 잃지 않고 피조물로 남아 있다고 하면서 예수님의 인성 자체는 피조물임을 분명히 하고 있다.

제 II 부
월경잉태설 논쟁

예수님의 인성도 신성처럼 선재하셨을까?
성자 하나님이신 예수님은 성육신하셔서 이 세상에 오시기 전에
이미 인성을 가지고 계셨을까? 그래서 이미 육체를 가지고
계셨을까?

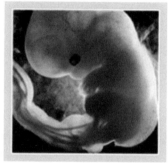

태아의 성장과정 중 5주차.[77]

예수님의 인성은 어떻게 형성되었을까?
예수님의 인성은 마리아의 본질인 그녀의 살과 피를 통해 성령의
역사로 만들어진 것일까? 아니면 마리아와 아무런 상관없이
하늘에서 온 것일까?
마리아는 단지 자궁만 빌려줬을까? 그래서 예수님의 육체는 배꼽
줄도 없이 자궁 속에 있는 양수 안에서 둥둥 떠다녔을까?

---

[77] 태아의 성장과정 중 5주차. 손발의 형상이 갖추어지기 시작한다.
   <http://blog.naver.com/moyumoyu?Redirect=Log&logNo=90147767931>

제 2 장
박윤식 목사 VS 최삼경 목사

　월경잉태설 논쟁은 사실 최삼경 목사와 박윤식 목사의 충돌이다. 최삼경 목사가 박윤식 목사의 월경관을 통일교 사상과 같은 것이라며 공격하였고, 박윤식 목사가 이단이 아니라고 옹호하면서 사실상 그의 주장에 동조하는 사람들에 의해서 최삼경 목사가 공격을 받고 있는 것이기 때문이다.

　2005년도에 합동 측 서북노회가 박윤식을 영입함으로 시작된 월경잉태설 논쟁은 2006년도에 최삼경 목사의 이단성이 없다는 연구 결과가 나오고 서북노회의 노회장 박충규 목사가 총회 때 공식 사과함으로 일단락　되는 듯 했다. 그러나 2009년에 개혁 측에서 박윤식을 영입하려 하면서 다시 시작 되었다.

　2010년도는 격동의 한 해였다. 기독교 언론 포럼을 통해 구생수, 예영수, 이광호 목사가 최삼경 목사를 공격하였다. 합동신학 대학원대학교의 김병훈 교수가 최삼경 목사와 같은 입장의 글을 쓰기도 했고, 원문호 목사가 『마리아의 무월경잉태 비판』이란 책을 통해 박윤식 사상을 비판 했지만 통합 측의 이정환 목사가 총회를 앞두고 『최삼경목사의 마리아 월경잉태설, 무엇이 문제인가?』라는 책을 출판하여 배포 하였다. 2010년도 통합 측 총회는 월경잉태설 논쟁으로 인해 아수라장이 되기도 하였다.

　논쟁의 대폭발은 한기총의 길자연 목사 체제였던 2011년 이었다. 한기총에서는 질서확립대책위원회를 통해 최삼경 목사를 교회사에 나타난 가장 악한 이단으로 정죄 하였기 때문이다.

　길자연 목사에 이어 한기총의 대표회장을 이어받은 홍재철 목사 체제하에서는 더욱 심했다. 한기총은 다락방에 면죄부를 주었고,

재림주 의혹이 있는 장재형에 대해서도 문제없다고 했다. 그뿐만이 아니다. 그는 자신을 보혜사라고 주장하는 김풍일도 영입하였다.

김풍일은 예장 통합 측 제94회(2009년) 총회에서 "신천지와 유사한 사상"으로 규정된 사람이었다. 그는 "성경은 비유로 되어 있다", "동방은 대한민국이다", "예수 믿고 천당 간 사람은 아무도 없다", "2000년 동안 인봉됐던 계시록을 내가 푼다"는 등 해괴한 주장을 하면서 자신을 보혜사라고 하며 신격화 했다는 것이다. 물론, 그는 자신을 보혜사로 가르쳐 온 것을 회개한다. 성경을 비유로 풀고 보혜사가 있는 한국을 중심으로 천국이 이루어진다. 지금까지 가르쳐 온 것들을 포기하며 회개한다고 하면서 지난 2009년 7월에 "하나님 앞에 회개하고 한국교회 앞에 진심으로 사과드린다"며 사과문을 발표하기는 하였다. 그런데 한기총에서는 합당한 검증이나 재교육도 없이 그를 영입하였다.

2013년 8월 31일에 있었던 한기총 가입 축하예배[78]

현재 김풍일은 이름을 김노아로, 교회 명칭도 새빛등대중앙교회

---

78) <http://www.amennews.com/news/articleView.html?idxno=12842> (2013.9.24)

에서 세광중앙교회로 각각 바꾸었다. 그가 진정으로 회개하고 돌아왔기 때문에 그렇게 했다면 환영해야 할 것이다. 그러나 그는 회개하지 않은 듯하다. 자신은 최근에 기자를 만난 적도 없고 사과문을 준적도 없다고 하고 있을 뿐만 아니라,[79] 여전히 "예수는 사명 감당 못하고 운명했다"는 등 기존의 주장을 계속하고 있는 것으로 드러났기 때문이다.[80] 그런데 한기총은 그런 김풍일도 영입하여 공동회장과 신천지 대책위원장이라는 중직을 맡기었다.

박윤식 씨를 회원교단으로 영입한 1월 8일 한기총 임원회의[81]

홍재철 목사는 정통 교단들이 이단으로 정죄한 박윤식 목사도 한기총 회원으로 영입하였다. 그는 자신이 소속해 있었던 합동 측을 탈퇴하고 아예 박윤식과 더불어 총회까지도 하나 만들었다.[82] 그러

79) http://www.christiancitizenunion.com/sub_read.html?uid=1592&section=sc3&section2=
80) 김풍일은 한기총에 영입되기 얼마 전인 8월 4일에 "에스골 골짜기의 큰 포도송이"(민 13:23~27)라는 설교를 통해 "예수는 사명을 감당 못하고 운명했다"고 주장했다. <http://www.amennews.com/news/articleView.html?idxno=12847>(2013.9. 26).
81) <http://www.amennews.com/news/articleView.html?idxno=12992> (2014.1.14).
82) 홍재철 목사는 박윤식 목사와 같이 교단을 만들면서 교단의 명칭을 현재 합동측 교단의 정식 명칭인 "대한예수교장로회 합동총회"와 거의 유사한 "대한예수교

나 박윤식의 사상을 통일교와 유사 하다고 비판했던 최삼경 목사에 대해서는 일간지를 통해 다음과 같이 발표했다.

국민일보에 낸 전면광고[83]

한기총에서는 이와 같은 성명서를 이곳저곳에 몇 차례 냈다. 내

장로회합동교단"이라고 했다. 맨 뒤의 두 글자만 다른 것이다. 그래서 두 교단의
약칭은 서로 같은 "예장 합동교단"이 된다. 그래서 대한예수교장로회 합동총회(총
회장 안명환)에서는 전국노회에 "우리 총회와 '사단법인 대한예수교장로회합동교
단'이라는 교단명을 엄격히 구분해 혼선이 없도록 하라"고 공문을 보내기도 하였
다. <http://www.kscoramdeo.com/news/articleView.html?idxno=7014> (2014.3.10).
83) 『국민일보』, 2012. 12. 21. 40쪽.

용은 최삼경 목사가 이단자이자 신성모독자라는 것이다. 여론 몰이를 통하여 최삼경 목사가 이단이라며 굳히기를 하는 것으로 보인다.

현재 최삼경 목사에 대해 가장 앞장서서 비판하는 사람은 인터넷 신문 법과교회의 발행인인 황규학이다. 황규학은 2014년 7월 31일에 한국기독교회관 2층에서 기독시민연대 등 7개 단체가 "소위 이단감별사들의 이단성을 논한다"는 제목으로 포럼을 했을 때, 최삼경 목사를 통일교의 문선명 사상과 유사하다며 맹공을 퍼부었다.

그의 논리적 핵심은 '예수님이 마리아의 피를 받았다고 한다면 그것은 예수님이 마리아와 피가름 한 것과 같기 때문에 예수님이 마리아의 피를 받았다고 하는 최삼경 목사의 월경잉태설은 통일교 문선명의 피가름 사상과 유사하다는 것'이다.

'피가름 사상과 마리아 월경 잉태론' 발제자로 나선 황규학[84]

---

84) 황규학은 에클레시안 뉴스에서 로앤처치로 명칭을 변경 했다가 그것을 다시 법과교회로 바꾼 인터넷 언론의 대표로 최삼경 목사를 공격하는 대부분의 글들은 그의 언론을 통해서 이루어졌다고 봐도 과언이 아니다.
    〈http://www.newsnjoy.or.kr/news/articleView.html?idxno=197241〉 (2014.8.1).

결국 박윤식 목사에 대해 통일교 사상이라고 공격했던 최삼경 목사가 이제는 통일교의 피가름 사상으로 몰려있는 상황이다. 그를 지지하는 사람들도 많지만 공격하는 사람들도 많다. 한국교회는 정통교회 내에서 두 패로 나누어져서 싸우고 있는 셈이다.

그렇다면 최삼경 목사가 주장한 것이 이단적인 것일까? 아니면 그를 공격하는 자들의 사상이 잘못된 것일까?

A. 박윤식 목사의 주장에 대한 반대

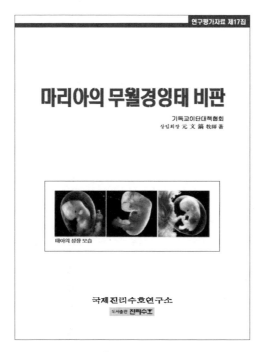

원문호 목사가 박윤식 옹호자들에게 일침을 가한 책85)

박윤식 목사의 월경관과 그의 주장에 동조하는 자들에 대해 반대하며 글을 쓴 사람이나 단체가 상당수에 달한다. 대표적인 예가 김병훈 교수이며, 공적 기관으로는 합신과 한국교회연합이다.

---

85) 원문호 목사는 이 책을 통해 박윤식 목사 관련 비호자들이 주장하는 '무월경잉태'는 "그리스도의 인성에 완전성을 부인하는 오류에 자기 합리화하는 이설이다. 이들이 주장하는 인성의 선재성은 혈과 육을 하늘로부터 성령님이 가지고 와서 마리아의 자궁에 넣었다는 천적실질"이라며 공격하고, 최삼경 목사가 공격받는 이유는 이단과 그의 비호자들이 그를 이단으로 만들어버림으로 이단자에 의해서 이단이 된 것이므로 무효라 하며 이단 해제를 위해 그렇게 한 것이라 보고 있다.

1. 김병훈 교수

언론을 통해 수많은 사람들이 최삼경 목사를 월경잉태설이라 하면서 공격할 때, 합동신학 대학원대학교의 김병훈 교수는 < "성령으로 잉태하사 동정녀 마리아에게서 나시고" 에 대한 개혁신학의 이해>라는 글을 대한예수교 장로회 합신 측(이하 합신 측)의 교단 신문인 기독교개혁신보에 기고했다.[86] 전문은 다음과 같다.

> ["성령으로 잉태하사 동정녀 마리아에게서 나시고"에 대한 개혁신학의 이해] [87]
>
> ▶칼빈은 생식에 있어서 여자의 역할은 단지 남자의 씨를 받아 배양할 뿐이라는 재침례파의 주장을 새로운 마르시온주의라고 일컬으면서 여자의 씨의 적극적 역할을 인정하며 그리스도와 마리아의 실체적 연결을 논증한다.
>
> ▶우르시누스는 그리스도께서 몸을 마리아의 실체로부터 취할 때에라야 성경의 예언대로 그리스도는 다윗의 딸에게서 나신 바가 되며, 따라서 다윗의 자손이며 아브라함의 진정한 씨가 되는

---

86) 본래 이 글은 이광호 교수가 기독교개혁신보에 "'마리아 월경잉태설' 주장에 대한 비판"(2010년 5월 1일자 제 565호)이란 글을 통해 월경잉태설은 성령잉태를 부정하는 것이라 하면서 "첫 번째 아담이 흙으로 지음을 받아 타락한 데 반해, 두 번째 아담이신 예수 그리스도는 동정녀 마리아를 통해 출생하셨지만 하늘로부터 내려오신 신령한 분"이라 하고, "예수님의 살과 피가 요셉의 그것과 아무런 상관없듯이 요셉과 정혼한 마리아 역시 저의 몸을 통해 아기 예수를 잉태하여 출산했지만 그녀의 오염된 피와는 무관하다"고 하자 그 글을 비판하며 쓴 것이었다.

87) 김병훈 교수의 이 글은 기독교개혁신보(2010년 5월 15일자)에 실려 있는 것이다.

것임을 강조한다.

1. 들어가는 말

동정녀 마리아에게서 나신 예수님에 대한 올바른 신앙고백은 기독교 신앙의 가장 중요한 기반이면서 또한 출발이다. 요즘 몇 가지 경로를 통해서 예수님이 그를 낳은 그의 모친 마리아와 어떠한 관계를 가지고 있는가에 대해 논란이 일어나고 있음이 들린다. 가만히 들여다보니 논쟁의 핵심은 예수님이 성육신을 통하여 그의 모친 마리아에게서 육적 실체를 취하였는지 혹은 그렇지 않은가에 있었다.

논쟁의 경위는 예수님이 마리아의 피를 받아 태어나셨다는 소위 '월경 잉태설'이라는 주장이 있었으며, 이에 대하여 마리아는 단지 그 몸을 그리스도 탄생의 도구로 사용이 되었을 뿐 예수님의 피와는 아무런 상관이 없다고 주장을 하며 앞의 주장을 이단으로 비판을 하는 흐름이다.

본 글의 저자는 '월경 잉태설'이라 일컬어지는 것이 무엇을 주장하는지 자세한 내용은 알지 못한다. 더구나 그것이 총신대 교수들에 의하여 "정확하지 못한 말이요 불필요한 사색"이라 지적을 받았다고 듣는 바처럼 예수님이 마리아의 몸을 실체적으로 취하였다는 주장이 왜 '월경 잉태설'이라는 납득하기 어려운 말로 표현이 되는지도 알지 못한다.

다만 논쟁의 핵심이 이미 종교개혁의 때에 재침례파와 개혁파 사이에서 이미 다루어졌던 것이므로 이와 관련한 소개를 통해서 개혁신학의 올바른 이해를 세우고 불필요한 오류들을 교정하는

데에 도움을 주고자 한다.

2. 재침례파 주장: 그리스도의 몸은 마리아의 혈과 육과 아무런 상관이 없다

그리스도의 인성에 관한 초대교회의 공적인 신앙선언은 우리 주 예수 그리스도께서 우리와 완전히 본질이 같으신 참 인간이시라는 것이다. 특별히 제4 차 공의회(칼케돈, 451년)에서 교회는 신앙선언문을 통해 그리스도께서 신성에 있어 성부와 동일 본질이신 참 하나님이시며, 또한 영혼과 몸을 지닌 분으로 인성에 있어 우리와 동일 본질이신 참 인간이심을 밝힘으로써 아폴리나리우스의 오류를 정죄하였고, 아울러 신성과 인성은 어떤 혼동이나 변화를 겪지 않으심을 밝힘으로써 유티키스의 오류를 정죄하였다. 그 외에도 신성과 인성이 분리되거나 구분되지 않음을 밝힘으로써 네스트리우스의 오류를 정죄하였다.

초대 교회에서 그리스도의 인성에 관한 고백을 확정을 지은 이후에 중세 시대를 거쳐 종교개혁 시대에 이르기까지 그리스도의 인성에 대한 심각한 도전은 없었다.

종교개혁 시대에 재침례파에 의하여 제기된 논란은 우리 주 예수 그리스도께서 완전한 인성을 가지고 계시다면, 그리스도께서는 어떻게 그 인성을 가지게 되셨는가에 대한 의문에 대한 것이었다. 즉 "성령으로 잉태하사 동정녀 마리아에게서 나시고"의 신앙고백과 관련하여 예수님과 마리아의 관계를 어떻게 이해하여야 하는 것인가와 관련한 논란이었다.

예수님은 성령으로 잉태하셨으므로 동정녀 마리아는 단지 예수님의 출생의 경로로만 사용이 되었을 뿐인가? 아니면 예수님은 성령의 능력으로 마리아의 몸을 취하여 출생을 하셨는가? 전자가 옳다면 마리아는 예수님과 아무런 실체적인 연결이 없으며, 후자가 옳을 경우에만 마리아는 예수님의 친 어머니라 말할 수 있게 된다.

예수님과 마리아의 관계에 대한 의문은 두 가지 신학적 전제들로 인하여 제기가 되었다. 하나는 아담 이후 아담의 모든 후손들은 죄 아래에 출생한다는 원죄론이다. 다른 하나는 마리아도 아담의 자손이므로 원죄 아래에 있는 죄인이라는 인간론이다. 이 두 가지 사실을 생각할 때, 죄인인 마리아가 어떻게 죄가 없는 완전한 사람을 낳을 수가 있는가의 문제가 제기되는 것이다.

전통적으로 천주교회는 이러한 문제들에 대한 해답을 마리아의 처녀 잉태로 설명하거나 마리아의 무흠수태로 설명하려는 시도에서 찾았다. 전자는 초대교회로부터 유행되었던 것인데, 아담의 원죄는 성관계를 통해서 유전이 된다는 믿음을 전제로 마리아는 처녀의 몸으로 예수님을 잉태하였기 때문에 예수님은 원죄와 무관하다는 주장이다. 후자가 천주교회의 공식교리로 확정이 된 것은 19세기이지만 이미 15세기에 교회의 신앙으로 자리를 잡았던 것으로 마리아는 예수님을 잉태할 때부터 이미 원죄가 없었으며 심지어 평생토록 죄를 범하지 않았다는 주장이다.

재침례파는 이러한 중세 천주교회의 전통적인 설명을 전적으로 배격하였다. 예를 들어 재침례파의 아버지와 같은 멘노 시몬스(Mennon Simons)는 멜키오르 호프만(Melchior Hofmann)의 견해를 좇아 "말씀이 육신이 되었다"(요1:14)는 성경의 교훈은 성자 하나님께서 육신을 취한 것이 아니라 그 분 자신이 육신이 되신 것이라고 주장을 하였다. 이 말은 예수님이 마리아에게서 그의 몸을 받은 것이 아니라 마리아가 예수님의 몸을 성령으로 말미암아 받은 것이며, 그 몸에 영양을 주고 출산을 한 것이라는 것임을 뜻한다고 풀이를 하였다.

시몬스는 예수님의 잉태와 관련하여 마리아에게 어떤 적극적인 역할을 인정하지 않았다. 시몬스의 생각에 그리스도는 새로운 피조물 가운데 먼저 나신 자인데 반해, 마리아는 타락한 옛 피조물에 속한 자이기 때문이다. 재침례파 생각에 마리아는 그저 하나님께서 그의 아들을 세상에 보내기 위하여 사용하였던 수동적인 도구에 불과하다.

시몬스와 함께 당대의 재침례파를 대표하였던 덕 필립스(Dirk Philips)가 말한 바와 같이 재침례파들은 마리아가 그리스도의 모친인 것은 그녀가 선택을 받아 그리스도를 낳았다는 의미에서 그러한 것일 뿐, 그녀가 예수님에게 자신의 혈과 육을 주었기 때문은 아니라고 믿었다.

재침례파들 생각에 예수님의 몸이 마리아의 몸을 취하여 이루어진다면, 그리스도의 몸과 아담 사이에 아무런 차이가 없게 될 것이며, 결국 예수님 또한 죄인이 될 것이기 때문에 그의 죽음은 자신의 죄 때문이지 결코 다른 이들의 죄를 대신하는 것이 될 수가 없다는 결론이 필연적이었다.[88]

---

88) 재침례파에서는 피 속에 죄가 있고 피를 통해 죄가 유전된다는 혈통유전설을 직접적으로는 주장하지는 않았다. 그러나 마리아의 몸을 취한다면 그리스도의 몸과 아담 사이에 아무런 차이가 없게 되어 예수님 또한 죄인이 될 것이라는 그들의 주장은 결국 혈통유전설과 만나게 되고 오늘날 최삼경 목사를 공격하는 사람들의 논리와 같게 된다.

이러한 결론에 이른 재침례파의 성경해석은 이러하다. 우선 이들은 '여인의 씨'(창 3:15), '아브라함의 씨'(창 22:18, 갈 3:8) 등을 문자적이지 않고 단지 비유적으로만 본다. 예수님은 영적인 의미에서 아브라함의 후손이라 불릴 뿐이다. 만일 그렇지 않고 실제적 의미에서 예수님이 아브라함에게서 인간의 씨를 물려 받은 것으로 해석을 한다면 결국 하나님의 도움을 받아 인간이 인간 자신을 스스로 구원하였다는 결과를 낳게 되는 어처구니 없는 결과에 이른다고 생각을 한 것이다.

나아가 그리스도는 '새 아담'(고전 15:45)이며 '하늘에서 내려온 살아있는 떡'(요 6:51)이며, 성령으로 말미암아 육신이 되신 말씀(요 1:1, 14)이라는 사실은 예수님의 몸이 아담의 것과 혈과 육의 연결을 가지고 있지 않음을 분명하게 말하여 준다고 믿었다. 그리스도께서 "다윗이 그를 주라 칭하였은즉 어찌 그의 자손이 되겠느냐"(마 22:45)고 물으신 것도 바로 이러한 까닭에서 라고 주장을 하였다.

특별히 "사라 자신도 ... 잉태할 수 있는 힘을 얻었으니(히 11:11)의 말씀은 재침례파와 개혁파 사이에 팽팽한 주석적 논쟁을 불러일으켰다. 재침례파는 사라가 얻은 잉태할 수 있는 힘이란 자신의 씨를 뿌리는 능력이 아니라 단지 아브라함의 씨를 받아 배양할 능력을 말할 따름이라고 주장을 하였다.

마찬가지로 마리아는 성령께서 제공하신 씨를 단지 배양하고 출산하는 통로였을 뿐이었다. 태생학적으로 재침례파는 남자만이 씨를 제공하고 여자는 단지 씨를 받아 배양하는 밭의 역할을 할 뿐이라는 아리스토텔레스(Aristotle)의 견해와 일치를 보였다. 재침례파들의 주장을 어떻게 보아야 할까? 이들은 도케티안 가현론 또는 유티키안 단성론을 말한다고 비판을 받았다. 정확히 말하면 이들은 가현론과는 달리 그리스도의 인성을 부정하지 않았다. 다만 그리스도의 인성이 아담의 혈과 육을 따른 인성이 아니라 새로운 아담으로서의 인성을 가지고 있다는 점을 말했을 뿐이다. 또한 이들은 유티키안 단성론과 달리 인성이 신성에 흡수되는 신성과 인성의 혼합을 말하지 않았다. 다만 이들은 새 아담을 말함과 동시에 그 새 아담이 여전히 완전한 하나님의 아들이며 하나님의 말씀임을 강조하려고 했을 뿐이다.

그러나 재침례파들은 그리스도와 아담의 육적 연결을 부인하였다는 점에서는 가현론자들이나 유티키안 단성론자들과 다를 바가 없는 오류를 범하였다는 비판의 빌미를 주고 있음을 평계할 수가 없다.

3. 개혁파의 견해: 그리스도의 몸은 마리아와 실체적 연결을 갖는다.

재침례파들의 주장에 대해 칼빈은 기독교 강요 2권 13장에서 분명하게 반박을 하였다. 칼빈은 그리스도가 아브라함의 자손이며 또한 다윗의 허리에서 오신다는 성경의 말씀을 비유나 영해하는 것에 대해 비판을 한다. 바울이 "여럿을 가리켜 그 자손들이라 하지 아니하시고 오직 한 사람을 가리켜 네 자손이라 하셨으니 곧 그리스도라"(갈 3:16)의 말씀이나 "육신으로는 다윗의 혈통에서 나셨고"(롬 1:3) 등의 말씀들은 비유적 해석을 용납하지 않는다고 칼빈은 강조한다.

칼빈은 생식에 있어서 여자의 역할은 단지 남자의 씨를 받아 배양할 뿐이라는 재침례파의 주장을 새로운 마르시온주의라고 일컬으면서 여자의 씨의 적극적 역할을 인정하며 그리스도와 마리아의 실체적 연결을 논증한다. 성경이 외삼촌과 질녀 사이에, 또 어머니가 같은 남매 사이에 혼인을 금하고 있는 것은 생식이 단지 남자의 씨에 의해서만 이루어지는 것이 아니기 때문이다.

"그 무리들 가운데 어떤 이들은 부끄러움도 던져버린 채 너무나도 방자하게 우리들이 의미하는 바가 그리스도께서 처녀의 월경의 씨에서 잉태되었음을 말하는 것이냐고 묻는다. 이에 반문하여 나는 그들에게 그리스도가 그의 모친의 피와 결합을 하지 않으셨는지를 묻겠다. 그들은 이것을 인정해야만 할 것이다."(INST., 2.13.3)

칼빈은 그리스도가 그의 몸을 그의 모친에게서 취하셨다는 사실로 인하여 죄의 오염을 염려할 필요가 없음을 밝힌다. 인간의 출생은 그 자체로 본래 더럽고 악한 것이 아니라 타락으로 인하여 부가된 성질이기 때문이며, 그리스도께서 마리아에게서 출생하실 때 성령께서는 아담의 타락 이전에 순전하고 무흠했던 상태와 같게 그리스도의 몸을 거룩케 하셨기 때문이다.

칼빈 이후 개혁파의 모든 신앙고백들은 예외 없이 재침례파적 견해를 부인한다. 네덜란드 도르트 총회(1618-1619년)에서 개혁파 모든 목사들이 따라야 할 표준적인 신앙문서로 채택인 된 벨직 신앙고백서(Belgic Confession, 1561년)를 작성한 귀도 드 브레(Guido de Bres)를 비롯한 개혁파들은 재침례파에 맞서 "사라 자신도 ... 잉태할 수 있는 힘을 얻었으니"(히 11:11)의 말씀이 단지 사라의 수동적 역할만을 말하는 것이 아니라 그녀도 또한 씨를 뿌릴 능력과 같은 적극적인 역할을 의미한다고 주장을 하였다. 흥미롭게도 태생학적으로 개혁파는 재침례파와 달리 남자와 마찬가지로 여자의 씨도 적극적인 역할을 한다는 갈렌(Galen)의 견해와 일치를 보였다.

벨직 신앙고백서 18항의 일부를 옮겨 보도록 한다. "... 그리스도께서 그의 어머니에게서 사람의 몸을 취하셨다는 것을 부인하는 재침례파 이단들에 맞서서 우리는 그리스도께서 자녀들의 살과 피에 참여자가 되셨음을 고백한다. 그리스도는 육체를 좇아 다윗의 허리의 열매이며, 육체를 따라 다윗의 씨에서 나셨으며, 처녀 마리아의 태의 열매이며, 여인에게서 나셨고, 다윗의 가지이며, 이새의 줄기에서 난 싹이며, 유다지파에서 나셨으며, 육신을 따라 유대인들에게서 나셨으며, 아브라함의 씨를 취하셨으니 아브라함의 씨에서 나셨다. 그러므로 그리스도는 모든 점에 있어서 형제들과 같이 되셨으나 죄는 없으시다. 이렇게 하여 그리스도는 진실로 우리의 임마누엘, 곧 우리와 함께 하시는 하나님이시다."

재침례파에 맞서서 그리스도께서 그의 어머니 마리아에게서 사람의 몸을 취하셨다는 사실에 대한 벨직 신앙고백서(1561년)의 고백은 하이델베르크 요리문답(1563년)에서 그대로 이어지고 있다.

질문 35: "그는 성령으로 잉태되어 동정녀 마리아에게서 나시고"라는 고백이 뜻하는 바는 무엇입니까?

답: 그 고백은 현재나 장래에나 언제나 동일하신 참되며 영원한 하나님이신 하나님의 영원한 아들, 곧 성자 하나님께서 동정녀 마리아의 혈과 육으로부터, 참된 사람의 본질을 취하셨으며, 이러한 일은 성령 하나님께서 행하신 일임을 뜻합니다. 그 결과

그는 다윗의 참된 후손이 되셨으며, 죄를 짓지 않으셨다는 면을 제외한 다른 모든 면에서 그의 형제들과 같이 되셨음을 뜻합니다.[89]

하이델베르크 요리문답이 문답 35문에서 교훈하고자 하는 것은 정확히 무엇일까? 자카리아스 우르시누스(Zacharias Ursinus)는 하이델베르크 요리문답에 대한 그의 주석에서 문답 35는 무엇보다도 그리스도의 육신이 마리아의 실체에서 취하여진 것이라는 사실을 부인하는 이단들에 대해 답을 주기 위한 것이라고 밝히고 있다. 이들은 그리스도께서 성령에 의해서 잉태되었다는 것은 곧 그리스도의 육신이 사람의 실체가 아니라 신성의 실체 곧 성령의 본질에서 만들어졌음을 뜻한다고 주장을 하였다. 요컨대 신적 본질이 인적 본질로 변화를 한 것이라는 것이다.

우르시누스는 이들의 주장을 논박하면서 이르기를 그리스도의 잉태와 관련한 성령의 역할은 그리스도의 몸의 실체를 제공하는 질료적 원인(material cause)이 아니라 그리스도의 잉태를 가능

---

89) 김병훈 교수는 " "동정녀 마리아에게서 나시고"라는 고백은 예수님께서 성령으로 잉태되셨으나 마리아의 몸, 그러니까 좀 더 구체적으로 말해서 마리아의 자궁 안에서 나신 것이며, 그렇기 때문에 우리 인간들과는 다른 어떤 새로운 인간으로 형성되신 것이 아닙니다. 즉 예수님께서는 마리아의 자궁에서 잉태되실 때에 마리아의 살과 피를 취하는 방식으로 잉태되셨음을 뜻합니다. 마리아의 자궁만을 사용하신 것이 아니라, 마리아의 살과 피를 취하여 예수님께서 인성을 가지셨다는 것은 마리아를 통하여 우리 인간들과 연결되셨음을 뜻합니다. 마치 우리가 육신의 부모와 육체적인 유전적 연결을 갖고 있듯이, 그래서 부모의 혈액형과 유전적이며 생리적인 체질을 물려받고 있듯이, 예수님은 동정녀 곧 처녀인 마리아와 육체적인 연결을 갖고 계신다는 것입니다. 이러한 마리아와의 육체적인 연결을 따라서 예수님은 혈통적으로는 다윗의 후손이 되셨던 것이며, 또한 마리아와 혼인한 요셉과의 관계에 있어서는 육체적인 관계가 아니라 법적인 연결을 따라서 다윗의 후손이 되셨던 것입니다." 라고 하였다. 김병훈, 『하이델베르크 요리문답 I』(수원: 합신대학원출판부, 2008), pp.207-209.

케 하는 실행적 원인(efficient cause)이었다고 하였다. 이것은 성령이 그리스도의 아버지가 된다는 소시니안들의 주장이 완전히 잘못된 것임을 밝혀준다.

이러한 이해를 전제로 하면서 우르시누스는 "성령으로 잉태하사 동정녀에게서 나시고"의 신앙고백에서 성령과 관련한 교훈을 다음과 같이 세 가지로 정리하여 준다.

① 하나는 그리스도께서 남자의 씨와 실체를 취하지 않은 채 처녀인 마리아의 태에서 잉태가 되었으며, 그 결과 그리스도의 인성이 오직 마리아에게서만 취하여 형성이 되도록 성령께서 직접적으로 역사하셨다는 사실이다.

② 다른 하나는 마리아의 태에서 잉태된 그리스도에게 원죄가 부여되지 않도록 성령께서 잉태된 그리스도를 기적적으로 거룩케 하셨다는 사실이다. 이 점과 관련하여 만일 그리스도께서 죄인인 마리아에게서 나셨다면 그리스도도 또한 죄인이 되는 것이 아니냐는 반론은 염려할 바가 아님을 밝힌다. 성령께서는 어떻게 하여야 인간의 본성으로부터 죄를 구별하여 분리할 수 있는가를 알고 계시니 쓸데없는 사변을 할 것이 아니며, 또한 죄란 인간의 본성에서 비롯되는 것이 아니라, 마귀에 의하여 인간의 본성에 부가된 것이라는 점을 잊지 않도록 확고히 한다.

③ 마지막 하나는 말씀이신 성자 하나님께서 그의 신적 본질에 더하여 인적 본질을 취하신 연합, 곧 '위격적 연합'(hypostatic union)은 마리아의 태에서 잉태가 된 바로 그 순간에 이루어지도록 성령께서 직접적으로 역사하셨다는 사실이다.
요컨대 그리스도께서는 마리아에게서 몸의 실체를 취하되, 죄의

성품은 전이 되지 않도록 하면서, 잉태의 그 순간에 말씀이신 성자 하나님께서 인성을 취하는 이 모든 신비로운 일이 실행적 원인으로써 성령 하나님께서 직접적인 역사를 하시어 이루어진 기적임을 고백하는 것이 "성령으로 잉태하사"에 담겨 있는 신학적 의미인 것이다.

우르시누스는 그리스도의 잉태와 관련한 성령의 역할은 질료적 원인이 아니라 실행적 원인일 뿐이라는 신학적 설명이 바로 "성령이 네게 임하시고 지극히 높으신 이의 능력이 너를 덮으시리니"(눅 1:35)의 말씀에 담겨 있는 참 뜻이라고 결론을 내린다.

아울러 우르시누스는 그리스도께서 몸을 마리아의 실체로부터 취할 때에라야 성경의 예언대로 그리스도는 다윗의 딸에게서 나신 바가 되며, 따라서 다윗의 자손이며 아브라함의 진정한 씨가 되는 것임을 강조한다.

뿐만 아니라 "보라 처녀가 잉태하여 아들을 낳을 것이요"(사 7:14)의 말씀이나 "여자의 후손이 네 머리를 상하게 할 것이요"(창 3:15)의 말씀 또한 그리스도께서 마리아의 몸에서 자신의 몸의 실체를 취하실 것임을 가리키는 말씀임을 확고히 한다. 이 점과 관련하여 개혁파는 재침례파와는 달리 비유적 해석이 아닌 문자적 해석을 분명히 한다.

개혁파의 고백은 벨직 신앙고백서와 하이델베르크 요리문답 이후 100여년이 지나 작성이 된 웨스트민스터 신앙고백서(1647년)에서도 변함없이 이어지고 있다. "하나님의 아들은 삼위일체 하나님 가운데 제2 위격이시며, 영원하신 참 하나님이시며, 성부 하나님과 한 본질이시며 동등하시다. 때가 차매 그가 오셔서 인성을 취하셨고 인성의 모든 본질적 속성들과 공통된 연약성들을 가지셨으나, 죄는 없으셨다. 그는 성령의 능력으로 처녀 마리아의 태에서 마리아의 실체를 취하여 잉태되셨다"(8장 2항).

웨스트민스터 신앙고백서는 그리스도의 몸이 무로부터 만들어진 것도 아니며, 또한 하늘로부터 내려온 것도 아님을 말한다. 왜냐하면 그리스도의 몸은 성령의 능력으로 인하여 마리아의 실체를 취하여 형성이 된 것기 때문이다. 바로 이러한 이유로 마리아는 예수님의 어머니라 불리는 것이며, 또한 성경이 가리키고 있는 대로 '마리아의 태의 아이'(눅 1:42)이며 '여자의 후손'이라고 일컬어지는 것이다.

마리아의 몸을 취하였음에도 그리스도께서는 어떻게 죄가 없을 수 있는가에 대한 개혁파의 대답은 첫째, 성령에 의하여 마리아에게서 취하여진 인성이 죄의 오염으로부터 거룩하게 되셨다는 것이며, 둘째, 새 아담이신 그리스도는 처음 아담의 후손들처럼 "생육하고 번성하라"는 일반 명령에 따라 나오신 것이 아니라, "여인의 후손"(창 3:15)이라는 특별한 약속에 따라서 나오셨다는 것이며, 셋째로 그리스도는 인성이라는 본질과 관련하여 아담 안에 계신 것일 뿐, 아담의 모든 후손들로 하여금 죄에 참여하게끔 하는 언약과 관련하여서는 아담 안에 계신 것이 아니라는 것이다. 요컨대 아담의 혈과 육을 취하여 인성을 가지셨다는 사실로 인하여 그리스도께서 죄로 오염된 상태에 필연적으로 놓이게 되는 것이 아니라는 사실을 잘 기억해 두어야 한다.

4. 나가는 말

많은 이들이 예수님이 자신의 몸을 마리아에게서 취하셨다는 고백이 "마리아에게서 나시고"의 개혁파의 올바른 해석임을 알지 못하고 있는 듯하다. 어떤 이들은 그러한 고백이 마치 성부와 성자의 동일본질을 부인하는 것이라 고 말하는 데 이것은 전혀 잘못된 비판이다. "마리아에게서 나시고"의 고백은 그리스도께서 인성에 따라 동일본질인 참 사람임을 말하는 것이고, 성부와 성자의 동일본질의 고백은 신성에 대한 것이기 때문이다.

또 어떤 이는 주장하기를 사라가 90세라는 불임의 상태에서 이삭을 낳은 것은 마리아에게서 그리스도가 나신 것을 예표 한다고 말한다. 그런데 로마서 4:19절과 히브리서 11장 11절을 들어 예표성을 설명하기를 마치 사라의 경수가 완전히 끊어진 상태에서 이삭이 출생한 것처럼 그리스도께서도 마리아의 경수와 아무런 상관이 없이 신비로운 방법으로 출생한 것이라고 풀이하고 있다.

그 말대로라면 이삭은 사라와는 상관이 없이 아브라함의 씨만으로 사라의 몸만을 빌어 출생하게 된 것이 된다. 이삭이 남성의 씨만으로 된 단성생식의 출생을 하게 되었다는 뜻이 된다. 이것은 성경의 올바른 의미가 아니다.

위 두 본문들은 불임의 상태였던 아브라함과 사라가 하나님의 기적으로 인하여 가임의 능력을 회복하고 이삭을 출생하였음을 말하는 것이다. 그리스도의 탄생과 관련하여 이삭의 출생이 갖는 예표성은 하나님의 기적에 의한 것이라는 점에 있는 것이지, 이삭과 그리스도가 모두 여자의 씨와는 상관이 없이 출생을 하였다는 데에 있지 않다.

또 이 세상의 인간들은 죄로 인해 부패한 첫 번째 아담의 몸을 이어받고 있지만, 두 번째 아담이신 예수님은 부패한 첫 번째 아담의 몸을 이어받은 것이 아니며, 마리아에게서 오염된 살과 피를 받지 않으셨다는 주장은 예수님과 온 인류의 실체적 연결성을 부정하는 것으로 앞서 밝힌 바처럼 칼빈과 개혁신학에 의하여 성경에 어긋나는 것으로 비판을 받은 것이다.

비록 간략하게나마 지금까지 제시한 내용이 "성령으로 잉태하사 동정녀에게 나시고"의 신앙고백과 관련한 혼란들을 제거하고 올바른 고백을 정립하는 데에 도움이 되기를 바란다. 재침례파가 가장 해석하기에 불편해 하였던 구절을 덧붙임으로 글을 맺기로 하자.

"거룩하게 하시는 이와 거룩하게 함을 입은 자들이 다 한 근원에서 난지라 ... 자녀들은 혈과 육에 속하였으매 그도 또한 같은 모양으로 혈과 육을 함께 지니심은 ..."(히 2:11, 14절 가운데)

김병훈 교수의 이 글은 더 이상 논쟁을 필요 없게 만든다. 칼빈과 재세례파와의 논쟁, 그리고 하이델베르크 요리문답을 직접 작성했던 자카리아스 우르시누스의 주장을 언급하고 이어서 신앙고백서들을 통하여 김병훈 교수는 월경잉태설 논쟁에 있어서 어떤 주장이 옳은지를 명백하게 밝히고 있기 때문이다.

먼저 김병훈 교수는 동정녀 마리아에게 나신 예수님에 대한 올바른 신앙고백이야 말로 기독교 신앙에 있어서 가장 중요한 기반이며 출발점이라고 한다. 이어서 그는 예수님이 성육신을 통하여 그의 모친 마리아에게서 육적 실체를 취하였는가 그렇지 않았는가가 월경잉태설 논쟁의 핵심이라 하면서 예수님이 마리아의 몸을 실체적으로 취하였다는 주장이 왜 월경잉태설이라 일컬어지는지 납득하기 어렵다고 한다. 칼빈과 우르시누스, 그리고 칼케돈신경, 하이델베르크 요리문답, 벨직신앙고백서, 웨스트민스터 신앙고백서 등 개혁파의 입장은 예수님이 마리아의 육적 실체를 취하셨다는 것이고, 예수님이 마리아의 육적 실체를 취하지 않았다는 것은 새로운 마르시온주의라 할 수 있는 재침례파의 주장으로 이단적인 주장이었기 때문이다.

예수님이 마리아의 육적 실체를 취하셨다는 것은 마리아의 살과 피를 받았다는 것으로 개혁파의 입장이고 육적 실체를 취하지 않았다는 것은 마리아의 살과 피를 받지 않았다는 것으로 재침례파나 유티케스 단성론에 해당하는 이단적인 견해라는 것이다. 그런데 역사 속에서 어떤 것이 옳은지 명확하게 정리된 논쟁임에도 불구하고 한국교회에서 월경잉태설이라는 생소한 이름으로 재연되고, 더구나 이단적인 주장을 통해 개혁파의 입장이 공격을 받고 있으니 납득하기 어렵다는 것이다.

김병훈 교수는 재침례파의 지도자였던 멘노 시몬스(Mennon Simons)와 덕 필립스(Dirk Philips)의 주장을 소개하고 칼빈이 말했던 '월경의 씨'에 대해서도 언급한다. 그러므로 사실상 월경과 관련된 논쟁은 종교개혁 당시에 이미 있었던 것이다.

종교개혁 당시에 있었던 재침례파의 주장은 오늘날 최삼경 목사를 공격하는 사람들의 주장과는 약간의 차이가 있다. 그러나 근본적인 면에서는 같다. 그러므로 김병훈 교수의 이 글은 어떤 주장이 옳고 어떤 주장이 그른지 명백하게 밝혀 주는 역할을 한다. 최삼경 목사를 공격하고 있는 주장이야 말로 말시온이나 재침례파의 주장과 같은 것으로 가현설이나 단성론에 해당하는 잘못된 사상이라는 것이다.

2. 합신 측 연구보고서

박윤식 목사와 그의 사상에 동조하는 사람들의 주장이 잘못되었다는 연구보고서를 낸 교단은 예장 합신이다. 합신은 2012년 9월 총회 때에 이단대책위원회의 다음과 같은 보고서를 채택했다.[90]

최삼경 목사를 월경잉태론과 삼신론으로 이단규정한 배경과 한국장로교총연합회(한장총) 이대위원 4명과 한장총 이단상담소장인 합신측 박형택 목사를 이단옹호자로 규정한 한국기독교총연합회(한기총) 사건에 대한 조사보고서[91]

예장 합신 이단사이비대책위원회

연구결론

① 박형택 목사가 이단옹호자가 아님을 확인하다.
② 최삼경 목사가 삼신론 주장도, 월경잉태론 주장도 전혀 한 적이 없음을 확인하다. 그러므로 최상경 목사는 이단이 아님을 확인하다.
③ 박형택 목사를 이단옹호자로 규정한 한기총의 행위는 이단옹호적 행위임을 확인하다.

---

90) 한기총에서는 2012년 7월 19일 열린 23-3차 실행위원회에서 박형택, 김학수, 박남수, 윤재선, 이희수 목사 등 한국장로교총연합회 이대위원들 9명 중 5명에 대해 이단옹호자로 규정했다. 이유는 한기총에서 이단으로 규정한 최삼경 목사를 한장총 이대위에서 전문위원으로 위촉하여 회의를 진행했기 때문에 당시 회의 참석한 사람들도 이단옹호 행위를 했다는 것이다.
http://www.amennews.com/news/articleView.html?idxno=12196
91) <http://www.amennews.com/news/articleView.html?idxno=12283>(2012.9.20.)

연구결과 근거자료

한기총 질서확립대책위원회(위원장 김용도 목사)가 지난 2011년 11월 24일 최삼경 목사를 월경잉태론과 삼신론으로 이단규정을 하였고, 대한예수교장로회(합동)총회 실행위원회에서 2011년 12월 30일 최삼경 목사를 월경잉태론과 삼신론을 주장한다 하여 이단으로 규정하였다.

홍재철 목사 체제 한국기독교총연합회(한기총)가 7월 19일 열린 23-3차 실행위원회에서 박형택, 김학수, 박남수, 윤재선, 이희수 목사 등 5인을 이단옹호자로 규정했다. 이단옹호자로 규정된 박형택 목사(예장 합신·한국장로교총연합회 이단상담소장), 김학수 목사(예장 백석·한장총 이대위원장), 박남수 목사(예장 개혁선교 총회장, 한장총 이대위원), 윤재선 목사(예장 대신·한장총 이대위원), 이희수 목사(예장 통합·한장총 이대위 서기)는 모두 한장총 이대위 소속이라는 공통점이 있다. 한장총 이대위원 총 9명 중 반 수 이상을 한기총에서 이단옹호자로 규정한 것이다.

이러한 사건에 대하여 우리 합신 이단사이비대책위원회에서는 최삼경 목사가 주장했다는 월경잉태론과 삼신론에 대하여 조사연구하고 최삼경 목사를 옹호했다고 이단옹호자로 규정한 한기총의 행태에 대하여 월경잉태론과 삼신론을 연구하고 조사한 결과를 보고하기로 결의하였기 때문에 제출하는 바이다.

월경잉태론에 대한 문제의 핵심과 실상

지난 2010년 4월 9일 한국기독교백주년기념관에서 한국기독언론협회(회장 임종권)가 "예수님의 월경잉태론 무엇이 문제인가?"라는 주제로 제12회 기독언론 포럼을 가졌다. 이 포럼의 내용은 주로 '최삼경 목사 월경잉태론'을 비판하는 자리로서 최삼경 목사가 주장했다는 '마리아의 월경잉태론'은 이단적인 사상이라고 규정하고 나섰다. 사회자는 <교회연합신문> 강춘오 목사였고 발제자는 세 사람인데 구생수 목사(베드로출판사 대표)는 "최삼경 목사가 예수님의 월경잉태를 주장한 배경과 문제점"을, 예영수 목사(전 한신대 대학원장)는 "최삼경 목사의 '마리아 월경 잉태설'의 오류 및 이단성"을, 이광호 목사(조에성경연구원장)는 "예수님의 성령에 의한 잉태와 동정녀 탄생"을 각각 강의했다.

이 포럼내용을 살펴 보건데 최삼경 목사가 주장했다는 "마리아 월경잉태론"을 신학적으로 진단하고 비판하는 순수한 자리가 아닌 것처럼 느껴진다. 포럼을 진행하는 내용을 보면 이단논란과 합동측 가입문제로 교계의 가십거리가 되었던 박윤식 목사(평강교회 원로)가 등장하고 합동측 서북노회 조사보고서가 등장한다. 물론 최삼경 목사가 왜 마리아 월경잉태설을 주장했는가 하는 배경을 설명하기 위한 것이라고는 하지만 최삼경 목사를 겨냥한 포럼이 아닌가 생각된다. 특히 구생수 목사의 발제내용을 보면 더욱 확실해 진다.

그의 글을 인용하면 다음과 같다.

"합동 서북노회 조사보고서로 인해 당황한 최 목사, 자신의 부당행위를 장황하게 변명하려는 최 목사, 그가 '하와가 뱀과 성관계를 하여 가인을 낳았다는 설교를 했다'고 박윤식 목사를 이단으로 정죄했던 것이 최 목사 자신의 조작에 의한 음모라는 것을 서북노회 보고서를 통해 밝혀지자 이에 당황한 최 목사는 교회와신앙, 현대종교를 통해 자기의 조작행위를 변명하며 화제를 엉뚱한 곳으로 돌리면서 새롭게 발전한 것이 소위 예수님의 월경잉태와 성장론이다."

구생수 목사, 예영수 목사, 이광호 목사 세 사람 모두가 최삼경 목사의 월경잉태론은 성서적 신학적 관점에서 볼 때 이단적 사상이라고 규정하고 한국 기독교회에 혼란을 야기시키는 사상이라고 규탄하였다. 예영수 목사는 자신의 발제중에 최삼경 목사의 마리아 월경잉태론에 대한 교계의 반응을 거론하면서 여러 인사들(구생수 목사, 이광호 목사, 이정환 목사, 심상용 목사 등)과 신문들(교회연합신문, 기독교선교신문, 크리스천투데이 등)을 열거하였다. 그들은 교계를 대표하는 사람들이라고 보기에는 말하기 어렵고 오히려 반 최삼경적 입장에 있는 사람들이라고 말하는 것이 더욱 좋을 것 같다.

특히 이정환 목사는 통합측 목회자들에게 "최삼경 목사의 마리아 월경잉태설 무엇이 문제인가"라는 책자를 발행해서 배포하였다.

여기서 이정환 목사의 주장을 다루는 것은 이정환 목사가 <에클레시안> 2010년 10월 9일에 "그리스도의 성육신을 강조하며 인용한 성경구절(요 1:13)이 잘못 인용되었음을 지적해 준 박형택 목사에게 감사의 말씀을 드린다"며 박형택 목사의 이름을 거론하였고 마치 자신의 입장에 동조를 하는 것처럼 비치게 했다. 박형택 목사는 한 번도 이정환 목사의 주장에 동조하거나 지적을 해준 적이 없다. 그의 책을 읽고 포럼에서 발표한 사람들과 그 내용이 유사하다는 것을 발견하고 함께 비판하고자 한다.

1. 최삼경 목사의 주장과 포럼에서 비판한 세 사람이 주장한 내용, 그리고 이정환 목사의 주장

포럼에서 발제한 세 사람과 이정환 목사는 같은 내용을 주장하고 있다고 여겨진다. 위의 네 사람이 최삼경 목사가 주장했다는 "마리아 월경잉태설"을 이단사상이라고 규정하고 비판하지만 최삼경 목사가 주장하는 내용이 과연 이단적 사상이고 네 사람의 비판이 과연 성경적이며 개혁주의 신학에서 견지해야 할 사상인가?

아니면 반대로 네 사람의 주장이 이단적인 사상이고 최삼경 목사가 말하는 내용이 옳은 사상인가? 이는 중대한 문제이기 때문에 분명하게 살펴보아야 할 일이라 생각된다.

최삼경 목사는 박윤식 목사의 ① 월경이 인간의 타락 후 생겼다는 것과 ② 월경은 부정한 것이라는 것과 ③ 이삭과 세례요한이 월경 없이 태어났다는 것 ④ 예수님도 월경 없이 태어났으며 마리아의 태만 빌렸을 뿐이라는 사상에 대하여 비판하면서 쓴 글을 본다.

△ 최삼경 목사의 주장
① 인간의 타락후 여자에게 월경이 생긴 것이 아니다. 월경은 타락 후에 생긴 것이 아니라 타락 후에 부정하게 된 것으로 보아야 한다.
② 이삭과 세례요한이 월경 없이 태어난 것이 아니다. 월경이란 피를 말하는 것으로서 월경이 있다는 말은 아이를 생산할 능력이 있다는 것을 피로 말해주는 것이다. 임신을 하면 월경이 없어지는데 그 피로 아이를 기르는 것이다.

③ 예수님이 월경 없이 태어났다는 말 속에는 예수님의 인성이 부정된다. 마리아가 월경이 없었다는 말은 마리아의 피없이 예수님이 마리아의 몸에서 자랐다는 말이 되기 때문에 인성이 부정되는 결과를 가져오고도 남는다.

요약하면 마리아는 정상적으로 월경을 하는 건강한 여성이었다는 것과 이러한 월경을 하는 건강한 여성 마리아의 몸에서 성령으로 잉태하셨고 태아인 예수 그리스도에게 정상적으로 피와 영양이 공급되어 태 안에서 예수님이 성장했다는 주장을 한 것이다.

이러한 내용을 가지고 한국기독언론협회 포럼에서는 구생수 목사와 예영수 목사, 그리고 이광호 목사가 최삼경 목사의 사상이 이단적이라고 발표를 하였고 이정환 목사도 같은 내용의 글을 발표했는데 네 사람이 공히 주장하는 사상은 거의 동일한 것으로서 오히려 위험한 사상이 아닌가 싶다.

네 사람이 주장하며 발표한 내용을 요약하면 다음과 같다.

△ 구생수 목사
① 최 목사의 주장대로라면 예수님은 마리아의 부속물이 된다.
② 성경은 생명과 피를 하나님이 주신다고 말씀하신다.
③ 예수님은 자신의 피와 DNA를 가지고 오셨다.
④ 성령은 물(자궁에 필요한 양수)과 피를 가지고 예수님을 잉태시키셨다. (요일 5:5-8)
⑤ 여인의 월경은 불결하고 부정하다고 말씀하신다.(레 18:19)
⑥ 월경은 속죄제사를 드려야 한다고 가르친다. 유출병 (레위기 15:14-15)

⑦ 예수님의 피는 점도 없고 흠도 없는 우리와 다른 피다(벧전 1:18-19)

△ 예영수 목사
① 예수님은 마리아의 죄 된 피를 한 방울도 받지 않았다. 예수의 피는 성령께서 주셨기 때문에 죄 없는 피요 거룩한 피요 고귀한 피이다.
② 예수님의 피도 마리아의 죄로 오염된 피를 받았다면 예수님도 죄인 중의 한 사람에 불과하고 예수님의 무죄성도 부정되며 구원의 역사를 이룰 자격도 상실하게 된다.
③ 예수님의 피가 마리아의 피를 조금이라도 받았다면 예수님의 성육신은 거짓말이 되게 한다. 왜냐하면 예수님도 마리아의 피가 섞인 아담의 후손으로 만들어 버리기 때문이다.
④ 예수님이 인간 마리아의 오염된 피를 타고 났다면 세상죄를 지고가는 하나님의 어린양으로서 십자가에 피 흘림의 구원역사를 부정하는 이단사상이다.
⑤ 최삼경 목사의 월경잉태설은 아버지와 아들은 같은 본질의 하나님이시라는 삼위일체 신관을 부정하는 이단사상이다.

△ 이광호 목사
① 예수님이 여자의 후손으로 보내심을 받았는데 여자의 후손은 아담의 살과 피를 이어받은 후손이 아니라 죄에 물든 마리아의 피와 살이 그에게 영향을 끼치지 않도록 하셨다.
② 경수가 끊어진 사라를 통하여 출산된 이삭은 월경 없이 태어나게 될 예수 그리스도의 예표다.
③ 예수님의 동정녀 출생은 초자연적인 하나님의 방법으로 출생을 의미한다
④ 동정녀 마리아가 잉태한 아기 예수는 타락한 아담의 자손인

마리아의 부패한 살과 피를 상속받지 않았다. 죄로 인해 오염된 마리아의 피와 예수님의 보혈사이에는 상호 연관이 없다. 그녀의 오염된 혈액과는 무관하다.

⑤ 타락한 아담의 살과 피를 물려받은 보통 인간과는 달리 거룩한 본질을 가진 예수는 거룩한 피와 살을 지닌 분이다.(벧전 1:19-21)

⑥ 예수 그리스도의 살과 피는 천상의 나라에 직접 연관되어 있으며 죄에 물든 인간들의 것과는 본질적으로 차이가 난다.

⑦ 예수 그리스도의 피가 마리아의 피와 동질의 피였지만 하나님께서 거룩한 피로 인정해 주신 것이라고 말해서는 안 된다. 그의 피는 처음부터 거룩한 피였기 때문이다.

△ 이정환 목사

① 태아는 산모의 피를 먹고 자라는 것이 아니라 어머니로부터 영양분과 수분과 산소를 공급받아 성장하는 것이다.

② 마리아의 피를 받으셨다면 타락한 마리아의 피를 예수님이 받으신 것이 되므로 예수님도 죄인이 되고 만다. 그러므로 예수님이 태중에서 마리아의 피를 먹고 자랐다는 주장이 오히려 이단적이다.

③ 수정된 태아가 형성되면서 동시에 태아의 피가 생성되기 시작한다. 태아의 피는 태아 자체에서 생성되며 산모의 피와 태아의 피는 단 한 방울도 전달되거나 서로 교환되지 않는다.

④ 마리아에게 나신 예수님은 성령으로 잉태되었기에 무죄하시며 성령의 능력으로 마리아에게서 인성을 취하셨으므로 참 하나님이시며 참 사람이신 것이다.

⑤ 마리아의 월경은 아담으로부터 이어진 타락한 인간의 피이기 때문에 그리스도가 마리아의 피를 한 방울이라도 받으셨다면 예수님도 우리와 같이 구속을 받아야 할 대상이 된다.

⑥ 만약 예수님이 마리아의 피(월경)를 받아 먹었다면 아담의 죄 유전에서 자유로울 수가 없으며 예수님도 평범한 인간이 된다.

⑦ 인간 마리아의 오염된 피를 받고 태어난 이는 죄로 오염된 상태로 태어나기 때문에 그는 신이 아닌 한갓 인간일 뿐이다. 예수님의 신성이 부정된다.

2. 포럼과 이정환 목사가 비판한 내용 가운데 질문하고 싶은 내용

네 사람이 비판한 내용을 보면서 다음과 같은 질문을 던져본다.

① 예수님이 성령으로 잉태된 것은 월경이 없이 된 것인가? 월경을 하는 건강한 정상적인 여성을 통해서인가? 단순히 마리아의 태만 빌린 것인가?

② 타락 후 우리 인간의 살과 피가 죄로 오염이 되었는가? 죄는 영적인 문제인데 우리의 살과 피가 실제 죄로 오염(pollution)된 것인가?

③ 죄가 후손에게 전가될 때 살과 피로 전가(Imputation)되는가?

④ 예수님의 피와 살은 우리와 다른 피요 다른 살인가? 인간과 다른 제3의 피와 살이 있는가?

⑤ 베드로전서 1:19-21의 말씀은 예수님의 보배로운 피가 우리의 피와 다르다는 의미인가?

⑥ 마리아의 탯줄을 통하여 잉태된 예수님에게 가는 피와 영양은 죄가 전이되는 과정이라고 말할 수 있는가?

⑦ 우리가 예수님의 보혈로 죄를 씻어 정결함을 얻는 것은 실제로 우리의 육체의 살과 피가 깨끗해 진다는 뜻인가?

⑧ 예수님이 마리아의 정상적인 월경을 이용하여 성령으로 잉태가 되었다면 예수님은 우리와 같은 죄인이 되는가?

3. 박윤식을 옹호하는 네 사람에 대한 비판의 글

예수님의 무죄성을 입증하는 방법으로 마리아의 무월경잉태설을 주장하는 것 같다. 이삭이나 세례요한도 월경을 하지 못하는 여성을 통하여 잉태했다고 하면서 이들이 장차 태어날 예수님의 예표라고 주장한다. 과연 이들이 경수가 그친 상태에서 하나님의 능력으로 태어난 사람들일까? 그렇다면 "이삭이나 세례요한은 죄가 없는 자"가 되어야 마땅하다. 과연 이들은 죄가 없는 자들인가?

이삭은 아브라함이나 사라 두 사람이 자녀를 생산할 능력이 사라졌을 때 약속을 받았다. 하지만 후에 이삭을 낳았다. 성관계 없이 아기를 낳았다는 말이 전혀 틀리다는 말은 아브라함이 사라가 죽은 후에 그두라를 취하여 아내를 삼고 자녀를 낳았다는 사실에서 입증되며 하나님이 아브라함에게 회춘하게 하셨기 때문인 것을 알 수 있다. 히브리서 11:11에는 "사라 자신도…잉태할 수 있는 힘을 얻었다"고 기록한다.

이로 보건대 아브라함과 사라는 하나님이 생산할 수 있는 기능을 회복시키셔서 이삭을 낳도록 하셨다고 보아야 옳다. 세례요한의 경우는 사가랴와 엘리사벳이 생산할 수 있는 기능을 상실한 상태에서 낳았다는 의미가 아니라 나이 들어 늦게 낳았다는 사실을 성경이 말하고 있다. 따라서 이삭이나 세례요한의 무월경잉태설은 잘못된 해석이라 아니할 수 없다.

특히 죄가 살과 피에 있다고 믿는 이들에게는 예수님이 월경이 없이 태어나야 한다고 생각할 수가 있다. 과연 월경과 관계없이 잉태되어야 예수님의 무죄성이 입증되는 것인가? 예수님이 성령으로 잉태되었다고 성경이 말씀하시는 것은 첫째는 정상적인 인간의 생식방법으로 난 것이 아니라는 것과, 둘째는 그러면서도 여자의 씨를 통해서 나되 모든 죄와 오염에서 보호받아 죄 없이 태어난 것을 말씀하시는 것이라 본다. 단순히 남자 없이 태어난 것만 성령의 잉태가 아니라 무죄하게 태어날 수 있도록 보호하신 것도 성령으로 잉태하신 것이라는 사실이다.

예수님의 무죄하심이 마리아의 무월경잉태 때문이라고 한다면 죄가 살과 피에 있으며 죄가 후손에게 전가되는 것도 살과 피로 전가된다는 결론이 된다. 만일 그렇다면 당연히 예수님의 살과 피는 보통 인간의 피와 살이 다른 특별한 살과 피가 되어야 한다. 예수님의 살과 피가 일반 인간과 다른 살과 피라면 인간 이외에 제3의 살과 피가 따로 있다는 말이며, 예수님만이 가진 살과 피는 인간과 다른 제3의 살과 피라는 말이다. 만일 예수님이 우리 인간과 다른 살과 피를 가졌다면 인간과 다른 제3의 살과 피로서 우리의 대제사장이 되어 죄를 대속할 수 없었을 것이다.

예수님은 우리와 똑같은 살과 피를 가지신 분이지만 죄는 없으신 분이 아닌가? 베드로전서 1:19-20의 말씀은 예수님의 피가 우리와 다르다는 말씀이 아니다. 우리의 죄를 대속하는 피이기 때문에 보배로운 피라는 뜻이다. 히브리서는 예수님의 대제사장 되심을 설명하면서 "형제들과 같이 되심이 마땅하다"고 하신다(히 2:17). 대제사장으로서 우리의 연약함을 체휼하시는 분이셨다고 하신다(히 4:15).

예수님이 마리아의 태중에서 어떻게 자라셨을까? 마리아의 태만 빌렸고 전혀 마리아의 영향을 받지 않았을까? 그렇다면 여자의 씨라고 말할 수 있는 것인가? 태반에 있는 태아는 산모의 피와 직접적인 교환을 하지 않는다. 탯줄은 생명선으로서 엄마와 태아의 연결고리다.

탯줄 속에는 두 개의 동맥과 한 개의 정맥이 있다. 동맥은 태아의 노폐물과 이산화탄소를 태반으로 운반해 모체의 혈액 속으로 보내며 정맥은 태반에서 산소와 영양분을 받아서 태아에 공급한다. 그런 까닭에 동맥에는 배설물과 탄산가스가 많고 산소가 적은 검붉은 피가 흐르고, 정맥에는 신선한 산소와 영양분이 풍부한 피가 흐른다. 태아는 융모를 펌프처럼 사용하며, 이것을 통해 어머니의 혈액으로부터 산소와 영양분을 받는다. 이것을 제대혈이라 부른다.

따라서 예수님의 피가 마리아의 피와 아무 상관이 없다고 주장하는 것은 잘못된 것이고, 그것으로 예수님의 무죄성을 주장하는 것도 어불성설이다.

칼빈도 그의 <기독교강요>에서 그리스도가 어머니의 피와 결합하였다고 변론하였다(기독교강요 2권 13장 3, 4), 합동신학대학원 조직신학 김병훈 교수는 개혁파의 견해를 설명하면서 "그리스도의 몸은 마리아와 실체적 연결을 갖는다"고 하였다.

김 교수에 의하면 재침례파는 그들의 성경해석에서 '여인의 씨'(창 3:15), '아브라함의 씨'(창 22:18, 갈 3:8) 등을 문자적이지 않고 단지 비유적으로만 보고 예수님은 영적인 의미에서 아브라함의 후손이라 불릴 뿐이라고 한다. 만일 그렇지 않고 실제적 의미에서 예수님이 아브라함에게서 인간의 씨를 물려받은 것으로 해석을 한다면 결국 하나님의 도움을 받아 인간이 인간 자신을 스스로 구원하였다는 결과를 낳게 되는 어처구니 없는 결과에 이른다는 것이다.

그러나 정통신학은 그리스도께서 마리아에게서 몸의 실체를 취하되 죄의 성품은 전이되지 않도록 하면서, 잉태의 그 순간에 말씀이신 성자 하나님께서 인성을 취하는 이 모든 신비로운 일의 실행적 원인으로써 성령 하나님께서 직접적인 역사를 하시어 이루어진 기적임을 고백하는 것이 "성령으로 잉태하사"에 담겨 있는 신학적 의미라고 설명한다.

김 교수는 자카리아스 우르시누스의 하이델베르크 요리문답에 대한 그의 주석(문답 35)을 인용하여 "그리스도의 잉태와 관련한 성령의 역할은 질료적 원인이 아니라 실행적 원인일 뿐"이라는 신학적 설명이 바로 "성령이 네게 임하시고 지극히 높으신 이의 능력이 너를 덮으시리니"(눅 1:35)의 말씀에 담겨 있는 참 뜻이라고 설명한다.

인간의 죄는 살과 피에 있지 않다. 왜냐하면 죄는 영적인 것이며 죄는 인간의 마음에 그 좌소를 두기 때문이다. 따라서 인간의 살과 피를 통하여 죄가 전가되는 것이 아니다. 만일 그렇다면 다른 사람에게 수혈을 했을 때 죄도 따라가야 하고 장기 이식을 했다면 죄를 나눠 주는 것이 될 것이다. 불신자의 장기나 피를 받으면 죄까지 받게 되는 결과를 가져온다.

예수님이 우리 죄를 대속하셔서 우리가 죄사함을 받았다면 우리의 피가 깨끗해져야 하고 살도 깨끗해져야 할 것이다. 그렇다면 불신자와 신자는 그 살과 피가 달라야 맞다. 과연 그러할까? 칼빈 신학자들 헐만 바빙크(Our Reasonable Faith pp.234-235)나 비비 워필드(Biblical and Theological Studies pp.262-263)나 루이스 벌코프(Systemic Theology pp.238-243)나 죄의 좌소는 마음이며 죄의 전가 방식은 살과 피가 아니라 오염(pollution)에 그 무게를 둔다. "아담이 후손에게 죄의 전가와 그리스도의 자기 백성에게 의의 전가"가 동일한 방식이라고 한다.

이는 일명 직접 전가설 혹은 대표설이라고도 하는 학설이다.

로마서 5:15-19은 아담과 둘째 아담 그리스도에 대하여 설명하면서 두 대표적 존재를 구체적으로 제시한다. 한 사람의 범죄와 한 사람의 의의 한 행동을 말하고 한 사람의 불순종과 결과, 한 사람의 순종과 그 결과를 대표적으로 설명하고 있다.

결론적으로 말하면 마리아의 무월경잉태설은 예수님의 무죄성을 입증하려다가 오히려 예수님의 인성을 부인하게 되는 위험한 사상이라 아니할 수 없다. 월경을 하는 정상적인 여성 마리아를 사용하여 하나님께서 예수님을 성령으로 잉태케 하셨으며 예수님은 마리아의 태 안에서 탯줄을 통하여 마리아의 피로 영양분을 공급받고 자랐다는 사실을 결론지을 수 있겠다. 마리아의 태중에서 탯줄을 통하여 예수님이 자랐다면 그것으로 신성이 부정되는 것인가? 아마 죄가 살과 피에 있고 살과 피로 죄가 전가된다고 믿는 사람들에게는 그렇다고 할 것이다. 그러나 아니다. 오히려 성령께서 정상적인 인간의 출산 과정 속에서 죄의 오염으로부터 막으셨다고 보는 것이 타당한 진리이다.

따라서 최삼경 목사는 월경잉태론을 주장한 적이 없으며 박윤식

편에 선 사람들이 박윤식의 무월경잉태론을 주장하면서 최삼경 목사를 월경잉태론자로 몰아 붙인 것이다.

삼신론에 대한 핵심문제와 실상

삼신론 문제는 최삼경 목사가 지방교회에 대한 양태론적 이단성을 지적하면서 지방교회로부터 공격을 받았던 문제로서 한국교회에 논란이 많았던 이단 사상이다. 최삼경 목사와 지방교회 Daniel Towle, 조동욱 씨와 96년도부터 <교회와신앙>지에서 지상토론을 했다.

최삼경 목사는 ① 윗트니스 리(지방교회)의 이단성 ② 윗트니스 리의 이단성은 신인합일주의에서 비롯되었다 ③ 혼만 인격이라는 윗트니스 리의 인간관에 나타난 이단성은 무엇인가? ④ 윗트니스 리는 교회관에서도 이단이다. ⑤ 윗트니스 리의 사상으로 한국에는 많은 이단들이 생겨났다 ⑥ 윗트니스 리의 신관은 정통교회의 삼위일체관과 다르다 등을 발표하였고,

지방교회 측의 Daniel Towle과 조동욱은 ① 윗트니스 리와 지방교회에 대한 최삼경 목사의 잘못된 시각을 바로 잡는다 ② 최삼경 목사의 신관은 삼신론이다 ③ 최삼경 목사의 신론은 이단적이고 기독론은 비성경적이다 ④ 예장 통합측의 윗트니스 리와 지방교회에 대한 이단결정은 철회되어야 한다 등을 발표하였다.

지방교회 창시자인 윗트니스 리의 사상은 삼위일체에 대하여 "아버지와 아들과 성령은 분리된 세 인격이나 세 하나님이 아니라 그들은 한 하나님, 한 실재, 한 인격, 한 영" 이라고 주장한다. 그래서 한 인격 안에 세 하나님이 존재하는 삼일 하나님

이라는 것이다. 이것은 분명히 양태론적 삼위일체로서 이단설이다. 과거 사벨리우스가 주장하던 양태론이다.[92]

최삼경 목사는 삼위일체 하나님은 본질적으로 한 분이지만 인격적으로는 삼위로 구분된다고 주장한다. 하나님도 한 영으로 한 인격이시요 예수님도 한 영으로서 한 인격이시요 성령님도 한 영으로서 한 인격인데 본질적으로 한 분 하나님이시지만 인격적인 구분으로서 세 영, 혹은 세 인격을 주장한 것이다. 여기에서 지방교회는 최삼경 목사의 인격적 구분을 가지고 삼신론자(三神論者)라고 공격한 것이다.

지방교회에서는 삼위일체 하나님을 인격적 구분 없이 한 인격, 한 영으로 상호내재(相互內在)하는 하나님으로 보는데, 최삼경 목사는 영은 하나의 인격으로 보고 본질적으로는 하나이지만 세 영, 세 인격적 존재로서 성부 성자 성령 하나님을 구분한 것이다· 이것은 정통교회 삼위일체론이다.

---

92) 지방교회의 삼일론이 양태론인 것은 사실이지만 일반적인 양태론과는 약간의 차이가 있다. 그러므로 그들의 주장과 사벨리우스 양태론과는 다를 수밖에 없다. 사벨리우스주의는 노에토스로부터 시작된 양태론이 보다 발전된 것으로 성부와 성자와 성령을 인정하지만 한 하나님이 구약시대에는 성부로, 신약시대에는 성자로, 그리고 오순절 이후에는 성령으로 불려졌다는 것이다. 그러므로 사벨리우스주의는 결국 이름만 바뀐 것이며, 하나님이 성부로 계실 때에는 성자와 성령이 없고 성자로 계실 때에는 성부와 성령이 없다는 식이다. 삼위 하나님이 동시에 계신 것을 부인한다. 그러나 지방교회의 삼일론은 삼위일체 하나님의 페리코레시스(상호 교류)를 지나치게 강조한 나머지 각 인격(위격)이 구별되는 상호 구별이 약화되었다. 그래서 그들은 성부와 성자와 성령 세 인격을 인정하지만 구별된 세 인격이 아니라 사실상 한 인격을 주장하기 때문에 양태론이 되어버렸고, 그런 이유로 성자가 육신을 입었다는 최삼경 목사에 대해 그것은 성자를 성부와 성령과 분리시킨 것이기 때문에 삼신론이라 하면서 공격하였다. 그러나 삼위 하나님은 신격이 하나이기 때문에 서로 분리해서는 안 되겠지만 구별된 세 인격이기 때문에 성부는 성자나 성령이 아니고, 성자는 성부나 성령이 아니며, 성령은 성부나 성자가 아닌 것이다.

그런데 지방교회 이단이 최삼경 목사를 삼신론자라고 주장하고 나서자 이단이 주장하는 내용을 가지고 최삼경 목사가 마치 삼신론자처럼 의심하고 매도하는 사람들이 나타나서 많은 고초를 겪기도 하였다. 빌립보서 2:6에 "그는 하나님의 본체시나"라는 말씀에서 homoousia 즉 동일본질을 말씀하셨다. 하나님과 성자 예수님과 성령 하나님은 본질적으로 동일하신 한 분 하나님이시지 인격적 구분으로서 삼위를 말씀하는 것이 정상적인 사상이다.[93]

최삼경 목사는 자신의 삼위일체에 대한 견해에 대하여 합신측의 김영재 교수와 합동측의 차영배 교수, 그리고 통합측의 이종성 교수에게 자신의 글을 보내서 문제가 없는 정통적인 삼위일체론이라는 판단을 받았고, 통합 총회에서 문제가 없다고 결정하였다.
이러한 사실에도 불구하고 이단이 최삼경 목사를 삼신론자로 공격하는 내용을 가지고 이단으로 규정한 것은 결국 이단들의 주장에 동조하는 행위가 되는 것이다. 한기총이나 합동측의 최삼경 목사 이단결의는 결국 이단들의 주장에 동조하는 행위이며 이단을 옹호하고 정상적인 목회자를 이단으로 만드는 행동을 한 것이다.

합신 측 이단대책위원회의 이 연구보고서는 대체적으로 그 맥을 잘 짚은 것으로 보인다. 그러므로 이런 연구보고서를 읽어 보았거나 제대로 이해만 했더라도 더 이상 한국교회가 혼란에 빠지는 없었을 것이다. 그러나 이런 보고서가 나왔어도 여전히 월경잉태설

---

93) 삼위일체를 설명할 때 계속해서 인격적 구분이라는 용어를 썼는데, 인격적인 구분이라기보다는 인격적인 구별이라고 해야 한다. 구분이라는 용어는 분리를 의미하는 것으로 오해할 소지가 다분하기 때문이다.

논쟁은 그치지 않았다.

3. 한교연의 연구보고서

박윤식 목사의 사상이 잘못되었다고 한 대표적인 공적 기관은 한국교회연합이다. 한교연은 대부분의 주요 교단이 많이 참여하고 있어서 명실상부 한국교회를 대표한다고 할 만한 단체이다.

한교연의 연구 보고서는 상당히 길기도 하지만 박윤식 목사의 행적에 관해서는 논쟁의 대상이 될 수 있으므로 그 부분은 중간에 제하기로 하고 싣는 것이 좋을 것 같다. 연구보고서의 전문은 다음과 같다.

박윤식 씨 조사 연구 보고서[94]

I. 서론: 박윤식 씨를 연구 조사하게 된 경위와 목적

1. 한국교회는 박윤식 씨가 이단임을 알고 있다.

평강제일교회의 원로목사인 박윤식 씨의 이단성에 대해서는 새삼 논할 필요가 없다. 이단전문연구가인 탁명환 씨가 오랜 기간 동안 박 씨의 이단성을 밝혔고 그 일로 인해 1994년에 박윤식 씨를 추종하는 운전사 임 씨가 탁명환 씨를 살해하여 교계와 사회에 큰 충격을 주기도 했다. 그리고 통합 측 교단이 1991년 제 76회 총회에서 이단으로 규정하였으며, 합동 측 교단이 1996년 제 81회 총회와 2005년 제 90회 총회에서 이단으로 규정하였다.

---

94) 한교연의 이 연구 보고서는 바른신앙수호위원회와 임원회에서 만장일치로 통과되었으나 당시 한교연의 대표였던 김요셉 목사는 실행위원회에서 한기총과 다투기 싫다며 안건을 상정하지 않았다.

이어서 2005년에 총신 교수 19명의 이름으로 "평강제일교회와 박윤식 씨의 이단성 검증 보고서"를 작성해 배포하고, <기독신문>에 광고를 내었는데 이것에 대해 박윤식 씨 측이 총신대 교수들을 명예훼손 혐의로 고소하였다. 그 후, 2011년 4월 28일에 교수 측이 대법원에서 승소하여 오히려 세상 법정에서조차 박윤식 씨는 통일교 사상을 가진 이단으로 인정되었다. 지금까지 밝혀진 박윤식 씨의 이단 핵심 사상은 '통일교 사상'이었다. 그러나 박 씨는 통일교 사상은 물론, 나아가 박태선 사상의 영향도 받은 것으로 보인다.

2. 박윤식 씨의 이단성을 재 연구하게 된 의의

박윤식 씨는 최근 몇 년 동안 구속사 시리즈라는 제목으로 몇 권의 책을 출판하였는데, 그가 분명 이단으로 규정되어 있음에도 불구하고 20여명 이상의 저명한 목회자들과 신학자들이 극찬의 추천과 서평을 하여 주었다. 복음의 나팔을 분명하게 불고 옥석을 가려주어야 할 그들이 이단자의 책을 적극 추천하였지만 해당 교단이나 신학교에서 아무런 문제를 삼지 않고 있는 실정이다. 뿐만 아니다. 한국 교회의 대표적인 연합기관이라 할 수 있었던 한국기독교총연합회(이후 한기총)에서 박윤식 씨의 이단성을 제기하였던 최삼경 목사를 오히려 이단으로 규정하는 일도 있었고, 합동 측에서 조차 이단대책위원회도 아닌 정책실행위원회에서 그를 이단으로 규정한 것은 정치적인 의도로 밖에 이해할 수 없다.

이 점은 합동 측의 경우를 보면 더욱 선명해 진다. 합동 측 서북노회 노회장이었던(2006년) 박충규 목사는 박윤식 씨를 자신의 노회에 영입한 일이 있었는데, 이 일로 인하여 그는 총회에서 사과하기도 하였다(2006년 9월). 그런데 그는 금번(2012년)

5명으로 구성된 <최삼경 목사 처리 위원회>의 위원이 되어 최삼경 목사를 이단으로 규정하는데 일조하였다는 사실을 볼 때 그렇다. 즉, 박윤식 씨와 동일한 사상을 가지고 있는 그의 동조자에 의해 적반하장 격으로 이제는 박 씨의 이단성을 제기하였던 최삼경 목사가 소위 <월경잉태론>이란 조작된 용어에 의해 이단으로 몰리게 된 것이다. 그런 점에서 본 한국기독교연합회(이후 한교연)에서는 박윤식 씨의 이단성에 대해 다시 연구하게 되었는데 그 의의가 크다고 할 수 있다.

II. 본론: 박윤식 씨의 이단성은 무엇인가?[95]

B. 박윤식 씨의 사상

통일교와 전도관의 가장 핵심적인 사상은 '혈통 유전설'이다. 혈통 유전설이란 죄가 인간의 피 속에 있고 피를 통해, 즉 혈통을 통해서 죄가 유전된다는 것이다. 이것은 섹스를 모티브로 한 타락론에 바탕을 둔 것으로 통일교나 전도관의 '피가름 원리'의 근거가 된다. 전도관의 박태선 씨는 "남자의 줄기로 죄가 흐르는 것보다 여자의 죄가 99% 이상 가미되는 것을 알았다"(성별 81년 5월 <녹음 설교를 통해 본 박태선 교주 망언>, p. 50)라고까지 하였다. 그런데 박윤식 씨에게 '전도관 전도사 생활을 하였느냐 하지 않았느냐' 하는 것은 그의 사상을 알아보기 위해 중요하지만 그것보다 더 중요한 것은 '그가 통일교와 전도관의 혈통유전설 사상을 받았느냐 받지 않았느냐' 하는 문제이다.

---

95) 박윤식 목사의 행적에 관한 기록은 본인이 인정하지 않는 내용이 포함되어 있어서 불필요한 논쟁의 대상이 될 수 있기 때문에 생략했다.

1. 박윤식 씨의 변형된 전도관 사상

(1) 피의 사상을 통한 말씀의 인격화

《성별》지(1979/9월호)의 「대성교회의 내막 - 박윤식 목사는 과연 이단인가?-」의 <십자가 피(레 17:11, 요 12:25~27)에는 다음과 같이 기록되어 있다.

> "예수는 이 땅에 오시어 비유만 말씀하셨지(진리) 말씀은 한 마디도 못하고 가셨다는 것이다. … 박목사가 하나님께 기도 드리면서 '이 말씀'은 어떻게 하리이까 했더니 <u>십자가 피 속에 묻어 사탄으로 하여금 모르게 하라는 것이다.</u> 이 말씀은 끝날에 아버지 곧, 박윤식이 받아 가지고 와 비밀한 말씀인 작은 책을 줌으로 그 말씀 받은 자는 영원히 영육간에 죽지 아니하고 에녹과 같이 엘리야 같이 산체로 승천한다는 것이다."

박윤식 씨의 핵심적인 주장은 전도관의 피에 관한 사상이다. 그런데 그는 전도관의 그 피에 관한 사상을 기초로 하여, 말씀을 매개체로 통일교의 메시야 사상과 같은 "말씀의 인격화, 인격화된 말씀"을 주장하고 있는 것이다. 이와 같은 사실은 성별지 뿐만 아니라 《대성》(80년 7월 25일)와 미국 와싱톤 성지교회의 「만남」창간호(1981년 9월 4일 발행, 발행인 및 편집인 이준구 목사) 1면에 실려 있는 박윤식 씨의 설교의 내용에도 잘 나타나 있다. 거기에는 다음과 같이 기록되어 있다.

> **【말세를 잘 만나자** "저희에게 당한 이런 일이 거울이 되고, 또한 말세를 만난 우리의 경계로 기록하였느니라"(고전 10:11, 고전 10:1-13)
> 사람은 누구나 만남에의 그리움이 있습니다. "한 사람"과의 좀더 깊은 만남을 기다리는 그 외로움은, 가진 사람만이, 사모하는 사람만이 이해할 수 있습니다. 만났을 때의 그 기쁨! 세상

만사 다 잊어버리고 "야, 이것이구나" 합니다.

성경(고전 10:11)에서 "말세를 만났다"는 말씀이 기록되어 있습니다. "말세를 잘 만나야 한다"고 했습니다. 만물이 마지막 때가 있고, 사람도 분명코 마지막 때가 있습니다.

그렇다면 "말세를 잘 만난다"고 할때 누구를 만나야 하겠습니까?

대한민국 백성 가운데, 하늘의 뜻을 받들고, 하나님의 지시대로 사는 사람이 있습니까. 없습니까?

우리는 지금 무엇을 만나고 있습니까? "태초부터 있는 생명의 말씀에 관하여는 우리가 들은 바요. 눈으로 본바요. 주목하고 우리 손으로 만진 바라"(요일 1:1)고 고백하는 사도 「요한」의 만남을 보십시오, 예수를 믿을 바에야 이렇게 만나고 믿어야만 하겠습니다. 우리도 은혜가 있고 생명이 있는 말씀을 만나기만 하면, "대한민국이 어떻다"고 하나님께서 다 알게 하시는 것을 의심치 않습니다.

그렇다면 우리는 하나님의 사람을 꼭 만나서, 만나야 할 말씀을 꼭 만나서, 신구약에 기록된 모든 축복 되신 하나님 자신을 말씀으로 받아야만(창15:1) 우리의 마음과 몸이 만납니다. 가정이 하나 되고 교회가 하나 되고 나라민족이 하나될 수가 있습니다.

일찍이 「소돔」과 「고모라」에 수백만 명이 살았지만 그중에 하나님을 만난 사람 10명이 없어 멸망했다면(창 18:32). "오늘 대한민국에 하나님을 잘 만난 사람이 몇이나 있겠는가" 하는 문제를 안고 하나님께 기도해 보셨습니까?

<결론> 지금 우리는 온통 인사불성입니다. 지구 8만리 땅덩어리 구석구석마다 의인의 피를 마시고 취하여 정신이 혼미해져 비틀거리고 있습니다. 이 땅 어디에 정이 붙습니까?

송장 위에 밭갈고, 해골 위에 집짓고 그러고도 살것 같습니까? 가는 곳마다 억울한 피가 소리치고, 원한 맺힌 뼈들이 드글드글 부딪치는 소리가 들리지 않습니까?

우리는 만나야 살 수 있습니다. 어서 빨리 만나야 될 태초의 말씀을 꼭 만납시다.

성경은 축복된 만남으로 가득 차 있습니다. 생명이 불타오르는 만남, 영원한 기쁨이 넘치는 만남들입니다. 골고다 언덕, 십자가 위에서 추악한 인생을 끝낼 수밖에 없었던 우편 강도입니다. 몸도 마음도 죄악 속에 파묻혀 영영 지옥 갈 수밖에 없는 그였습니다. 어쩌면 이 우편 강도는 인사불성이 되어 비틀거리는 땅 위에서, 만나지 못하고 살아가는 모든 인생의 표본이 아닙니까? 그러나 그는 운명 직전에 만나야 할 분을 만났습니다. 잘 만났습니다. 그는 십자가에 달려 자기 자신을 삼키는 고통 속에서, 좌편 강도에게 아니 억조창생에게 예수를 변호했습니다. "이 사람이 행한 것은 옳지 않은 것이 없다"(눅23:41)고 지금도 큰소리로 외치고 있는 것입니다. 우편강도는 말세를 잘 만났습니다.

온 세상 사람들이 한결같이 말세를 외치는 오늘이 아닙니까? 그렇다면 우리는 말세를 잘 만나서 하나하나 풀어가면서 말세를 꼭 쥐고 살아가야만 할 때입니다. 말세는 「하나님의 말씀의 사람의 때」입니다. 「말씀이 인격화한 사람, 인격이 말씀화 된 사람, 인격화 된 신앙, 신앙화 된 인격의 사람」이 역사 위에 걸어와서 밝히 나타나기를 고대하는 때입니다.

우리는 어서 빨리 그 말세를 잘 만납시다. 만나서 어둠을 끝냅시다. 만나야 이 민족의 새 역사의 아침을 맞을 수가 있습니다. 우리는 꼭 말세를 잘 만납시다.】

그는 말세라는 시간적인 개념을 사람으로 만들고, 우편 강도가 예수님 만난 것에 빗대어 말세를 잘 만나자고 하면서 '말씀이 인격화 한 사람, 인격이 말씀 화 된 사람, 신앙화 된 인격의 사람'이 나타나야 될 것을 주장하고 있는 것이다.

그러면 예수님과 동격의 말씀이 인격화 된 사람이 누구이겠는가? 이것은 문맥의 흐름으로 보아 박윤식 씨가 자신을 그렇게 표현한 것으로 보여진다. 그래서 기성교회의 목회자들 가운데에서도 목회자가 성도들을 돌아보고 가르친다는 입장에서 가끔 자신을 '영의 아버지'라는 말을 해도 문제가 되지 않지만 박윤식 씨가 자신을 '영의 아버지' 혹은 '말씀의 아버지'라고 할 때 문제가 된 이유이기도 하다. 그런데 바로 이와 같은 주장으로 이끌어가는 과정 가운데 말씀을 십자가 피 속에 묻어 사탄으로 하여금 모르게 하라고 하면서 변형된 전도관의 피 사상이 개입되어 있는 것을 보게 되는 것이다.

(2) 예수님의 피와 보통 인간의 피

평강제일교회 대학생선교회 교재인 『The Step to word - 말씀에의 단계』의 <왜 예수님의 피는 보혈인가?> 에서도 유사한 내용이 나타나 있는데, 특별히 이 자료는 인천 지방법원(96 가합 1275) 제1 민사부가 내린 「판결문」의 <(4)이 사건 도서 내용의 근거 유무> (라)에서,

"갑 제41호 중의 26 내지 38. 을 제7호 중의 10. 11의 각 기재와 증인 홍○준의 증언에 변론의 전 취지를 종합하면 원고 교회에는 대학선교회에서 발간한 영문 'The Stop to word'(말씀에의 단계)라는 교재가 있고, 위 교재는 이 사건 도서에서 언급한 주제 중 7가지 주제에 대해서 설명하고 있는 사실 … 그렇다면 대성교회에는 이 사건 도서에서 언급한 십단계 말씀공부와 유사한 주제로 구성된 교과 과정이 있음을 알 수 있다." 라고 판시한 자료라는 점을 밝혀둔다.

이 교재 <왜 예수님의 피는 보혈인가?>에 보면, "예수님의 피 속에는 과연 무엇이 담겨 있어서 우리의 죄를 단번에 영원히 사하여 주시는가? 예수님의 피 속에는 생명이 담겨 있는데 바로

이 생명이 있기 때문에 피가 죄를 사하는 것이다. … 그런데 요 6:63을 볼 때 영과 생명이 바로 말씀이므로 예수님의 피가 우리의 죄를 사하는데 그것은 그 피 속에 말씀이 들어 있기 때문이며 그 말씀 속에 생명(영혼=마음=뜻=영)이 들어 있기 때문인 것을 알 수 있다. … 예수님의 피 속에는 영과 생명을 담은 말씀이 있기 때문에, 골고다 언덕에 2천년 전에 흘리신 피는 사라지고 없지만 지금도 그 피는 보혈이 되어서 우리의 죄를 단번에 사하는 권세가 있는 것이다. 골고다 언덕에 흘려진 십자가의 피는 사라지고 없어져 영원한 것이 될 수 없지만, 십자가 피 속에 말씀은 영원하다. … 예수님 당신의 얼굴을 적시고 몸을 적시고 발을 적시고 골고다 언덕에 적셔진 십자가의 피는 그 속에 말씀이 있으므로 언제 어디서든지 시공을 초월하여 억조창생 인간의 죄를 사하고 구원하시기에 조금도 부족함이 없는 것이다. … 결국 예수님은 십자가 피를 흘리시기 전에도 이미 말씀으로 죄 사하는 권세를 가지고 계셨으며, 십자가의 피가 보혈이 되고 우리 죄를 단번에 영원히 사할 수 있는 것은 그 속에 말씀이 있기 때문이다. …"

요약하자면 예수님의 피는 보통 사람의 피와는 다르다는 것이다. 예수님의 피 속에는 말씀이 들어 있어서 생명이 있기 때문에 죄를 사하는 권세가 있지만 보통 사람의 피는 그렇지 않다는 것이다.

'말씀을 십자가 피 속에 묻어 두셨다.' 는 이 설교는 암암리에 행해지는 '십단계 말씀 공부'에서도 찾아볼 수 있지만, 박윤식 씨가 예장 합동보수 측 총회장 시절 1993년 2월 15일(저녁)까지 전주 동부교회에서 있었던 4개 노회 연합부흥집회 설교에서도 유사한 내용으로 또렷이 들어 볼 수 있다(동영상 확보되어 있음).

(3) 부정모혈

월간 《목회와 신학》에 게재된, 대성교회의 《참평안》지의 < '왜곡된 진실'에 대한 우리의 입장>인 <Ⅳ. 월경에 대하여>에서는 죄악 된 인생은 부정모혈로 난 자이나 성경에는 월경 없이 생산한 사건이 기록되어 있는데, 월경에서 벗어난다 함은 하나님의 능력으로 태어나는 것을 뜻한다고 하였으며, 월간 《현대종교》 1985/9월호 권말 부록에 실린 <월경하는 여인의 입장에서 탈출하자> 라는 박윤식 씨의 설교 녹취록에 의하면, 월경을 부정하다고 하며, 타락한 후에 월경이 생겼고, 월경하는 여인의 입장에서 탈출해야 된다고 하였으며, 그와 같은 입장에서 예수님은 월경 없이 태어났다고 했으며, 월간 《현대종교》 1998/4월호에 실린 대성교회의 반론 보도문 중에는 <8. 예수님의 피와 사람의 피가 어찌 동일할 수 있습니까?>에서, "사람의 피와 예수님의 피는 근본적으로 다릅니다. 사람은 부정 모혈로 태어난 죄 있는 피지만 예수님의 피는 성령으로 마리아의 몸을 빌어 태어난 죄 없으신 피입니다" (히 2:14, 15, 4:15, 9:11~26, 10:1~22)라고 하였다.

부정모혈(父精母血)이란 말을 사전에서 찾아보면 "아버지의 정수(精髓)와 어머니의 피란 뜻으로, 자식은 부모의 뼈와 피를 물려받음을 이르는 말"이라고 되어 있다. '부정'은 아버지의 정자를 의미하고, '모혈'은 어머니의 난자를 의미하여 정자와 난자의 결합으로 자식이 태어난다는 것을 그렇게 표현한 것이라 볼 수 있다. 왜냐하면 이것은 정상적인 부부관계를 통해서 태어났다는 것을 의미하며, 정상적인 부부관계란 당연히 아버지의 정자와 어머니의 난자의 결합을 의미하기 때문이다.

아무튼 이와 같은 것을 흔히 사람들은 '부모의 피를 받아 태어난다'고 하는데, 여자의 피에 관한 부분을 박윤식 씨는 월경으로 묘사하고 있는 것이다. 그러므로 사람이 부정모혈로 태어나지만 예수님은 그렇지 않기 때문에 예수님의 피가 사람의 피와는 전적으로 다르다는 박윤식 씨의 주장은 예수님이 마리아의 피를 전혀 받지 않고 태어났다는 의미가 된다.

(4) 혈통 유전설

예수님의 피가 부정모혈이라는 박윤식 씨의 주장은 전도관과 다르다. 그러나 그 외의 피에 관한 일반적인 사상은 전도관과 거의 유사 하다. 이와 같은 사실은 박태선 씨의 참람한 설교집 「예수는 개 자식이다」를 통해 확인할 수가 있다. 거기에서 박태선 씨는 다음과 같은 주장을 하였다.

【 "<u>원죄는 혈통으로 내려왔다.</u> 죄를 지으면 마음이 더러워 진다하는 것에 마음심(心)자를 풀어 본 것이다. 심장에 피가 담겨 피가 펌프질을 하는 것이다. 그러면 피가 담긴 장을 피혈(血)자 혈장(血漿)이라고 해야 되는 것인데 심장(心臟)이라고 하는데서부터 그것을 캐기 시작한 것이다. 한문을 만들어 쓴 옛날 현인들도 좀 깊이 들어갔구나 하는 것을 안 것이다. <u>피속에 마음이 있고 죄를 지으면 마음이 더러워 진다 하는 것은 피가 더러워지는 것을 안 것이다.</u> 그것이 간단히 캔 것이 아니고 수백만 갈래로 캐고 캐다가 안 것이다. 그래서 찬송가에 "그피(血)가 맘(心)속에" 「그 마음이 피 속에」와 마찬가지인 것이다. <u>피(血)는 생명이요 생명은 피다 하는 것이다. 그러므로 아담 해와의 원죄가 흘러 내려 오는 것은 혈통으로 흘러 내려 오는 것을 안 것이다.</u> 피 속에 있는 것을 분명하게 안 것이다. 그것을 알기까지가 길을 겨우 찾은 것이다. 피 속에 죄가 거하는 것을 알고 죄를 벗겨내기 시작할 수 있었던 것이다. 피 속에 죄가 거하는 것을 알고 죄를 벗겨내기 시작할 수 있었던 것이다. 죄가 어디 있는 것을 알고서야 죄를 해결짓는 방법이 나오는 것이다.

어머니의 죄의 흐름이 더 크다. 죄의 원리와 피의 원리를 알게 된데 까지는 상당한 시간이 걸린 것이다. 조상 대대의 죄가 혈통으로 흘러 내려 오는 그 속에 아버지의 죄의 흐름보다는 어머니의 죄의 흐름이 더 크다는 것을 안 것이다. 아버지는 보이지 않는 정자 한 마리 속에 죄가 함유된 것 밖에는 죄가 들어가지 않는다는 것을 안 것이다. 어머니의 죄는 몽땅 흘러 들어가는 것을 안 것이다. 어머니 계통의 죄가 흘러 조상 만대의 죄가 필고 뭉쳐져서 인간이 낭도는 것을 안 것이다. 이것이 근본이요 정확한 것이다."】(박태선 설교집, 「예수는 개 자식이다」 선경개발연구사 p. 97)

박태선 씨의 주장을 요약 하자면, 피는 생명이며 그 속에 마음이 있고, 죄를 지으면 마음이 더러워진다는 것은 피가 더러워진다는 것을 의미하며, 죄는 혈통을 통해 유전되고, 아버지보다는 어머니의 피를 통해 죄가 더 유전된다는 것이다. 그래서 그는 "원죄는 혈통으로 흘러서 오늘날까지 내려왔다. 원죄는 처음 진 것이 6천년 오늘날 사람까지의 혈통으로 흘러서 육신 속에 흘러 거하여 왔다"(같은 책 pp. 74~75)고 하는가 하면, "예수는 죄덩이 마리아의 100%의 피로 자랐다"(같은 책 p. 97)라고 하기도 하고, "썩는 피 가지고는 구원을 얻을 수 없는 겁니다"(같은 책 p. 19)라고 하기도 하였다.

그러므로 박윤식 씨가 자신의 월경론을 통해 '예수님이 부정모혈로 출생하지 않았다'라고 한 부분만을 제외 한다면 그의 피에 관한 사상은 전도관 박태선 씨의 주장과 거의 비슷한 것을 알 수가 있다. 왜냐하면 전도관의 가장 핵심적인 사상이 바로 혈통을 통해 죄가 유전된다는 '혈통 유전설'인데, 그의 사상은 피 속에 죄가 있고 피를 통해 죄가 유전된다는 전도관의 '혈통 유전설'을 근간으로 하고 있기 때문이다.

2. 박윤식 씨의 구속사 시리즈

몇 년 전부터 박윤식 씨는 <구속사 시리즈>라는 주제로 몇 권의 책을 썼다. 그런데 그 책을 홍보하는 동영상을 보면 "예수님의 피가 어떻게 인류를 구원하느냐는 한 젊은 성도의 물음에 제대로 답변하지 못한 뒤 결심한 입산"이었다고 하면서, 지리산에서 3년 6개월 7일 동안 기도하다 "사람은 거짓되대 오직 하나님은 참되시다"라는 하나님의 음성을 듣고 성령의 조명을 받아 깨달은 것을 원고지와 칡 잎사귀에 적고, 원고지가 떨어지면 근처에 있는 한양 장터에 몇 달에 한 번씩 내려와 원고지를 사다 적어놓은 수 천 장을 책으로 펴낸 것이라 하였다.

현재 구속사 시리즈는 6권이 나와 있는데, 그 책들은 원어풀이식의 내용이 주류를 이루고 있다 할 정도로 원어의 비중이 큰 책들이며, 구속사적 성경해석을 한 책이라기보다는 1930년대에 화란의 개혁파 내에 있었던 '모범적-구속사적 논쟁' 중 구속사적 성경해석의 반대편에 서 있었던 모범적 성경해석이 주류를 이루고 있다. 그래서 구속사를 단순히 '구원의 역사'라고만 본다면 주제와 별반 다르지 않다고 볼 수도 있겠지만 구속사적 성경해석을 한 책이라고 보기는 어렵고, 원어풀이식의 내용이라는 것을 참조할 때, 그 책이 과연 산에서 쓴 것을 그대로 기록한 것인가 하는 의문도 든다. 왜냐하면 그 정도 되려면 원어를 능통한 사람이, 그것도 원어성경과 사전을 옆에 가지고 있지 않고는 쓸 수 없을 책으로 보이기 때문이다.

아무튼 그 책은 "예수님의 피가 어떻게 인류를 구원하느냐는 한 젊은 성도의 물음" 때문에 입산하여 쓴 책이라 하기 때문에 그의 피의 사상과 때려야 뗄 수 없는 관계를 가진 책이라 할 수가 있다. 그런데 원래 그의 사상은 이미 대법원에서 판결이 난 것과 같이 통일교의 사상이며, 본 연구를 통해 알 수 있는 것처럼 전도관의 '혈통 유전설' 이다. 그러므로 그의 구속사 시리즈는 그동안 지적되어왔던 자신의 사상을 희석시키기 위한 것이 아닌가 하는 생각이 든다.

3. 박윤식 씨의 사상에 대한 평가

박윤식 씨는 예수님의 피에 관해서 형식상 전도관과 반대되는 주장을 한다. 그는 전도관에서 "예수님이 성령으로 마리아의 몸에 잉태되어 탄생하셨는데, 주님이 어머니의 모태에서 자라실 때 어머니의 피는 조금도 안 받고 하늘의 젖줄기가 연결되어 자란 것이 아니라 탯줄을 통하여 마리아의 피를 받았고 또 그 젖을 먹고 자라셨으며 30년 동안 땀을 흘리며 목수의 일을 하시는 아버지 요셉을 도와드렸던 것이다. 어머니의 젖은 어머니의 진액이요, 피이다. 주님께서 말 구유에 탄생하신 다음 하늘의 젖을 받으신 것이 아니라 마리아의 진액을 받으셨다"(이정길 편, 「성경의 알파와 오메가」 상권, 한국예수교 전도관 부흥협회 간. 1979. p. 108)라고 하면서 "예수는 죄덩이 마리아의 100%의 피로 자랐다"(박태선, 「예수는 개 자식이다」 p. 97)라고 하는 것과는 다르게 예수님은 부정모혈로 태어나셨다[96]고 함으로 마리아의 피를 단 한 방울도 받지 않았다는 식으로 주장을 하기 때문이다.

이것은 아마 그가 '전도관이 이단이라' 는 사실을 알았기 때

---

96) 여기에 부정모혈로 태어나셨다고 한 것은 부정모혈로 태어나지 않으셨다는 것을 잘못 기록한 것 같다. 박윤식 목사는 예수님은 부정모혈로 태어나지 않았다고 주장하고 있으며, 여기의 문장도 "마리아의 피를 한 방울도 받지 않았다는 식으로 주장하고 있기 때문이다"라고 되어 있기 때문이다.

문에 거기에 대한 반작용으로 그와 같은 주장을 하였을 것이라는 짐작이 든다. 그러나 보통 이단에 빠졌던 사람들이 돌아왔다고는 하나 여전히 그 이단에게서 많은 영향을 받고 있는 경우가 많은 것처럼, 박윤식 씨 또한 그 사상에서 벗어나지 못하여, 죄란 물질이 아니어서 피 속에 있는 것이 아님에도 불구하고, '피 속에 죄가 있고 피를 통해서 죄가 유전된다'는 통일교와 전도관의 핵심적인 사상인 '혈통 유전설'적 입장에서 그와 같은 주장을 한 것으로 보인다. 따라서 그는 '예수님의 인성이 마리아의 본질인 그의 살과 피를 받았다'는 개혁주의 신앙고백들을 부인하게 되었고, 결과적으로 최삼경 목사가 지적한 것과 같이 주님의 인성을 부인하게 된 것이다.

C. 박윤식 씨의 동조자들

최근 몇 년 동안 '월경 잉태설' 논쟁으로 한국 교회를 뜨겁게 달구어졌다. 이 논쟁은 2005년도에 합동 측 서북노회에서 박윤식 씨를 영입하자 현 통합 측의 이대위원장인 최삼경 목사가 그의 이단성을 제기하면서 시작 되었다.

최삼경 목사는 박윤식 씨가 사람을 '월경으로 낳은 자'와 '월경 없이 낳은 자'의 두 종류로 나누고 예수님은 부정모혈로 낳은 자가 아니다. 즉, 예수님은 월경 없이 낳은 자로 마리아의 피를 받지 않은 것이라고 한 것에 대해 그것은 통일교의 사상이며, 예수님의 인성을 부인하는 것이라 하면서 그를 공격하였다. 그러자 박윤식 씨의 주장과 궤를 같이 하는 몇몇 개인과 단체는 오히려 최삼경 목사를 공격하며 그를 '월경 잉태론자'라 하며 이단으로 몰아붙였고, 어느 정도 성공한 것처럼 보인다.

그 핵심 주장은 "예수님께서 마리아의 피와 살을 이어 받았다면 그것은 범죄한 아담의 피를 이어받았다는 뜻으로, 이는 마리아의 유전적 죄악이 예수님에게 그대로 이어졌다는 것을 뜻하는 것이며 결국 예수님도 모든 인류와 같이 하나님의 구속이 필요한 한 사람의 인간이며, 그렇게 되면 예수 그리스도의 무죄잉태와 예수님을 통한 구원의 역사, 곧 기독교의 구원론마저 부정되고 기독교는 붕궤되는 심각한 이단사상"(2009년 11월, 통합측 서울북노회가 총회에 한 질의서)이라는 것이다. 이런 주장은 예수님의 대속적 죽음을 나타내는 '십자가의 피'(골 1:20), '흠 없고 점 없는 어린양 같은 그리스도의 보배로운 피'(벧전 1:19) 등을 잘못 이해하여 피 자체가 마치 요술적인 힘을 가지고 있거나 예수님의 피가 인간의 피가 다른 하늘에서 온 피라고 믿고 있다는 것이다. 이들이 박윤식 씨와 최삼경 목사의 논쟁 가운데 박 씨의 손을 들어준 것이므로 명백하게 박윤식 씨와 같은 사상, 즉 전도관의 혈통 유전설과 같은 사상을 가지고 최삼경 목사를 이단으로 몰아가려는 것이다.

그런데 문제의 심각성은 거기에만 있지 않았다. 문제는 한기총이 그들과 같은 입장에서 최삼경 목사를 이단으로 규정 하였고, 합동 측 조차도 아직 총회를 거치지 않아서 완전한 규정이라 하기는 어렵지만 정책실행위원회에서 최삼경 목사를 이단으로 규정 한 것이다.

1. 한기총의 이단 규정.

한기총에서는 이대위가 아닌 <질서위>라는 것을 통해 최삼경 목사를 "기독론은 물론이요 신론, 구원론, 속죄론을 무너뜨리는 이단적 주장"이라고 하면서 "이는 교회사에 등장한 이단들 중 가장 악한 이단"이라 하였고, 2011년 12월 15일에는 정식으로 이단 규정을 하였으며, 최근(2012년 7월 27일)에 또한 질서위를 통하여 "최삼경 신학과 동조하는 어떠한 단체나 개인은 이단 내지 이단옹호자로 규정할 것을 재천명한다"라고 하였다.

한기총에서 최삼경 목사를 이단으로 규정하자 국내뿐만 아니라 해외의 한인교회들까지 대 혼란에 빠지게 되었고, 각종 기독교 언론 매체들은 찬·반 양론으로 나뉘어 연일 자신들의 견해를 쏟아내었다. 그런데 재미있는 것은 한기총에서 이대위가 아닌 질서위를 통해서 최삼경 목사를 이단으로 규정하였는데, 그 <질서위원회> 위원장인 김용도 목사는 비록 전도관의 재산환수를 위해서였다고는 하지만 1988년도에 전도관의 대표로 있었으며, 그로 인하여 총회에 해명서까지 낸 전력이 있다는 것이다.

그러므로 김용도 목사가 전도관과는 무관하지 않다는 것을 의미한다. 그가 비록 예수님의 피에 관한 전도관의 주장에는 동조하지 않는다 하더라도 마리아의 피가 예수님에게 전달되어 예수님이 죄 덩어리가 되었다는 박태선 씨의 주장에 대해서는 충분히 알고 있었으리라고 생각되기 때문에 그는 그에 대한 반작용으로 '교회사에 등장한 가장 악한 이단'이라 했을 가능성이 충분히 있는 것이다.

사실, 최삼경 목사의 이단성을 주장하는 가장 선봉장 역할을 했던 이정환 목사가 질서위에서 전문위원으로 있기는 했지만, 질서위에서는 최삼경 목사를 이단이라 하면서도 그에 대한 구체적인 연구 보고서조차도 제대로 내놓지 않고 '기독론은 물론이요 신론, 구원론, 속죄론을 무너뜨리는 이단적 주장"이라고 하였다. 이와 같은 주장의 배경에는 김용도 목사가 전도관의 사상인 '예수님은 마리아의 피를 받았다', '마리아의 죄 덩어리 100%의 피로 자랐다'라고 하는 것 등 그들의 사상을 알고, 그들이 또한 그 결과 '예수는 개 자식이다'라고 한 것까지도 알고 있었기 때문에 거기에 대한 반작용으로 최삼경 목사를 "교회사에 등장한 이단들 중 가장 악한 이단"이라고 하였을지도 모른다. 그러나 그것은 한 가지만 알고 둘은 모르는 처사로써 개혁주의 신앙고백들과 정면으로 배치되는 것이다.

2. 합동 측의 이단 규정.

최삼경 목사를 이단으로 규정한 곳은 한기총만이 아니었다. 합동 측 또한 정식으로 총회까지 통과 된 것은 아니지만 어떤 개인의 의견이 아닌 공적 기관인 정책실행위원회를 통하여 통합 측의 현직 이단대책 위원장이었던 최삼경 목사 이단으로 규정하였다. 그러나 합동 측의 이와 같은 행위는 자신들의 역사를 스스로 거스르는 행위가 아닐 수 없다.

합동 측에서는 서북노회가 2005년도에 박윤식 씨를 영입하자 총신대 신대원 학생들은 조기를 달고 수업을 하였으며, '총회를 사랑하는 동문들의 모임'이 오정현 목사가 사회를 보는 가운데 2005년 9월 11일 서울 장충체육관에서 열렸는데, 동문들과 교단 소속 목회자, <사랑의교회> 성도 등 7천여 명이 참석하여 '한국교회와 총회의 거룩성 회복을 위한 특별기도모임'을 갖으면서 교단지도부는 진리수호와 교회 거룩성 유지를 위해 평강제일교회(원로목사 박윤식) 영입을 단호하게 거부하고 신앙과 신학의 순수성을 파수해 줄 것을 촉구하였으며, 박윤식 씨가 있는 평강제일교회를 영입한 것은 정통개혁신앙의 입장에서 도저히 받아들일 수 없는 배교적 행위라는 결의문을 발표하기도 하였다.

아예 서북노회를 '제명 또는 폐지하자'는 헌의까지도 있었다. 그래서 결국 그런 것들이 문제가 되자, 당시 서북노회의 노회장 박충규 목사는 2006년 9월 22일 91차 총회에서 총대들에게 공식적으로 사과까지 하게 되었다. 그런데 그로부터 불과 5년의 세월이 지난 후, 다섯 명으로 구성된 '최삼경 이단 처리 위원회'에서는 총회에서 공개사과 하였던 서북노회의 박충규 목사가 최삼경 목사를 이단으로 규정되는데 앞장섰으며, 정책실행위원회 또한 5년 전의 교단의 분노와 외침을 무시한 체 거꾸로 그를 이단으로 규정하였을 뿐만 아니라 "또한 최 씨를 옹호하는 기독교 각종 문서 <교회와 신앙>, 단체, 또는 최 씨를 비호하는 세력은 이단을 동조하는 자임을 밝힌다"고까지 하였다.

한기총의 질서위원회에서 "최삼경 신학과 동조하는 어떠한 단체나 개인은 이단 내지 이단옹호자로 규정할 것을 재천명한다"라고 한 것과 거의 같은 발표를 합동 측에서도 한 것이다. 그 후, 한국 교회는 더욱 더 걷잡을 수 없는 혼란에 빠지게 되었다. 그러나 사실, 최삼경 목사가 박윤식 씨의 이단성을 지적하였을 때, 합동 측 서북노회에서는 "최삼경 목사 이단성 조사 여부 청원서"를 총회에 제출하였고, 총회에서는 연구하여 그 결과를 내어놓았는데 그것은 최삼경 목사에게 '이단성이 없다'라고 하였었다(2006년). 그런데 이번에는 연구조차 하지 않고, 과거에 연구를 뒤집으며 합동측 교단에서 이단으로 규정한 박윤식 씨를 옹호하다가 공개사과까지 한 사람을 통하여 거꾸로 정통이었던 사람을 이단으로 규정하게 된 것이다. 그러면 어느 주장이 옳은 것일까? 우리들이 믿고 있는 <신앙고백서들>을 살펴보자.

D. 우리가 믿는 신앙 고백들

한기총이나 합동 측에서는 최삼경 목사가 왜 이단인지에 대해서 그 이유를 밝히지 않았지만, 최삼경 목사를 공격하는 사람들의 가장 중요한 논리는 **'예수님께서 마리아의 피와 살을 이어**

받았다면 그것은 범죄한 아담의 피를 이어받았다는 뜻으로, 이는 마리아의 유전적 죄악이 예수님에게 그대로 이어졌다는 것을 뜻하는 것이며 결국 예수님도 모든 인류와 같이 하나님의 구속이 필요한 한 사람의 인간이며, 그렇게 되면 예수 그리스도의 무죄잉태와 예수님을 통한 구원의 역사, 곧 기독교의 구원론마저 부정되고 기독교는 붕궤되는 것' 이라는 것이다.

그러므로 여기에서 가장 핵심적인 문제는 예수님의 인성에 마리아의 피가 과연 관여되어 있느냐 그렇지 않느냐, 즉 마리아의 피를 받았느냐 그렇지 않았느냐는 것이다. 그렇지만 신앙고백서들의 가르침은 그들의 주장과는 반대이다. 예수님은 과연 마리아의 피를 받지 않았는지 살펴보자.

1. 벨직 신앙고백서

벨직 신앙고백서는 기 드 브레이(Guy de Bree)가 벨기에와 네덜란드 개혁교회를 위하여 작성한 것으로, 1571년 엠덴 노회에서 채택되었으며, 개혁교회들이 광범위하게 받아들이고 있는 신앙고백서인데, <제 18항: 성육신>에는 다음과 같이 되어 있다.

【그러므로 우리는 그리스도께서 그의 어머니로부터 인간의 살을 취하셨다는 것을 부인하는 재세례파 이단들에 반대하며 다음과 같이 고백한다: 그리스도는 자녀들의 살과 피를 공유하며, 육체에 따른 다윗의 허리의 열매이며, 육체를 따라 다윗의 씨에서 나셨으며, 동정녀 마리아의 자궁의 열매이며, 여인에게서 나셨으며, 다윗의 씨요, 이새의 뿌리의 가지이며, 유다지파에서 나셨고, 육체를 따라 유대인들에서 나셨으며, 아브라함의 씨에서부터 아브라함의 씨를 취하셨다. 그리하여 모든 면에서 그의 형제들과 다름이 없으시나 죄는 없으시다.】

이 신앙고백서에 비추어 보면 최삼경 목사를 공격하는 자들의 주장이 오히려 이단이었던 재세례파와 같은 이단적인 주장이고, 최삼경 목사의 주장이 정통인 것이다.

2. <하이델베르크 요리문답>

흔히 '하이델베르크 신조'라고도 불려지는 <하이델베르크 요리문답서>는 <웨스트민스터 신앙고백서>와 함께 개혁주의 교회에서 가장 중요하게 여기며 사용하는 신앙고백서이다. 그런데 이 <요리문답의 제 35문>에는 다음과 같이 되어 있다.

【하이델베르크 요리문답 (1563년) 질문 35, "성령으로 잉태되어 동정녀 마리아에게서 나시고"라는 뜻은 무엇입니까? 대답: 그것은 현재나 장래나 참되며 영원한 하나님이신 영원한 하나님의 아들이 성령의 능력으로 동정녀 마리아의 살과 피로부터 참된 사람의 본질을 취하셨으며, 따라서 다윗의 참된 씨가 되었으며, 죄가 없으신 것을 제외하고는 모든 면에서 다른 사람들과 동일하다는 뜻입니다.】

<하이델베르크 신조>의 내용 또한 <벨직 신앙고백서>의 내용과 별반 다르지 않다. 이 문답의 내용대로라면 최삼경 목사를 공격하고 있는 자들이 오히려 이단이 되는 것이다.

3. <웨스트민스터 신앙고백서>

<웨스트민스터 신앙고백서>는 우리나라의 장로교들이 대부분 다 받아들이는 신앙고백서이다. 여기 <18장 2항>에는 다음과 같이 되어 있다.

【삼위일체 하나님의 제 2격이신 하나님의 아들은 영원한 참 하

나님이시며, 아버지와 한 본질이시며 동등하신 분이시다. 때가 찼을 때 삶의 본질적인 속성과 공통된 연약함을 가진 사람의 본성을 입으셨으나 죄는 없으셨다. 성령의 능력에 의해 동정녀 마리아의 자궁 안에서 그녀의 본질을 취하셔서 잉태되셨다. 그리하여 완전하면서도 완벽한 그리고 전적으로 구분된 두 본성인 신성과 인성이 분리됨이 없이 한 인격에 연합되셨는데 변화나 혼합이나 혼동이 없으시다. 이 분은 참 하나님이시요, 참 사람이며 하나님과 사람의 단 하나의 중보자이신 한 분 그리스도이시다.】

<웨스트민스터 신앙고백서>의 내용도 다른 신앙고백서들과 다르지 않다. 다만 차이가 있다면 '살과 피' 라는 말 대신에 '본질' 이라 되어 있을 뿐이다. 그러나 이 본질이란 말도 살과 피와 별반 다르지 않다. 왜냐하면 살과 피란 말은 본질이란 말을 보다 더 구체적으로 표현한 것이기 때문이다. 그래서 박윤식 씨에 대해 우호적이어서 그를 영입하려 했던 개신대학원대학교의 나용화 교수는 그 부분을 '살과 피' 로 번역하기도 했다(골든 H. 클라크 저, 나용화 역, 장로교인들은 무엇을 믿는가? p. 127).

그러므로 우리가 믿고 있는 신앙고백서들을 가지고 판단한다면 누가 옳고 그르며, 누가 정통이고 누가 이단인지 분명하게 드러난다. 놀랍게도 한기총에서 "교회사에 등장한 이단들 중 가장 악한 이단" 이라 하였고, 합동 측에서 이단으로 규정했던 최삼경 목사가 오히려 정통적인 신앙을 가지고 있는 것이다.

그렇다면 스스로 최삼경 목사와 다른 신학을 가지고 있다는 것을 나타내면서 "최삼경 신학과 동조하는 어떠한 단체나 개인은 이단 내지 이단옹호자로 규정할 것을 재천명한다"고 한 한기총의 주장과, "최 씨를 옹호하는 기독교 각종 문서 <교회와

신앙>, 단체, 또는 최 씨를 비호하는 세력은 이단을 동조하는 자임을 밝힌다"고까지 한 합동 측의 주장은 어떤 의미를 가진 주장이 되겠는가? 그것은 우리가 믿고 있는 신앙고백서들의 내용들을 믿고 고백하면 그런 단체나 개인은 누가 되었건 이단이니 그런 신앙고백서들을 믿지 말라는 것이 된다. 그렇다면 한기총과 합동 측에서 그랬다고 해서 우리가 이런 신앙고백서들을 폐기하고 고백하지 말아야 할까? 과연 누가 이단의 동조자이고 교회사에 나타난 가장 악한 이단일까?

Ⅲ. 결론: 박윤식 씨는 통일교 사상과 전도관 사상을 받은 무서운 이단이다.

박윤식 씨는 '예수의 피는 마리아의 피를 한 방울도 받지 않은 거룩한 피'라고 하여 형식적으로 전도관의 사상을 반대하는 것처럼 보이며, 동일하게 그와 같은 주장을 하고 있는 박 씨의 아류들은 자기들의 주장이 정통인양 최삼경 목사를 '월경잉태론'으로 몰아 이단이라고 공격한다. 그러나 그들의 사상은 결국 다 전도관의 혈통유전설에서 나온 다른 표현일 뿐이다.

성경은 "자녀들은 혈육에 함께 속하였으매 그도 또한 한 모양으로 혈육에 함께 속하심은 …"(히 2:14)이라고 기록되어 있는데, 여기에서 "혈육"에 해당하는 '하이마토스 카이 싸르코스'는 문자 그대로 '피와 육체'를 의미하는 것으로 예수님도 우리와 같이 '피와 육체'를 가졌다는 뜻이다. 그러므로 그들의 주장은 성경과 다를 뿐만 아니라, 이미 살펴본 것과 같이 우리가 믿는 각종 신앙고백에 위배됨으로 정통교회의 신앙을 부인하고 있는 것이다.

예수님이 마리아의 살과 피를 받았다는 것은 아주 중요하다.

그것은 그분의 인성이 비록 죄가 없다는 점에서는 우리와 다르기는 하지만, 하늘의 천사를 구원하기 위해 천사와 같은 존재가 되신 것이 아니라, 피와 살을 가진 죄인인 우리를 구원하기 위하여 동정녀 마리아를 통하여 우리와 동일한 혈육을 가진 존재, 즉 '우리의 형제' (히 2:14, 17)로 태어나신 것이다. 그리고 이것이 바로 개혁주의에서 믿고 있는 '동정녀 탄생'의 의미이다.

그러므로 이와 같은 성경과 신앙고백서 등을 감안할 때, 박윤식 씨와 그의 동조자들은 전도관 사상을 부정하여 정통인 것처럼 보이지만, 사실은 전도관의 '혈통 유전설'을 옹호하고 있을 뿐만 아니라 우리의 신앙고백 등을 무력화시키고 고백하지 못하게 하는 무서운 이단 사상을 주장하고 있는 것이다.

그러므로 이와 같은 사실을 모르고 박윤식 씨는 비성경적 주장을 하는 이단자이며 그를 옹호하는 자들도 이단사상을 가진 자가 분명하다. 특히 합동 교단은 스스로 과거 역사를 거스르고, 총회의 연구결과와 규정을 번복하는 행위는 자신들의 왜곡된 행위를 정당화하기 위한 정치적인 행위라고 밖에 볼 수 없다. 따라서 회개하고 돌아오기를 바라며, 2012년 총회에서 이를 바로 잡기를 바라지만 만일 돌이키지 않을 경우에 철저하게 박윤식과 동조자들까지 교류를 금하고 단절해야 할 것이다.

한교연의 연구 보고서는 무엇이 옳고 그른지 옥석을 분명하게 가려주고 있다. 성경에는 예수님께서 우리를 구원하기 위하여 우리와 같은 형제가 되셔서 우리와 같은 살과 피를 가지셨다고 한다. 그래서 신앙고백서들에도 모두 성육신의 방식에 대해 언급할 때에는 부성이 제외된 가운데 마리아의 본질, 혹은 마리아의 살과 피를 취하여 성령께서 능력으로 역사하심으로 말미암아 예수님께서 이적 가운데 탄생하셨다고 기록되어 있다고 하면서 한교연의 연구 보고서는 박윤식의 사상이야말로 이단적인 사상임을 분명히 하고 있다.

사실, 예수님은 아브라함의 씨로, 다윗의 자손으로, 남자를 알지 못하는 처녀로 말미암아 때가 되매 성경의 예언대로 여자에게서 나셨다. 그러므로 예수님께서 마리아의 살과 피와 아무런 관련이 없다고 한다면 아브라함의 씨요 다윗의 자손이라는 성경의 가르침을 부인하는 것이 된다.

성경에는 예수님께서 인간의 피를 물려받았다는 직접적인 언급도 있다. 로마서 1장 3절에서는 "이 아들로 말하면 육신으로는 다윗의 혈통에서 나셨고"라고 되어 있는데, 원문에는 다음과 같이 되어 있다.

περὶ τοῦ υἱοῦ αὐτοῦ τοῦ γενομένου ἐκ σπέρματος Δαυὶδ κατὰ σάρκα,

원문의 "다윗의 혈통에서"에 해당하는 부분은 에크 스페르마토스 다위드(ἐκ σπέρματος Δαυὶδ)인데, 이것은 예수님이 마리아의 혈통을 물려받았다는 것을 의미한다. 교회를 나타내는 엑클레시아(ἐκκλησία)가 ~의 안에서부터 밖으로를 의미하는 에크(ἐκ)라는 전치사와 내가 부르다는 뜻의 동사 칼레오(καλέω)가 결합되어 이전의 인간과 전혀 다른 새로운 인류가 출현하여 교회가 된 것이 아니라 ~의 안에서 밖으로 부름 받은 성도들, 즉 세상 사람이었던 사람들이 부름 받아 교회가 된 것을 의미하듯이 ἐκ σπέρματος Δαυὶδ는 예수님이 다윗의 후손이어서 그의 혈통을 물려받은 마리아의 혈통을 물려받은 것을 의미하고 있기 때문이다.

그러므로 박윤식 목사의 그의 동조자들의 예수님이 마리아의 혈통과 아무런 관련이 없어서 그의 피를 단 한 방울도 물려받지 않았다는 주장은 비성경적이며, 반교리적인 것이다. 그리고 예수님이 마리아의 죄 된 피를 물려받으면 예수님도 죄인이 된다는 것은 죄가 피 속에 들어있어서 피를 통해 죄가 유전된다는 통일교와 전도관의 피 사상을 가지고 있기 때문에 그런 주장을 하고 있는 것이다.

B. 박윤식 목사의 주장에 대한 지지

박윤식 목사의 주장을 비판한 최삼경 목사를 공격하여 결과적으로 박윤식 목사의 주장에 대한 지지를 표명한 사람과 단체는 상당수에 달한다. 단체로는 박윤식 목사를 영입하였을 뿐만 아니라 최삼경 목사를 월경잉태론자라고 공격했던 합동 측 서북노회를 비롯하여 통합 측의 서울북노회, 한기총이 대표적이다. 개인으로는 합동 측 서북노회에 소속이었던 구생수 목사를 비롯하여 현재 한기총의 신학위원장인 예영수 목사, 한기총의 이단대책위원회 전문위원장으로 있는 김만규 목사, 이광호 교수, 원성현, 이정환 목사, 법과교회의 발행인 황규학 등이다.

최삼경 목사를 공격하는 사람들은 대부분 박윤식 목사가 이단이 아니라고 한다. 박윤식 목사가 특정한 인사에 의해 억울하게 이단으로 정죄 당했다는 것이다. 그리고 평강제일교회도 이들과 같은 입장에서 최삼경 목사를 공격했다.[97]

한기총에서는 홍재철 목사가 대표로 있을 때 각 교단의 반발에도 불구하고 평강제일교회의 박윤식 원로목사가 이단이 아니라며 이단을 해제했다.[98] 평강제일교회가 소속한 총회도 한기총의 회원 교단으로 영입 하였다. 홍재철 목사는 소속 교단이었던 합동 측을 탈퇴하고 아예 박윤식 목사와 함께 새로운 총회를 구성하기까지 하였다.[99] 홍재철 목사는 박윤식 목사를 옹호하는 정도가 아니라 아예 입장을 같이하여 하나가 된 것이다.

그러므로 홍재철 목사는 이와 같은 일련의 과정들을 통해서 한국

---

97) 김만규, "교회사에 등장한 가장 악한 이단이다", 『기독신보』, 2011.12.9.
　　http://www.ikidok.org/ca_institution/detail.php?aid=1323414225
98) <http://www.amennews.com/news/articleView.html?idxno=12987>(2014.1.10.)
99) http://blog.naver.com/sunysis?Redirect=Log&logNo=220152164243

교회에 최삼경 목사가 이단이고 박윤식 목사는 이단이 아니라는 뜻을 분명히 밝히고 있는 것이다. 그렇다면 과연 그럴까?

　최삼경 목사를 공격하는 사람들의 주장은 거의 비슷하다. 그러므로 그들 각 개인이나 단체의 주장을 살피게 되면 내용이 반복되기 쉽다. 그러나 현재의 한국교회의 상황으로 보았을 때 어느 한 개인이나 단체만 살펴서는 안 될 입장이다. 상당수에 달하는 교계의 유명 인사나 단체가 같은 목소리를 내고 있어서 그들이 주장하는 것들을 살펴보지 않으면 문제를 해결하기 어렵기 때문이다. 그러므로 다소 반복을 피하기는 어렵겠지만 이제 그들의 주장을 살펴보자.

1. 합동 측 서북노회의 청원서

합동 측 서북노회에서는 "최삼경은 '교회와 신앙' (2005년) 6월 30일자, "이단 옹호자에게 공청회를 제안 한다"는 제하의 기사에서, 3쪽 하단 8-9줄에서 '예수님이 월경 없이 태어났다'는 박 목사의 말을 '기독론적으로 아주 이단적인 발언'이라고 비판하며, "예수님이 월경 없이 태어났다는 말 속에는 예수님의 인성이 부정되고 만다"라고 함으로써 최삼경 목사는 "예수님은 마리아의 월경을 통해서 태어났다"는 이단적 주장을 하였다."[100] 라고 하면서 그것을 근거로 11가지 항목에 걸쳐 하나씩 하나씩 비판한다. 그러면 과연 서북노회의 주장이 옳은 것일까? 이제부터 그들이 주장한 11가지 항목을 차근차근 살펴보자.

> (1) 예수님은 마리아의 월경을 통해서 태어났다는 최 목사의 이단적인 발언은 예수의 잉태에 마리아의 난자가 관여했음을 주장함으로써 '초자연적인 성령잉태'를 부정하는 결과를 가져왔으며,

월경잉태란 용어는 위의 합동 측 서북노회에서 최삼경 목사의 주장을 요약해 놓은 것에서 암시하고 있듯이 본래 최삼경 목사가 만든 것이 아니다. 최삼경 목사가 문제 삼으며 비판했던 박윤식 목사의 "월경하는 여인들의 입장에서 탈출하자"는 설교에 '월경잉태'라는 정확한 용어가 이미 등장하고 있기 때문이다.

박윤식 목사는 사람을 두 종류로 나누었다. 하나는 월경으로 낳은 사람이고 또 하나는 월경 없이 낳은 사람이다. 그는 월경은 부

---

100) <http://www.christiantoday.co.kr/view.htm?id=205067> (2009.11.2).

정한 것이며, 타락한 이후에 생긴 것이라 했다. 여자가 낳은 사람들은 월경으로 낳은 사람들이며, 세상의 모든 사람들은 월경으로 낳은 사람들이기 때문에 부정한 사람이라고 하면서 그는 정확하게 '월경잉태'라는 용어를 최초로 사용하였던 것이다.[101]

사실, 의학적으로 보았을 때 사람은 월경으로 낳을 수 없기 때문에 박윤식 목사의 주장은 틀렸다. 월경이란 임신이 되지 않고 배출되는 현상이기 때문이다. 그러나 박윤식 목사는 사람을 월경으로 낳았으며 그러기 때문에 부정하다고 하였다.

박윤식 목사는 또한 성경에 월경으로 낳지 않은 사람이 세 사람이 있다고 하였다. 한 사람은 이삭이며, 또 한 사람은 세례요한이고 나머지 한 사람이 예수님이라고 하였다. 그래서 최삼경 목사는 예수님을 월경 없이 낳았다는 박윤식 목사의 주장에 대해 "예수님을 마리아의 월경 없이 낳았다고 한다면"이라고 하면서 문제를 삼았다. 그러므로 월경잉태를 최삼경 목사가 주장한다고 몰아세우는 것은 합당하지 않다.

서북노회에서는 월경으로 낳았다는 것에 대해 그것은 마리아의 난자가 개입되었다는 것이기 때문에 성령잉태를 부정하는 것이라고 한다. 그러면 과연 마리아가 예수님을 잉태했을 때 그의 인성에 난자가 개입되지 않았을까? 그리고 난자가 개입되었다고 한다면 그게 성령잉태를 부정하는 것일까?

서북노회가 생각하는 성령잉태는 아무래도 마리아의 월경이 됐건, 피가 됐건, 난자가 됐건, 유전자가 됐건 간에 예수님의 인성형성에 마리아의 본질을 취하지 않고, 즉 좀 더 구체적으로 표현하자면 마리아의 살과 피를 취하지 않고 예수님의 인성이 형성되었다

---

101) 박윤식 목사는 최삼경 목사가 문제를 삼았던 「월경하는 여인들의 입장에서 탈출하자」에서 "더군다나 하물며... 여자에서 난 사람들이 월경 잉태를 하죠?"라고 하면서 월경잉태라는 용어를 정확하게 사용하였다.

고 보는 것 같다. 그러나 그렇게 본다면 그것은 우리가 믿고 있는 동정녀 탄생이 아니다. 하이델베르크 요리문답 35문이 이를 증명해 준다.

질문 35, "성령으로 잉태되어 동정녀 마리아에게서 나시고"라는 뜻은 무엇입니까?

대답: 그것은 현재나 장래나 참되며 영원한 하나님이신 영원한 하나님의 아들이 성령의 능력으로 <u>동정녀 마리아의 살과 피로부터 참된 사람의 본질을 취하셨으며</u>, 따라서 다윗의 참된 씨가 되었으며, 죄가 없으신 것을 제외하고는 모든 면에서 다른 사람들과 동일하다는 뜻입니다.[102]

하이델베르크 요리문답 질문 35번과 그 답변은 최삼경 목사를 공격하는 사람들에게 있어서는 사약과 같다. 예수님은 마리아의 피를 한 방울도 받지 않았다는 그들의 주장을 정면에서 반박하고 정죄하는 것이라 할 수 있기 때문이다.

하이델베르크 요리문답은 16세기 종교개혁 당시에 작성된 것으로 개혁교회에서 광범위하게 받아들여지고 있는 신앙고백서이다. 이 신앙고백서는 하이델베르그 대학의 교수였던 자카리아스 우르시누스(Zacharias Ursinus, 1534-1583)와 궁정 설교가였던 카스파르 올리비아누스(Kaspar Olevianus)가 작성한 것인데, 이 요리문답을 작성했던 우르시누스는 이 문답에 대해 다음과 같이 해설하였다.

---

102) 이승구 교수는 하이델베르크요리문답을 강해를 통해 예수님이 초자연적인 방식으로 수태될 때에 "동정녀 마리아의 살과 뼈로부터 인간성을 취하며, 그 아이가 태중에서 자라 갈 때에도 마리아의 모든 인성을 다 사용하면서 자라가며, 다른 아이들이 태어나는 것과 같은 방식으로 태어난 것입니다." 라고 하였다. 이승구, 『진정한 기독교적 위로』 (서울: 여수룬, 1998), p.200.

고대와 현대에 그리스도의 육체가 동정녀의 실체로부터 취해졌다는 것을 부인하는 이단들이 고대에도 있었고 현대에도 있는데, 이 이단들 때문에 이 질문에 대한 해설이 필수적이다. 유티케스주의자들 (the Eutychians)은 이렇게 주장한다. 그리스도께서는 성령으로 말미암아 잉태되셨으니, 그리스도의 육체는 신성의 실체로부터나 혹은 성령의 본질로부터 산출되었다. 곧 신성이 변하여 인성을 입은 것이라는 것이다. 이러한 오류는 비유적인 화법을 부정확하게 사용한 데에서 연유하는 것이다.

성령으로 말미암아(by), 성령으로부터(from), 성령에게서(of)라는 용어들은 질료인(質料因: material cause)이 아니라 동력인(動力因질: efficient cause)이요, 성령의 능력, 효능, 역사하심을 뜻한다. 하나님의 아들께서 동정녀의 뱃속에 잉태되신 것이 성령의 덕분으로, 혹은 성령의 역사하심으로 말미암아 되어진 일이라는 것이다. 천사의 말처럼 "성령이 네게 임하시고 지극히 높으신 이의 능력이 너를 덮으리니" (눅 1:35), 그리스도는 또한 아브라함의 자손으로, 다윗의 자손으로도 불려지신다.

그러므로 그는 성령으로부터가 아니라 이 조상들로부터 육체를 취하신 것이다. 하나님께서 우리를 지으셨기 때문에 우리가 하나님으로부터 난 것처럼, 그리스도께서 성령으로 말미암아 잉태되신 것이다. 그가 잉태되신 것이 성령의 덕분이요 또한 그의 역사하심으로 말미암았기 때문이지, 그가 성령의 본질로부터 형성되셨기 때문이 아닌 것이다.

우르시누스의 이 해설은 합동 측 서북노회를 포함해서 최삼경 목사를 공격하고 있는 모든 사람들의 주장을 무색하게 만든다. 한 마디로 말해 K·O 펀치다.

---

103) 자카리아스 우르시누스, 『하이델베르크 요리문답해설』, 원광연(역)(고양: 크리스챤다이제스트, 2011), p.350.

성령으로 잉태하셨다는 말은 성령이 동력이 되어 역사하심을 의미하지 성령이 질료가 되는 것이 아니라는 것이다. 즉, 예수님의 인성은 성령으로부터가 아니라 조상들로부터 육체를 취하신 것으로, 우리가 '성령으로 말미암아 잉태 하셨다'고 하면서 고백하고 있는 신앙고백의 내용은 하이델베르크 요리문답 35문에 대한 대답처럼 마리아의 살과 피로부터 참된 사람의 본질을 취한 것을 가리키는 것이라 하고 있는 것이다.

최삼경 목사는 요셉의 정자가 없이 성령의 능력으로 말미암아 마리아의 피, 곧 마리아의 난자를 통하여 예수님의 인성이 형성되었다고 한다.[104] 그러므로 최삼경 목사는 사도신경을 통하여 고백하고 있는 초자연적인 성령잉태를 부정한 것이 아니다. 그러나 서북노회의 입장은 다르다.

우르시누스는 요리문답 35문을 해설하면서 예수님의 인성을 부인하는 이단을 언급한 후, 결론 부분에 가서 "하나님께서 우리를 지으셨기 때문에 우리가 하나님으로부터 난 것처럼, 그리스도께서 성령으로 말미암아 잉태되신 것이다. 그가 잉태되신 것이 성령의 덕분이요 또한 그의 역사하심 때문이지, 그가 성령의 본질로부터 형성되셨기 때문이 아닌 것이다" 라고 했다.

즉, 하나님께서는 영이시기 때문에 인간과 같은 육체를 가지신 분이 아니어서 자신의 몸을 떼어내신 것이 아니며, 아담을 창조하셨을 때 자신의 몸을 떼어 자신과 같은 본질로 창조하신 것이 아니라 지면의 흙을 가지고 만드신 것과 같이 예수님이 성령으로 말미암아 잉태되었다 하더라도 그것은 성령의 본질로 된 것이 아니라 마리아의 본질인 그의 살과 피를 취하여 성령의 역사하심으로 말미암아 형성된 것이라는 말이다.

---

104) <http://www.amennews.com/news/articleView.html?idxno=10679> (2010.10.4).

그러므로 이와 같은 하이델베르크 요리문답의 가르침은 난자까지도 관여되어있지 않았다고 한 서북노회의 주장을 가리켜 예수님의 인성을 부인하는 이단으로 정죄하는 것과 같은 것이다.

(2) 그리스도의 '성령잉태' 는 '죄가 전혀 없는 인간', '죄과의 전달도 전혀 없는 인간', '무죄인이요 완전한 의인이요 죄의 오염이 완전히 배제되었으므로 완전히 거룩한 사람' 으로 출생한 것임에도 이를 '마리아의 월경을 통해서' 라고 주장함으로서 "인간 부모 중 어머니의 개입을 가져옴으로써 이 모든 성령의 역사를 부정하고 훼손하는 결과" 를 가져왔으며,

서북노회의 이 주장 중 전반부는 옳다. 예수님은 성령으로 말미암아 죄가 없으시며, 죄의 오염 없이 완전히 거룩하시며 의로우신 분으로 탄생 하셨다. 그러나 예수님의 인성이 성령의 본질로부터 유래했기 때문에 그렇게 된 것이 아니다. 마리아의 피에 죄가 있어서 그의 본질인 살과 피로 말미암아 예수님의 인성이 형성되지 않았기 때문에 그렇게 된 것도 아니다. 마리아의 살과 피를 취하셨지만 성령께서 죄의 오염으로부터 막으셨기 때문에 그렇게 된 것이다.

서북노회의 주장은 인류의 피 속에 죄가 있다는 전제하에 그런 주장을 하고 있다. 그러나 죄란 하나님과의 언약의 관계 속에서 발생하는 것이지 피 속에 있는 것이 아니다. 죄란 물질이 아니기 때문이다.

피 속에 죄가 있다는 주장은 정통 신학이 아니라 통일교나 전도관의 핵심적인 사상이다. 그러므로 "마리아의 월경을 통해서라고 주장함으로서 인간 부모 중 어머니의 개입을 가져옴으로써 이 모든 성령의 역사를 부정하고 훼손하는 결과를 가져오게 되었다" 는 서

북노회의 주장은 성립되지 않으며, 통일교나 전도관 사상으로 정죄 받아야 마땅하다.

뿐만 아니다. 서북노회에서는 "마리아의 월경을 통해서" 라고 하면서 그것을 예수님의 어머니 마리아의 개입으로 이해하며 그것을 문제 삼고 있기 때문에 그 주장은 문제가 된다. 그들의 주장은 예수님의 인성에 마리아의 살과 피인 그의 실체와 아무런 관련이 없다는 주장이 되기 때문이다. 그것은 분명히 예수님의 인성을 부인하는 이단적 사상이다.

(3) '그리스도의 신성뿐 아니라 인성도 성령의 역사로 형성된 것임' 에도 불구하고 그리스도의 인성이 '마리아의 월경, 즉 난자' 로 인해 형성되었다는 주장을 함으로써 '성령으로 잉태됨' 의 신비적 역사를 훼손하는 결과를 가져왔으며,

이것은 박윤식 목사가 사람을 월경으로 낳은 자와 월경 없이 낳은 자의 두 종류로 나누고 예수님은 마리아의 월경 없이 낳았다고 한 것을 최삼경 목사가 "예수님이 월경 없이 태어났다는 말 속에는 예수님의 인성이 부정되고 만다" [105]고 하면서 공격한 것을 문제 삼고 있는 것이다.

서북노회는 여기에서 월경을 난자로 이해하면서 예수님의 인성에 마리아의 난자가 개입되었다면 성령으로 잉태됨의 신비적 역사를 훼손하는 것이라 한다. 그러므로 서북노회의 이 주장은 예수님의 인성에는 마리아의 피가 되었건, 월경이 되었건, 난자가 되었건, 그 어떤 것도 관여가 되어있지 않았다는 것이며, 어떤 유전인자라

---

105) 이 말은 논쟁의 발단과 전개 과정에 이미 기록해 놓은 것과 같이 2005년 6월 30일 「교회와신앙」 에 기고한 최삼경 목사의 글 중 "3)예수님도 월경 없이 태어났다는 말이 기독론적으로 맞는가?" 에 있는 글이다.

도 관여가 되었다면 그것은 성령의 역사를 훼손하는 것이라고 본 것이다. 그러나 어머니의 난자와 아버지의 정자가 결합됨으로 잉태되었다는 것이 아니라 아버지 요셉의 정자 없이 마리아의 난자만을 가지고 성령께서 역사하심으로 잉태되었다고 했다면 그것은 성령의 역사를 훼손한 것이 아니다. 어머니의 난자만으로는 임신이 불가능한데, 그 불가능한 것을 성령의 역사로 말미암아 잉태하게 한 것이기 때문이다.

그러므로 아버지 요셉의 정자 없이 마리아의 난자만을 통해 성령께서 역사하심으로 잉태하였다는 최삼경 목사의 주장에 대해 성령의 역사를 훼손했다는 것은 억지인 반면, 마리아의 난자까지 상관없었다는 서북노회의 주장이야말로 주님의 인성을 부인한 이단적 사상이다.

그런데 서북노회가 주장한 이 항목에는 또 다른 이단성의 글도 있다. 그들은 '그리스도의 신성뿐 아니라 인성도 성령의 역사로 형성된 것임에도 불구하고'라고 하였는데, 예수님의 신성은 성령의 역사로 형성된 것이 아니다.

예수님의 인성은 선재하지 않았고 마리아의 복중에서 형성되었다. 그러므로 예수님의 신성과 인성 중 인성은 피조물이다.[106] 그러나 예수님의 신성은 영원하신 하나님으로 피조 된 것이 아니기

---

106) 벨직신앙고백서 제19조 <그리스도의 두 본성의 연합과 구별에 관하여>에는 "우리는 이 수태로 말미암아 하나님의 아들의 위격이 인간의 본성과 불가분리의 관계로 연합된 것을 믿는다. 그러므로 하나님의 아들은 둘이 아니며, 두 위격도 아니고, 두 본성이 단 하나의 위격으로 연합되었다. 그러나 각 본성이 그 자체의 구별된 고유성을 보유한다. 그러므로 그의 신성은 언제나 창조되지 않은 체로 남아 있어서 시작이나 끝나는 날도 없이 하늘과 땅을 채우시듯이, 그의 인간의 본성도 그 고유성을 잃지 않고 피조물로서 남아 유한한 존재로서 시작한 날이 있으며, 실질적인 몸의 모든 고유성을 보유한다. 그리고 그가 부활하여 그의 몸이 죽지 않게 되었으나 그의 인간의 본성에 달라진 것은 아무것도 없다."라고 되어 있다.

때문에 성령의 역사로 형성된 것이 아니다. 그러므로 서북노회의 '그리스도의 신성이 성령의 역사로 형성되었다는 것'은 주님의 신성을 피조물로 만든 것으로써 그분의 신성을 부인하는 이단과 같은 주장이다.

(4) 그리스도의 인성(人性)형성은 죄의 오염과 부패가 전혀 전달되지 않게 마리아를 지키고 그의 육을 깨끗하게 함으로써 '다시 중생을 필요로 하지 않고 성화의 과정을 거칠 필요가 없는 완전한 인성'으로 이루어진 것임에도 '마리아의 월경의 피를 통해 인성이 형성되었다'고 함으로써 성부께서 「그리스도의 육의 어머니의 죄와 부패가 '그리스도의 신비적인 잉태 시에 성자에게 전달되지 않게 막는데 실패하셨다'」는 이단적인 주장을 하고 있으며,

서북노회는 최삼경 목사가 '마리아의 월경의 피를 통해 예수님의 인성이 형성되었다'고 함으로써 성부께서 그리스도의 육의 어머니의 죄와 부패가 '그리스도의 신비적인 잉태 시에 성자에게 전달되지 않게 막는데 실패하셨다'고 한다. 그러나 서북노회의 이와 같은 주장은 피 속에 죄가 있고 피를 통해 죄가 유전된다는 통일교식의 사상인 박윤식 목사의 혈통 유전설의 입장에서 해석했기 때문에 그런 결론이 내려진 것이다. 그러므로 만장일치로 박윤식 목사를 영입하고 이런 주장을 한 서북노회의 사상은 반드시 조사하여야 한다.

죄가 사람의 피 속에 있거나 물질이 아니기 때문에 정통신학의 입장에서 본다면 그리스도의 인성이 마리아의 난자와 관련이 있다고 해서 죄가 오염되는 것이 아니다. 그분은 성령의 능력으로 요셉

의 정자 없이 마리아의 본질로 잉태 되셨고, 성령의 역사와 보호로 말미암아 죄의 오염이 방지 되셔서 무죄하게 탄생 하셨다.

(5) 또한 최삼경은 같은 글 3쪽 하단 4줄에서 "예수님이 마리아의 월경 없이 태어났다는 말은 마리아의 육체를 빌리지 않고 태어났다는 말과 같다"고 함으로써 성부께서는 '마리아의 월경이 없다할찌라도 그의 육체를 빌리는데 어떠한 제약이나 제한이 없는 전능하신 분이라는 사실'을 망각하고, 성부의 능력을 인간적인 생각으로 제한하는 신성모독적인 주장을 하였으며,

최삼경 목사가 성부의 능력을 제한한 신성모독적인 주장을 하였다는 서북노회는 '~하지 않고'와 '~하지 못하고'조차도 구별하지 못하는 것 같다.

'~하지 않고'는 능력은 있지만 그렇게 하지 않았다는 뜻이다. 반면 '~하지 못하고'는 능력이 없어서 그렇게 하지 못했다는 뜻이다. 그런데 서북노회에서는 최삼경 목사가 "예수님이 마리아의 월경 없이 태어났다는 말은 마리아의 육체를 빌리지 않고 태어났다는 말과 같다"라고 한 것을 '예수님이 마리아의 월경 없이 태어났다는 말은 마리아의 육체를 빌리지 못하고 태어났다는 말과 같다'라는 식으로 해석해서 신성모독이라 하며 공격하고 있다. 참으로 우스운 일이다. 그런데 우스운 일은 그것만이 아니다.

그들은 최삼경 목사가 "예수님이 마리아의 월경 없이 태어났다는 말은 마리아의 육체를 빌리지 않고 태어났다는 말과 같다"라고 한 말이 무슨 뜻인지조차 이해하지 못하고 있는 것 같다.

최삼경 목사가 그렇게 말한 것은 예수님이 비록 마리아의 육체를 통해 출생하셨다 하더라도 그의 살과 피, 즉 그의 유전인자와 아무

런 관련이 없다면 그분의 인성을 부인하는 것이 되기 때문에 그것은 마치 '마리아의 육체를 빌리지 않고 태어나신 것과 같다'고 한 것 같다. 그런데 그들은 이미 역사상 이단으로 정죄 받았던 말시온이나 재세례파와 비슷한 입장에서 주님의 인성에 대해 생각하기 때문에 그와 같은 주장을 하고 있는 것이다. 그들은 아마 필자의 이와 같은 말도 무슨 뜻인지 모를 것 같다는 생각이 든다.

(6) 또한 최삼경은 같은 글 3쪽 하단 6-7줄에서 「 '요셉의 정액에 의하여 임신하지 않은 것' 이 '동정녀에게 태어났다는 의미' 」라고 함으로써 성부 하나님의 신비적 이적이요 기독교가 타종교와 구별되는 최고의 교리인 '동정녀탄생' 의 교리에 대해 "요셉의 정액에 의하여 임신하지 않은 것" 으로 폄하함으로써 거룩한 교리의 신비성과 지고(至高)성을 훼손하였을 뿐 아니라 불신자들에게는 "요셉의 정액이 아니면 다른 남자의 정액에 의해 임신하였나?" 라는 조롱과 비난을 받는 교리로 전락시키는 결과를 가져왔으며,

예수님의 동정녀 탄생은 3위 1체 중 제 2위의 하나님이신 성자께서 신성이 중단되지 않은 가운데 남자와 여자의 정상적인 부부관계에 의하지 않고, 즉 여자의 난자와 남자의 정자가 결합하여 출생하는 것과 같은 정상적인 출생의 원리에 의하지 않고 성령의 능력으로 말미암아 남자의 정자 없이 마리아의 난자만으로 인성을 취하셔서 완전한 하나님임과 동시에 완전한 인간이 되신 사건이다.

예수님은 신·인 양성을 가진 분으로써 마리아의 본질을 취하여 인성을 입으셨기 때문에 인류의 일원이 되심과 동시에, '보통생육법' 으로 태어나지 않고 성령의 역사하심으로 말미암아 무죄한 가

운데 탄생하셨기 때문에 마지막 아담으로 구속주가 되셨다.

　예수님은 우리에게 은혜를 베풀어 구원하기 위하여 낮고 천한 이 세상에 동정녀에게서 탄생하신 것이다. 그런데 이것을 믿지 않는 자들은 '처녀가 애를 낳았다고?' 하면서 조롱하기도 한다. 그런데 서북노회에서는 최삼경 목사가 동정녀 탄생이란 요셉의 정액에 의한 것이 아니라는 것에 대해 불신자를 빙자하여 불신자들보다 더 악한 모습으로 동정녀 탄생의 교리를 폄훼하고 있는 것이다.

(7) 그리스도의 신비적 탄생에는 그분의 '신성과 인성'을 모두 포함함에도 불구하고 「'요셉의 정액에 의하여 임신하지 않은 것'이 '동정녀에게 태어났다는 의미'」라고 주장함으로써 그리스도의 신성은 '성령을 통해', 그리스도의 인성은 '마리아의 월경'을 통해 형성됐다는 해괴한 이단적 사상을 주장하고 있으며,

　서북노회의 이 주장은 잘못된 전제에 의한 것일 뿐만 아니라 의도적으로 논리를 비약하고 왜곡한 것으로 보인다.

　최삼경 목사의 주장을 살펴보면 그는 "예수님이 월경 없이 태어났다는 말 속에는 예수님의 인성이 부정되고 만다. 우선 마리아는 요셉의 정액에 의하여 임신하지 않았다는 말은 성경이 주장하는 사상이다. 동정녀에게서 태어났다는 의미가 그렇다"[107]고 한 것을 볼 수 있다.

　최삼경 목사가 동정녀 탄생에 대해 언급하면서 "요셉의 정액에 의하여 임신하지 않은 것"이라고 한 것은 예수님의 인성에 관해

---

107)<http://www.amennews.com/news/articleView.html?idxno=5548> (2005.6.30).

언급한 것이다. 그러므로 예수님의 신인 양성 중 인성에 대해 제한적으로 설명한 것을 "그리스도의 신성은 성령을 통해, 그리스도의 인성은 마리아의 월경을 통해 형성됐다"고 하면서 공격하는 것은 억지 주장이고 비약일 뿐이다.

뿐만 아니다. 최삼경 목사는 그 어디에서도 서북노회에서 공격한 것과 같이 "그리스도의 신성은 '성령을 통해', 그리스도의 인성은 '마리아의 월경'을 통해 형성됐다"고 하지 않았다. 그러므로 서북노회의 이 주장은 명명백백하게 그를 공격하기 위해 문장을 왜곡 조작한 것이다.

예수님은 성육신을 통해 신·인으로 탄생하셨다. 그분은 신성과 인성의 신인 양성을 지닌 분이시지만 인성의 인격 없이 성자 하나님의 인격으로 출생하셨다. 시작도 없고 끝도 없는 창조주 하나님이 당신의 인격으로 피조물을 취하여 하나님이자 사람으로 탄생하신 사건이 바로 성육신이다. 그래서 그분은 신성으로는 하나님과 동일본질이어서 참 하나님이시고, 인성으로는 죄가 없다는 것만 다를 뿐 우리와 동일본질이어서 참 사람이다. 그러나 그분은 신성과 인성을 분리하여 하나님과 사람으로 두 분이 아니다. 한 인격을 가진 분이시기 때문에 한 분이시며, 하나님의 인격이시기 때문에 피조물을 입으셨을지라도 나의 주 나의 하나님으로 우리의 경배의 대상이 되신다.

그러므로 "그리스도의 신비적 탄생에는 그분의 '신성과 인성'을 모두 포함함에도 불구하고"라는 서북노회의 표현이 (3)번 항목에서와 같이 예수님의 신성조차도 마리아의 복중에서 형성되었다는 의미라면 그것은 잘못이다. 그러면 성자 하나님도 피조물이라는 뜻이 되고 말 것이기 때문이다.

예수님의 신성은 3위 1체 중 제 2위의 하나님으로써 영원한 하나님이시며 성자 하나님으로써 만물을 창조하신 창조주 하나님이시다. 그래서 그분은 유대인들을 향하여 "아브라함이 나기 전부터 내가 있느니라"(요8:58)고 하셨으며, 성경은 그분을 가리켜 "하나님의 본체"(빌2:6)라 하셨고, "만물 위에 계셔 세세에 찬양을 받으실 하나님"(롬9:5)이라 하셨으며, "저로 말미암아 모든 세계를 지으셨느니라"(히1:2)고 하셨고, "지은 것이 하나도 그가 없이는 된 것이 없느니라"(요1:3)고 하셨던 것이다.

또한 "마리아는 요셉의 정액에 의하여 임신하지 않았다는 말은 성경이 주장하는 사상이다. 동정녀에게서 태어났다는 의미가 그렇다."는 최삼경 목사의 주장은 해괴한 이단적 주장이거나 신성모독적인 발언이 아니다. '요셉의 정액'이라는 표현이 들어가서 자극적이기는 하지만 그것은 동정녀 탄생에 부성이 제외되어서 예수님이 요셉과 마리아의 정상적인 부부관계 속에서 태어나신 것이 아니며, 성령의 능력으로 말미암아 마리아의 본질만 취하셔서 탄생하셨다는 것과 성자 하나님이 죄인을 구원하기 위하여 낮고 천한 이 세상에 인성을 취하여 오셨다는 하나님의 은혜를 나타낸 것이기 때문이다.

(8) 그 결과 '신성은 성령을 통해, 인성은 마리아의 월경을 통해서'라는 최 목사의 이단적 주장이 결국 그리스도를 '반신반인(半神半人)'의 희한한 괴물로 만드는 엄청난 결과를 가져왔으며,

서북노회의 이 주장은 아무리 이해하려 해도 이해하기 어렵다. 최삼경 목사가 하지도 않은 말을 마치 한 것처럼 왜곡 조작한 다음 그것을 근거로 하여 공격하고 있을 뿐만 아니라 자신들이 주장해

놓고 예수님의 신인 양성교리에 대해 "그리스도를 '반신반인(半神半人)'의 희한한 괴물로 만드는 엄청난 결과"라 하면서 공격하고 있기 때문이다. 예수님이 신인 양성을 지니셨으면 그것은 반신반인이 되는 것일까? 아무래도 이들의 신학이나 사상은 근본부터 의심스럽다.

(9) 또한 최삼경은 같은 글 3쪽 하단 15-17줄에서 "월경이란 인간의 피를 말하는 것이다. 월경이 있다는 말은 아이를 생산할 능력이 있다는 것을 피로 말해주는 것이다. 그래서 임신을 하면 월경이 없어지는데 그 피가 아이에게 가는 것이다. 그 피로 아이를 기르는 것이다." 라고 말함으로써 그리스도의 속죄의 피가 인간 모친 마리아의 피라고 하여 만인류를 구원하는 구세주의 '보배로운 피'의 능력과 가치와 기원을 부정하였고, 그 결과 그리스도의 십자가 피로 인한 인류의 구원을 부정하는 이단적인 주장을 하였으며,

서북노회가 공격하고 있는 최삼경 목사의 주장은 엄밀한 의미에서 보면 약간 문제가 있다. 월경이란 인간의 피를 말하는 것이라 하면서 임신을 하게 되면 그 피(월경)가 아이에게로 가며, 그 피로 아이를 기르는 것이라 했지만 그것은 의학적으로 부정확한 표현이기 때문이다.

그러나 그것은 다소 부정확하다 하더라도 완전히 틀린 말은 아니다. 산모의 피가 아이에게 직접 들어가는 것은 아니지만 피를 이루고 있는 성분이 삼투압 형식으로 들어가기 때문에 전혀 틀린 말이 아니기 때문이다.

그리고 오늘날과 같은 과학시대에도 '해가 뜬다.'라든가 '해

가 진다.' 라고 하는 사실을 감안할 때, 그것 또한 그와 같은 일반적인 표현이라 볼 수 있으므로 별 문제가 되지 않는다. 그리고 비록 문제가 있다 하더라도 그것은 의학적인 전문지식이 부족하여 그렇게 표현한 것이기 때문에 어디까지나 의학적인 문제이지 교리적인 문제가 되는 것은 아니다. 그러므로 그것은 이단시비와는 아무런 상관이 없다. 그러나 예수님의 인성과 마리아의 피가 아무런 관련이 없다는 서북노회의 주장은 다르다.

서북노회는 일반적인 표현이기는 하지만 예수님이 마리아의 피를 받고 태어났다는 최삼경 목사의 주장에 대해 그것은 만 인류를 구원할 구세주의 보배로운 피를 인간인 어머니 마리아의 피를 받은 것이라 함으로 그 피의 능력과 가치와 기원을 부정하였다고 한다. 그리고 그 결과 십자가의 피로 말미암는 인류의 구원을 부정한 이단적 주장이라 하였다. 그들은 예수님의 피가 어머니 마리아의 피와 아무런 관련이 없는 것으로 인간의 피와 그 기원이 다르다 하였고, 그 피 자체에 능력이 있어서 그 피로 말미암아 인류를 구원한 것처럼 주장 하였다.

그러나 예수님의 피가 우리의 피와 기원이 달라 종류가 다르기 때문에 피 자체가 거룩하거나 능력이 있는 것이 아니다. 피 속에 죄가 있는 것도 아니다. 죄란 하나님과의 언약관계 속에 있는 것이기 때문이다. 그분의 피를 보배로운 피라고 하는 것은 단순히 피를 의미하는 것이 아니라 그분의 대속적인 죽음을 의미하는 것이다. 그러므로 피 속에 죄가 있다는 잘못된 전제하의 서북노회의 주장은 성립되지 않는다.

뿐만 아니다. 서북노회의 이 주장은 예수님이 "육신으로는 다윗의 혈통에서 나셨다" 는 로마서 1장 3절 말씀이나 '사람들과 같은 피와 육체를 가졌다' 는 히브리서 2장 14절 말씀을 정면에서 부인한 것이다. 그리고 웨스트민스터 신앙 고백서 8장 2항과 소요리문답 제 22문, 벨직신앙고백서 18항, 하이델베르크 요리문답 35문 등 신앙고백서들에는 공통적으로 마리아의 본질을 취하셨다 하거나 마리아의 살과 피, 혹은 마리아의 살과 뼈를 취하셨다고 표현한다. 그러므로 예수님의 인성에 마리아의 살과 피가 아무런 관련이 없다는 서북노회의 주장은 우리가 믿고 있는 신앙고백들을 공격한 것이기 때문에 교리적으로 심각한 문제가 되는 것이다.

역사적으로 서북노회와 비슷한 주장을 한 사람들 때문에 정통교회에서는 회의를 통해 그들을 정죄하고 그와 같은 신앙고백서들을 만들어 경계하며 바른 신앙을 고백하게 하였던 것이다. 그러므로 서북노회의 주장이야 말로 주님의 인성을 부인한 이단적 사상이라는 것을 알아야 한다.

⑽ 의학적으로도 산모의 피는 한 방울도 태아에게 전달되지 아니하고 태아 자신에게서 생성되는 것이므로 부모 중 누구의 피도 만인간의 구세주 되시는 예수님에게 전달되지 아니하고 성령의 신비한 능력으로 구세주만의 "흠 없고 점 없는 보배로운 피"(벧전1:18-19)가 형성되었음에도 불구하고, 그 피의 기원이 산모인 인간 마리아에게서 온 것이라고 주장함으로써 그리스도 피의 유일성과 독특성과 구속성을 훼손하였고,

산모의 피가 한 방울도 태아에게 전달되지 않고 부모 중 누구의 피도 받지 않았다는 서북노회의 주장은 임신하게 되면 아이에게로 피가 가고 그 피로 말미암아 아이를 기른다는 최삼경 목사의 주장만큼이나 정확하지 못한 주장이다. 피란 혈구와 혈장으로 나누어지는데, 혈구란 골수에서 만들어진 적혈구와 백혈구, 혈소판 등을 말

하며 전체 피의 절반을 차지하고, 혈장에는 혈액의 반 이상을 차지하는 물 성분으로 생명 유지에 필요한 전해질, 영양분, 비타민, 호르몬, 효소 등과 항체 및 혈액 응고인자 등 중요한 단백질 성분들이 들어있다. 그래서 어머니의 피 자체가 직접적으로 아이에게 들어가는 것은 아니지만 그 피 속에 들어있는 중요한 성분들이 아이에게 들어가기 때문에 피가 아이에게 한 방울도 전달되지 않는다는 것도 틀린 말이기 때문이다.

그러나 이와 같은 피의 전달 문제는 의학적인 문제일 뿐, 좀 틀렸다 하더라도 교리적으로는 아무런 문제가 되지 않는다. 그것은 어디까지나 사소한 문제로 논쟁의 핵심이 아니며, 본질적인 문제가 아니기 때문이다. 그래서 필자는 서북노회에서 최삼경 목사에게 문제를 삼고 있는 것처럼 문제 삼고 싶지는 않다. 그러나 그럴 듯하지만 이런 잘못된 주장을 통하여 최삼경 목사가 주장하고 있는 정통적인 교리가 마치 잘못된 것인 것처럼 공격하고 있는 서북노회의 교리는 문제 삼지 않을 수 없다.

서북노회는 앞에서 이미 살핀 것과 같이 여기에서도 예수님의 피가 마리아와 전혀 상관없다는 것으로 그분의 인성을 부인하고 있는데, 다만 차이가 있다면 "흠 없고 점 없는 보배로운 피"(벧전 1:18-19)라는 구절을 인용함으로 피 자체가 능력이 있다는 근거를 제시하고 있다는 것이다. 그러나 "너희가 알거니와 너희 조상의 유전한 망령된 행실에서 구속된 것은 은이나 금같이 없어질 것으로 한 것이 아니요 오직 흠 없고 점 없는 어린 양 같은 그리스도의 보배로운 피로 한 것이니라"는 베드로전서 1장 18절부터 19절 말씀은 서북노회가 주장한 것과 같이 피 자체가 능력이 있어서 그 피로 구원하셨다는 것이 아니라 주님의 피 값, 즉 그분의 대속적인 죽음을 통하여 구원하셨다는 것이다. 그러므로 서북노회의 주장은 아무런 근거도 없는 잘못된 것이다.

(11) 그 결과 그리스도의 보배로운 피가 온 인류를 구원하는 능력의 피라는 것을 부정하고 기독교 교리의 중심인 "그리스도의 보배로운 피로 인한 구원"의 교리를 무너뜨리는 이단적 주장을 하였습니다.

이상의 내용을 볼 때 수년 전부터 삼신론의 이단성을 의심받아 온 것이 허구가 아니라는 것을 분명히 확인하게 된 바, 기독교 신앙의 가장 중요한 뿌리인 삼위일체론과 그리스도의 구속주 되심의 가장 중요한 교리인 '성령잉태'를 부정하고 '그리스도의 속죄의 피가 바로 인간 모친 마리아의 피'라는 주장을 함으로써 기독교 구원론의 뿌리를 훼손하였는 바 …본 노회는 성 총회가 이 사실을 철저히 조사하여 결과에 따라 엄중 처벌해줄 것을 청원하는 바입니다.

여기에서 서북노회가 문제를 삼고 있는 것은 두 가지이다. 하나는 그리스도의 피에 관한 문제이고 또 하나는 최삼경 목사의 삼신론에 관한 문제이다.

최삼경 목사의 삼신론 문제는 지방교회와 논쟁하는 과정에서 나온 것으로 총신의 전 총장이었던 차영배 교수, 합신의 김영재 교수, 장신의 전 총장이었던 이종성 교수, 호남신학교 전 총장이었던 황승용 교수, 새문안 교회의 이수영 목사 등이 연구한 결과 문제가 없다고 하자 통합 측 총회(2004년, 제 89회)에서 그것을 받아들여 '이상 없다'고 결론을 내렸을 뿐만 아니라 여기에서 다루고자 하는 것은 월경 잉태설에 관한 문제로 한정하고 있기 때문에 더 이상 살피지 않을 것이다.

그렇다면 이제 남아 있는 문제는 그리스도의 피에 관한 문제이다. 그러나 이 문제 또한 앞에서 이미 살펴보았을 뿐만 아니라 앞으로 더 자세하게 살펴볼 것이므로 여기에서는 더 이상 살피지 않을 것이다. 왜냐하면 여기에서 모든 것을 다 지적할 필요는 없기 때문이다. 그러나 분명한 것은 이들의 주장이 역사적으로 분명하게 이단으로 정죄되었던 잘못된 것이라는 사실이다.

2. 통합 측 서울북노회의 질의서

합동 측 서북노회가 통일교와 비슷한 박윤식 목사와 같은 사상으로 최삼경 목사를 공격한 것과 같이 통합 측 서울북노회 또한 동일한 입장에서 최삼경 목사를 공격하였다. 그러므로 합동 측 서북노회의 주장에 대해 이미 살펴보았으므로 사실 통합 측 서울북노회의 주장에 대해서는 더 이상 살펴볼 필요가 없다. 그러나 통합 측 서울북노회는 합동 측 서북노회와 약간 다른 면이 있기에 살펴보고자 한다.

통합 측 서울북노회가 최삼경 목사를 공격한 내용은 「이단 사이비 주장에 대한 질의, 조사의 건」이란 제목으로 총회장에게 질의하는 형식으로 되어 있는데,[108] 그 내용을 보면 이들이 왜 최삼경 목사를 공격하고 있는지 이해가 된다. 그들의 주장이 설득력이 있고 논리적이어서 공감하는 것이 아니라 '이정도 수준이어서 이런 주장을 하는구나!' 라는 한심하다는 생각이 들어서 하는 말이다.

그들의 질의서는 먼저 최삼경 목사의 주장을 요약한 다음 그것을 공격하는 해설의 형식으로 되어 있다. 이제 그들의 질의서의 문제점과 그 속에 녹아있는 그들의 사상에 대해 살펴보자.

<첫째 질의와 해설>[109]

최삼경목사 : "예수님은 마리아의 월경을 통해서 태어났다. 예수님이 월경 없이 태어났다고 주장하면 예수님의 인성이 부정

---

108) 이정환, 『최삼경목사의 마리아 월경잉태설, 무엇이 문제인가?』, pp.43-47
109) 서울북노회의 질의서에는 첫째, 둘째와 같은 표현은 없지만 필자가 편의상 붙인 것이다.

되고 만다. 예수님이 마리아의 월경 없이 태어났다는 말은 마리아의 육체를 빌리지 않고 태어났다는 말과 같다"

최 목사의 주장은 "예수님께서 월경이 없었던 마리아에게서 태어났다면 마리아의 육체를 통해서 태어났다는 것을 부정하는 것"이라는 의미입니다.

이는 경수가 끊어진 사라가 하나님의 능력으로 이삭을 잉태한 사실을 기록한 성경을 부인하는 것과 같은 것으로 일찍이 어느 누구도 그 같은 주장을 한 적이 없는 신흥 이단사상이 아닐 수 없습니다.

통합 측 서울북노회가 최삼경 목사를 공격하는 내용을 보면 엉뚱하다. 최삼경 목사는 경수가 끊어졌지만 하나님의 능력으로 이삭을 낳았다는 성경의 기록을 부인하지 않았는데도 서울북노회는 그것을 부인한 것처럼 주장하면서 신흥 이단사상이라 공격하고 있기 때문이다.

최삼경 목사의 주장을 현대의 의학상식으로 설명하자면 이런 것이었다. 예수님이 마리아의 피를 받지 않고 태어났다면, 즉 그분이 인간의 유전자인 마리아의 DNA를 받지 않아서 마리아가 마치 수도관과 같이 그분이 태어나는데 쓰임 받는 식이었다면, 그것은 예수님이 실제적으로는 인간인 마리아와 아무런 관련 없는 것이 되기 때문에 예수님은 마리아의 육체를 통해서 태어나지 않았다는 것과 같이 되어 그분의 인성을 부인하는 것이 된다는 것이다.

그러므로 "예수님이 마리아의 월경 없이 태어났다는 말은 마리아의 육체를 빌리지 않고 태어났다는 말과 같다"라고 한 최삼경 목사의 말은 서울북노회의 주장과 같이 마리아에게 월경이 없어서 임신할 능력이 없었다면 마리아가 예수님을 낳을 수 없었다는 말이 아니다. 그의 주장은 사람들이 보통 아버지의 정자와 어머니의 난자를 받아 태어나게 되지만 예수님은 그와 같은 보통생육법, 혹은 자연적인 출생법으로 탄생하지 않고 요셉의 정자가 없이 오직 마리아의 난자만을 통해서 성령의 능력으로 잉태되어 탄생하셨다는 것이기 때문이다.

그런데 서울북노회에서는 최삼경 목사의 말을 제대로 이해하지 못한 것인지 아니면 그를 이단으로 만들기 위해 일부러 그렇게 한 것인지 알 수 없지만 그의 주장을 '하나님의 능력으로도 월경이 없는 마리아에게서 예수님을 낳게 할 수 없었다'는 식으로 왜곡하여 "이는 경수가 끊어진 사라가 하나님의 능력으로 이삭을 잉태한 사실을 기록한 성경을 부인하는 것과 같은 것으로 일찍이 어느 누구도 그 같은 주장을 한 적이 없는 신흥 이단사상이 아닐 수 없습니다." 라고 하면서 공격하고 있는 것이다. 완전히 엉뚱한 공격이다.

<둘째 질의와 해설와 해설>

최삼경목사 : "(마리아가)요셉의 정액에 의하여 임신하지 않은 것이 동정녀에게 태어났다는 의미"

동정녀 탄생은 하나님의 신적 역사로 부정모혈이 아닌 신비한 하나님의 역사입니다. "동정녀 탄생이 요셉의 정액에 의해 마리아가 임신하지 않은 것" 이라는 최 목사의 주장은 신비한 하나님의 역사를 극히 인본적으로 해석하여 동정녀 탄생교리를 훼손 하였습니다.

최삼경 목사가 요셉의 정액이란 표현을 썼기 때문에 약간 거부감이 있는 것은 사실이다. 그러나 그가 동정녀 탄생에 대해 설명한 것은 성경적으로 옳고 바르다.

자녀가 임신이 되어 태어나려면 어머니와 아버지의 부부관계를 통해서, 즉 아버지의 정자와 어머니의 난자가 만나야만 가능하다. 그렇지 않으면 임신 자체가 불가능하다. 그러나 예수님의 탄생은 불가능한 가운데 이루어졌다. 최삼경 목사가 주장한 것과 같이 부성이 없이 어머니의 본질, 즉 아버지 요셉의 정자 없이 어머니의 본질이라 할 수 있는 난자만을 취하여 성령께서 능력으로 역사하셔서 이루어졌기 때문이다.

그러므로 최삼경 목사는 동정녀 탄생의 신비를 훼손하거나 인본적으로 해석한 것이 아니다. 성경을 요약하여 고백하고 있는 "성령으로 잉태하사 동정녀 마리아에게 나게 하시고"란 공인된 여러 신앙고백과 정확하게 일치한다.[110] 그러나 문제 삼고 있는 서울북노회의 주장은 다르다.

통합 측 서울북노회는 동정녀 탄생을 하나님의 신적 역사로 부정모혈이 아닌 신비한 하나님의 역사라 했다. 예수님의 인성에는 아버지의 본질뿐만 아니라 어머니의 본질까지도 아무런 관여가 없다는 것이다. 그러므로 서울북노회의 주장은 최삼경 목사의 주장보다 더 강력한 하나님의 역사라 하는 것처럼 보인다. 그러나 불가능한 것은 둘 다 마찬가지이기 때문에 최삼경 목사가 신비한 하나님의 역사를 훼손한 것이라는 주장은 성립되지 않지만 더 강력한 것처럼 보이는 서울북노회의 '부정모혈'은 문제가 있다. 그 주장은 마리아의 살과 피를 받았다는 우리가 믿고 있는 성경과 신앙고백서들을

110) 웨스트민스터 신앙 고백서 8장 2항과 소요리문답 제 22문, 벨직신앙고백서 18항, 하이델베르크 요리문답 35문 등.

정면에서 위배하고 있는 것이기 때문이다.

<세 번째 질의와 해설>

> **최삼경목사 :** "월경이란 인간의 피를 말하는 것이다. 월경이 있다는 말은 아이를 생산할 능력이 있다는 것을 피로서 말해 주는 것이다. 그래서 임신을 하면 월경이 없어지는데 그 피가 아이에게로 가는 것이다."
>
> 최 목사의 주장은 결국 "마리아의 월경(피)이 예수님에게로 갔다" 는 뜻이 됩니다. <u>만일 예수께서 마리아의 피와 살을 이어 받았다면</u> 그것은 범죄한 아담의 피를 이어받았다는 뜻으로, 이는 마리아의 유전적 죄악이 예수님에게 그대로 이어졌다는 것을 뜻하는 것이며 결국 예수님도 모든 인류와 같이 하나님의 구속이 필요한 한 사람의 인간이며, 그렇게 되면 예수 그리스도의 무죄잉태와 예수님을 통한 구원의 역사, 곧 기독교의 구원론마저 부정되고 기독교는 붕궤되는 심각한 이단사상이라 할 것입니다.

서울북노회에서는 앞 질의에서 예수님이 '부정모혈' 이 아니라 하나님의 신비한 역사로 잉태 되었다고 했다. 아버지의 정자와 어머니의 피 없이, 즉 부모의 유전자와 아무런 상관이 없이 하나님의 역사로 잉태 되었다고 한 것이다. 그런데 이번 질의와 해설에서는 그 이유를 설명하고 있다.

여기에서 서울북노회는 먼저 자기들이 소위 '월경잉태설' 이라며 공격하고 있는 최삼경 목사의 월경에 관한 내용을 굵은 글씨로 언급하고 그 이유를 설명하고 있다. 이유는 만일 예수께서 마리아의 피와 살을 이어 받았다면 그것은 범죄한 아담의 피를 이어받았다는 뜻으로, 이는 마리아의 유전적 죄악이 예수님에게 그대로 이어졌다는 것을 뜻하는 것이기 때문에 예수님도 모든 인류와 같이 하나님의 구속이 필요한 한 사람의 인간이 되고, 그렇게 되면 예수 그리스도의 무죄잉태와 예수님을 통한 구원의 역사, 곧 기독교의 구원론마저 부정되어 기독교는 붕궤되기 때문에 심각한 이단사상이라는 것이다.

이것은 결국 그들이 월경잉태설이라며 공격하고 있는 핵심적인 내용이 무엇인가를 적나라하게 보여주는 것이라 할 수 있다. 인간의 살과 피 속에는 죄가 있기 때문에 죄 된 마리아의 피를 받아 예수님이 탄생했다고 한 최삼경 목사는 이단 사상을 가졌다는 것이다.

사실, 이와 같은 주장은 합동 측 서북노회에서도 했었던 것으로 통일교와 전도관의 기초 사상인 '혈통 유전설'을 배경으로 하고 있다. 그러므로 이와 같은 사상은 '예수님이 다윗의 혈통, 즉 다윗의 피를 받고 태어나셨다'(롬 1:3)는 말씀과 '사람들과 같은 피와 육체를 가졌다'(히2:14)는 성경과 다를 뿐만 아니라 웨스트민스터 신앙 고백서 8장 2항과 소요리문답 제 22문, 벨직 신앙고백서 18항, 하이델베르크 요리문답 35문 등 우리가 믿는 신앙고백들을 정면에서 공격하고 있는 것으로써 주님의 인성을 부인하는 이단적인 것이다.

<네 번째 질의와 해설>

이같은 주장에 대하여 총회신학교 교수 고 박형룡박사는 "그리스도께서 통상한 생리대로 사람에 의해 발생되셨다면 그는 한 개(인)의 인적 인격이 되어 행위언약에 포함되고, 또한 인류의 공동죄책에 참여하시고 또 오염되었을 것이다. 예수께서 마리아의 생리(월경)로 태어나셨다면 우리와 같은 인간으로 죄악 중에 출생한 것"이라고 하였습니다. 박형룡박사의 말대로 하면 이 같은 주장은 결국 예수 그리스도의 동정녀 탄생을 부인하는 것으로 이단적 주장이라 사료됩니다.

통합 측 서울북노회의 이와 같은 주장을 보면 적절한 말이 얼른 떠오르지 않는다. 어떻게 이런 식으로 글을 쓸 수 있을까 하는 생각이 들기 때문이다.

이 글을 보면 조작과 왜곡으로 얼룩져있을 뿐만 아니라 박형룡 박사의 글을 보면서도 그 의미가 무엇인지조차 전혀 이해하지 못하고 있는 것 같다. 먼저 조작과 왜곡에 대해 살펴보자.

서울북노회는 박형룡 박사의 글을 인용하고 있지만 본문을 그대로 인용하지 않으면서 인용부호 안에 원문에도 없는 자기들의 생각을 집어넣고 있다. 밑줄 친 부분에는 "예수께서 마리아의 생리(월경)으로 태어나셨다면 우리와 같은 인간으로 죄악 중에 출생한 것"이라 되어 있다. 그러나 원문은 전혀 다르다.

그리스도께서 통상한 생리대로 사람에 의해 발생되셨다면 그는 한 개(인)의 인적 인격이 되어 행위언약에 포함되고, 또하나 인류의 공동 죄책에 참여하시고 또 오염되게 되었을 것이다. 그러나 이적적 성탄으로 말미암아 그의 자아, 그의 주체, 그의 품위는 아담에게서 오지 아니하였으니 그는 행위언약아래 있지 않으시며 죄의 책임과 관계없으시고 따라서 그의 인성은 출생전과 후에 오염을 면하신 것이다. 반대자는 그리스도가 여인에게서만 출생되었다고 해서 죄악한 본성의 유전을 피하셨을 바 아니니 처녀성탄은 그의 무죄 성결을 보증하지 못한다고 말한다. 그러나 처녀성탄은 성령잉태의 이적적 사실을 주로 한 것이기 때문에 그리스도를 행위언약 밖에 두고 인류의 공통한 죄책과 오염을 면케 할 수 있는 것이다. 성령잉태의 이적적 사실을 현저하게 함에는

부성의 제외가 필요하였을 것을 우리는 추상할 수 있다.[111]

박형룡 박사의 저작전집에 있는 원문의 내용을 일부러 조금 더 인용하였는데, 통합 측 서울북노회가 인용했다고 하는 박형룡 박사의 글 가운데 '월경' 이란 말은 전혀 없다. 밑줄 친 "예수께서 마리아의 생리(월경)로 태어나셨다면 우리와 같은 인간으로 죄악 중에 출생한 것" 이란 말도 통째로 없다. 서울북노회에서 쌍 따옴표로 인용했다고 한 밑줄 친 부분은 인용이 아니라 자신들이 한 말을 인용인 것처럼 꾸며놓은 것이다.

자신들의 생각을 문장으로 만들고 월경이란 말도 넣어 두었기 때문에 원문을 보지 않은 사람은 박형룡 박사도 '예수님이 마리아의 월경으로 태어나셨다면 우리와 같은 인간으로 죄악 중에 출생한 사람이라 하셨다'고 생각하게 될 것이다. 그러나 없는 것을 있는 것처럼, 자신들의 생각을 문장으로 만들어 끼워넣기 해서 원문에도 없는 것을 인용했다고 한 서울북노회의 행위는 비열한 조작으로 범죄에 해당한다.

물론, 여기에 대해 "그리스도께서 통상한 생리대로 사람에 의해 발생되셨다면 그는 한 개(인)의 인적 인격이 되어 행위언약에 포함되고, 또한 인류의 공동죄책에 참여하시고 또 오염되게 되셨을 것이다." 라는 박형룡 박사의 말을 의미상으로 밑줄 친 내용과 같아 보여 그렇게 인용했다며 합리화 할지 모르겠다. 그러나 그렇다고 해서 서울북노회의 도덕성이 회복되는 것은 아니다. 그렇다면 인용부호 밖에서 설명하는 형식으로 해야 하는데 그들은 그렇게 하지 않았기 때문이다. 그래서 여기에 대해서는 변명하면 할수록 더욱 구차해 지기만 할 뿐이다.

---

111) 박형룡, 『박형룡박사 저작전집 제 4권』 (서울: 개혁주의신행협회, 2011), pp.148-149.

그런데 문제는 그것만이 아니다. 원문에 아예 없는 문장을 인용 부호 속에 집어넣고, 거기에다 생리라는 말 옆에다 월경이란 단어 까지 괄호를 만들어 넣어두었기 때문에 생리라는 말을 월경으로 이 해하도록 해놓았다. 그러나 박형룡 박사가 '생리'라고 한 것은 월경이란 뜻이 전혀 아니다. 그것은 남자와 여자의 정상적인 관계 속에서 아이가 태어나는 '출생의 원리'를 의미한다.

이와 같은 사실은 뒤에서 구생수 목사의 주장을 살피면서 자세하 게 다루겠지만 박형룡 박사는 "인류의 일원화"라는 제목으로 동 정녀 탄생에 대해 언급하면서 예수님이 그와 같이 생리대로, 즉 부 모의 정자와 난자를 받아 정상적인 출생의 원리에 의해서 예수님이 태어나셨다면 그분은 아담의 후손으로써 행위언약아래 포함되어 인 류의 공동 죄책에 참여하는 분이 되셨을 것이고 죄로 오염된 분이 되셨을 것이지만 부성이 제외되어 불가능 하지만 아버지 요셉의 정 자 없이 어머니의 본질만을 취해 성령께서 이적적으로 탄생하게 하 셨기 때문에 인류와 일원화가 되면서도 행위언약 아래 있지 않고 죄의 오염이나 죄책과 관계없이 태어나셨다고 했던 것이다.

그러므로 박형룡 박사의 주장은 통합 측 서울북노회의 주장과는 정반대일 뿐만 아니라 최삼경 목사의 주장과 정확하게 일치한다. 그런데 그와 같은 출생의 원리를 의미하는 생리를 월경이라 하면서 공격하니 기가 막힌 일이다.

<다섯 번째 질의와 해설>

또한 대한예수교장로회 총회(합동) 제91회 총회는 "월경 없이 태어나면 인성이 부정 된다"는 주장에 대하여 이는 "정확하지 못한 말이요 불필요한 사색"이라고 잘못을 지적한 바 있습니다.

최삼경목사는 우리 총회의 이단대책위원회 서기직에 있는 인사로 스스로 성경적이고 교리적으로 바른 위치에 있어야 교단의 이단 사이비대책을 감당 할 수 있을 것이나 이 같이 기독교 교리의 핵심이 되는 예수 그리스도의 동정녀 탄생에 대한 심각한 오류에 빠져있다면 교단적으로 큰 문제가 아닐 수 없습니다.

서울북노회는 노회의 결의로 '소위 최삼경목사의 월경잉태설'에 대하여 총회에 질의와 조사를 청원하오니 그러므로 총회장께서는 최 목사의 주장에 대하여 공정하고 투명한 방법으로 편견 없는 연구와 조사를 통해 우리 총회의 위상에 손상이 되지 않도록 그 결과를 답변해 주시기 바랍니다.

2009. 11. 9.
서울북노회장 심 영 식 장로

통합 측 서울북노회에서는 합동 측에서 최삼경 목사에 대해 보고한 내용을 인용하면서 문제를 삼고 있다. 합동 측 교단에서도 그에게 문제가 있다 했으니 그가 문제 있는 것이 틀림없지 않겠느냐 그러니 우리도 그와 같이 문제를 삼아야 되지 않겠느냐 하는 의도가 다분히 엿보인다.

이 부분에 대해서는 왜 합동 측에서 '정확하지 못한 말이요'라고 했으며, '불필요한 사색'이라고 했는지 "합동 측과 월경 잉태설 논쟁"에서 이미 자세하게 밝혔으므로 더 이상 언급하지 않겠다. 그러나 분명한 것은 합동 측에서 이런 말을 하게 된 전체적인 의미는 최삼경 목사에게 문제가 있다고 하기 위해서 이런 말을 한 것이 아니라 그에게 '이단성이 없다'는 말을 하기 위해서 이런 말을 했다는 것이다.

이와 같은 사실은 합동 측에서 "최삼경 목사가 "월경 없이 태어나면 인성이 부인 된다"고 말한 것은 정확하지 못한 말이요 불필요한 사색이지만 인성을 강조하고자 하는 의도에서 한 말인 동시에 예수님의 신성을 부인하는 말이 아니므로 <u>최 목사의 진술은 이단성이 없는 것으로 사료된다.</u>"라는 결론을 내린 사실에서 확인해 볼 수 있다. 그런데 이런 전체적인 보고 가운데 가장 중요한 밑줄 친 "이단성이 없는 것으로 사료된다"는 부분을 빼버리고 서울북노회는 앞에 있는 내용만 인용하면서 문제를 삼고 있는 것이다.

바로 앞 질의에서는 없는 말을 만들어 집어넣고 의미를 조작하더니 이번에는 있는 말을 빼버려서 그 의미를 왜곡하고 있다. 그러나 그 내용들을 살펴보면 서울북노회의 주장과는 정반대이다. 박형룡 박사는 그들이 주장한 내용의 말을 하지도 않았고, "처녀 성탄은 성령잉태의 이적적 사실을 주로 한 것"이라고 하면서 "성령잉태의 이적적 사실을 현저하게 함에는 부성의 제외가 필요하였을 것을 우리는 추상할 수 있다."라고 하였다. 그는 처녀 성탄이 이적이라고 하면서 부성이 제외 된 것, 즉 아버지의 정자가 제외 되고 어머니의 난자만으로 성령께서 이적 가운데 예수님께서 잉태되게 하셨다고 하셨으며, 합동 측 또한 "이단성이 없다"라고 하였던 것이다.

그러므로 '없던 말도 있다' 조작 왜곡하고, '있던 말도 없다' 문제를 삼는 서울북노회는 도덕적으로 용납되지 않을 뿐만 아니라 성경과 신앙고백서들과도 다르며, 이미 이단으로 정죄된 통일교와 관련된 박윤식 목사의 사상을 가지고 질의를 한 것으로 보이기 때문에 그 이단성에 대하여 반드시 조사하여야 할 것이다.

3. 구생수 목사

본명이 구득용인 구생수 목사는 박윤식 목사를 영입하려 했던 합동 측 서북노회에 소속되어 있었던 목사로써 2010년 4월 9일에 있었던 기독언론포럼에서 "예수님의 월경잉태를 주장한 배경과 문제점"이라는 주제로 최삼경 목사를 공격했다.

그는 박윤식 목사를 영입하는데 핵심적인 역할을 했던 인물로 합동 측이 박윤식 목사의 영입을 대대적으로 반대하고 2006년도에 노회장이 공식적으로 사과하자 『예수님은 성령으로 잉태했나? 월경으로 잉태했나?』라는 책을 쓰며 반발 하였다.

구생수 목사는 이 책을 통해 서북노회가 박윤식 목사를 받아들이고 사과하기까지에 대해 기록하면서 표지 앞면을 통해 "예수는 성령으로 잉태되었다는 평강제일교회 박윤식 원로목사가 예수는 마리아의 월경으로 잉태되고 성장했다고 주장하는 최삼경 목사에 의해서 이단으로 규명되었고 통합교단과 총회는 최삼경 목사의 주장을 인정하여 박윤식 목사를 이단으로 판명했다."고 하면서 통합 측을 공격하고, 표지 뒷면을 통해서는 "그렇다면 예수가 성령으로 잉태되었다고 믿고 가르치는 것이 이단인지, 아니면 월경으로 잉태되었다고 믿고 가르쳐야하는지 예장통합교단과 한기총은 분명한 정의와 해답이 있어야 할 것이다."라고 하면서 한기총까지 맹공을 퍼붓기도 하였다.

이 외에도 그는 2010년 2월에 『실상은 사단의 회라』라는 책도 써서 또한 공격했고, 2010년 4월에는 포럼에도 참석하여 최삼경 목사를 공격 하였다. 그러나 필자가 그의 책들과 포럼의 내용을 살펴보면서 느낀 것은 한마디로 '황당함' 그 자체였다.

(1) 『예수님은 성령으로 잉태했는가. 월경으로 잉태했는가.』

　구생수 목사는 이 책을 통해 '부정모혈'이 아니라 성령의 능력
에 의해 예수님이 출생한 것을 성령잉태라 한다.[112] 예수님은 아버
지 요셉뿐만 아니라 죄인 된 마리아의 피를 받지 않고 성령으로 잉
태되었다는 이론을 편다. 반면 부성이 제외된 가운데 성령의 능력
으로 예수님이 탄생하셨다 하더라도 마리아의 피와 관련이 있다면
그것을 월경잉태라고 주장한다.
　구생수 목사의 이와 같은 주장은 최삼경 목사를 공격하는 사람들
의 공통적인 특징이다. 최삼경 목사가 부성이 제외된 가운데 마리
아의 본질인 그녀의 살과 피를 취하여 성령의 능력으로 예수님이
탄생하셨다고 했지만 그것을 마리아의 피와 관련이 있다고 하여 월

---

112) 부정모혈(父精母血)이란 말을 사전에서 찾아보면 "아버지의 정수(精髓)와 어
　　머니의 피란 뜻으로, 자식은 부모의 뼈와 피를 물려받음을 이르는 말"이라고 되
　　어 있다.

경잉태설이라고 공격한 것이다.

　이런 문제는 구생수 목사의 또 다른 책 『실상은 사단의 회라』를 통하여 알아보게 될 것이므로 여기에서는 예수님의 인성 문제만 살펴보고자 한다.

예수님의 인성

　구생수 목사의 심각한 문제점 중 하나는 예수님의 인성이 무엇인지도 모른다는 점이다. 그는 "인성이란 도대체 무엇을 말하는가?"라는 주제로 다음과 같이 주장 한다.

> 인성이란 사람의 육체를 말하는 것이 아니라 말 그대도 인간의 성품을 의미하는 것이다. 그리고 그 성품이 온전하게 형성되는데 굳이 월경이 필요한 것이 아니다. 인간의 성품은 육체와 마찬가지로 외부의 영향을 받으면서 형성되고 성장하기 때문에 인성이 형성될 때에 좋은 환경에서 올바른 자세로 자랄 수 있도록 해주는 것은 매우 중요하다. 임신 중에 있는 태아의 육체는 어머니가 인위적으로 조성하거나 키울 수는 없다.[113]

　구생수 목사의 이 주장을 보면 웃음밖에 나오지 않는다. 그가 주장하는 예수님의 인성은 사전적 의미의 인성으로써 일반적으로 사람들이 교육과 관련하여 말하는 것이다.

　사실, 네이버 국어사전에 보면 인성에 대해 "[명사] 1. 사람의 성품. 2. 각 개인이 가지는 사고와 태도 및 행동 특성."이라 해놓고 있다. 그래서 모르는 사람이 보면 그의 인성론이 그럴듯하게 여겨질지 모르겠다. 그러나 예수님의 신성과 인성을 말할 때의 인성

---

113) 구생수, 『예수님은 성령으로 잉태했는가 월경으로 잉태했는가』 (서울: 베드로출판사), p.201.

은 이와 같은 인성이 아니다.

예수님께서 신성과 인성을 지니셨다고 할 때의 인성은 '육체와 영혼을 가진 완전한 인간을 의미'한다. 그래서 웨스트민스터 소요리문답 22문에서는 하나님의 아들이신 그리스도께서 어떻게 인간이 되셨는가라는 질문에 "하나님의 아들이신 그리스도는 성령으로 말미암아 동정녀 마리아의 자궁에 잉태됨으로써 참된 육체와 이성적인 영혼을 취하여 인간이 되사 마리아에게서 출생하시되 죄는 없으시다"라고 하였고,114) 대요리문답 37문에서도 "하나님의 아들 그리스도는 참 몸과 합당한 영혼을 취하심으로써 사람이 되셨다"고 했던 것이다.115)

그러므로 구생수 목사와 같이 예수님의 인성에 대해 "사람의 육체를 말하는 것이 아니다"라고 하면서 예수님이 마리아에게서 피와 살을 취하지 않으셨다고 한다면 그것은 그분의 인성을 부인하고 있는 것이다. 그런데 그는 그와 같은 사실도 모르고 기독론과는 상관없는 '성품'이라는 일반적인 입장에서 인성을 생각하기 때문에 최삼경 목사가 공청회를 제안하면서 "예수님이 월경 없이 태어났다는 말 속에는 예수님의 인성이 부정되고 만다."라고 한 것이나 "월경 없이 태어났다는 말은 마리아의 육체를 빌리지 않고 태어났다는 말과도 같이 된다."라고 한 것, 그리고 "마리아가 월경이 없었다는 말은 마리아의 피 없이 예수님이 마리아의 몸에서 자랐다는 말이 되기 때문에 인성이 부정되는 결과를 가져오고도 남는다."라고 한 것 등에 대해 이해도 하지 못하고, 사람들이 일반적으로 말하는 인성의 의미를 가지고 그것을 설명하면서 최삼경 목사를 공격하고 있는 것이다. 황당한 일이다.

---

114) G.I. 윌리암슨, 『웨스트민스터 소요리문답강해』, 유태화(역)(고양: 크리스챤출판사, 2006), p.110.
115) 김영재, 『기독교신앙고백』(수원: 도서출판 영음사, 2011), p.666.

동정녀 탄생의 방법에 대해서 우리가 믿고 있는 신앙고백서들에는 다음과 같이 기록되어 있다.

벨직 신앙 고백서 18항

그러므로 우리는 <u>그리스도께서 그의 어머니로부터 인간의 살을 취하셨다는 것을 부인하는</u> 재세례파 이단들에 반대하며 다음과 같이 고백한다: 그리스도는 자녀들의 살과 피를 공유하며, 육체에 따른 다윗의 허리의 열매이며, 육체를 따라 다윗의 씨에서 나셨으며, 동정녀 마리아의 자궁의 열매이며, 여인에게서 나셨으며, 다윗의 씨요, 이새의 뿌리의 가지이며, 유다지파에서 나셨고, 육체를 따라 유대인들에서 나셨으며, 아브라함의 씨에서부터 아브라함의 씨를 취하셨다. 그리하여 모든 면에서 그의 형제들과 다름이 없으시나 죄는 없으시다.

하이델베르크 요리문답

질문 35, "성령으로 잉태되어 동정녀 마리아에게서 나시고" 라는 뜻은 무엇입니까?
대답: 그것은 현재나 장래나 참되며 영원한 하나님이신 영원한 하나님의 아들이 <u>성령의 능력으로 동정녀 마리아의 살과 피로부터 참된 사람의 본질을 취하셨으며</u>, 따라서 다윗의 참된 씨가 되었으며, 죄가 없으신 것을 제외하고는 모든 면에서 다른 사람들과 동일하다는 뜻입니다.

웨스트민스터 신앙고백서 8장 2항

삼위 중에 제 2 위이신 하나님의 아들은, 참되시고 영원하신 하나님이시오, 성부와 한 본체이시며 또한 동등하신 분으로서, 때가 차매 인간의 본성을 입으셨다. 또한 인간의 본성에 속한 모든 본질적인 성질과 일반적인 약점들을 아울러 취하셨으나, 죄는 없으시다. 그는 <u>성령의 능력으로, 동정녀 마리아의 몸에 잉태되시고, 그녀의 피와 살을 받아 태어나셨다</u>. 그러므로 두 개의 온전하고, 완전하고, 구별된 본성인 신성과 인성이, 전환이나 혼합이나 혼동됨이 없이 한 위격(位

格) 안에서 분리할 수 없게 서로 결합되었다. 그 위격은 참 하나님이자 참 사람이시되, 한 분 그리스도시오, 하나님과 사람 사이의 유일한 중보자이시다.116)

이 신앙고백서들의 내용은 모두 다 구생수 목사가 월경잉태설이라 하면서 공격하고 있는 내용과 같다. 그렇다면 이와 같은 사실은 무엇을 의미 하는가? 그것은 구생수 목사가 인성이 무엇인지도 모르고 예수님의 인성을 부인하는 것은 물론 우리가 믿고 고백하는 신앙고백서들의 내용을 월경잉태설이라 하며 공격하고 있는 것과 같으며, 이런 주장에 의해 한국교회가 치열하게 논쟁을 하고 있다는 사실이다. 기가 막히고 가슴 아픈 일이다.

(2) 「실상은 사단의 회라」

---

116) 고든 H. 클라크, 『장로교인들은 무엇을 믿는가?』, 나용화(역)(서울: 개혁주의 신행협회, 2010), p.127.

구생수 목사는 『실상은 사단의 회라』를 통해 다음과 같이 주장을 한다.

그러므로 "그리스도께서 마리아의 피를 받고 태어났다"는 주장은 자칫 기독교의 근간을 위협하는 매우 위험한 사상이다. 왜 그런가? 성경은 분명히 "육체의 생명은 피에 있다"고 증거한다.

"육체의 생명은 피에 있음이라"(레 17:11)
생명이 피 안에 있다는 말이다. 아직까지 과학자들이 규정하거나 밝히지 못하고 있는 생명의 신비에 대하여 성경은 피에 생명이 있다고 증거하고 있다. 성경은 "피는 곧 생명이다." "고기를 그 생명 되는 피 채 먹지 말것이니라"(창9:4) "육체의... 생명이 피에 있음으로 피가 죄를 속하느니라"(레 17:11하)

"예수님은 마리아의 피를 통해서 나셨다"고 한다면 예수님의 생명은 마리아에게서 받은 것이 된다. 그런데 문제가 되는 것은 마리아의 피는 어떤 피인가 하는 것이다. 마리아는 아담의 후예로 태어났다. 로마 가톨릭교회는 마리아를 죄 없는 성녀로 만들기 위해서 마리아 무죄잉태설이라는 교리까지 만들어냈지만 마리아는 죄인으로 출생하였다. 성경대로 마리아의 생명이 그녀의 피에 있다고 한다면 마리아의 피는 한 사람의 죄인으로서의 피 일 뿐이다. 만약 예수님이 "마리아의 피를 통해 출생하셨다"고 한다면 결국 예수님도 죄로 오염된 피를 받았다는 말이 되고, 예수님의 생명은 마리아의 피를 받은 것이니 죽고 썩어질 죄인 중에 한 사람이 되어버리고 만다. 결과적으로 C씨의 주장대로라면 예수님의 무죄성은 부정되어 버리고 만다.117)

구생수 목사는 "그리스도께서 마리아의 피를 받았다고 하는 것

---

117) 구생수, 『실상은 사단의 회라』(서울: 베드로출판사, 2010), pp.29-30.

을 위험한 사상"이라고 하면서 여러 성경 구절들을 근거로 제시한다. 만약 예수님이 마리아의 피를 통해 출생하셨다고 한다면 예수님은 죄로 오염된 마리아의 피를 받았다는 것이 되기 때문에 썩어질 죄인 중의 한 사람이 되어버려서 그분의 무죄성이 부정되어버린다는 것이다.

사실, 구생수 목사의 이와 같은 주장은 전도관의 박태선의 주장과 같은 것이다. 박태선은 동정녀 마리아에게서 나신 예수님에 대해 언급 하면서, "조상 대대의 죄가 혈통으로 흘러 내려오는 그 속에 아버지의 죄의 흐름보다는 어머니의 죄의 흐름이 더 크다" 하였고, "마리아의 피로 자란 예수는 99% 죄 덩이" 라 하였다.[118] 그러나 죄는 피 속에 있는 것이 아니다. 그러므로 그런 전제를 근거로 하여 전개되는 구생수 목사의 주장은 성립되지 않는다.

1) 죄는 물질이 아니다.

죄는 피 속에 있지 않다. 죄는 물질이 아니며, 하나님의 언약관계 속에서 생겨난다. 죄는 하나님의 의지의 표현인 율법의 요구를 순종함에 부족하거나 어기거나 지나친 것이기 때문이다.

죄가 피 속에 있다고 한다면, 죄는 피 속에 있는 어떤 성분이 되어 하나의 물질이 되고 만다. 그래서 강도의 피를 수혈 받게 되면 강도죄가 옮겨져 강도가 되기도 하고, 불교인의 피를 받게 되면 불교인이 되며, 피를 흘리면 죄가 적어지기도 하고 수혈 받으면 죄가 많아지기도 한다는 우스꽝스러운 결론도 나올 수가 있게 된다.

---

118) <http://www.amennews.com/news/articleView.html?idxno=12762>(2013.7.31)

2) 죄는 피를 통해 유전되지 않는다.

신학에서 죄는 원죄(original sin)와 자범죄(actual sin)로 나누는데, 흔히 사람들은 원죄를 '유전죄'라고 한다. 그래서 사람들은 깊이 생각해 보지 않고 원죄가 유전된다 하니 부모에게서 유전된다 생각하기 쉽다. 부모와 자식은 피로 맺어진 혈연관계라 생각해서 피를 통해 부모로부터 유전된다 생각하기도 쉽다. 그러나 원죄는 부모의 죄가 아니라 인류의 시조인 아담과 하와가 지었던 죄를 가리킨다.

그러므로 일단 부모의 죄가 유전되는 것이 아니다. 그러나 피로 말미암아 유전 된다는 주장은 아담과의 관계나 부모와의 관계가 혈연적인 것이라는 점에서는 같기 때문에 어느 정도 설득력을 갖게 된다. 사실, 웨스트민스터 신앙고백서 제 6장 3항에 보면 다음과 같이 되어 있다.

> 그들은 온 인류의 시조이기 때문에, 그들이 범한 이 같은 죄책이 그들의 모든 후손들에게 전가되었고, 또한 그 죄로 인하여 같은 죽음과 부패한 성품이 전달되었는데, 보통의 출생법에 의하여 태어나는 그들의 모든 후손들에게 유전되었다.[119]

웨스트민스터 신앙고백서에도 분명히 유전이란 단어가 쓰이고 있다. 그러나 여기에 말하는 유전은 흔히 어떤 사람들이 생각하는 피를 통한 유전을 의미하는 것이 아니라 '전이' 혹은 '전가'를 의미한다. 여기에는 '피를 통해서'라는 말이 전혀 없으며, '보통의 출생법에 의하여 태어나는 그들의 모든 후손들에게'라는 말이

---

119) 고든 H. 클라크, 『장로교인들은 무엇을 믿는가?』, 나용화(역)(서울: 개혁주의 신행협회, 2010), p.103.

첨가되어 있기 때문에 아담 이후 출생하는 모든 사람들은 그들의 부모를 통해서라기보다 모두가 다 제각각 아담의 후손으로써 아담과의 관계 속에서 죄가 전가되는 것이다. 그러므로 여기에는 부모의 '피'라는 매개물이 끼어들 수 없다.

3) 아담 안에서 죄는 전이 된다.

아담은 모든 인류의 시조일 뿐만 아니라 행위언약의 대표자이다. 그래서 보통의 출생법으로 태어나는 모든 그의 후손들은 그 아담 안에서 죄를 지은 것이며, 죄의 참여자가 된다.

이것은 혈통 유전설과 같이 죄가 피를 통해서 유전된다는 것이 아니라 피와 상관없이 아담에게서 직접적으로 죄가 전이 된다는 것을 의미한다. 그러므로 혈통 유전설은 어느 정도 일리는 있으나 잘못된 것이다.

보통의 출생법이라는 것은 정상적인 남녀관계, 즉 아버지의 정자와 어머니의 난자의 결합을 통한 임신과 출생을 의미하는데, 이것을 흔히 사람들은 '부모의 피를 받았다'라고 한다. 그러나 예수님은 아버지의 피를 받지 않고 성령으로 말미암아 어머니의 난자, 즉 어머니의 피를 통해서 잉태되셨다. 예수님은 보통의 출생법으로 태어나지 않으신 것이다.

부성이 제외되면 임신이 불가능하지만 예수님은 성령의 능력으로 말미암아 죄의 오염으로부터 지키셔서 탄생하셨기 때문에 행위언약에서 벗어나 있으며, 신앙고백에서는 그것을 '성령으로 잉태하사'라고 한 것이다. 그래서 그 결과 그분은 아담의 죄에 참여하지 않은 것이 되며, 아담의 죄도 그분에게 전이되지 않은 것이다.

4) 피에 관한 잘못된 해석들

피 속에 죄가 있고 피를 통해 죄가 유전된다는 것을 가리켜 '혈통 유전설'이라 하는데, 이것은 통일교나 전도관의 핵심적인 사상이다. 이로 인해 그들은 피를 정결케 해야 구원 받는다 하면서 피가름이라 알려진 혈대교환을 위해 섹스 스캔들을 일으켰다.

구생수 목사의 피에 관한 사상은 통일교나 전도관의 사상과 거의 같다. 그렇다면 구생수 목사가 제시한 피와 관련된 성경 구절들은 어떻게 된 것인가? 두 말 할 것도 없이 잘못된 해석이다.

창 9:4절

창세기 9장 6절은 피 속에 죄가 있고 피를 통해 죄가 유전 된다는 혈통 유전설과 아무런 관련이 없다.

> 무릇 산 동물은 너희의 식물이 될지라 채소같이 내가 이것을 다 너희에게 주노라 그러나 고기를 그 생명 되는 피 채 먹지 말것이니라 내가 반드시 너희 피 곧 너희 생명의 피를 찾으리니 짐승이면 그 짐승에게서, 사람이나 사람의 형제면 그에게서 그의 생명을 찾으리라 무릇 사람의 피를 흘리면 사람이 그 피를 흘릴 것이니 이는 하나님이 자기 형상대로 사람을 지었음으로니라(창 9:3-6).

창세기 9장 4절이 들어있는 전체적인 내용은 동물도 채소처럼 식물로 주셨지만 피까지는 먹지 말라 하시고, 피를 흘리면 반드시 그 피(피 값)를 찾으시겠다고 하면서 사람은 하나님의 형상대로 창조된 고귀한 존재라 하고 있다.

그러므로 이것은 동물을 잡아먹기 위해서 죽일 때 피를 흘리다 보면 생명을 경시하는 풍조가 생겨나게 될까봐 경고하신 내용이다.

즉, 동물을 죽이다 보면 사람까지도 쉽게 죽일 수 있기 때문에 그것을 경고 하시면서 하나님의 형상대로 창조한 고귀한 사람의 피를 흘려 함부로 죽인 자에게는 반드시 그 책임을 물으시겠다는 것이다.

그렇다면 여기에서 말하고 있는 '피'는 무슨 뜻으로 사용된 것인가? 이것은 두 말할 것도 없이 '삶과 죽음'을 의미하는 뜻으로 사용되었다. 사실, 피는 생명 그 자체는 아니지만 생명을 유지하는 데 필요해서 많이 흘리면 반드시 생명을 잃고 죽게 되어 있다. 그래서 피는 어떤 의미로 보면 생명 그 자체이기도 하다.

성경은 바로 이런 입장에서 피는 곧 생명이라 한 것이다. 그런데 이와 같은 시각에서 피를 본 것이 아니라 '피 = 생명'이란 관계 속에서 보고 그것을 다시 비약시켜 이 구절이 마치 피 자체에 죄가 있는 근거구절이나 되는 것처럼 인용하고 있는 것이다. 그러나 이런 해석은 잘못된 것이다.

만약 '피 = 생명'이라면, 인간의 몸에 있는 약 5리터의 피 가운데 하나밖에 없는 생명은 어디에 있게 되는가? 한 방울 한 방울이 다 생명인가? 아니면 5리터 전체 속에 하나의 생명만 있는가?

어떤 사람을 막 두들겨 패 백 방울의 코피를 흘리게 했다면 그는 백 사람의 생명을 헤친 것이 되는가? 한 사람이 부상을 당해 피를 절반쯤 흘렸다면 그의 생명은 흘린 쪽에 있는가? 아니면 몸 쪽에 있는 것인가?

그러므로 그와 같은 방식으로 성경을 해석한 것은 잘못이다. 그런데 구생수 목사는 거기에서 한술 더 떠 죄와 관련시키고 있다. 그러나 아무리 성경을 살펴봐도 피 속에 죄가 있다는 말은 없다. 그러므로 그와 같은 성경해석은 도저히 받아들일 수 없다.

레 17:11절

구생수 목사는 구약성경 레위기 17장 11절도 잘못 해석했다. 레위기 17장 11절의 배경이 되는 1-9절에는 다음과 같이 되어 있다.

여호와께서 모세에게 일러 가라사대 아론과 그 아들들과 이스라엘 모든 자손에게 고하여 그들에게 이르기를 여호와의 명령이 이러하시다 하라 무릇 이스라엘 집의 누구든지 소나 어린 양이나 염소를 진안에서 잡든지 진밖에서 잡든지 먼저 회막문으로 끌어다가 여호와의 장막 앞에서 여호와께 예물로 드리지 아니하는 자는 피흘린 자로 여길 것이라 그가 피를 흘렸은즉 자기 백성 중에서 끊쳐지리라 그런즉 이스라엘 자손이 들에서 잡던 희생을 회막문 여호와께로 끌어다가 제사장에게 주어 화목제로 여호와께 드려야 할 것이요 제사장은 그 피를 회막문 여호와의 단에 뿌리고 그 기름을 불살라 여호와께 향기로운 냄새가 되게 할 것이라 그들은 전에 음란히 섬기던 숫염소에게 다시 제사하지 말 것이니라 이는 그들이 대대로 지킬 영원한 규례니라 너는 또 그들에게 이르라 무릇 이스라엘 집 사람이나 혹시 그들 중에 우거하는 타국인이 번제나 희생을 드리되 회막문으로 가져다가 여호와께 드리지 아니하면 그는 백성 중에서 끊쳐지리라(레 17:1-9).

레위기 17장 1절부터 9절까지는 제사를 지내려고 회막문 밖에서 짐승을 잡아 피 흘리는 자에 대해 경고하며, 희생제물은 반드시 성막에서 잡고 그 피를 단에 뿌려야 할 것을 가르치고 있다. 그러므로 여기에서 말하고 있는 피는 단순한 동물의 피가 아니라 제물의 피로써 그리스도의 십자가의 보혈을 예표 하고 있다. 그래서 바로 이런 이유 때문에 오직 여호와의 제단에 드려진 피만 인정한다. 즉, 그리스도의 십자가의 대속적인 죽음만 속죄의 효력이 있기 때문에 그 외의 것은 인정하지 않는 것이다. 그러므로 이것은 그리스도의 속죄 사역의 유일성을 의미하는 것이지 단순히 피에 관해 언급한 것이 아니다.

무릇 이스라엘 집 사람이나 그들 중에 우거하는 타국인 중에 어떤 피
든지 먹는 자가 있으면 내가 그 피 먹는 사람에게 진노하여 그를 백
성 중에서 끊으리니 **육체의 생명은 피에 있음이라 내가 이 피를 너희
에게 주어 단에 뿌려 너희의 생명을 위하여 속하게 하였나니 생명이
피에 있으므로 피가 죄를 속하느니라** 그러므로 내가 이스라엘 자손에
게 말하기를 너희 중에 아무도 피를 먹지 말며 너희 중에 우거하는
타국인이라도 피를 먹지 말라 하였나니 무릇 이스라엘 자손이나 그들
중에 우거하는 타국인이 먹을 만한 짐승이나 새를 사냥하여 잡거든
그 피를 흘리고 흙으로 덮을지니라 모든 생물은 그 피가 생명과 일체
라 그러므로 내가 이스라엘 자손에게 이르기를 너희는 어느 육체의
피든지 먹지 말라 하였나니 모든 육체의 생명은 그 피인즉 무릇 피를
먹는 자는 끊쳐지리라 무릇 스스로 죽은 것이나 들짐승에게 찢겨 죽
은 것을 먹은 자는 본토인이나 타국인이나 물론하고 그 옷을 빨고 물
로 몸을 씻을 것이며 저녁까지 부정하고 그후에 정하려니와 그가 빨지
아니하거나 몸을 물로 씻지 아니하면 죄를 당하리라(레 17:10-16).

레위기 17장 11절의 "육체의 생명은 피에 있음이라"는 말씀도
"이 피를 너희에게 주어 단에 뿌려"라고 한 것으로 보았을 때,
근본적으로 제사와 관련된 것이다.

그런데 제사와 관련된 피가 아주 자연스럽게 사냥과 관련된 것
등 일반적인 삶으로 이어지고 있다. 그러므로 이 구절들이 의미하
고 있는 것은 구생수 목사가 동조하며 인용한 것과 같이 일반적인
피 자체가 생명이며, 그 피 속에 죄가 있어서 죄가 피를 통해 유전
된다는 것이 아니다. 그리스도의 속죄의 피를 나타내는 것으로 그
분의 대속적인 십자가의 죽으심을 가리킨다.

그러므로 이 구절의 내용은 주님의 십자가를 새기며 구별되게 살
것을 가르치며, 겸하여 생명의 존엄성을 가르치고 있다는 것이 자연
스럽고 바른 해석이다. 즉, 신약 식으로 설명하자면 주님의 십자가의
대속적인 죽음의 의미를 새기면서 하나님의 백성답게 살라는 것이다.

그러므로 11절에 나오고 있는 피는 그리스도의 대속적인 죽음을 나타내는 예표적인 의미로 등장하고 있는 것이기 때문에 그것을 일반화해서 일반적인 피로 보거나 피 자체로 해석해서는 안 된다. 여기에 '육체의 생명은 피에 있다'(레 17:11)는 말이나 '생명이 피에 있다'(레 17:11)는 말이 있는 것은 사실이지만 이것이 모든 피를 가리키는 것이 아니기 때문이다. 만약 그런 식으로 본다면 "피흘림이 없은즉 사함이 없느니라"(히 9:22)는 말씀도 아무 피나 흘려도 구원 받게 되고, 사람의 몸에서 피를 빼버려야 구원받게 된다는 식으로 해석할 수도 있게 될 것이다. 그러나 그것은 그리스도의 피 흘림, 즉 그분의 십자가의 대속적인 죽음만이 죄 사함을 얻게 한다는 뜻이다.

아무튼 레위기 17장 11절에서 말씀하고 있는 것은 그리스도의 속죄의 피, 더 정확하게 말하자면 그분이 십자가에서 죽으신 대속적인 죽음을 의미하는 것이며, 그것이 바로 생명이고, 나아가서는 피를 많이 흘리면 죽게 되는 것과 같이 생명과의 관련성 때문에 그것을 생명의 피라 한 것이다. 그런데 그것을 보통의 피 자체에 무슨 요술적 힘을 가진 생명이나 되는 것처럼 해석하고, 그것을 다시 피 속에 죄가 들어 있다는 식으로 이상하게 비약시켜 예수님이 마리아의 피와 아무런 관련이 없다고 하는 것은 잘못이다.

5) 월경이 아니라 출생의 원리

구생수 목사의 황당한 해석은 박형룡 박사의 저작 전집을 해석한 것에서 여지없이 드러난다. 그가 인용한 글을 보자.

실제로 합동 측 신학의 대부격인 박형룡 박사는 "예수께서 통상 인간의 생리를 따라 출생하셨다면 일개인으로서 행위언약에 포함되고 인류의 공동 죄책에 참여하시고 오염되셨을 것"이라고 하였다. C씨의 주장대로 마리아의 월경을 통해서 출생하였다면 "예수님은 죄인으로 출생하셨으며 구원이 필요한, 죄로 오염된 존재라는 뜻"이다.[120]

그는 박형룡 박사가 '예수께서 통상 인간의 생리를 따라 출생하셨다면'이라고 한 말에 대해 '생리'를 '월경'이라 해석하여 박형룡 박사 또한 월경잉태설을 비판했다고 하면서 최삼경 목사를 공격한다. 그러나 이것은 한 마디로 말해 우스운 것이다. 여기에서 말하고 있는 생리는 월경을 가리키는 것이 아니라 출생의 원리를 말하고 있는데 그는 그것을 바로 보지 못하고 월경이라 우기고 있기 때문이다.

사실, 박형룡 박사의 글은 구생수 목사의 주장과는 정반대로 최삼경 목사의 주장과 별반 다르지 않다.

그리스도께서 만일 통상(通常)한 생리(生理) 대로 사람에 의하여 발생(發生)되셨다면 그는 한 개(個)의 인적 인격(人的人格)으로 되어 행위언약(行爲言約)에 포함 되고 또한 인류의 공통죄책(共通罪責)에 참여하시고 또 오염되게 되셨을 것이다. 그러나 이적적 성탄으로 말미암아 그의 자아(自我), 그의 주체(主體), 그의 품위(品位)는 아담에게서 오지 아니하였으니 그는 행위언약 아래 있지 않으시며 죄의 책임과 관계 없으시고 따라서 그의 인성은 출생 전과 후에 오염을 면하신 것이다. 반대자는 그리스도가 여인에게서만 출생되셨다고 해서 죄악(罪惡)한 본성(本性)의 유전(遺傳)을 피하셨을 바 아니니 처녀성탄은 그의 무죄성결(無罪聖潔)을 보증하지 못한다고 말한다. 그러나 처녀 성탄은 성령잉태의 이적적 사실을 주로 한 것이기 때문에 그리스도를 행위언약 밖에 두고 인류의 공통한 죄책과 오염을 면케 할 수 있는 것이다. 성령잉태의 이적적 사실을 현저하게 함에는 부성(父性)

---

120) 구생수, 『실상은 사단의 회라』(서울: 베드로출판사, 2010), pp.32-33.

<u>의 제외가 필요하였을 것</u>을 우리는 추상(推想) 할 수 있다.121)

구생수 목사는 최삼경 목사가 "우선 마리아는 요셉의 정액에 의하여 임신하지 않았다는 말은 성경이 주장하는 사상이다. 동정녀에게서 태어났다는 의미가 그렇다" 라고 한 것을 문제 삼아 박형룡 박사의 글을 제시하며, 그 글을 근거로 이단 시비를 벌인다. 그러나 정작 박형룡 박사의 글을 읽어보면 그 또한 "성령잉태의 이적적 사실을 현저하게 함에는 부성(父性)의 제외가 필요하였을 것"이라고 하면서 최삼경 목사와 같은 주장을 하고 있는 것이다.

6) 사도신경과 구생수 목사

구생수 목사는 이 책에서 "사도신경을 통해 살펴보는 최삼경의 이단성" 이라는 제목으로 최삼경 목사를 공격한다. 여기에서 그는 다음과 같이 주장 한다.

> 기독교 초보신자라 할지라도 예배를 드리거나 공식적인 모임이 있을 때에 사도신경을 고백하며 신앙의 동질성을 확인하고 교제하는 것이다. "전능하사 천지를 만드신 하나님 아버지를 내가 믿사오며, 그 외아들 우리 주 예수 그리스도를 믿사오니, 이는 성령으로 잉태하사 동정녀 마리아에게서 나시고" 라고 기록되어 있으므로 사도신경을 고백하는 자라면 예수께서 성령으로 잉태되었다는 것을 고백한다. 그런데 최 목사는 예수의 월경잉태를 통해 사도신경을 부정하는 것이다.122)

구생수 목사는 최삼경 목사가 성령으로 잉태 되었다는 사도신경

---

121) 박형룡, 『박형룡박사 저작전집 제 4권』 (서울: 개혁주의신행협회, 2011), pp.148-149.
122) 구생수, 『실상은 사단의 회라』 (서울: 베드로출판사, 2010), p.23.

을 부정하고 월경잉태를 주장한다고 비판한다. 그러나 이것은 사실과 다르다.

최삼경 목사는 박윤식 목사가 세상에 있는 모든 사람들을 '월경으로 낳은 자'와 '월경 없이 낳은 자'의 두 종류로 나누고 예수님을 월경 없이 낳은 자라고 하면서 '월경에서 탈출하는 것이 구원'이라는 식으로 설교하자 "월경이란 인간의 피를 말하는 것"이라고 하면서 박윤식 목사의 표현을 그대로 써가면서 예수님은 마리아의 월경을 통해 탄생하셨다고 하였다.

최삼경 목사가 말한 월경에 관한 문제는 곧 피에 관한 문제였다. 구생수 목사도 월경을 피로 이해하여 '죄악 된 인생은 혈통과 육정으로 난 자요 부정한 모혈을 통해 난 자'라고 하면서 '여인에게서 난 사람은 월경을 통해서 난 것'이며, '타락한 인간 여인에게서 난 자는 모두 월경을 따라 낳았기에 하나님 나라를 유업으로 받을 수 없다'고 하였다. 그러므로 최삼경 목사와 구생수 목사의 주장의 차이점은 성령잉태와 월경잉태가 아니라 예수님의 탄생에 마리아의 피가 관여 했느냐 그렇지 않았느냐의 차이이다.

구생수 목사는 아버지 뿐만 아니라 어머니까지도 관여 없이 성령의 능력으로 예수님이 잉태 되었다고 주장했다. 반면에 최삼경 목사는 "예수님이 월경 없이 태어났다는 말 속에는 예수님의 인성이 부정되고 만다. 우선 마리아는 요셉의 정액에 의하여 임신하지 않았다는 말은 성경이 주장하는 사상이다." 라고 하였고,[123] 자신의 주장에 대해 "본인이 한 말의 요지는 비록 예수님이 우리와 똑 같은 죄인 마리아에게서 태어났지만 오직 성령의 능력으로 무죄한 하나님의 아들이 되셨다는 말이다." 라고 하였다.[124] 그러므로 이와

123) <http://www.amennews.com/news/articleView.html?idxno=5549> (2005.6.30)
124) <http://www.amennews.com/news/articleView.html?idxno=10703> (2010.10.13)

같은 사실은 구생수 목사의 주장과는 다르게 최삼경 목사 또한 성령잉태를 주장하고 있는 것이다.

7) 동정녀 탄생의 의미

구생수 목사는 용어상으로는 성령잉태를 부정하지 않는다. 그러나 의미상으로는 그렇지 않다.

칼빈은 그의 기독교 강요에서 그리스도가 중보 직을 감당하기 위해서는 하나님과 우리들 사이에 다리를 놓기 위해 하나님과 동시에 인간이 되어야 하며, 그것도 진정한 하나님과 진정한 인간이 되어야 했다고 하면서 다음과 같이 말한다.

> 우리가 하나님과 화해를 위하여, 또 하나 필요한 것은 인간이 그 불순종 때문에 잃어버렸으므로 그 만회책(挽回策)으로서 순종과 대응(對應)시켜 하나님의 심판을 만족케 하고 죄에 대한 형벌을 치루어야 했던 것이다. 따라서 우리 주님께서는 참 인간으로 나타나 아담의 인성과 이름을 취하였는데 그것은 하나님 아버지를 순종하여 아담을 대신하기 위함이요 또 하나님의 공의로우신 심판을 만족케 할 댓가로서 우리의 육신을 놓고 우리가 의당 받아야 할 형벌을 치우되 같은 육신으로 한 것이다.
> 요컨대 오직 하나님인 것 뿐으로서는 그것을 이길 수도 없기 때문에 그는 신성(神性)에다 인성(人性)을 결합하여 죄를 속하기 위하여 한편의 연약함을 죽음에 순복시켰고 또 다른 한편의 힘을 가지고 죽음과 겨루어서 우리를 위하여 승리를 획득하기 위함이였던 것이다. 그리스도의 신성이나 인성 어느 하나라도 박탈해 버리는 자들은 결국 그의 존엄과 영광을 훼손하고 그의 자혜(慈惠)를 몽롱하게 만드는 자들이다. 더구나 이에 못지않게 사람들에 대해서도 큰 해를 주어 이리하여 그들의 신앙을 동요하게 하고 전복시켜 버리게 되는데 그 이유

는 그 터 위에 서지 않는 한 조립할 수가 없기 때문이다.[125]

칼빈은 고린도전서 15장 45절에 있는 "기록된 바 첫 사람 아담은 산 영이 되었다 함과 같이 마지막 아담은 살려주는 영이 되었나니"라는 말씀 중 예수님에 대해 아담이라 했던 말을 언급하며 그분이 '참 인간으로 나타나 아담의 인성과 이름을 취하였다'고 한다. 과거의 아담은 하나님을 순종함에 실패하였지만 예수님은 마지막 아담으로써 순종함에 성공할 뿐만 아니라 인간으로서는 할 수 없는 일을 하기 위해 그렇게 하셨다는 것이다.

예수님께서 마지막 아담으로써 아담의 타락의 결과로 인간에게 부과된 죄의 책임 문제를 해결하여 구원하기 위해서는 하나님의 공의를 만족시키기 위해 형벌도 받아야 하고 죽기까지 하여야 한다. 부활하여 죽음까지도 이기고 승리하여야 한다. 그러나 이러한 일은 인간으로는 불가능하기 때문에 신성과 인성이 결합된 그리스도의 성육신 사건이 필요하였다고 한다.

그러므로 칼빈은 예수님이 중보자가 되기 위해 하나님이시며, 반드시 참 사람이 되어야 아담의 후손인 우리를 구원하실 수 있기 때문에 그분의 신·인 양성 중 그 어느 하나라도 박탈하는 자들은 그의 영광을 훼손하고 그분의 은혜와 사랑을 몽롱하게 하는 자이고, 나아가서는 사람들의 신앙을 동요하게 하고 전복시켜버리는 자라는 것이다. 왜냐하면 신앙이란 바로 그와 같은 동정녀 탄생의 믿음의 터 위에 세워지는 것이기 때문이라는 것이다.

그러므로 칼빈이 말하는 동정녀 탄생의 의미는 하나님이신 성자께서 타락한 아담의 후손들을 구원하기 위하여 죄가 없다는 측면에서 다르기는 하지만 동일한 아담의 후손의 인성을 취하셨다는 것이

---

125) 존 칼빈, 『기독교강요 제2권』, 김문제(역)(서울: 혜문사, 1982), p.446.

다. 그래서 그는 "이 밖에 또 사람들이 대망했든 속죄주로 하나님께서 율법과 선지자들 가운데 약속하신 바 아브라함과 다윗의 자손이어야 했던 것이다"라고 하면서 다음과 같이 말한다.

> 그러나 내가 지금 막 설명한 것을 특히 유의하지 않으면 안 되는데 즉 우리가 그리스도와 함께 공통된 본성을 가지고 있는 것은 우리가 하나님의 아들과의 교제가 있다는 보증이요, 그가 우리의 육신을 입고 죽음과 죄를 같이 정복함으로서 승리와 개선이 우리의 것이 된 것이다. 즉 <u>그는 우리로부터 취하신 육신을 희생의 제물로 드림으로서 우리는 우리의 죄를 보상 행위로서 씻어 버리고 아버지의 의로우신 진노를 진정케 하신 것</u>이다.[126]

칼빈은 성자께서 우리에게서 취하신 육신을 희생의 제물로 드림으로 우리의 죄를 보상하기 위하여 우리로부터 취하신 육신, 즉 마리아의 살과 피에서 취한 육신을 아버지께 제물로 드려 그분의 진노를 진정케 하여 아브라함과 다윗에게 하셨던 그 약속을 이루셨는데, 바로 그 약속의 성취를 위하여 다윗의 후손을 통해 동정녀로 탄생하셨다는 것이다.

사실, 동정녀 탄생은 아브라함과 다윗뿐만 아니라 더 거슬러 올라가면 아담에게 약속하셨던 "여인의 후손"(창3:15)에 대한 예언의 성취이기도 했다. 그러므로 동정녀 탄생의 진정한 의미인 성자 하나님께서 마리아의 실체인 마리아의 살과 피를 취하여 실제적인 사람으로 탄생하셨다는 것이기 때문에 마리아의 피와 상관없이 예수님이 탄생하셨다는 구생수 목사의 주장이야말로 사도신경에서 고백하고 있는 '성령으로 잉태하사 동정녀 마리아에게 나시고'라는 동정녀 탄생을 부인하고 있는 것이다. 그런데 이와 같은 주장은 칼

---

126) 존 칼빈, 『기독교강요 제2권』, 김문제(역)(서울: 혜문사, 1982), p.447.

빈만의 주장이 아니다.

박형룡 박사 또한 "하나님의 형상이시며 성부(聖父)의 품에 계시던 독생자(獨生子)께서 사람의 형체를 취하여 입으신 것이 인류에게 큰 영예(榮譽)라는 것은 의심 없는 사실이다. 이 취하여 입으심으로 그리스도는 모든 사람에게 관계되셨기 때문이다. 그는 사람으로 더불어 혈육(血肉)에 참여하시며 영혼과 신체를 가졌다."[127] 라고 동정녀 탄생의 의미를 설명하면서 이어서 "인류의 일원화"라는 제목으로 다음과 같이 말하기도 하였다.

성육신은 그리스도를 인류의 일원으로 만들었다. 초대 이단자들 중에서 혹은 그리스도가 진정한 인생 신체를 가지지 아니하셨다 하고 혹은 그의 신체는 물질로 구성된 것이 아니라 천적실질로 형성되었다고 말하였다. 그런고로 교부들은 그들에게 반대하여 그는 「동정녀 마리아의 실질로 출생되셨다」는 문구를 그들의 신조에 삽입하였다.
재세례파의 교훈에 반대하여 웨스트민스터 신도게요서 8장 2조는 그리스도께서 그의 모친의 실질로부터 인성을 취해 입으셨다는 것을 긍정한다. 재세례파 중에 성행하는 의견은 주께서 그의 인성을 하늘로부터 가져오셨고 마리아는 그것이 통과하여 온 운하 혹 도관뿐이었다는 것이었다.
그 견해에 의하면 그의 인성은 실로 새 피조물이어서 우리의 것과 유사하면서도 유기적으로 연결된 것이 아니었다. 죄는 물질적인 무엇인 듯이, 그들은 그리스도가 만일 마리아로부터 살과 피를 취하셨다면 그는 거룩하지 못하실 것이라 하였다. 그 견해에 반대할 필요는 쉽게 알려질 것이다. 만일 그리스도의 인성이 우리의 것과 같은 근원에서 오지 않고 유사하기만 하다면 우리의 복리를 위한 그의 중재에 필요한 밀접 관계가 우리와 그의 사이에 있을 수 없다. 주께서 그의 모친의 실질로부터 인성을 취해 입으셨다는 것은 그가 여인에게서 나셨다고 한 성경적 진술에 함의되었으니 그 진술은 주께서 다른 아이들이

---

127) 박형룡, 『박형룡박사 저작전집 제 4권』 (서울: 개혁주의신행협회, 2011), p.141.

여인에게서 출생됨과 같은 의미로 출생되셨다는 것 밖에 다른 것을
의미할 수 없다. 이것은 그의 성육신에 근본적으로 중요하니 성육신
은 그가 혈육에 동참하심으로 사람들과 같이 되시어 그들로 하여금
그의 동생이 되게 함이었다(히2:14)
그리고 그의 거룩한 잉태와 출생, 삼십년 간 나사렛 부모 집에서의
생활이 모두 우리를 위한 그의 대속의 사역에 속하여 우리의 구원에
직접 의미를 가진다.[128]

　　박형룡 박사는 그리스도의 인성이 우리와 같은 근원에서 오지 않
아 마리아의 살과 피에서 취하여진 것이 아니라면 우리와 아무런
관계가 없게 된다고 한다. 주님의 동정녀 탄생은 인류의 일원화를
위해서, 그리고 성경의 예언의 성취를 위해서 반드시 우리와 같은
인성이어야 하는데, 구생수 목사와 같이 우리와 다른 인성을 가졌
다 주장하는 자들 때문에 '동정녀 탄생'이라는 문구를 신조에 넣
게 되었다는 것이다.
　　G.I. 윌리암슨 또한 웨스트민스터 신앙고백서의 소요리문답을 강
해하면서 "신앙교육서가 예수께서 이성적인 영혼을 가지셨다고 말
할 때, 우리가 육체와 영혼을 가진 것처럼, 예수께서도 인간의 육
체와 인간의 영혼을 가지셨다는 것을 의미한다."[129]고 하면서 그
리스도의 인성을 부인한 자들에 대해 설명하고, 이어서 동정녀 탄
생의 "본질적인 교리"에서 "그리스도의 동정녀 탄생의 교리가
없으면, 죄인을 위한 구원의 복음도 없다는 사실을 강조하는 것은
마땅하다. 성인들을 위한 웨스트민스터 신앙교육서에서 우리가 발
견하는 두 질문을 생각하면 도움이 된다."[130]라고 하며 다음과 같

128) 박형룡, 『박형룡박사 저작전집 제 4권』 (서울: 개혁주의신행협회, 2011), pp.144-145.
129) G.I 윌리암슨, 『웨스트민스터 소요리문답강해』, 유태화(역)(고양: 크리스챤출
　　판사, 2006), p.114.
130) 같은 책, p.114.

이 제 38문부터 40문까지를 제시한다.

제38문: "왜 중보자가 반드시 하나님이셔야 하는가?"
답: "중보자가 하나님이셔야만 한다는 것은 그의 인성이 하나님의 무한하신 진노와 죽음의 능력의 밑바닥으로 가라앉지 않도록 유지하고 지켜야 하였으며, 그의 고난과 순종과 중재적인 간구에 효력과 가치를 부여하며, 하나님의 공의를 만족하게 하며, 하나님의 은총을 얻고, 한 특별한 백성을 구속하여 저희에게 성령을 주시며, 저희 모든 원수들을 정복하고, 저희를 영원한 구원에 이르도록 해야 하기 때문이다."

달리 말하여, 하나님이신 그분 외에는 할 수 없는 그 위대하고 놀라운 일을 해내셔야 하기 때문이다. 하지만 동시에 우리는 다음의 질문을 던져야 한다.

제39문: "중보자가 왜 사람이셔야만 했는가?"
답: "중보자가 사람이어야 하는 이유는 그가 우리의 성질을 인양하고 율법에 순종하여 고난을 받고 우리의 성질을 가지고 우리를 위한 중보의 기도를 드리고, 우리의 연약함을 동정하시는 분이어야 하며, 또 우리가 양자됨을 얻고 위로를 받으며 은혜의 보좌 앞에 담대히 나갈 수 있게 되어야 하기 때문에" 이것이 필수이다.

달리 말하여, 구원을 요청하는 자가 인간이며, 이 요청은 다만 인간의 순종에 의해서만 주어지는 일이었기 때문에, 그리스도는 진정한 인간이 되셔야만 했던 것이다.

제40문: 중보자는 왜 한 인격 안에서 하나님과 사람이어야 하였습니까?
답: "하나님과 인간 사이를 화목하게 할 중보자는 그 자신이 하나님과 인간이어야 하며 이것이 한 인격 안에서만 이루어져야 하며, 우리를 위한 신성과 인성의 각기 고유한 일들이 하나님이 받으신바 되어

야 하고, 전인격적인 사역으로서 우리가 의지해야 하기 때문이다."

달리 말하여, 나의 구원자는 나에게 도달하실 뿐만 아니라, 동시에 하나님께 도달할 수 있는 분이셔야 한다. 따라서 이 자격을 갖춘 그리스도만이 그 일을 할 수 있다는 것이다. 그리스도께서 한 인격에 두 구별된 본성을 가지사 하나님이시면서 동시에 인간이신 분이시기에 이 일을 행하실 수 있다.131)

이와 같은 문답들을 근거로 보았을 때, 구생수 목사가 최삼경 목사에게 사도신경을 부인한다 공격하고, 동정녀 탄생을 부인한다며 공격하지만 사도신경 속에 있는 동정녀 탄생의 참된 의미를 살펴보면 오히려 그가 동정녀 탄생을 부인함으로 사도신경을 부인하고 있다는 사실을 발견하게 된다. 그렇다면 실상은 누가 사단의 회인지 분명해 진다.

---

131) G.I 윌리암슨, 『웨스트민스터 소요리문답강해』, 유태화(역)(고양: 크리스챤출판사, 2006), pp.115-116.

4. 예영수 교수

예영수 교수는 2010년 4월에 있었던 언론 포럼에서 "최삼경 목사의 "마리아 월경 잉태설"의 오류 및 이단성"이란 제목으로 발제 하였다. 그는 이 발제를 통하여 먼저 자신이 발제를 하게 된 이유를 적고 그 다음에 교계의 반응, 그리고 최삼경 목사의 주장과 문제점을 지적하는 형식으로 글을 쓴 다음 결론을 내리고 있다.[132]

발제 이유

예영수 교수는 "최삼경 목사의 "월경잉태론"은 성서적 신학적 관점에서 연구해 볼 때 완전히 이단사상이며, 한국기독교회에 혼란을 야기시키는 Anti-기독교 적인 조커(Joker)의 작태임을 밝힘으로서 예장통합 측 총회와 한기총과 한국 교계로 하여금 그의 신학사상을 철저히 연구하여 한국교회의 장래를 위해 적절한 조치를 취하는 계기로 삼고자 한다."고 하였다. 그러나 과연 그럴까?

교계의 반응

예영수 교수는 "최삼경 목사의 마리아 월경잉태론은 한국 교계의 큰 논란을 불러일으키고 있으며, 이단적인 잘못된 주장이라는 강한 비판을 받아왔으며, 심지어 한국 교계에서 퇴출시켜야 한다는 다음과 같은 여론까지 일어나게 하고 있다."라고 하면서 교계의 반응을 소개한다. 그러나 소개하는 면면을 보면 고개를 갸웃거리게 한다.

---

132) <http://www.ecumenicalpress.co.kr/article.html?no=49444> (2010.4.13)

예영수 교수는 당시 언론 포럼에서 함께 발제했던 구생수 목사, 이광호 박사의 주장을 소개하고, 사회를 보았던 강춘호 목사가 발행인으로 있는 교회연합신문의 기사 내용도 소개한다.

이 외에도 예영수 교수는 최삼경 목사와 평생의 맞수이며 논란의 반대편에 서있는 이정환 목사의 주장을 소개하고, 장재형씨가 통일교 교수로 있다 나와서 설립한 크리스천투데이의 기사와 이단으로 규정된 이재록 목사가 칼럼을 많이 연재하는 신문, 그리고 『기독교의 하나님 왜 위장된 하나님인가』라는 책과 『종교 마피아적 목사 최삼경씨의 한국교회 짓밟기』라는 책을 쓰고 '칼빈이 마귀와 원조교제를 해서 만든 사상이 칼빈주의'라는 황당한 주장을 하여 한기총으로부터 '반기독교적 인사'라는 정죄를 받았던 월드크리스챤신학연구소의 소장 심상용 목사의 주장도 소개하고 있다. 그렇다면 이들의 주장을 교계의 반응이라 할 수 있을까?

물론, 이 외에도 "예장합동교단 91회 총회(2006년): 최삼경 목사가 "'월경 없이 태어나면 인성이 부인 된다'고 말한 것은 정확하지 못한 말이요 불필요한 사색"(538) 묘한 비판.5)"이라는 언급을 해놓기는 했지만 이것은 포럼을 하던 때에 비해 과거 4~5년 전에 있었던 것으로 철 지난 것이며, 내용도 그렇게 비난하는 것으로 보이지는 않는다.

왜곡과 조작

예영수 교수는 교계의 반응을 소개 하면서 합동 측을 언급하기는 했지만 그 내용은 그리 비판적인 것이 아니었다. 그런데 그는 그 내용을 다음과 같이 조작하여 왜곡했다.

3. 최삼경 목사의 "마리아 월경잉태설"의 이단사상

최삼경 목사의 "마리아 월경잉태설"이란 예수님의 동정녀 탄생을 부인하는 도무지 언어도단의 이단적인 주장이며, 총신대 교수들의 표현처럼 "정확하지 못한 말이요 불필요한 사색"의 정도를 넘어서, 기독교의 근본을 뒤흔들어 놓는 이단 사상이다.

왜냐하면 "마리아 월경잉태론"은 ①지식적으로도 오류이며, ②예수님의 동정녀 탄생을 부정함으로 구원론에 심각한 오류가 발생하게 되며, ③"말씀이 육신이 되어"라는 예수님의 성육신(Incarnation)을 부정하는 것이며, ④예수님의 하나님의 어린양(the Lamb of God)으로서의 십자가의 대속의 피 흘림을 통한 인류 구원의 역사를 거짓말 되게 하는 것이며, ⑤삼위일체(Trinity) 하나님의 본질(Substance)의 동등하심(the same)이 부정되며, ⑥예수님의 영생(eternal life)을 갖게 하는 보혈의 피를 웃음거리로 만들어 버리기 때문이다.

예영수 교수는 합동 측의 견해 다음에 자신의 생각으로 문장을 조작하여 결론을 맺었다. 본래 합동 측의 입장과 비교해 보자.

합동 측의 보고내용	예영수 교수의 왜곡
최삼경 목사가 "월경 없이 태어나면 인성이 부인 된다"고 말한 것은 정확하지 못한 말이요 불필요한 사색이지만 인성을 강조하고자 하는 의도에서 한 말인 동시에 예수님의 신성을 부인하는 말이 아니므로 **최 목사의 진술은 이단성이 없는 것으로 사료된다.**	"최삼경 목사의 "마리아 월경잉태설"이란 예수님의 동정녀 탄생을 부인하는 도무지 언어도단의 이단적인 주장이며, 총신대 교수들의 표현처럼 "정확하지 못한 말이요 불필요한 사색"의 정도를 넘어서, **기독교의 근본을 뒤흔들어 놓는 이단 사상이다.**"

예영수 교수는 "이단성이 없는 것으로 사료된다"는 것을 "기독교의 근본을 뒤흔드는 이단 사상이다"로 바꾸어 놓았다. 이것은 학자의 양심으로는 도저히 있을 수 없는 범죄행위와 같은 조작이다. 그런데 그는 자신의 조작한 결론이 마치 합동 측의 결론인 것처럼 만든 다음, 왜냐하면 이라는 이유접속사를 통해 자신의 주장이 마치 합동 측이 제기한 문제점인 것처럼 만들어 최삼경 목사의 주장에 대해 여섯 가지 항목으로 이의를 제기한다.

(1) 최삼경 목사의 "월경잉태설"은 예수님의 피에 마리아의 피가 섞였다고 함으로서 지식적으로도 오류이다.

예수님의 "월경잉태"라는 말 자체가 도무지 언어도단이다. 임신하면 월경이 끊어지는데, 이는 월경 때의 피가 태아에게로 가기 때문이라는 말은 도무지 상식 이하의 발언이다. 태아에게 산모의 피가 들어간다는 말도 이해가 안 되는 말이다. 산모의 몸에서 자라나는 태아에게는 한 방울의 산모의 피도 들어가지 않는다. 태아에게 있는 모든 피는 태아 자신으로부터 생성된 것이다. 잉태할 때부터 출생할 때까지 단 한 방울의 피도 산모로부터 태아에게 전달되거나 서로 교환되지 않는다. 다시 말해서 실제로 산모의 피가 태아에게로 흘러가지 않을 뿐만 아니라 태아의 피도 산모에게로 흘러가지도 않는다. 태아와 산모는 한 방울의 피도 서로 접촉되거나 서로 교환되지 않는다는 것이다.
엠 알 디한은 「예수의 피」에서10) "성경은 예수께서 성령의 초자연적인 역사로 말미암아 유대 족속의 어머니인 처녀에게 잉태되었음을 분명히 가르치고 있다"고 말하고 "잉태 할 때부터 태아의 출생 때까지 단 한 방울의 피도 산모에게서 태아에게 전달되지 않는 것이다." 라고 과학자들의 말을 증언하고 하고 있다. 산모의 자궁에서 자라나는 태아에게 피 한 방울도 주어지지 않고 "태아에게 있는 모든 피는 태아 자신에게서 생성된 것이다." 라고 증언하고, 그리고 "실재로는 한 방울의 피도 정상적으로는 서로 교환되지를 않는 것이다. 태아가 가진 모든 피는 태아 자체에서 생성된 것이다. 산모는 전혀 그 피에 기여하지 않는다." 라고 분명히 증거하고 있다.

엠알 디한은 호웰(Howell)의 생리학에서 언급한 말을 인용하여 "태아의 피와 산모의 피는 실제로 접촉되지를 않는다. 그들은 서로 태아의 혈관 벽과 융모돌기의 상피 세포층에 의하여 분리되어 있다"11)라고 증언하고 그리고 윌리암스(Williams)의 산파학의 실제에서 언급한 말을 인용하여 "융모돌기의 혈관 안에 있는 태아의 피는 융모상피의 이중으로 된 세포층에 의하여 서로 분리됨으로써, 융모 사이의 공간에 있는 산모의 피와 한 번도 접촉할 수 없었다... 정상적인 상태에서는 태아의 피와 산모의 피는 서로 교환 되지 않는다." 라고12) 과학적으로 증언하고 있다.

하나님께서 여자를 창조하셨을 때 그는 피가 여자에서 여자의 후손에게 흘러가지 않도록 여자를 만드셨다. 성경은 분명히 예수님께서는 인간의 육신에는 함께 하셨지만 아담의 피에는 같이 참여하지 않았음을 가르치고 있다. 아담의 후예인 마리아의 죄된 피를 예수님은 한 방울도 받지 않았다.

엘 알 디한은 "예수의 피는 성령께서 주신 것이다. 그것은 죄 없는 피요, 거룩하신 피 이며, 고귀하신 피 이다" 라고 선언하고 예수님은 "거룩하신 아버지" 에 의해 잉태되셨기에 그 결과 생물학적으로 주님께서는 거룩하신 피, 죄 없는 피를 가지셨다고 증언한다.

예영수 교수가 첫 번째로 문제 삼고 있는 것은 '월경 잉태설'에는 예수님의 피에 마리아의 피가 섞였다는 것으로 지식적인 오류라는 것이다.

사실, 월경이란 임신이 되지 않고 체외로 난자가 배출되는 현상이기 때문에 월경으로 잉태한다는 것은 불가능하다. 그래서 이 부분에 관해서는 예영수 교수의 지적이 어느 정도 옳다. 그러나 그의 지적이 아무리 옳은 지적이라 하더라도 박윤식 목사가 이 세상에 있는 사람들을 '월경으로 낳은 자'와 '그렇지 않은 자'로 나눈 것을 보고 최삼경 목사가 박윤식 목사가 쓴 표현을 그대로 인용한 것이기 때문에 그 표현 자체만을 가지고 그를 공격하는 것은 정당하지 못하다.

예수님의 피에 마리아의 피가 섞였다고 하면서 그것을 지적인 오류라고 한 것도 옳은 듯 하지만 문제가 있다. 예영수 교수는 지식적 오류라는 것을 입증하기 위해 엠 알 디한의 글을 인용하고 윌리암스의 산파학을 소개 하지만 거기에는 약간의 문제가 있기 때문이다.

산모의 피는 수혈을 받듯 직접적으로 아이에게 들어가지는 않는다. 그래서 어머니의 피가 아이에게 단 한 방울도 들어가거나 서로 교환되지 않기 때문에 임신하게 되면 아이에게로 피가 가고 그 피로 아이를 기른다는 최삼경 목사의 주장이 잘못된 것이라는 예영수 교수의 주장은 어느 정도 옳다. 그러나 그것은 최삼경 목사의 주장만큼이나 정확하지 못한 주장이다.

피는 혈구와 혈장으로 나누어진다. 그런데 혈구는 골수에서 만들어진 적혈구와 백혈구, 혈소판 등을 말하며 전체 피의 절반을 차지하고, 혈장은 혈액의 반 이상을 차지하는 물 성분으로 생명 유지에 필요한 전해질, 영양분, 비타민, 호르몬, 효소 등과 항체 및 혈액

응고인자 등 중요한 단백질 성분들이 들어있다. 그래서 엠 알 디한이 인용한 호웰의 생리학이나 윌리암스의 산파학에서 가르치는 것과 같이 어머니의 피 자체가 아이에게 직접적으로 들어가는 것은 아니다. 그러나 그 속에 들어있는 중요한 성분들이 아이에게 들어가서 아이를 기르고, 드물게는 막이 찢어져 섞이는 경우가 있다 하더라도 아이는 죽지 않는다.[133] 그러므로 피가 아이에게 한 방울도 전달되지 않는다는 말도 엄격하게 말하자면 완전히 옳다고만 할 수는 없기 때문이다.

그리고 최삼경 목사의 주장은 '누가 누구의 핏줄이다' 라는 식의 일반적인 의미로 이해 하지만 좀 틀렸다 하더라도 교리상으로는 아무런 문제가 되지 않는다. 그것은 사소한 문제로 논쟁의 핵심이 아니며, 본질적인 문제가 아니다. 어디까지나 의학적인 문제이기 때문이다. 그러나 그것을 공격하고 있는 예영수 교수의 주장은 다르다.

예영수 교수는 앞에서 살펴본 합동 측 서북노회, 통합 측 서울북노회, 그리고 구생수 목사 등과 같이 '마리아의 죄된 피' 라고 함으로 피 속에 마치 죄가 들어있는 것처럼 주장한다. 그리고 그것을 M.R. 디한의 책을 인용하며 그 정당성을 변호한다. 그래서 그는 다음과 같이 주장한다.

하나님께서 여자를 창조하셨을 때 그는 피가 여자에서 여자의 후손에게 흘러가지 않도록 여자를 만드셨다. 성경은 분명히 예수님께서는

---

133) 주건국 목사가 전주 예수병원에서 '산모의 피가 직접 태아에게 전달되는지' 등에 대하여 진단서를 받아 통합 측 총회 때 공개한 내용을 보면 "일반적으로 산모의 피와 태아의 피가 태반에서 막을 경계로 서로 지나가는 것이지 직접적으로 만나지는 않는다. 따라서 산모와 태아의 혈액형이 달라도 문제가 되지 않는다"라고 하면서도 "드물게 막이 찢어지면서 일부 혈액이 섞이는 경우가 간혹 있지만 전달되는 것이라 볼 수 없다"라고 하였다.

인간의 육신에는 함께 하셨지만 아담의 피에는 같이 참여하지 않았음을 가르치고 있다. 아담의 후예인 마리아의 죄 된 피를 예수님은 한 방울도 받지 않았다. 엘 알 디한은 "예수의 피는 성령께서 주신 것이다. 그것은 죄 없는 피요, 거룩하신 피 이며, 고귀하신 피 이다"라고 선언하고 예수님은 "거룩하신 아버지"에 의해 잉태되셨기에 그 결과 생물학적으로 주님께서는 거룩하신 피, 죄 없는 피를 가지셨다고 증언한다.

예영수 교수는 M.R. 디한의 책을 인용하면서 예수님께서 인간의 육신에는 함께 하셨지만 아담의 피에는 참여하지 않았다. 마리아의 죄된 피는 한 방울도 받지 않았다. 예수님의 피는 성령께서 주신 것이라고 주장한다. 그러나 예수님의 피와 우리의 피가 다르다고 하면 그분은 우리와 다른 신인류가 되기 때문에 그분의 인성을 부정하는 것이 된다.

M.R. 디한은 피와 관련해 황당한 주장을 한다. 그는 그의 책 『예수의 피』를 통해 하나님께서 아담에게 생기를 불어 넣으실 때 피도 추가해서 부여한 것이라고 한다. 그의 주장을 보자.

그럼 이제부터 성경에서 가르치고 있는 사실을 바짝 따라가 보자. 생명이 피에 있기 때문에 모든 육체는 피가 없으면 생명이 없는 것이다. 여기에 바로 흙으로 만들어진 아담이 존재하게 되는 것이다. 흙 자체의 물질 덩어리만 가지고는 그것은 한갓 흙덩어리에 불과했던 것이다. 그러나 **하나님께서 그의 코에다 숨결을 불어 넣으시자, 보라! 그는 산 인간이 되었던 것이다. 생명은 피에 있기 때문에 하나님께서 그에게 생기를 불어 넣으실 때 그 몸에다 추가해서 부여해 주신 것이 있는데 그것은 다름 아닌 피였다.** 아담의 몸은 흙으로 만들어진 것이었으나 그가 가지고 있는 피는 하나님에게서 직접 받은 것이었다. 하나님께서는 우리가 그 사실을 존중할 것을 요구하고 계시니 그것은 다른 것이 아니라 피와 함께 그 육체를 채우고 있는 것은 바로 하나님 자신의 숨결이었기 때문이다. 그러므로 피를 먹는 것은 하나님의 생명을 모욕하는 일이 되는 것이다. 왜냐하면 "생명은 피에 있기 때문이다.[134]

하나님께서 아담을 흙으로 빚으셔서 물질적인 그의 몸을 창조하시고 그 코에 생기를 불어넣으심으로 비물질적인 영혼을 창조하여 살아있는 사람이 되게 하셨다는 것이 일반적이며 정통적인 해석이다. 그런데 M.R. 디한은 피를 대단한 것으로 과장하다 보니 피가 마치 물질적인 것이 아니라 비물질적인 것이나 되는 것처럼 생기를 불어넣을 때 인간에게 추가로 부여한 것이라 하고 있는 것이다. M.R. 디한의 다음 주장은 더욱 황당하다.

인간들이 하는 혈액은행은 2000년 전에 하나님께서 하신 것에 비교해 보면 그 놀라움이 백만분의 일에도 미치지 못할 것이다. 그 때는 오직 한 분이 갈보리 십자가 위에서 전혀 무죄한 피를 모두 주셨던 것이다. 바로 거기서 혈액 은행이 문을 열게 되었으며 그 은행에 예수 그리스도의 피가 예치되었던 것이다. 그리고 그 보혈은 모든 형의 피에도 다 적응되는 것이며 모든 사람을 위해서 마련되어 있는 것일 뿐만 아니라 성령으로 말미암아 그 수혈에 응하여 맡기는 모든 자들에게 값없이 무료로 주는 보혈이다. 이제 당신이 해야 될 일이라고는 믿음으로 나아가는 것이다. 우리가 사람에게서 채혈을 한 후에는 반드시 그것을 보존하기 위해서 방부제를 첨가해야 했던 것이다. 그렇게 되면 채혈한 피가 그 만큼 질이 저하되는 것은 필연적인 귀결이다. 그러나 우리 주님의 보혈에는 그런 방부제를 첨가할 필요가 없는 것이다. 왜냐하면 그 보혈은 절대로 죄가 없는 것이며 절대로 부패하지 않기 때문이다. 그 보혈은 단 한 방울이라도 떨어지거나 소모되지 않는다. 그 보혈은 절대로 부패하지 않는다.[135]

134) M.R. 디한, 『예수의 피』, (서울: 두란노서원, 1987), pp.38-39.
135) 같은 책, pp.40-41.

M.R. 디한은 예수님께서 갈보리에서 피를 흘리셨을 때, 혈액은행이 열리게 되었으며 그 은행에 주님의 피가 예치되었다고 한다. 세상의 혈액은행에 있는 사람들의 피는 썩을까봐 방부제를 첨가했다 사용하지만 주님의 피는 죄가 없고 부패하지 않기 때문에 방부제를 첨가할 필요가 없으며, 성령으로 말미암아 수혈에 응하는 모든 자에게 값없이 무료로 주는데 믿음으로 나아가는 자에게 준다고 한다.

그러므로 디한이 생각하는 구원이란 예수님께서 나를 위하여 죽으셨다는 대리적 속죄를 하나님께서 주신 유일한 구원의 길로 알고 그것을 믿음으로 구원 받는 것이 아니라 믿음으로 예수님의 피를 수혈 받는 것이다. 그러나 이와 같은 M.R. 디한의 견해는 통일교의 '피가름의 원리' 와 비슷할 뿐만 아니라 예수님의 피가 우리의 피와 다르다고 함으로 주님의 인성을 부인하고 사실상 대리적 속죄를 믿지 않는 것이기 때문에 우리가 도저히 받아들일 수 없는 것이다. 그런데 예영수 교수는 이와 같은 엉터리 주장을 알아보지 못하고 인용하고 있으니 한심하기만 하다.

(2) 최삼경 목사의 "마리아 월경잉태설" 은 예수님에게 마리아의 피가 섞였다고 함으로서 예수님의 동정녀 탄생을 부정하고 인류 구원을 위한 대속의 피 흘림의 자격을 상실하게 하는 이단사상이다.

최삼경 목사는 예수님이 "마리아의 피를 받지 않았다고 하면 예수님의 인성이 부정 된다"고 하고, "예수님이 마리아의 월경이 없이 나셨다면 동정녀 탄생이 아니라는 것이다"라고 한다. 이것은 예수님이 마리아의 피를 통해 출생했다는 것을 주장하는 말이며, 예수님이 마리아의 피를 받고 태어나야만 예수님의 인성이 인정되고, 동정녀 탄생이 된다는 것이다.

예수님의 몸속에 인간 마리아의 죄 된 피가 흐른다는 것은 예수님을 평범한 인간으로 전락시켜 버리고, 그래서 예수님께서 죄가 없으신 몸으로(히 4:15, 고후 5:21) 십자가에서 인류 구원을 위한 피를 흘리신 것을 무효로 만들어 버린다. 때문에 최 목사의 주장은 하나님의 신적 능력을 부정하고, 기독교의 근본인 구원의 진리를 부정하는 신학적인 오류를 범하고 있다.

성경은 "육체의 생명은 피에 있음이라...생명이 피에 있으므로 피가 죄를 속하느니라"(레 17:11)라고 하고, 예수님의 피는 영원한 생명이 있고 마지막 날에 살리는(구원의) 역사가 있음을 말씀하고 있다(요 6:53-54).

최삼경 목사의 주장처럼 예수님이 "마리아의 피를 통해 출생하셨다"고 한다면 결국 예수님의 생명은 마리아로부터 받은 것이며, 예수님의 피도 마리아의 죄로 오염된 피를 받았기 때문에 예수님도 죽고 썩어질 죄인 중의 한 사람에 불과하며, 예수님의 무죄성도 부정되며, 구원의 역사를 이룰 자격도 상실하게 된다.

예수님의 피는 죄가 없기에 거룩한 제물로 쓰일 수 있으며, 그리스도의 피는 우리 인간들의 죄를 다 씻을 수 있다(엡 1:7). "월경잉태설"의 주장대로 죄인의 피가 예수님의 몸속에 흐른다면 죄 있는 자가 어떻게 인류의 죄를 대속할 수 있겠는가? 성경은 분명히 예수님은 마리아의 몸을 빌려서 "자기 아들을 죄 있는 육신의 모양으로" 보냈다고 하셨다(롬 8:3). 우리의 몸은 "죄 있는 육신"이지만, 예수님의 몸은 "죄 있는 육신의 모양으로 보내신" 것이다. 예수님의 육신에 실제로 죄가 있었던 것은 아니다. 예수님의 몸은 "죄가 없는 몸"(요1 3:5)이요 흠이 없는 피를 가지신(히 9:14)이시다. 따라서 우리 인류의 죄를 대속할 수 있었던 것이다.

그래서 예수님은 "인자의 살을 먹지 아니하고 인자의 피를 마시지 아니하면 너희 속에 생명이 없느니라 내 살을 먹고 내 피를 마시는 자는 영생을 가졌고 마지막 날에 내가 그를 다시 살리리니"(요 6: 53-55)라고 하시고 자신의 "살"을 "생명의 떡"이라 하시고 "내 피는 참된 음료"라고 하셨다.

마리아는 본래 죄인이다. 그의 피가 그리스도의 모든 피의 단 1%, 아니 0.001%만이라도 들어 있다면 그리스도도 역시 죄인이 된다. 따라서 그의 피가 우리의 죄를 대속할 수 없음은 물론이다. 그리스도의 피에 마리아의 피가 조금이라도 섞여 있다면 예수님이 친히 말씀 하신 바 "내 피는 참된 음료로다"(요 6:55)라는 말씀도 새빨간 거짓말이 된다.

최삼경 목사의 주장처럼 "참된 음료"인 "인자의 피"에 마리아의 죄 된 피가 섞였다면 "죄로 물든 음료"인 예수의 피를 마시는 우리가 영생을 갖게 되고 마지막 날에 다시 살게 되겠는가? "생명의 떡"인 예수의 "살"에 마리아의 죄 된 피가 섞였다면 "죄로 물든 살"을 먹는 우리가 영생을 갖게 되고 마지막 말에 다시 살게 되겠는가?

최삼경 목사의 말처럼 만약 예수님이 인성을 나타내기 위해서 마리아의 피를 받으셨다면 예수님은 필연적으로 우리와 같은 원죄를 타고난 평범한 인간에 지나지 않으며, 그렇게 된다면 기독교는 존재 가치가 없게 된다. 왜냐하면 예수님의 육신은 우리의 육신과 똑같은 "죄의 몸"(롬 6:6)이요 "사망의 몸"(롬 7:24)이기 때문이다.

예영수 교수는 이 항목을 통해 마리아의 피는 죄 된 피이기 때문에 예수님은 마리아의 피를 0.001%도 받지 않았다고 주장한다. 최삼경 목사는 예수님의 인성을 나타내기 위해 마리아의 피를 받았다고 하지만 예수님이 마리아의 피를 받았다면 우리와 같은 죄인이 되어 인류의 죄를 대속할 수 없다는 것이다.

　그러나 이와 같은 논리는 죄가 무엇인지조차 모른 채 피 속에 죄가 있고 피를 통해 죄가 유전된다는 '혈통유전설'을 전제로 한 것이다. 예수님의 피가 우리의 피와 같다는 성경(롬 1:3, 히 2:14)과 마리아의 살과 피를 받아 나셨다는 신앙고백들을 정면에서 부인한 것이기도 하다. 그리고 이미 살펴본 합동 측 서북노회와 통합 측 서울북노회와 구생수 목사와 동일한 주장이기 때문에 살펴볼만한 가치도 별로 없다.

　그러나 그가 이런 주장을 설명하는 가운데 근거로 삼고 있는 성구들에 대해서는 살펴보는 게 필요하다. 그가 인용한 성경구절들은 그의 주장이 마치 성경적인 것이나 되는 것처럼 오용되고 있기 때문이다. 예영수 교수는 다음과 같은 주장을 하면서 히브리서 4장 15절과 고린도후서 5장 21절이 자신의 주장을 뒷받침하는 것처럼 제시했다.

　　예수님의 몸속에 인간 마리아의 죄 된 피가 흐른다는 것은 예수님을 평범한 인간으로 전락시켜 버리고, 그래서 예수님께서 죄가 없으신 몸으로(히 4:15, 고후 5:21) 십자가에서 인류 구원을 위한 피를 흘리신 것을 무효로 만들어 버린다. 때문에 최 목사의 주장은 하나님의 신적 능력을 부정하고, 기독교의 근본인 구원의 진리를 부정하는 신학적인 오류를 범하고 있다.

　예영수 교수가 여기에서 주장하고 있는 것은 예수님의 몸이 우리와 다르다는 것이며, 그 증거로 내세우고 있는 것이 신약성경 히 4:15절과 고후 5:21절이다. 그는 이 구절들을 근거로 해서 예수님의 몸에 마리아의 죄 된 피가 흐르지 않기 때문에 그의 몸은 우리와 다른 몸이라 주장하고 있다. 그러나 히브리서 4장 15절과 고린

히 4:15, 고후 5:21

히 4:15절은 "우리에게 있는 대제사장은 우리 연약함을 체휼하지 아니하는 자가 아니요 모든 일에 우리와 한결같이 시험을 받은 자로되 죄는 없으시니라" 는 말씀이고, 고후 5:21절은 "하나님이 죄를 알지도 못하신 자로 우리를 대신하여 죄를 삼으신 것은 우리로 하여금 저의 안에서 하나님의 의가 되게 하려 하심이니라" 는 말씀인데, 이 구절들은 아무리 눈을 씻고 봐도 예영수 교수가 주장하는 것과 같이 예수님의 몸에는 죄 된 마리아의 피가 흐르지 않기 때문에 죄 없는 몸이라는 의미가 없다. 예수님은 다만 죄가 없을 뿐이지 모든 일에 우리와 같이 시험을 받은 분이라 하면서 오히려 우리와 같이 평범한 인성을 지니신 분으로 묘사되고 있다.

이와 같은 사실은 동일한 히브리서 2장 14절을 보면 보다 분명해진다. 히브리서 기자는 "자녀들은 혈육에 함께 속하였으매 그도 또한 한 모양으로 혈육에 함께 속하심은" 이라고 했는데, 여기에서의 혈육은 '피' 를 나타내는 하이마($α\hatιμα$)와 '육체', '고기', '몸' 을 의미하는 사르코스($σαρκός$)를 합쳐놓은 것으로 하이마 카이 사르코스($α\hatιμα\ καὶ\ σαρκός$)로 되어 있다. 그분은 정확하게 우리와 같은 피와 살을 가졌다 하고 있는 것이다. 그러므로 히브리서 4장 15절은 예영수 교수의 주장과는 정반대의 의미이다.

그러면 예영수 교수는 성경과 정반대의 주장을 하면서 왜 그와 같은 성경구절을 근거로 제시하고 있는가? 그것은 그가 통일교와 전도관 식의 죄관을 가지고 있었기 때문이다. 그래서 그는 '죄가 없다' 는 구절들을 마리아의 피를 받았다면 죄가 있다는 것으로 잘못 해석해서 마리아의 피를 받지 않았다는 증거로 제시하고 있는 것이다. 그러나 그의 주장은 반성경적인 것으로 죄에 대한 불건전한 자신의 시각만 보여준 것에 불과하다.

예영수 교수가 오용하고 있는 또 다른 성구들은 레위기 17장 11절, 요한복음 6장 53-54절, 에베소서 1장 7절이다.

> 성경은 "육체의 생명은 피에 있음이라...생명이 피에 있으므로 피가 죄를 속하느니라"(레 17:11)라고 하고, 예수님의 피는 영원한 생명이 있고 마지막 날에 살리는(구원의) 역사가 있음을 말씀하고 있다 (요 6:53-54).
> 최삼경 목사의 주장처럼 예수님이 "마리아의 피를 통해 출생하셨다"고 한다면 결국 예수님의 생명은 마리아로부터 받은 것이며, 예수님의 피도 마리아의 죄로 오염된 피를 받았기 때문에 예수님도 죽고 썩어질 죄인 중의 한 사람에 불과하며, 예수님의 무죄성도 부정되며, 구원의 역사를 이룰 자격도 상실하게 된다.
> 예수님의 피는 죄가 없기에 거룩한 제물로 쓰일 수 있으며, 그리스도의 피는 우리 인간들의 죄를 다 씻을 수 있다(엡 1:7). "월경잉태설"의 주장대로 죄인의 피가 예수님의 몸속에 흐른다면 죄 있는 자가 어떻게 인류의 죄를 대속할 수 있겠는가?

예영수 교수는 예수님이 마리아의 피를 통해 출생하셨다면 마리아의 죄로 오염된 피를 받은 것이 되기 때문에 그분도 죽고 썩어질 죄인 중의 한 사람이라는 결론이 나오며, 그 결과 그분의 무죄성도 부정되고, 구원의 역사를 이룰 자격도 상실하게 된다고 하면서 그 근거로 레위기 17장 11절과 요한복음 6장 53-54절, 그리고 에베소서 1장 7절을 제시되고 있는 것이다.

레 17:11

레위기 17장 11절에 나온 피는 구생수 목사의 주장을 살펴보는 가운데 이미 알아본 것처럼 제사와 관련된 것으로 모든 피를 가리키는 것이 아니다. 피 자체를 가리키는 것도 아니며, 그것은 제물의 피로 그리스도의 '속죄의 피'를 의미한다. 즉, 그분의 '대속적인 죽음'을 예표 하고 있는 것이다.

그러므로 모든 피가 동물과 사람에게 있어서 생명과 직결되어 있는 것은 사실이지만 레위기 17장 11절에 등장하는 피를 일반 화 해서 일반적인 피로 보거나 피 자체를 생명으로 해석해서는 안 된다. 그 피는 제사를 통해 '누군가 죽어야 내가 산다는 것' 즉, 세상 죄를 짊어지고 가는 하나님의 어린 양이신 예수 그리스도의 죽음을 나타낸 것이기 때문이다.

그 피는 오직 유일하신 예수 그리스도의 피를 나타낸 것으로 그분의 죽음을 통해서만 생명을 얻을 수 있다는 주님의 대속적인 죽음을 나타낸 것이다. 그런데 예영수 교수는 레위기 17장 11절에 나오고 있는 그 피의 특별한 의미를 간과하고 모든 피 자체가 생명이라는 식으로 해석했다. 피 속에 죄만 없다면 거룩한 몸이 되어 다른 사람의 생명을 구원할 수 있는 구원자도 될 수 있는 것처럼 논리를 전개하고 있다.

그러나 아무리 피가 멀쩡해도 사람은 인체의 중요한 특정 부위가 손상되면 한 순간에 죽을 수 있고, 어리석은 부자의 비유(눅 12:16-21)를 통해 보여주는 것처럼 하나님께서 그 영혼을 거두어가기만 해도 얼마든지 죽을 수 있기 때문에 피가 생명 유지를 위해 필수적이어서 생명이라 할 수도 있겠지만 그 자체가 생명은 아니다. 죄가 물질처럼 피 속에 들어있는 것도 아니며, 피 자체가 거룩하거나 부정한 것도 아니고, 거룩한 피가 있다 해도 그것이 다른 사람의 생명까지도 구원해내는 능력이 있게 되는 것은 아니다.

요 6:53~54

예영수 교수는 '예수의 피는 영원한 생명이 있고 마지막 날에 살리는(구원의) 역사가 있음을 말씀하고 있다'라고 하면서 그 다음에 괄호를 만들어 요한복음 6장 53-54절을 기록해 놓았다.

본래 요한복음 6장 53-54절에 기록되어 있는 말씀은 다음과 같은 내용이다.

예수께서 이르시되 내가 진실로 진실로 너희에게 이르노니 인자의 살을 먹지 아니하고 인자의 피를 마시지 아니하면 너희 속에 생명이 없느니라 내 살을 먹고 내 피를 마시는 자는 영생을 가졌고 마지막 날에 내가 그를 다시 살리리니(요 6:53-54).

예영수 교수는 이 요한복음의 의미를 설명하면서 다음과 같이 기록해 놓았다.

예수님은 "인자의 살을 먹지 아니하고 인자의 피를 마시지 아니하면 너희 속에 생명이 없느니라 내 살을 먹고 내 피를 마시는 자는 영생을 가졌고 마지막 날에 내가 그를 다시 살리리니"(요 6: 53-55)라고 하시고 자신의 "살"을 "생명의 떡"이라 하시고 "내 피는 참된 음료"라고 하셨다.
마리아는 본래 죄인이다. 그의 피가 그리스도의 모든 피의 단 1%, 아니 0.001%만이라도 들어 있다면 그리스도도 역시 죄인이 된다. 따라서 그의 피가 우리의 죄를 대속할 수 없음은 물론이다. 그리스도의 피에 마리아의 피가 조금이라도 섞여 있다면 예수님이 친히 말씀 하신 바 "내 피는 참된 음료로다"(요 6:55)라는 말씀도 새빨간 거짓말이 된다.
최삼경 목사의 주장처럼 "참된 음료"인 "인자의 피"에 마리아의 죄 된 피가 섞였다면 "죄로 물든 음료"인 예수의 피를 마시는 우리가 영생을 갖게 되고 마지막 날에 다시 살게 되겠는가? "생명의 떡"인 예수의 "살"에 마리아의 죄 된 피가 섞였다면 "죄로 물든 살"을 먹는 우리가 영생을 갖게 되고 마지막 말에 다시 살게 되겠는가?

최삼경 목사의 말처럼 만약 예수님이 인성을 나타내기 위해서 마리아의 피를 받으셨다면 예수님은 필연적으로 우리와 같은 원죄를 타고난 평범한 인간에 지나지 않으며, 그렇게 된다면 기독교는 존재 가치가 없게 된다. 왜냐하면 예수님의 육신은 우리의 육신과 똑같은 "죄의 몸"(롬 6:6)이요 "사망의 몸"(롬 7:24)이기 때문이다.

예영수 교수는 요한복음 6장 53-54절의 의미를 설명하면서 "마리아는 본래 죄인이다. 그의 피가 그리스도의 모든 피의 단 1%, 아니 0.001%만이라도 들어 있다면 그리스도도 역시 죄인이 된다. 따라서 그의 피가 우리의 죄를 대속할 수 없음은 물론이다. 그리스도의 피에 마리아의 피가 조금이라도 섞여 있다면 예수님이 친히 말씀 하신 바 "내 피는 참된 음료로다"(요 6:55)라는 말씀도 새빨간 거짓말이 된다. 최삼경 목사의 주장처럼 "참된 음료"인 "인자의 피"에 마리아의 죄 된 피가 섞였다면 "죄로 물든 음료"인 예수의 피를 마시는 우리가 영생을 갖게 되고 마지막 날에 다시 살게 되겠는가?"라는 등 아주 자극적인 표현을 써가면서 마리아의 피가 0.0001%만 예수님의 몸에 들어가도 주님은 죄인이 된다고 하면서 그분의 살과 피를 실제적으로 먹고 마시는 것처럼 묘사하고 있다.

그러나 이것은 어디까지나 그가 피 속에 죄가 있으며 죄가 피를 통해 유전된다고 하는 통일교식 혈통 유전설의 입장에서 성경을 해석하며 억지로 갖다 붙인 것일 뿐 본래 성경의 의미와는 아무런 상관이 없다. 그 성경구절들은 그 어디에도 피 속에 죄가 있다는 식의 암시나 표현이 없기 때문이다.

예수님은 실생활과 관련된 사건들을 통하여 복음진리를 많이 가르치셨다. 요한복음 6장에 나온 이 말씀도 마찬가지이다.

이 말씀은 본래 오병이어의 기적을 맛본 사람들이 주님을 찾아다 니자 "내가 진실로 진실로 너희에게 이르노니 너희가 나를 찾는 것은 표적을 본 까닭이 아니요 떡을 먹고 배부른 까닭이로다"(요 6:26)라고 하시면서 "썩는 양식을 위하여 일하지 말고 영생하도록 있는 양식을 위하여 하라 이 양식은 인자가 너희에게 주리니 인자 는 아버지 하나님의 인치신 자니라"고 하면서 자신을 증거 하시 고, 이어서 어떻게 하면 그들이 영생을 얻게 되는가 하는 것을 가 르치신 것이다.

유대인들은 음식을 같이 먹는 것을 하나가 되는 것 즉, 한 통속 이 되는 것으로 생각했다. 음식이란 먹으면 소화가 되어 자신이 사 라진 체 그 사람의 살과 피가 되어 그와 하나가 되기 때문이다. 그 래서 그들은 죄인들과 같이 음식을 먹지 않았으며, 그런 배경 속에 서 예수님께서 세리들과 식사를 같이 하셨을 때 바리새인들이 문제 를 삼기도 하였던 것이다(막 2:13-17, 눅 15:1-2).

음식은 누군가가 취하면 자신을 희생시켜 그 사람에게 피가 되고 살이 되어 그에게 삶을 준다. 즉, 자신이 죽어 그에게 생명을 줄 뿐만 아니라 그와 자신과 하나가 되는 것이다. 그런데 예수님께서 는 바로 이와 같은 유대인들의 식탁교제를 배경으로 자신의 피와 살을 희생시켜, 즉 자신의 대속적인 죽음을 통하여 그들을 구원할 것이며, 자신은 그 일을 위하여 아버지께서 인치신 자이기 때문에 누구든지 하나 되는 그 식탁교제 속으로 들어오라고 하신 것이다. 그래야 구원 받게 되기 때문이다.

그러므로 요한복음 6장에서 말씀하고 있는 살과 피를 먹고 마신 다는 것은 그분이 자신의 희생을 통하여 베풀어 놓으신 구원의 잔 치인 식탁교제 속에 믿음으로 참여하라는 것이지 예영수 교수의 주장과 같이 살과 피를 먹고 마신다는 의미가 아니다.

요한복음 6장 53-54절에 있는 이 말씀은 최후의 만찬석상에서 다시 반복 되면서 그 의미가 확실하게 드러난다(요 13:1-30, 마 26:17-29, 막 14:12-25, 눅 22:14-23). 그것은 실제적으로 주님의 살과 피를 먹고 마시는 것에 대한 가르침이 아니라 당신의 죽음을 통하여 맺어질 새언약을 그렇게 표현한 것이다. 그 대속적인 죽음을 통한 언약을 믿고 참여하는 자가 바로 그 식탁교제에 참여하는 자로써 구원을 받게 된다는 복음의 제시인 것이다.

그러므로 주님의 대속적인 죽음을 나타낸 그분의 찢기신 살과 흘리신 피를 실제적으로 먹고 마시는 것처럼 주장하며 논리를 전개한 예영수 교수의 주장은 잘못이다. 우리는 주님의 피를 마시는 흡혈귀가 아니며, 주님의 살을 먹는 식인종도 아니다.

엡1:7

에베소서 1장 7절에 있는 "우리가 그리스도 안에서 그의 은혜의 풍성함을 따라 그의 피로 말미암아 구속 곧 죄사함을 받았으니" 라는 말씀 중의 '피' 는 주님의 대속적인 죽음을 의미하는 것이지 피 자체가 마치 요술적인 힘이 있어서 그 피를 먹고 마실 때 구원받는다는 것이 아니다.

동정녀 탄생과 예영수 교수

예영수 교수는 최삼경 목사가 예수님이 마리아의 피를 받지 않았다고 하면 예수님의 인성이 부정 된다 하고, 예수님이 마리아의 월경이 없이 나셨다면 동정녀 탄생이 아니라 한다고 하면서 그것을 공격한다. 예수님이 마리아의 피를 받고 태어나야만 예수님의 인성이 인정되고 동정녀 탄생이 되는 것이 아니며, 예수님의 몸속에 인간 마리아의 죄 된 피가 흐른다는 것은 예수님을 평범한 인간으로 전락시켜 버리고, 그래서 예수님께서 죄가 없으신 몸으로 십자가에서 인류 구원을 위한 피를 흘리신 것을 무효로 만들어 버리기 때문에 최 목사의 주장은 하나님의 신적 능력을 부정하고, 기독교의 근본인 구원의 진리를 부정하는 신학적인 오류라는 것이다. 그래서 그는 또한 다음과 같은 주장도 한다.

> 성경은 분명히 예수님은 마리아의 몸을 빌려서 "자기 아들을 죄 있는 육신의 모양으로" 보냈다고 하셨다(롬 8:3). 우리의 몸은 "죄 있는 육신"이지만, 예수님의 몸은 "죄 있는 육신의 모양으로 보내신" 것이다. 예수님의 육신에 실제로 죄가 있었던 것은 아니다. 예수님의 몸은 "죄가 없는 몸"(요1 3:5)이요 흠이 없는 피를 가지신(히 9:14)이시다. 따라서 우리 인류의 죄를 대속할 수 있었던 것이다.

종합하면, 예영수 교수는 예수님이 단지 마리아의 몸을 빌려서 죄 있는 육신의 모양(롬 8:3)으로 오셨기 때문에 그분은 죄가 없는 몸(요일 3:5)과 흠이 없는 피를 가지신 분(히 9:14)이 되어 인류의 죄를 대속할 수 있게 되었다는 것이다. 그런데 최삼경 목사는 마리아의 피를 받아 그분의 인성이 형성되었다고 하니 그것은 동정녀 탄생을 부인하는 것이요 인류 구원을 위한 대속의 피흘림의 자격을 상실하게 하는 이단사상이라는 것이다. 그러나 이것은 예영수 교수가 잘못된 죄관을 가졌기 때문에 이와 같은 주장을 하는 것이다.
예수님의 인성이 마리아의 피와 아무런 상관이 없다면, 즉 마리아의 인성과 아무런 상관이 없이 다만 그의 몸만 빌려서 탄생하셨다고 한다면 그것이야 말로 동정녀 마리아로 말미암아 탄생하셔서 우리와 동일한 인성을 가지셨다는 동정녀 탄생을 부인하고 있는 것이다. 하이델베르크 요리문답 35문에는 다음과 같이 되어 있다.

하이델베르크 요리문답 질문 35

질문 35. "성령으로 잉태되어 동정녀 마리아에게서 나시고"라는 뜻은 무엇입니까?

대답: 그것은 현재나 장래나 참되며 영원한 하나님이신 영원한 하나님의 아들이 성령의 능력으로 <u>동정녀 마리아의 살과 피로부터</u> 참된 사람의 본질을 취하셨으며, 따라서 다윗의 참된 씨가 되었으며, 죄가 없으신 것을 제외하고는 모든 면에서 다른 사람들과 동일하다는 뜻입니다.

예영수 교수는 최삼경 목사가 마리아의 피와 예수님과의 관련성을 주장하고 있기 때문에 동정녀 탄생을 부인하고 있다 한다. 그러나 위의 하이델베르크 요리문답에 의하면 최삼경 목사가 동정녀 탄생을 부인하고 있는 것이 아니라 예수님이 동정녀 마리아의 살과 피와 아무런 관련성이 없다고 하는 그 자신이 동정녀 탄생을 부인하고 있는 것이다.

그렇다면 그가 근거로 제시하고 있는 로마서 8장 3절과 요한일서 3장 5절, 그리고 히브리서 9장 14절의 내용은 어떻게 된 것인가? 당연히 그의 해석이 잘못된 것이다.

롬 8:3

로마서 8장 3절은 "율법이 육신으로 말미암아 연약하여 할 수 없는 그것을 하나님은 하시나니 곧 죄를 인하여 자기 아들을 죄 있는 육신의 모양으로 보내어 육신에 죄를 정하사"라는 말씀이다. 그래서 이 말씀만을 놓고 보면 예영수 교수처럼 예수님께서 우리와 똑같은 진짜 사람이 아니라 다만 사람의 모양으로만 오신 것처럼 오해할 소지가 있다. 그러나 어떤 주석가도 예수님께서 다만 껍데기만 사람처럼 보였을 뿐이지 진짜 우리와 같은 사람은 아니었다고 해석하지 않는다.

성경을 해석하는 원칙 중의 하나는 '불명확한 것은 명확한 것으로 해석 한다'는 것이다. 성경은 서로 모순되지 않기 때문이다.

히브리서 2장 14절을 보면 "자녀들은 혈육에 함께 속하였으매 그도 또한 한 모양으로 혈육에 함께 속하심은"이라고 되어있다. 혈육을 언급 하면서 로마서 8장 3절과 같이 동일하게 '모양'이라는 단어를 쓰고 있는 것이다. 그런데 여기에서 혈육이라는 단어의 원어를 보면 '피'를 나타내는 하이마(αἷμα)와 '육체', '고기', '몸'을 의미하는 사르코스(σαρκός)를 영어의 and에 해당하는 카이(και)라는 단어로 연결하여 하이마토스 카이 사르코스(αἷματος καὶ σαρκός)로 되어 있다.

이것은 정확하게 그분이 우리와 같은 피와 살을 가졌다는 것을 의미하고 있는 것이다. 그러므로 예영수 교수가 로마서 8장 3절을 근거로 하여 우리의 몸은 죄 있는 육신이지만 예수님의 몸은 죄 있는 육신의 모양이라고 하면서 예수님과 마리아의 피와의 관련성을 부인한 것은 잘못이다. 로마서 8장 3절은 그의 주장과는 정반대의 의미를 가졌기 때문이다.

요일 3:5

요한일서 3장 5절은 "그가 우리 죄를 없이 하려고 나타내신 바 된 것을 너희가 아나니 그에게는 죄가 없느니라"는 말씀이다.

이 구절 또한 예영수 교수의 주장과 같이 '피 속에 죄가 있다'는 뜻이나 암시가 전혀 없다. 그런데 이 말씀을 그가 피 속에 죄가 있다는 뜻으로 보고 증거로 제시하고 있는 이유는 그가 통일교나 전도관식의 죄관을 가지고 있어서 그 전제하에 예수님에게 '죄가 없다' 는 것을 마리아의 피를 받지 않았다는 것으로 해석하고 있기 때문이다.

히 9:14

히브리서 9장 14절은 "하물며 영원하신 성령으로 말미암아 흠 없는 자기를 하나님께 드린 그리스도의 피가 어찌 너희 양심으로 죽은 행실에서 깨끗하게 하고 살아 계신 하나님을 섬기게 못하겠느뇨" 라는 말씀이다.

이 말씀 또한 예영수 교수가 주장한 것과는 전혀 다른 말씀이다. 그는 '흠 없는 자기를 하나님께 드린 그리스도의 피' 라는 말씀을 박윤식 목사가 주장하고 있는 것과 같은 통일교식 혈통 유전설에 근거해서 '죄가 섞여있지 않은 피' 라는 식으로 해석하고 있다. 그러나 이 말씀은 바로 앞에 있는 "염소와 송아지의 피로 아니하고 오직 자기 피로 영원한 속죄를 이루사 단번에 성소에 들어가셨느니라 염소와 황소의 피와 및 암송아지의 재로 부정한 자에게 뿌려 그 육체를 정결케 하거든" (히 9:12-13)이라는 말씀이 잘 나타내고 있는 것처럼 주님의 '대속적인 죽음' 을 의미하는 것이지 피 자체에 죄가 있고 없다는 뜻이 아니다.

생각해 보라. 예영수 교수처럼 성경을 해석한다면 바로 앞에 있는 염소와 송아지의 피는 어떻게 해석할 것인가? 염소와 송아지의 피가 구약시대 때에는 흠이 없고 거룩해서 사람들의 죄를 사해주는 효능이 있었지만 그 피에 결격사유가 생겨 효능이 떨어져서 사람들의 죄를 속하지 못하기 때문에 이제는 흠이 없는 예수님의 피로 죄를 속할 수 있게 되었다는 뜻인가? 참 우습지도 않은 해석이다.

이 해석의 참되고 바른 해석은 과거에 하나님께서 이스라엘 백성들에게 제사제도를 통해 사람들이 죄를 지으면 염소나 송아지를 끌고 와 그 짐승의 머리에 손을 얹고 죄를 고백한 다음 그 짐승을 죽여서 '누군가 죽어야 네가 산다'는 대속의 진리를 보여주셨는데 그것은 어디까지나 예표로써 짐승 가지고는 근본적으로 사람의 죄를 대신할 수 없다는 것이며, 이제 그 실체이신 세상 죄를 지고 가는 하나님의 어린 양(요 1:9)이신 예수 그리스도께서 오셔서 자신의 몸을 드림으로 구속제사를 완성하셨다는 것이다. 그러므로 예영수 교수가 제시하고 있는 히브리서 9장 14절은 아무런 근거가 되지 못한다.

(3) 최삼경 목사의 "월경잉태설"은 "말씀이 육신이 되어 우리 가운데 거하시매"라고 선포하신 예수님의 성육신(Incarnation)을 부정하는 이단사상이다.

최삼경 목사는 "월경이란 인간의 피를 말하는 것이다"라고 말함으로서 예수님이 마리아의 월경(피)가운데 태어났음을 말하고, "마리아가 월경이 없었다는 말은 마리아의 피 없이 예수님이 마리아의 몸에서 자랐다는 말이 된다"고 말함으로서 예수님은 마리아의 월경 가운데 태어났음을 주장한다.

최삼경 목사는 최근 미국 필라델피아에서 행한 이단세미나에서도 예수님은 "마리아의 월경(피)를 통해서 나셨다"고하고, "월경이란 피를 말하는 것이며... 임신을 하면 월경이 없어지는데 그 피가 아이에게로 가는 것이다"라고 주장 하고 있다.

최삼경 목사가 마리아의 피가 예수 그리스도께 들어가 있어야만 그리스도의 인성이 성립된다고 한 말은 무지의 극치이며 기독교를 근본적으로 파괴해버리려는 이단적인 사상이다.

왜냐하면 최 목사는 "임신을 하면 월경이 없어지는데 그 피가 아이에게로 가는 것이다. 그 피로 아이를 기르는 것이다." 라고 주장함으로서 예수의 신성은 성령을 통해서이지만, 예수의 인성은 마리아의 월경을 통해서 형성된 것이라 말하고 있기 때문이다. 이것은 예수는 무죄한 분이라는 성경의 가르침을 부정해 버리기 때문이다.

왜냐하면 인간 마리아의 타락된 피를 가진 예수는 인류를 구속하는 대속 자가 될 수가 없기 때문이다. "월경잉태설" 은 예수 그리스도는 성령으로 잉태된 분이며(마 1:18), 혈통으로나 육정으로 나신 이가 아니며(요 1:13), 죄가 없으신 분으로(요일 3:5) 우리의 구원자가 되신 것을 부정하기 때문이다.

왜냐하면 예수님도 마리아의 피가 섞인 아담의 후손으로 만들어 버리기 때문이며, 예수님이 성령으로 잉태된 성육신으로 오신 완전히 하나님(fully God)이면서 완전히 사람(fully man)이심을 부정하기 때문이며, 예수님은 하나님으로 난 분(of God)이 아니라, 마리아의 피, 즉 사람으로 난 분(of men)으로 땅에 속한 사람이 되어버리기 때문이다.

태초부터 있는 "생명의 말씀이 육신이 되어" (요 1:14)라고 하신 것은 성육신을 말한다. 예수님은 태초부터 있는 말씀이 육신이 되신 분이시지만, 마리아는 태초부터 있는 말씀이 아니다. 최삼경 목사의 "마리아 월경잉태설" 은 예수님의 "성육신" 을 완전히 거짓말이 되게 한다.

태초에 말씀으로 계셨고, 이 말씀이 하나님과 함께 계셨고, 이 말씀이 곧 하나님이시고, 이 말씀이 육신이 되어 우리가운데 거하신 하나님이신 바로 독생자 예수 그리스도신데, 어떻게 그 분 하나님이신 예수 그리스도의 피 속에 죄로 오염된 인간 마리아의 피가 흐르고 있다는 말인가?

그리스도의 영광이 아버지의 독생자의 영광, 즉 셰키나

(Shekinah)의 영광으로 그리스도는 바로 하나님의 구체화이신 분이신데, 어떻게 Shekinah의 영광이신 예수그리스도 속에 죄로 오염된 마리아의 피가 흐른다고 함으로서, Shekinah의 영광을 욕되게 하는가?

예수 그리스도는 은혜와 진리가 충만하다고 하셨는데(요 1:14), 그리스도는 은혜의 구체화이신 분으로서, 이제 우리가 그의 피로 말미암아 의롭다 하심을 받아 그로 말미암아 진노하심에서 구원을 받게 된 것인데, 최 목사는 예수 그리스도 속에 죄로 오염된 마리아의 피가 흐른다고 함으로서, 그리스도의 은혜를 부정해버리는 결과를 빚게 하는가?

그리스도는 진리가 구체화이신 분으로서 예수님 자신이 "내가 곧 길이요 진리요 생명"이라 하시고, 그 진리가 우리를 자유하게 하셨는데(요 8:32), 최 목사는 예수 그리스도 속에 죄로 오염된 마리아의 피가 흐른다고 함으로서, 예수 그리스도의 진리가 우리를 죄의 속박에서 자유하게 하고(요 1:12, 롬 8:6, 15), 죽음의 속박에서 자유하게 하고(히 2:14-15, 롬 8:2), 심판과 지옥의 속박에서 자유하게 하고(요 3:16, 벧전 2:24), 궁극적인 구원의 역사를 이루게 하는 이 모든 것을 부정하는 무서운 결과를 갖게 하는가?

예영수 교수가 여기에서 최삼경 목사를 공격하는 내용은 2번 항목과 비슷하지만 한 단계 더 논리적인 비약을 드러낸다. 그는 "마리아의 피가 예수 그리스도께 들어가 있어야만 그리스도의 인성이 성립된다고 한 말은 무지의 극치이며 기독교를 근본적으로 파괴해버리는 이단적 사상"이라며 극언을 서슴지 않고 있는 것이다. 그러나 이것은 전 항목에서 살펴본 것과 같이 자신의 이단성만 나타내는 것이며, 오히려 성경과 교리에 대한 무지의 극치를 보여주고 있을 뿐이다. 왜냐하면 마리아의 피와 예수님과의 관련성을 부인하면 그것이야 말로 동정녀 탄생을 부인하는 것이요 그분의 인성을 부인하는 것이기 때문이다.

이 항목에서 예영수 교수가 문제 삼고 있는 내용 전체에 흐르고 있는 것은 피 속에 죄가 있고 피를 통해 죄가 유전된다는 잘못된 그의 사상이다. 그러므로 이 사상만 제거하고 나면 그의 공격 자체가 성립되지 않는다. 그러나 다음 몇 가지는 살펴보는 게 좋을 것 같다.

1) 신성과 인성

예영수 교수는 자신의 잘못된 피의 사상을 증명하기 위해 '왜냐하면' 이라는 이유접속사를 세 번 사용하면서 최삼경 목사를 공격하는데, 그 첫 번째가 예수님의 신성과 인성이다. 그는 최삼경 목사의 필라델피아의 이단세미나를 언급하면서 "임신을 하면 월경이 없어지는데 그 피가 아이에게로 가는 것이다. 그 피로 아이를 기르는 것이다." 라고 했다는 것은 "예수의 신성은 성령을 통해서이지만, 예수의 인성은 마리아의 월경을 통해서 형성된 것" 이라고 하면서 "이것은 예수는 무죄한 분이라는 성경의 가르침을 부정해 버리기 때문이다" 라고 한다.

예영수 교수의 이와 같은 주장은 그의 잘못된 해석으로 어이없는 공격이다. 그는 분명히 "마리아의 피가 예수 그리스도께 들어가 있어야만 그리스도의 인성이 성립된다고 한 말은 무지의 극치이며" 라고 하면서 최삼경 목사의 주장이 예수님의 인성에 관한 문제라는 것을 알고 있었다. 그런데도 그는 그것을 주님의 신성과도 관련시킨 것이다. 억지도 이런 억지가 없다.

2) 혈통으로나 육정

예영수 교수의 두 번째 '왜냐하면'에서 살펴보아야 할 것은 예수님이 혈통으로나 육정으로 탄생하지 않고 성령으로 잉태되신 분이라는 그의 주장이다.

예영수 교수의 이 주장에도 전체적으로 흐르는 사상은 피 속에 죄가 있고 피를 통해 죄가 유전된다는 통일교와 전도관식의 '혈통유전설'이다. 그는 이 사상으로 인해 "인간 마리아의 타락된 피를 가진 예수는 인류를 구속하는 대속 자가 될 수가 없기 때문"이라는 해석을 내놓고, 그 해석을 입증하기 위해 마태복음 1장 18절과 요한복음 1장 13절, 그리고 요한일서 3장 5절을 근거로 제시한다.

마태복음 1장 18절은 예수님이 성령으로 잉태하셨다는 것이고, 요한일서 3장 5절은 예수님이 죄가 없다는 것이다. 그러나 이 두 구절은 피 속에 죄가 있기 때문에 예수님이 마리아의 피를 받지 않았다거나 죄가 없다고 하지 않았다. 그러므로 그 두 구절을 마리아의 피를 받지 않았으므로 성령잉태라 하거나 죄가 없다는 뜻이 아니기 때문에 그런 의미로 인용하는 것은 잘못이다.

더 큰 잘못은 요한복음 1장 13절에 대한 해석이다. 예영수 교수는 이 구절을 예수님이 마리아의 피를 받지 않았다는 의미로 해석했다. 그러나 이 구절은 전혀 그런 뜻이 아니다.

> 이는 혈통으로나 육정으로나 사람의 뜻으로 나지 아니하고 오직 하나님께로서 난 자들이니라(요 1:13).

요한복음 1장 13절은 예수님에 관한 말씀이 아니다. 이 말씀은 마지막에 '자들이니라'는 말씀으로 끝나고 있는 것과 같이 단수가 아닌 복수로써 성도들에 관한 말씀이다.

이와 같은 사실은 바로 앞에 있는 12절과 연결해서 보면 잘 알 수 있다. 12절부터 보면 "영접하는 자 곧 그 이름을 믿는 자들에게는 하나님의 자녀가 되는 권세를 주셨으니" 라고 되어 있고 바로 이어서 예영수 교수가 제시하고 있는 "이는 혈통으로나 육정으로나 사람의 뜻으로 나지 아니하고 오직 하나님께로서 난 자들이니라" 는 말씀으로 되어 있다. 그러므로 이 말씀은 바보라면 모를까 누구든지 예수님이 아닌 성도들에 관한 말씀이라는 사실을 바로 알 수 있다.

그렇다면 여기에서 말씀하고 있는 "혈통으로나 육정으로나 사람의 뜻으로 나지 아니하고" 라는 말씀은 무슨 뜻일까?

이 말씀은 어떤 사람이 예수님을 믿게 되고 영접하여 하나님의 자녀가 될 수 있는가를 가르쳐주고 있는 것으로 혈통 때문에 되는 것이 아니다. 즉, 가문이 좋아서, 고귀한 신분이라서, 특별한 가정에 태어나서 되는 것이 아니다.

육정으로 되는 것도 아니다. 여기에서 육정이라는 말은 원문을 보면 에크 델레마토스 사르코스(ἐκ θελήματος σαρκὸς)로 되어 있다. 즉 의지, 의향, 열망 등을 나타내는 델레마코스란 단어와 육체, 인간성, 육체적으로나 도덕적이라는 뜻인 사르코스라는 단어를 합친 것으로 롱다리, 팔등신, 백옥같은 피부, 오똑한 콧날 등 육체적으로 뛰어나거나 인간성이 뛰어나서 도덕적으로 성인군자라는 말을 듣는 등 자신의 자랑할 만한 어떤 것으로 하나님의 자녀가 되는 것이 아님을 의미한다.

사람의 뜻으로 되는 것도 아니다. 즉, 사람의 의지의 결과인 행위로 되는 것이 아니다. 구원받고 하나님의 자녀가 되는 권세는 오직 하나님의 주권적인 그분의 뜻으로 말미암아 된다는 것이다.

이 말씀은 피를 받지 않았다는 뜻도 아니다. 이 말씀은 오히려 예영수 교수의 주장과는 반대로 피를 받았다는 말씀이다. 그러나 살펴본 것과 같이 혈통 좋다고 하나님의 자녀가 되는 것이 아니라는 것을 가르치는 것이다. 그러므로 이런 의미를 모르고서 요한복음 1장 13절을 예수님에게 적용하여 예수님이 마리아의 피를 받지 않았다고 하는 것은 무지한 주장이다.

3) 말씀이 육신이 되어

예영수 교수는 예수님이 마리아의 피를 받았다면 그것은 성령으로 잉태되어 성육신으로 오신 완전한 하나님(fully God)이면서 완전한 사람(fully man)이라는 것을 부정하는 것이라 하면서 예수님을 하나님으로 난 분이 아니라 마리아의 피를 받아 사람으로 난 땅에 속한 사람이 되게 하는 것이라 한다.

예영수 교수의 이와 같은 주장은 사람을 어리둥절하게 만든다. 성육신은 성자 하나님이 동정녀 마리아의 본질인 살과 피를 취하여 성령의 능력으로 말미암아 신·인으로 탄생하신 사건이다. 그래서 그분은 성자 하나님의 인격이기 때문에 하나님이시며 인격이 하나이기 때문에 한 분이시지만 신성으로는 완전한 하나님이시고 인성으로는 죄가 없을 뿐 완전한 사람이다.

그러므로 예수님은 신성으로는 하늘에 속하지만 인성으로는 땅에 속하기 때문에 신성과 인성을 언급하면서도 마리아의 피를 받았다면 그분을 땅에 속하게 해 성육신을 부정하는 것이라 하면 말도 되지 않는데 예영수 교수는 그런 주장을 하고 있는 것이다.

그러면 예영수 교수는 왜 이와 같은 말도 되지 않는 주장을 하는 것일까? 그 이유는 그가 가지고 있는 통일교와 전도관식 죄관으로 인해 말씀이 육신 되었다는 요한복음 1장 14절을 잘못 이해한데 있다.

예영수 교수는 요한복음 1장 14절을 근거로 하여 태초부터 있는 말씀이 육신이 되신 것이 성육신인데 마리아는 태초부터 있는 말씀이 아니라 하면서 예수님에 대해 "태초에 말씀으로 계셨고, 이 말씀이 하나님과 함께 계셨고, 이 말씀이 곧 하나님이시고, 이 말씀이 육신이 되어 우리가운데 거하신 하나님이신 바로 독생자 예수 그리스도" 라는 말을 계속 한다. 그가 생각하는 성육신이란 예수님을 말씀이 육신이 되신 분, 즉 하나님이 사람으로 변화되신 분으로 보는 것 같다. 그러나 '말씀이 육신이 되어' 는 예영수 교수의 주장과 같이 하나님이 사람으로 변했다는 뜻이 아니다.

이와 같은 사실을 로이드 존스는 다음과 같이 밝히고 있다.

우리는 성자가 사람으로 변화했다는 인상을 주도록 성육신의 교리를 설명해서는 절대로 안 됩니다. 하나님이 사람이 되셨다는 표현이 오해를 불러일으키는 이유가 바로 이것입니다. 우리는 요한복음 1장 14절의 "말씀이 육신이 되어 우리 가운데 거하시매(The Word was made flesh, and dwelt among us)" 라는 말씀으로 보았습니다. 여기서 "was made(만들어져)" 라는 문구가 종종 사람들로 하여금 하나님의 아들이 사람으로 변화했다고 생각하게 했습니다. 이것은 부분적으로는 이 번역이 최선의 것이 아니기 때문에 발생한 일입니다. 이 구절의 진정한 의미는 "The Word made flesh(말씀이 육신으로 만들어져)" 가 아니라 "He became flesh(그가 육신이 되어)", 또는 "He took on flesh(그가 육신을 입어)" 입니다. "만들다" 라는 개념은 "변화되다" 라는 의미를 암시하는데 이것은 잘못된 것입니다.[136]

---

136) 로이드 존스, 『성부 하나님과 성자 하나님』, 임범진(역)(서울: 부흥과개혁사, 2007), p.430.

예영수 교수는 로이드 존스의 표현을 빌리자면 '절대로 설명해서는 안 될 것'으로 성육신을 잘못 이해하여 그것을 가지고 최삼경 목사를 공격하고 있는 것이다. 그런데 절대로 설명해서는 안될 것에 해당하는 예영수 교수의 이런 주장이 한국교회에 통하고 있으니 가슴 아픈 일이다.

4) 세키나의 영광

예영수 교수는 "그리스도의 영광이 아버지의 독생자의 영광, 즉 세키나(Shekinah)의 영광으로 그리스도는 바로 하나님의 구체화이신 분"이시기 때문에 죄로 오염된 마리아의 피가 그리스도 속에 흐른다고 한 것은 Shekinah의 영광이신 예수 그리스도의 Shekinah의 영광을 욕되게 하는 것이라고 한다.

'쉐키나'라는 말이 하나님의 임재 혹은 나타나심을 의미하는 것이므로 그리스도는 임마누엘 하신 하나님이기도 하시기 때문에 그분에게 하나님의 쉐키나가 있는 것은 사실이다. 그러나 그 하나님의 쉐키나를 하나님이 사람으로 변화된 것으로 이해하여 성육신을 그와 같은 입장에서 '그리스도가 하나님의 구체화 하신 분'이라고 적용하면 안 된다. 신성이 변하여 인성이 되거나 인성이 신성으로 화하는 것은 아니기 때문이다.[137]

---

137) 예수님의 신성이 변하여 인성이 되거나 인성이 신성으로 변화되었다고 생각하면 안 된다. 그래서 칼케돈 신조에서는 "두 본성이 혼돈이 없고, 변화도 없고, 분리도 없고, 별거도 없는 연합체로 알려졌으나 두 본성의 차이가 연합으로 인해서 결코 없어지지 않았으며"라고 하였고, 벨직신앙고백서 19조에서는 "그의 신성은 언제나 창조되지 않은 채로 남아 있어서 시작이나 끝나는 날도 없이 하늘과 땅을 채우듯이, 그의 인간의 본성도 그 고유성을 잃지 않고 피조물로서 남아 유한한 존재로서 시작한 날이 있으며, 실질적인 몸의 모든 고유성을 보유한다. 그리고

우리는 마리아의 살과 피를 취하여 성령의 능력으로 예수님의 인성이 형성되었다고 해서 하나님의 셰키나를 욕되게 했다고 생각지 않는다. 그분은 스스로 "근본 하나님의 본체시나 하나님과 동등됨을 취할 것으로 여기지 아니하시고 오히려 자기를 비어 종의 형체를 가져 사람들과 같이 되었고 사람의 모양으로 나타나셨으매 자기를 낮추시고 죽기까지 복종하셨으니 곧 십자가에 죽으심이라"(빌 2:6-7)는 말씀과 같이 자기를 낮추셨기 때문이다. 그분은 우리를 구원하시려고 낮고 천한 이 세상에 마리아의 살과 피를 취하여 성육신 하셔서 죽기까지 하신 것이다.

그러므로 마리아의 살과 피를 취하여 우리와 같은 형제가 되셔서 우리를 구원하셨다고 하는 것은 결코 주님의 Shekinah의 영광을 욕되게 하는 것이 아니다. 주님이 우리의 구원을 위하여 스스로 그렇게 비하의 신분을 취하셨으며, 그것은 주님의 은혜이기 때문이다. 그래서 우리는 그 주님의 놀라운 그 은혜를 믿기 때문에 감사함으로 주님을 섬기며, 그 놀라운 은혜를 전파하는 것이다.

(4) 최삼경 목사의 "월경잉태설"은 예수님은 더 이상 "세상 죄를 지고 가는 하나님의 어린양"으로서 십자가의 피 흘림의 구원의 역사를 부정하는 이단사상이다.

예수님은 "세상 죄를 지고 가는 하나님의 어린 양"(요 1:29)이요 "죽임을 당한 어린 양"(계 13:8)이시다. 우리가 대속함을 받은 것은 "오직 흠 없고 점 없는 어린 양 같은 그리스도의 보배

그가 부활하여 그의 몸이 죽지 않게 되었으나 그의 인간의 본성이 달라진 것은 아무것도 없다." 라고 하였다.

로운 피로 된 것"이다(벧전 1:19).

"하나님의 어린양"은 사람들의 죄를 대신 지고, 그 죄에 대한 죽음의 심판을 받으시고, 희생 제물이 되신 분이시다. "하나님의 어린양"의 죽음은 사람들을 자유하게 하여 구원하시는 것이기에 "하나님의 어린양"의 피는 하나님과 사람들에게 귀중한 피 이다.

"하나님의 어린양"은 사람으로 난 것이 아니라 하나님으로 난 것이다. 이 양은 하나님께 속한 것이요, 하나님께서 이 양을 제물로 쓰시기 위해 주시고 공급하신 것이다(창 22:8 참조). 예수님은 하나님의 어린 양으로서 그의 피 흘림은 인류 구원의 역사와 직결되어 있다.

그러나 최삼경 목사의 "월경잉태설"의 주장처럼 예수님께서 인간 마리아의 오염된 피를 타고 났다면, 예수님은 온전하신 "하나님의 어린양"의 자격을 상실한 것이며, 따라서 모든 사람들의 죄를 대신 지고 갈 자격을 상실했으며, 그런 "하나님의 어린양"은 하나님으로부터 난 온전한 것이 아니라, 타락한 인간 마리아의 피를 타고난 것이다. 하나님은 인간 마리아의 죄의 피가 섞인 "마리아의 어린양"을 믿는 우리를 의롭게 여기실 것인가?

"그리스도께서 마리아의 피를 받고 태어났다"는 주장은 정말 기독교의 근간을 흔들어 버리는 지극히 위험천만한 이단적 사상이다. 왜냐하면 레위기 17:11에 "육체의 생명은 피에 있음이라"라고 말하고 "생명이 피에 있으므로 피가 죄를 속하느니라"고 말하고 있기 때문이다. 예수님은 마리아의 피와는 아무런 상관이 없는 세상 죄를 지고 가는 어린양이시다. 어린 양의 피는 "흠 없고 점 없는 보배로운 피"(벧전1:18-19)이다. 그럼에도 최삼경 목사는 예수님의 피의 기원이 산모인 인간 마리아로부터 온 것이라고 함으로써 어린 양 그리스도의 피의 유일성과 독특성과 구속성을 훼손하고 있다.

최삼경 목사의 주장은 또한 그리스도의 속죄의 피가 인간 모친 마리아의 피라고 하여 만 인류를 구원하시는 구세주의 '보배로운 피'의 능력과 가치와 기원을 부정하였고, 그 결과 그리스도의 십자가에서 흘리신 피로 인한 인류의 구원을 부정하는 이단적인 주장을 하고 있다.

본 항목의 내용은 철저하게 피 속에 죄가 있고 피를 통해 죄가 유전된다는 통일교와 전도관식의 죄관으로 점철되어 있다. 그러므로 이런 내용은 이미 살펴본 내용이기도 하지만 잘못된 전제하에 주장하고 있는 것이므로 살펴볼 가치가 없다. 그러나 내용은 잘못되었다 해도 근거로 제시하고 있는 성경구절은 살펴보는 게 필요하다.

벧전 1:18~19

예영수 교수는 피 속에 죄가 있다는 자신의 주장을 입증하기 위해서 피에 대한 성경 구절들을 마구잡이로 끌어들였다. 그러나 대부분의 성경 구절들은 구생수 목사의 "피에 대한 잘못된 해석들"과 앞의 항목들에서 이미 살펴본 것 과 같이 통일교식 혈통 유전설에 근거한 잘못된 해석들이다. 그러므로 이미 살펴본 구절들은 반복을 피하기 위해 넘어가고 이제 여기에서 새롭게 등장하고 있는 베드로전서 1장 18-19절만 살펴보도록 하자. 베드로전서 1장 18-19절에는 다음과 같이 기록되어 있다.

너희가 알거니와 너희 조상의 유전한 망령된 행실에서 구속된 것은 은이나 금같이 없어질 것으로 한 것이 아니요 오직 흠없고 점 없는 어린 양 같은 그리스도의 보배로운 피로 한 것이니라(벧전 1:18-19).

예영수 교수는 베드로전서 1장 18절과 19절에 있는 말씀 중 '오직 흠 없고 점 없는 어린 양 같은 그리스도의 보배로운 피'라는 말씀을 근거로 마리아는 죄인이며 죄인에게는 더러운 피가 흐르고 있기 때문에 예수님은 마리아의 피를 받지 않았다고 한다. 그러나 이 구절 어디에도 마리아가 언급 되거나 그의 피에 죄가 있다는 식의 암시가 없다.

그렇다면 예영수 교수는 왜 이 구절을 예수님이 마리아의 피와 관련이 없다는 근거로 인용하고 있는 것일까? 그것은 그가 피 속에 죄가 있다는 전제하에서 죄인인 마리아는 죄된 피를 가지고 있었을 것이라 가정하고, 예수님의 피가 흠도 없고 점도 없다고 했기 때문에 마리아의 피를 받지 않았을 것이라 보고 있기 때문이다. 그러나 죄는 피 속에 있는 것이 아니다. 왜냐하면 그렇게 되면 죄가 물질이 되어버릴 뿐만 아니라 죄란 하나님과의 언약관계 속에 있는 것이기 때문이다.

피 자체에 능력이 있거나 죄가 있다면 어떻게 될까? 아마 예수님의 거룩하신 피가 한 방울이라도 묻지 않을 수 없었던 사람들, 즉 십자가에서 그분을 못 박거나 채찍으로 친 사람들이나 가시면류관을 씌웠던 사람들도 다 구원 받았을 것이다. 그리고 다쳐서 피를 흘린 사람은 죄가 적은 사람이 되고, 코피만 흘려도 죄를 쏟는 것이 될 것이다. 수혈만 받아도 죄를 받은 것이 되고 마는 어처구니는 일이 벌어지고 말 것이다.

베드로전서 1장 18절과 19절에 있는 말씀은 구약의 제사를 배경으로 하고 있다. 이스라엘 백성들은 유월절이나 속죄 제사를 지낼 때 짐승을 잡되 흠 없는 짐승을 잡아 그 피를 뿌림으로 제물을 하나님 앞에 바쳤다.

이것은 두 말 할 것도 없이 죄 없으신 예수 그리스도의 십자가의 대속적인 죽음의 사건을 예표 한 것이었다. 그러므로 베드로전서 1장 18절과 19절에서 말씀하고 있는 "흠 없고 점 없는 어린 양 같은 그리스도의 보배로운 피"라는 말은 피 자체를 의미하는 것이 아니라 죄 없는 주님의 대속적인 죽음을 가리키는 것이다.

　이와 같은 사실은 구약시대에 제물로 쓸 짐승을 선택할 때, 피 검사를 해서 죄 없는 정결한 피를 가졌는지 아니면 죄 있는 피를 가졌는지 검사해서 선택한 것이 아니라 육체적으로 흠 없는 것을 골랐다는 사실을 통해서 알 수 있다. 그런데 예영수 교수는 엉뚱하게도 죄 없으신 예수 그리스도의 대속적인 죽음에 관한 표현을 전도관식의 혈통 유전설적 입장으로 보기 때문에 그와 같은 해석을 하고 있는 것이다.

(5) 최삼경 목사의 "월경잉태설"은 아버지와 아들은 같은 본질의 하나님이시라는 삼위일체 신관을 부정하는 이단사상이다.

예수님 안에 마리아의 피가 있다면 예수님은 성부 성자 성령 삼위일체 하나님의 신분의 자격을 상실하게 되는 심각한 신학적인 문제에 봉착하게 된다.

4세기에 니케아 신조에 의하면, 전통적인 삼위일체론은 성부와 성자와 성령은 한분 하나님으로서 그 본질(substantia)은 같으시나 삼위의 위격은 구분된다고 본다. 아들은 아버지와 같은 본질로서(The Son is of the same substance with the Father), 그래서 삼위일체는 한 본질에 세 인격(one substance, three persons)의 '구분'(distinctio)으로 보았다. 그리스도는 아버지와 하나의 본질이시다(Christ is on one substance with the Father)라는 신학사상을 '호모우시오스'(homoousios)로 표현하고 이것을 정통교리로 받아들였다.

그 반면에 다른 삼위일체론은 아들은 본질상 하나님 아버지처럼 보인 분(the Son is essentially like the Father)이지만 같은 본질은 아닌(not of the same substance) 분이라는 것이다. 말하자면 삼위일체의 하나님 아버지와 아들 예수는 '분리'(separatus)로 보는 것으로 아들은 아버지에게 종속된 것이라는 것이다. 심지어는 "아들은 존재하지 않은 때가 있었다"는 아리우스(Arius, c. 256-336) 사상이 여기에 속한다. 아리우스는 예수님의 완전한 신성을 부인함으로서 318년에 파문되었다. 아리우스주의(Arianism)가 널리 퍼져나가자 콘스탄티누스 대제가 니케아회의를 소집하여 325년 5월 20일에 아리우스와 그의 가르침을 정죄함으로서 문제를 해결했다.

만일 예수 그리스도의 피 속에 죄로 오염된 피를 지닌 마리아의 피가 흐르고 있다면, 예수님이 아담의 후예로 죄 있는 몸이 되기 때문에 예수님은 하나님과 같은 본질의 분이 아니라 아담의 후예로서 피조물이 되는 것이다.

그렇게 되면 최삼경 목사의 "월경잉태설"은 예수님의 피에 죄인 된 마리아의 피가 섞여있다고 주장함으로서, 예수님을 하나님과 하나의 본질(of one substance)로 보지 않고, 하나님처럼 보이는 분(like the Father)으로 보는 것이다. 이처럼 "월경잉태설"과 같이 아들 예수님과 아버지 하나님을 분리하여 보는 사상은 아리우스의 이단사상과 일맥상통한다. 이것은 '호모우시오스'(homoousios) 신학사상이 아니라 '호모이우시오스'(homoiousios) 신학사상을 말한다. 니케아공회는 아타나시우스 신조에 근거하여 homoousios는 기독교의 정통교리로 인정했으나 homoiousios는 이단교리로 퇴출시켰다.

예영수 교수의 이와 같은 주장을 보면 그가 억지를 부리고 있는지 아니면 교수라는 직함이 무색하게 모르고 이와 같은 주장을 하고 있는지 헷갈린다.

교리는 주로 기독론을 중심으로 발전 하였다. 유대인들은 매일 아침마다 외우는 신명기 6장 4절에 근거해 유일신 사상을 가지고 있었다. 그러므로 유대인들 가운데 기독교인이 된 사람들은 예수님을 누구로 믿어야 하느냐 하는 문제가 발생하게 되었다.

기독교의 울타리 안에 들어온 어떤 유대인들은 예수님을 하나님으로 인정할 수 없었다. 예수님을 하나님으로 믿게 되면 두 하나님을 믿게 됨으로 유일신 사상이 무너지고 다신론이 되기 때문이었다. 그래서 그들 가운데에는 예수님은 평범한 사람이었는데 세례 받을 때 메시야가 되었다고 주장하는 사람들도 있었다.

이런 주장을 가리켜 흔히 역동적 단일신론 혹은 양자설이라 하는데, '에비온파'로 알려진 자들이 이런 주장을 했다. 최초의 이단 논쟁은 결국 예수님의 신성을 다룬 것이었다.

예수님의 인성을 부인한 자들도 있었다. 영지주의자로 알려진 자들은 영은 선하고 물질은 악하다는 헬라철학의 영향으로 예수님의 인성을 부정했다. 그들은 선한 영이 어떻게 악한 육체에 임했겠느냐고 하면서 예수님은 육체를 입은 것처럼 보였을 뿐 실제로 육체를 가진 것은 아니라고 했다. 그들은 가현설을 주장한 것이다.

또 다른 이단도 있었다. 소위 '양태론'이라는 것인데, 이것은 하나님은 유일하신 분으로 한 분이시지만 구약시대에는 성부로, 신약시대에는 그 성부가 성자의 모습으로 모양만 바꾸어서 나타나셨다는 식으로 주장했다. 그러나 이런 양태론은 치명적인 약점을 가지고 있었다. 성경에는 예수님이 세례 받으실 때 삼위 하나님이 동시에 나타나는데, 이 주장에 의하면 성부시대에는 성자와 성령이, 성자시대에는 성부와 성자가 없었다는 주장이 되기 때문이다.

기독교의 교리는 이와 같이 기독론을 중심으로 발전하면서 처음으로 정리 된 것이 삼위일체 교리였다.

성부와 성자와 성령 삼위 하나님과의 관계를 다룬 삼위일체 논쟁은 대략 아리우스가 출교처분이 내려진 알렉산드리아 회의(A.D. 318년)부터 시작해서 성령론까지 정리된 콘스탄티노플 종교회의(A.D. 381년)까지 약 60여년의 세월이 걸렸다. 그리고 그 후에야 본격적으로 예수님의 신인 양성의 관계를 다룬 기독론의 논쟁이 시작되었다.

전체적인 교리 논쟁이 주로 기독론을 중심으로 시작되었기 때문에 삼위일체 논쟁이 끝나고 기독론 논쟁이 시작되었다고 말하기는 어렵다. 시기적으로 중첩되기도 했고 삼위일체 논쟁도 기독론 논쟁이라 볼 수 있기 때문이다.

예수님의 신인 양성을 다룬 기독론 논쟁은 대략 아폴리나리우스 논쟁이 시작된 A.D. 360년부터 시작해서 A.D. 680년에 있었던 제 3차 콘스탄티노플 회의에서 일의론을 정죄하기까지 약 300년 이상이 걸려서야 정리 되었다.

그러므로 A.D. 325년에 있었던 니케아 종교회의는 성부 하나님과 예수 그리스도의 신성에 관한 문제를 다룬 삼위일체 논쟁이었지 그분이 인성을 취하여 성육신 하신 사건을 다룬 기독론 논쟁이 아니었다. 그런데 예영수 교수는 삼위일체 중 제 2위의 하나님이신 성자께서 인성을 취하여 그분이 어떤 방식으로 참 하나님임과 동시에 참 사람이 되었는가 하는 문제를 다룬 기독론 논쟁을 삼위일체 논쟁으로 설명하고, 다만 죄가 없을 뿐 우리와 동일한 예수님의 몸인 그분의 인성까지도 하나님의 본질인 신성으로 설명하는 우를 범하고 있다. 그러나 예수님의 몸이 본래의 하나님의 본질이었다면 하나님은 본래 육체를 지닌 분이 되고 만다.

예수님의 신인 양성 문제를 잘 정리한 회의는 A.D. 451년에 있었던 칼케돈 회의였다.

칼케돈 신조(451)

종교회의는 성육신의 신비를 두 아들로 나누고자 했던(네스토리우스는 이것 때문에 정죄당했다) 사람들을 거부하며, 또한 독생자의 신성(神性)이 수난 가능하다고 감히 주장하는 자들(아리우스 또는 유티케스?)은 성직에서 추방한다. 그리스도의 두 본성을 혼합 또는 혼동하는 자(유티케스)들을 거부한다.

그분이 우리에게서 취하신 「종의 형상」 (인성)을 하늘에, 또는 어떤 다른(인간이 아닌) 본질(이것 때문에 아폴리나리스는 정죄 당했다)에 속한다고 상상하는 자들을 출교한다. 그리고 주께서는 두 본성이 연합되기 전에는 두 본성을 가지고 계셨고, 연합된 후에는 한 본성만 가지고 계셨다고 생각하는 자들(유티케스)을 출교한다.

거룩한 교부들을 좇아 우리도 이구동성으로 우리 주 예수 그리스도이시며 단 한 분이신 독특한 아들이 완전한 하나님이시며 완전한 인간, 즉 참 하나님이신 동시에 참 인간이신 것과 이성적인 영혼과 육체를 가지고 계신 것으로 믿고 고백한다. **그분은 하나님으로서 성부와 동일 본질(homoousios)이시며, 또한 사람으로서 우리와 동일 본질(homoousios)이시다. 그분은 모든 점에서 우리와 같으시나 죄는 없으시다.** 그분은 하나님으로서 태초에 성부에게서 나셨고 마지막 때에 우리를 구원하시기 위해 동정녀 마리아에게서 사람으로 태어나셨다(theotokos). 이 전혀 동일한 그리스도, 성자, 주님, 독생자는 두 본성을 가진 것으로 공표되었는데, 이 두 본성은 혼동되거나 변하거나 나누어지거나 분리되는 것이 없이 존재한다. 그 본성들의 특성은 통일에 의해 결코 사라지는 것이 아니라, 오히려 각 본성의 독특한 속성이 보존된다. 두 본성은 한 존재 곧 한 본질(hypostasis)에 결합되었다. 이것들은 두 존재로 나누어지거나 분리되는 것이 아니라 전혀 동일한 성자, 독생자, 하나님, 말씀, 주 예수 그리스도이시다. 이것은 바로 옛 선지자들이 그분에 대해 말씀하셨고, 주 예수 그리스도께

서 우리에게 가르치셨고, 교부들의 신경이 우리에게 전하여 준 것이다.[138]

예영수 교수가 칼케돈 신조에서 예수님의 인성에 관하여 "그분이 우리에게서 취하신 「종의 형상」(인성)을 하늘에, 또는 어떤 다른(인간이 아닌) 본질(이것 때문에 아폴리나리스는 정죄당했다)에 속한다고 상상하는 자들을 출교한다"라고 한 것을 제대로 이해했다면 이번 항목과 같은 공격을 할 수 있었을까?

(6) 최삼경 목사의 "월경잉태설"은 예수님에게 마리아의 피가 섞였다고 함으로서 예수님의 영생(eternal life)을 갖게 하는 보혈의 피를 웃음꺼리로 만들어 버리는 이단사상이다.

우리는 이 시점에서 최삼경 목사의 "월경잉태설"의 주장은 단순히 "정확하지 못한 말이요 불필요한 사색"의 단계를 훨씬 넘어 정말로, 진실로 정말로, 뉴에이지 운동이나 영지주의의 발상처럼, 기독교를 근본적으로 파괴하려는 이단적 교리의 발상임에 틀림없다. 최삼경 목사의 주장처럼:
▶ 인류 구원을 위한 하나님의 어린양의 피에 마리아의 피가 섞여 있다면,
▶ 우리의 구원을 위해 마셔야 할 인자의 피에 마리아의 피가 섞여 있다면,
▶ 죄 사함을 얻게 하려고 많은 사람을 위하여 흘리는바 예수님의 언약의 피(마 26:28)에 마리아의 피가 섞여 있다면,
▶ 우리를 의롭게 하실 그 피(롬 5:9)에 마리아의 피가 섞여 있

---

138) 토니 레인, 『기독교 사상사』, 김응국(역)(서울: 나침반사, 1993), pp.110-111.

다면,

▶ 우리가 주님을 기념하기 위하여 주님의 피로 세운 새 언약의 잔을 마실 때마다(고전 11:25) 마리아의 피가 섞여 있다면,

▶ 예수님의 피로 말미암아 속량 곧 죄 사함을 받게 된 그 피(엡 1:7)에 마리아의 피가 섞여 있다면,

▶ 땅에 있는 것들이나 하늘에 있는 것들이나 다 그리스도의 십자가의 피로 평화를 이루셨는데, 그 피(골 1:20)에 마리아의 피가 섞여 있다면,

▶ 우리가 예수님의 피를 힘입어 성소에 들어갈 담력을 얻는데, 그 피(히 10:19)에 마리아의 피가 섞여 있다면,

▶ 우리가 대속함을 받은 것은 오직 흠 없고 점 없는 어린 양 같은 그리스도의 보배로운 피로 된 것인데(벧전 1:19), 그 피에 마리아의 피가 섞여 있다면,

▶ 그의 아들 예수님의 피가 우리를 모든 죄에서 깨끗하게 하실 것인데(요1 1:7), 그 피에 마리아의 피가 섞여 있다면,

▶ 예수님의 피로 우리 죄에서 우리를 해방하셨는데(계 1:5), 그 피에 마리아의 피가 섞여 있다면,

▶ 생명나무에 이르는 권리를 차지하고 성문으로 해서 성에 들어가려고, 자기 겉옷을 보혈로 깨끗이 빠는 사람은, 복이 있다 했는데(계 22:14), 그 피에 마리아의 피가 섞여 있다면,

▶ "내 살을 먹고 내 피를 마시는 자는 영생을 가졌고 마지막 날에 내가 그를 다시 살리리니" 라고 하셨는데(요 6:54), 이 영생(eternal life)을 갖게 하는 피에 마리아의 피가 섞여 있다고 한다면…

이 모든 예수님에 관한 것은 말장난에 불과한 것이 되든지, 아니면 그야말로 우리는 예수님과 함께 마리아를 경배하고 그녀를 영원히 찬양하며 송축해야 할 것이다. 왜냐하면 예수님의 보혈

은 마리아의 피로 연결되어 있기 때문이다.

예영수 교수가 제기하고 있는 마지막 여섯 번째는 새로운 것이라 기보다 지금까지 그가 제기했던 모든 것을 한꺼번에 모아놓은 것이다. 그는 잘못된 통일교와 전도관식의 죄관과 육체가 악하다고 생각한 영지주의와 비슷한 사상을 가지고 예수님이 마리아의 혈통이라 할 수 있는 다윗의 혈통으로 나셨다(롬 1:3)는 것과 우리와 같은 혈육에 참여하셨다(히 2:14)는 성경을 부정할 뿐만 아니라 마리아의 본질인 살과 피를 받아 나셨다는 신앙고백들(하이델베르크 요리문답 35문, 벨직신앙고백서 18항, 웨스트민스터 신앙고백서 8장 2항)을 정면으로 부인하며 심지어 정죄하고 있는 것이다.

그렇다면 우리는 비성경적일 뿐만 아니라 반신앙고백적인 예영수 교수의 이와 같은 주장에 대해 어떠한 태도를 취해야 할까?

5. 이광호 박사

이광호 박사는 포럼에서 "예수님의 성령에 의한 잉태와 동정녀 탄생 -최삼경 목사의 소위 '월경잉태론'을 염두에 두고-"라는 제목으로 발제하여 최삼경 목사를 공격하였다.[139] 이제 이광호 교수의 주장을 살펴보자.

1. 시작하는 말

복음의 본질은 무엇인가? '하나님의 형상'대로 지음을 받은 인간은 아담의 범죄로 인해 멸망의 위기에 빠지게 되었다. 우리는 하나님의 영원한 작정과 죄에 빠진 자기 백성을 구원하시기 위해 이 땅에 오신 독생자 예수 그리스도의 본질에 관한 올바른 이해를 하지 않으면 안 된다.

기독교 역사 가운데는 '기독론'에 대한 잘못된 주장으로 인해 수많은 이단들이 양산되어 왔다. 우리의 믿음의 선배들은 진리의 복음을 지키기 위해 성경의 교훈을 면밀히 검토하는 가운데 이단 사상에 대해 매우 단호하게 대처했다. 따라서 우리시대 역시 하나님의 몸 된 교회를 온전히 보존하기 위해 그에 대한 분명한 이해를 해야만 한다.

고대 교회에서는 인간의 모습으로 이 땅에 오신 예수 그리스도의 존재에 관련된 논쟁들이 많았다. 기독교 초기에는 영지주의적 배경을 지닌 가현설(假現說, Docetism)이 등장했다. 이는 점차 삼위일체 하나님에 관한 문제와 연관되어 그리스도의 본질에 관련된 문제로 발전되어 갔다. 이단자들은 그리스도가 성부 하나님과 동일본질(homoousios)을 가진 존재가 아니라 유사본질(homoiusios)을 소유하고 있는 것으로 주장했다.

---

139) <http://www.ecumenicalpress.co.kr/article.html?no=49443> (2010.4.13)

한편 양태론자들은 그리스도를 성부와 성령과 동일한 존재로서 겉으로 나타나는 모습만 상이할 따름이라는 주장을 내세웠다. 즉 그들은 한 하나님이 성부 성자 성령의 다양한 모습으로 나타나게 되었다는 식으로 생각했다. 그리고 단성론(monophysitism)은 예수 그리스도는 신성을 주로 소유하고 있었을 따름이며 예수의 인성은 그리스도의 신성에 예속되어 있다고 주장했다.

또한 이성주의와 과학주의 사조와 더불어 19세기 후반 이후 흥행하기 시작한 자유주의 신학에서는, 성경에 기록된 예수 그리스도를 삼위일체 하나님의 한 위로 보지 않고 인간들 가운데 윤리적으로 뛰어난 종교인으로 보고 있다. 소위 '역사적 예수'(Historical Jesus)를 주장하는 사람들이 곧 그들이다. 그런 자들은 역사 가운데 실제로 살아 활동하셨던 예수 그리스도를 외면하고, 저들의 이성을 통해 조작한 '역사적 예수'를 상상하게 되는 심각한 오류를 범하게 되었다.

2. 예수님은 과연 마리아의 피를 이어받았는가?

현대 기독교 내부에도 예수 그리스도를 수많은 인간들 가운데 한 사람이라는 주장을 펼치는 자들이 많이 있다. 그는 훌륭한 인간이요 탁월한 종교인이었을 따름이라는 것이다. 그런 주장을 하는 자들은 예수를 마리아의 몸에서 태어난 종교적 영감을 받은 한 인간으로 볼 뿐 전능하신 하나님이자 거룩한 하나님의 아들이란 사실을 부인한다. 그들은 인간의 몸을 입고 이 세상에 오신 예수 그리스도의 완벽한 신성을 부인하고 있는 것이다.

또한 우리 주변에는 예수님이 타락한 아담의 피와 연관된 인간의 피를 이어받아 출생했다고 주장하는 자들이 있다. 예수님은 마리아의 육신을 통해 출생했으므로 그녀의 피를 물려받았다는 것이다. 소위 '마리아 월경잉태설'로 일컬어지고 있는 이 주장은 매우 위험한 교리이다. 이는 예수님이 죄인인 인간의 피를 이어받았다고 주장함으로써 예수 그리스도의 거룩한 본질에 심각한 도전이 되기 때문이다. 즉 그런 주장은 거룩성을 배경으로 하는 성부와 성자의 동일본질을 부인하는 이단적 결과를 초래하게 되는 것이다.

하나님께서 구속사(Redemptive History) 가운데 친히 행하시는 모든 사역에 대해서는, 죄로 말미암아 타락했을 뿐 아니라 지극히 제한된 지적능력을 지닌 인간들의 두뇌와 경험에 따라 가늠하고 판단할 성질의 것이 아니다. 우리는 성경을 통해 계시된 하나님의 말씀을 기록된 그대로 믿고 받아들일 따름이다. 자칫 잘못하면 인간의 이성주의가 삼위일체 하나님의 본질을 망각한 채 예수님을 죄에 빠진 인간과 비슷한 존재로 만들어 버리려 하는 심각한 오류에 빠지기 쉽다.

성경은 우리에게 성자이신 예수 그리스도의 존재에 대해 어떻게 말하고 있는가? 예수님은 창세전부터 약속된 그리스도로서 하나님의 아들 곧 하나님 자신이다(벧전1:20, 참조). 그는 때가 되어 인간의 몸을 입고 완벽한 인간으로서 이 세상에 오셨지만(갈4:4) 죄에 빠진 보통 인간들과는 분명히 구별되시는 분이다. 모든 인간들은 남녀의 성적인 관계에 의해 이 땅에 출생함으로써 타락한 조상들로부터 살과 피를 이어받았다. 그 살과 피는 원천적으로 범죄한 아담의 몸에 근거를 두고 있다.

그러나 예수 그리스도는 죄로 오염된 인간이 아니라 성령에 의해 잉태되신 분이다(마1:18). 그는 죄악에 빠진 인간으로부터 오염된 살과 피를 이어받은 것이 아니라 하나님으로 말미암아 이 땅에 오신 본성적으로 거룩한 분인 것이다. 그러므로 성경은, 모든 인간은 땅에서 태어났지만 예수 그리스도는 위로부터 출생하신 분이란 사실을 증거하고 있다(요3:31,32).

이제 필자는 하나님께서 이 세상에 보내신 예수 그리스도의 본성적 존재에 관한 성경의 교훈들을 언약적 관점에서 살펴보고자 한다. 인간의 몸을 입고 이 땅에 강림하신 주님은 완벽한 인간의 몸을 입고 계셨지만 보통 인간들과는 전혀 다른 완벽한 하나님이셨다. 성경에 기록된 분명한 말씀에도 불구하고 하나님의 뜻을 깨닫지 못한다면 안타까운 일이라 아니할 수 없다.

이광호 교수는 밑줄 친 곳들을 통하여 확인할 수 있는 것과 같이 인간의 살과 피를 죄악시 한다. 예영수 교수와 마찬가지로 영지주의적 사고나 피 속에 죄가 있고 피를 통해 죄가 유전된다고 하는 주장을 하고 있다. 그러나 이것은 앞에서 살펴본 것과 같이 아주 잘못된 사상이다. 그런데 그의 주장의 문제점은 그뿐만이 아니었다.

이광호 교수의 주장에는 아주 근본적으로 잘못된 것이 있다. 그는 "예수님이 죄인인 인간의 피를 이어받았다고 주장함으로써 예수 그리스도의 거룩한 본질에 심각한 도전이 되기 때문이다. 즉 그런 주장은 거룩성을 배경으로 하는 성부와 성자의 동일본질을 부인하는 이단적 결과를 초래하게 되는 것이다"라고 하거나 "인간의 이성주의가 삼위일체 하나님의 본질을 망각한 채 예수님을 죄에 빠진 인간과 비슷한 존재로 만들어 버리려 하는 심각한 오류에 빠지기 쉽다"라고 한다. 그러나 이것은 예수님에게 한 본성만 있는 것이 아니라 두 본성이 있다는 사실을 망각한 것이다.

예수님의 두 본성

성부와 성자와 성령 삼위일체 하나님은 신성이 하나로 동일본질이시다. 그러나 예수님은 한 위격 안에 두 본성을 가지셨다.

예수님은 삼위일체 중 제 2위의 하나님이신 성자께서 인성을 취하여 신인으로 탄생하신 분이시다. 즉, 그분은 성자 하나님의 인격으로써 인격이 하나이기 때문에 하나님과 사람이라는 두 분이 아니라 한 분이시지만 하나님으로써의 중단됨이 없이 마리아에게서 인성을 취하여 신인 양성을 가져 참된 하나님임과 동시에 참된 인간이 되셨다. 그러므로 그분은 신성으로는 하나님과 동일본질이지만 인성으로는 하나님과 동일본질이 아니라 우리 인간과 동일본질이시다.

예수님께는 서로 다른 두 본성이 있다. 그분은 신성과 인성의 두 인격이 아니라 성자 하나님의 한 인격을 가지셨기 때문에 육체를 입었어도 삼위일체 하나님이라 할 수 있다. 그러나 그분은 하나님으로서 한 본질만 있는 것이 아니라 인성을 가지셨기에 신성과 다른 본질도 있다. 그런데 이광호 교수는 예수님이 마리아의 피를 받았다는 것은 그분의 인성에 관한 문제임에도 불구하고 그것을 성부와 성자의 동일본질을 부정하는 이단이라 하거나 삼위일체 하나님의 본질을 망각한 채 예수님을 죄에 빠진 인간과 비슷한 존재로 만들어 버리려 하는 심각한 오류라는 식으로 비판하고 있다.

그러므로 이광호 교수의 주장은 마치 남의 다리 긁고 있는 것과 같은 엉뚱한 짓과 같다.

예수님에게는 신인 양성의 두 본성이 있다. 그러므로 그분에게 마치 한 본성만 있는 것처럼 생각하고 인성의 문제에 대해 신성의 잣대를 댄 이광호 교수의 주장에는 근본적인 결함이 있는 것이다.

단성론

이광호 교수는 시작하는 말에서 기독교의 역사를 언급하며 영지주의적 가현설과 양태론, 그리고 단성론 등의 이단에 대해 언급한다.

단성론이란 신성으로는 하나님과 동일본질이고 인성으로는 우리와 동일본질이라는 예수님의 두 본성을 하나의 본성만 있는 것처럼 주장하는 것이다. 혼합 없이, 변화 없이, 분열 없이, 분리 없이, 한 인격에 연합되어 있는 주님의 구별된 신성과 인성의 두 양성을 무시하고 그분에게 마치 신성만 있는 것처럼 주장하는 것이다.

아폴리나리우스는 바로 이런 단성론을 주장하다 이단으로 정죄되었다. 그런데 이광호 박사는 이런 단성론을 이단이라 언급하고, 예수님을 완벽한 인간이라 하면서도 마리아의 피를 받았다면 성부와 성자의 동일본질임을 부인하는 이단이라고 공격한다. 단성론을 이단이라 하면서도 자신이 단성론의 입장에서 예수님의 인성에 마리아의 피가 관련되어 있다면 그것은 하나님과의 동일본질임을 부인하는 이단이라 하니 참으로 어이없다. 그런데 이광호 박사의 이와 같은 어이없는 주장은 또 있다.

(1) 기독신보와 이광호

박윤식 목사가 이단이 아니라고 하며 그를 옹호하는 기독신보에는 2011년 2월 28일자의 이슈와 해설 란에 "「이단 바로 알기」현대종교 출간(대표이단 12개 종류) 통합 최삼경 월경잉태 '이단 조사중'"이라는 제목의 글이 있다.

사실, 필자는 박윤식 목사의 무월경잉태설을 비판하였다. 웨스트민스터 신앙고백서 8장 2항부터 시작해서 칼빈, 박형룡 박사, 루이스벌콥, 로이드존스 등의 주장을 소개하면서 우리가 믿고 있는 신앙고백서뿐만 아니라 이와 같이 수많은 학자들도 박윤식 목사의 주장은 반대하는 것이라 하였다. 그런데 기독신보에서는 필자가 제시한 웨스트민스터 신앙고백서를 이광호 교수가 번역한 웨스트민스터 신앙고백서와 해설로 반박하였다.

<필자가 제시한 웨스트민스터 신앙고백서 8장 2항>

성삼위 중에 제2위이신 하나님의 아들은, 참되시고 영원하신 하나님이시오, 성부와 한 본체이시며 또한 동등하신 분으로서, 때가 차매 인간의 본성을 입으셨다. 또한 인간의 본성에 속한 모든 본질적인 성질들과 일반적인 약점들을 아울러 취하셨으나, 죄는 없으시다. 그는 성령의 능력으로, 동정녀 마리아의 몸에 잉태되시고, 그녀의 피와 살을 받아 태어나셨다. 그러므로 두 개의 온전하고, 완전하고, 구별된 본성인 신성과 인성이, 전환이나 혼합이나 혼동됨이 없이 한 위격 안에서 분리할 수 없게 서로 결합되었다. 그 위격은 참 하나님이자 참 사람이시되, 한 분 그리스도시요, 하나님과 사람 사이의 유일한 중보자이시다.

이 웨스트민스더 신앙고백서 8장 2항은 박윤식 목사의 신학사상에 문제가 없다고 했던 개신대의 신학검증위원회 위원장 나용화 교수가 번역한 것이었다. 웨스트민스터 신앙고백서들은 수많은 번역본들이 있지만 필자는 일부러 그가 번역한 것을 소개하면서 당신도 밑줄 친 곳과 같이 '동정녀 마리아의 몸에 잉태되시고 그녀의 피와 살을 받아 태어나셨다' 라고 하지 않았느냐? 그런데 어떻게 당신이 번역한 것과 완전히 다른 주장을 하면서 예수님이 마리아의 피를 전혀 받지 않았다고 한 박윤식 목사에게 이단성이 없다고 할 수가 있느냐? 라고 하는 뜻으로 그의 번역을 제시한 것이었다.

그런데 기독신보에서는 바로 이 부분을 공격하였다. 필자가 제시한 나용화 교수의 웨스트민스터 신앙고백서의 번역이 잘못되었다는 것이다. 그리고 그 증거로 제시한 것 중의 하나가 바로 이광호 교수가 번역하고 해설한 웨스트민스터 신앙고백서였다. 기독신보는 다음과 같이 기록되어 있다.

> 이광호목사의 웨스트민스터 신앙고백서에는 - '성령의 능력으로 말미암아 죄성 없이 동정녀 마리아의 몸에 그의 체질로 잉태되어 출생하셨다.' 제8장 2항 하단에서 - '만일 예수 그리스도께서 마리아의 피와 살을 이어 받았다면 그것은 범죄한 아담의 피와 살을 이어 받았다는 말과 같다. 그러나 결코 그럴 수 없다. 예수님은 아담의 피와 살과도 무관하다. 예수님께서는 그의 자궁을 빌렸을 뿐 피와 살을 이어 받은 것은 아니다.'고 기록하고 있다.[140)]

기독신보에서는 나용화 교수가 '동정녀 마리아의 몸에 잉태되시고, 그녀의 피와 살을 받아 태어나셨다' 라고 번역한 것은 잘못되었고, 이광호 교수가 '동정녀 마리아의 몸에 그의 체질로 잉태되어 출생하셨다' 라고 한 것은 바른 번역이라고 하였다.

참 웃기지도 않는 주장이다. '그의 체질'과 '그녀의 살과 피'는 같은 의미이다. 그녀의 살과 피라는 말은 그녀의 체질이란 말을 좀 더 구체적으로 표현한 것이기 때문이다. 그러므로 그 둘은 같은 뜻이다. 그런데 이광호 교수는 이와 같은 사실을 무시하고 그 둘이 서로 다른 것이라고 한 것이다.

이광호 교수는 예수님이 '동정녀 마리아의 몸에 그의 체질로 잉태되어 출생하셨다'고 하면서도 그것에 대해 설명하기를 '만일 예수 그리스도께서 마리아의 피와 살을 이어받았다면 그것은 범죄한 아담의 피와 살을 이어 받았다는 말과 같다' 라고 하면서 '예수님께서는 그의 자궁을 빌렸을 뿐 피와 살을 이어 받은 것은 아니다'고 하였고, 기독신보는 옥석을 구별하지 못한 체 그것을 인용하며 필자를 비판하였던 것이다. 참 우습지도 않다.

---

140) <http://www.ikidok.org/ca_newspaper/detail.php?aid=1298869084> (2011.2.28.)

박형룡 박사의 철퇴

예수님이 마리아의 살과 피와는 무관하고 다만 그의 자궁만 빌려서 태어나셨다는 주장은 이단자였던 말시온이나 재세례파와 같은 주장이다. 그래서 박형룡 박사 저작전집 제 4권에서는 그리스도의 인성의 완전성을 부인한 아폴리내리안(Apollnaris)이 381년에 콘스탄티노플에서 정죄 받았다라고 하면서 "인류의 일원화"라는 제목으로 다음과 같이 기록하고 있다.

성육신은 그리스도를 인류의 일원으로 만들었다. 초대 이단자들 중에서 혹은 그리스도가 진정한 인생 신체를 가지지 아니하셨다 하고 혹은 그의 신체는 물질로 구성된 것이 아니라 천적실질로 형성되었다고 말하였다. 그런고로 교부들은 그들에게 반대하여 그는 「동정녀 마리아의 실질로 출생되셨다」는 문구를 그들의 신조에 삽입하였다.
재세례파의 교훈에 반대하여 웨스트민스터 신도게요서 8장 2조는 그리스도께서 그의 모친의 실질로부터 인성을 취해 입으셨다는 것을 긍정한다. 재세례파 중에 성행하는 의견은 주께서 그의 인성을 하늘로부터 가져오셨고 마리아는 그것이 통과하여 온 운하 혹 도관뿐이었다는 것이었다.
그 견해에 의하면 그의 인성은 실로 새 피조물이어서 우리의 것과 유사하면서도 유기적으로 연결된 것이 아니었다. 죄는 물질적인 무엇인 듯이, 그들은 그리스도가 만일 마리아로부터 살과 피를 취하셨다면 그는 거룩하지 못하실 것이라 하였다. 그 견해에 반대할 필요는 쉽게 알려질 것이다. 만일 그리스도의 인성이 우리의 것과 같은 근원에서 오지 않고 유사하기만 하다면 우리의 복리를 위한 그의 중재에 필요한 밀접 관계가 우리와 그의 사이에 있을 수 없다.
주께서 그의 모친의 실질로부터 인성을 취해 입으셨다는 것은 그가 여인에게서 나셨다고 한 성경적 진술에 함의되었으니 그 진술은 주께서 다른 아이들이 여인에게서 출생됨과 같은 의미로 출생되셨다는 것

밖에 다른 것을 의미할 수 없다. 이것은 그의 성육신에 근본적으로 중요하니 성육신은 그가 혈육에 동참하심으로 사람들과 같이 되시어 그들로 하여금 그의 동생이 되게 함이었다(히2:14).[141]

박형룡 박사의 이 글은 더 이상 설명이 필요하지 않을 정도로 예수님이 마리아의 살과 피와 관계가 없고 다만 자궁만 빌렸을 뿐이라는 사람들에게 철퇴를 내리는 것과 같다. 그들의 주장은 정확하게 박형룡 박사가 지적하고 있는 이단자들의 주장과 같은 것이기 때문이다.

(2) 성경 해석과 적용의 오류들

이광호 교수는 예수님의 인성에 관한 문제를 신성의 잣대로 비판한다. 그는 최삼경 목사가 예수님의 인성에 관해 언급한 것을 메시야 예언 속에 나타난 그분의 신성을 제시하면서 그분이 우리 인간과 얼마나 다른 존재인가 하는 것을 통해 최삼경 목사를 비판하고 있는 것이다.

사실, 예수님의 인성이 오늘 우리와 다른 점이 있는 것은 사실이다. 그분은 참 사람이기는 하지만 죄가 없다는 측면에서 우리와 다르며, 보통 생육법(자연스런 출생)으로 출생하지 않았다는 면에서 우리와 다르다. 그러나 그분의 인성은 그 외의 모든 면에 있어서 우리와 일치한다.

이광호 박사는 예수님도 참된 인간임은 인정한다. 그러나 그가 주장하는 인성은 마리아와 상관없는 하늘에서 온 신인류에 해당하

---

141) 박형룡, 『박형룡박사 저작전집 제 4권』(서울: 개혁주의신행협회, 2011), pp.144-145.

는 인성이다. 결국 우리와 동일본질인 예수님의 인성을 실제적으로
는 부인하고 있는 것이다.

　이제 메시야의 예언을 통해 이광호 박사가 예수님의 인성에 대해
무슨 주장을 하고 있는지 살펴보자.

① 여자의 후손

　이광호 박사는 메시야의 예언 중 '여인의 후손'에 관한 것을
통해 다음과 같이 주장한다.

3. 성경에 나타난 진리의 계시

(1) '첫 번째 아담'의 타락과 이 땅에 오실 '두 번째 아담'
에 관한 예언

① '그 여자의 후손'으로 오시게 될 초기 메시아 예언
사탄은 하나님의 형상대로 창조된 아담을 유혹해 죄와 사망에
빠뜨렸다. 그로 인해 아담과 그에게 속한 모든 인간들은 파멸의
구렁텅이에 빠지게 되었다. 그렇게 되자 하나님께서는 사탄을
응징하고 심판하시기 위해 특별한 '여자의 후손'을 보내시겠
다는 언약을 하셨다(창3:15). 우리가 여기서 관심을 기울여야
할 바는, 하나님께서 왜 앞으로 오시게 될 그를 '아담의 후
손' 혹은 '남자의 후손'이라 말씀하시지 않고 구태여 '여자
의 후손'이라 칭하셨는가 하는 점이다.
그 용어 가운데는 이 세상의 일반적인 여성들의 출산과정과는
다른 특별한 여성을 통한 신비한 메시아 출생에 관련된 예언이

내포되어 있다. '그 여자의 그 후손'은 죄에 빠진 아담의 살과 피를 이어받은 후손이 아니라 죄와 아무런 상관이 없는 거룩한 몸의 상태로 '여자의 후손'으로 이 땅에 오시게 된다. 이는 그가 자신을 잉태하여 분만하게 될 여성의 몸을 통해 인성을 취하시게 되지만, 죄에 물든 그녀의 피와 살이 그에게 영향을 끼치지 않을 것이란 사실을 시사하고 있다.

이광호 박사는 창세기 3장 15절에 등장하고 있는 '여인의 후손'이라는 메시야의 예언을 통해 최삼경 목사를 공격한다. 그는 그 예언에 남자의 후손이라 하지 않고 여인의 후손이라 하였기 때문에 그것은 일반적인 여인들의 출산과정과 다른 특별한 여성을 통한 메시야의 신비한 출생에 관련된 예언이 내포되어 있다는 것이며, 그가 비록 자신을 잉태하여 분만하게 될 여성의 몸을 통해 인성을 취하게 되지만 죄에 물든 그녀의 피와 살의 영향을 받지 않을 것이 거기에 시사되어 있다는 것이다.

이광호 박사의 이 주장은 언듯 들으면 그럴듯하게 느껴질지도 모른다. 창세기 3장 15절이 워낙 유명한 메시야의 예언으로써 여인의 후손이라는 특별한 내용을 가지고 있기 때문이다. 그러나 그의 주장에는 기가 막힌 왜곡과 비약이 있다.

여인의 후손이라는 말이 사내를 알지 못하는 동정녀로 말미암아 메시야가 탄생할 것이라는 측면에서 그의 주장은 옳다. 그러나 그는 거기에 살짝 다른 것을 넣고 그것을 통해 최삼경 목사를 공격한다. 그는 여인의 후손이라는 말의 의미 속에 '일반적인 여인들의 출산과정과 다른'이란 말을 집어넣어 예수님은 그분의 신성이 마리아의 몸을 통해 인성을 취하지만 그녀의 살과 피와는 무관하다는 식으로 이끌어가고 있는 것이다. 그러나 여인의 후손이란 의미 속에는 그와 같은 뜻이 전혀 없으며, 어떤 개혁주의 신학자도 그와 같은 주장을 하지 않는다. 로버트 L. 레이몬드는 다음과 같이 주장한다.

> 그렇다면 예수의 동정녀 잉태의 최고의 목적은 무엇이었을까? 이 질
> 문에 직접 답변하기 전에, 비록 그 본질상 동정녀의 잉태이지만 바로
> 그 육신의 어머니의 태 안에서 그의 정상적으로 발육된 것과, 예수의
> 육신의 어머니의 자궁 안에 잉태되신 사실과, 또 **마태와 누가가 모두**
> **기록한 대로 그 인간 자궁 안에서부터 세상에 출생하기까지 지극히**
> **정상적인 과정을 거쳤다는 사실은 우리에게 예수는 참으로, 그리고**
> **완전히 사람이셨고 사람이시라는 사실을 확실히 해주고 또 보증해 주**
> **는 그의 인성의 기원의 특질들이라는 점을 지적하는 것이 좋겠다.** 성
> 경은 예수의 완전하시며 참되신 인성이 그의 동정녀 탄생이라는 이적
> 으로 인해 전혀 위협받거나 손상되는 면이 없다는 점을 아주 확고하
> 게 말씀한다.[142]

모든 개혁주의 신학자들은 다 레이몬드와 같이 예수님이 비록 성
령으로 말미암아 동정녀 마리아에게 잉태되어 출생하셨다 하더라도
부성이 제외 되지만 일반적인 여인들의 출산과정과 같이 정상적인
과정을 통하여 출생하셨다고 한다. 그런데 이광호 교수는 일반적인
출생과정을 '일반적인 여인들의 출산과정과 다른' 것이라고 하면
서 왜곡하여버리고, 부성뿐만 아니라 모성까지도 제외 되어서 마리
아의 살과 피가 관여하지 않았다 하고 있는 것이다.

② 이삭이 보여주는 예표

이광호 박사는 "경수가 끊어진 사라를 통해 출산된 이삭이 보여

---

142) 로버트 L. 레이몬드, 『개혁주의 기독론』, 나용화(역)(서울: 기독교문서선교회,
  2007), pp.266-267.

주는 예표" 라는 항목을 통해 다음과 같이 주장한다.

② 경수가 끊어진 사라를 통해 출산된 이삭이 보여주는 예표
인간이 범죄 한 후 주어졌던 메시아에 연관된 하나님의 언약은
구약시대 전반에 걸쳐 지속적으로 예언되었다. 특히 아브라함의
때가 되어서는 그것이 더욱 구체적으로 드러났다. 하나님께서는
믿음의 조상 아브라함을 갈대아 우르에서 불러내어 하나님의 특
별한 약속에 따라 '독자 이삭' (창22:2; 히11:17)을 허락하셨
다. 이삭은 앞으로 오시게 될 메시아를 예표 하는 매우 중요한
인물이다. 하나님의 은혜를 입은 모든 성도들은 그에 대한 올바
른 깨달음을 가지지 않으면 안 된다.
하나님께서는 아브라함에게 자신을 위한 제물로서 그의 독자 이
삭을 바칠 것을 요구하셨다. 우리가 여기서 눈여겨보아야 할 대
목은 하나님께서 믿음의 조상 아브라함에게 이삭을 '인신제
사' (人身祭祀)로 바치도록 요구하셨다는 사실이다. 하나님이
이삭을 희생 제물로 원하셨던 까닭은 그가 인간의 노력이나 자
연적인 방법에 의해서 태어난 것이 아니라 전적으로 하나님 자
신의 약속에 따라 특별한 방법으로 출생한 인물이었기 때문이
다.
우리는 이삭이 어떤 과정을 거쳐 잉태되고 출생하게 되었는지
그 신비한 비밀에 대한 깨달음을 가져야 한다. 하나님께서 아브
라함과 그의 아내 사라를 갈대아 우르에서 부르실 때 사라는 원
래 자녀를 출산할 수 없는 불임여성이었다(창11:30). 그런 여성
의 몸에서 자녀의 출산을 기대한다는 것은 불가능한 일이었다.
그런데 하나님께서는 아브라함과 불임여성인 그의 아내 사라를
통해 자녀를 주시겠다는 약속을 하셨다. 우리는 여기서 사라의
신체적 조건이 '불임' (不姙, barren)이었다는 사실을 분명히

기억해야 할 필요가 있다. 이는 나중 그녀로부터 태어나는 이삭이 인간의 가임(可姙)조건에 의해 일반적인 방법에 따라 조성된 자식이 아니라 전적인 하나님의 작정과 은혜에 의해 선물로 허락된 자식이었다는 사실을 말해주기 때문이다.

그러나 이삭을 얻기 전 아브라함 부부는, 하나님의 약속에도 불구하고 '불임상태'에서 자녀를 허락하시겠다는 하나님의 약속을 다른 방향으로 해석하기를 되풀이했다. 처음에는 하나님의 능력을 기대했지만 쉽게 잉태 되지 않자 점차 이성과 경험에 의한 생각을 하기 시작했던 것이다. 따라서 그들은 하나님의 약속을 잘못 이해한 결과 집안에 있던 엘리에셀을 상속자로 삼는 것이 하나님의 뜻을 이루는 것이라 믿었다(창15:2). 그러나 그것은 하나님께서 약속하신 뜻에 대한 올바른 판단이 아니었다.

또한 그들의 잘못된 판단에 따른 종교적 과잉 충성심으로 인해, 아브라함이 아내 사라의 몸종이었던 하갈을 아내로 취함으로써 이스마엘을 얻기도 했다. 그렇지만 하나님께서는 이스마엘을 자신의 뜻과 전혀 상관이 없는 '육체의 자녀'로 칭하시면서 '약속한 자녀'가 아님을 분명히 말씀하셨다.

그런 와중에 하나님께서는 저들의 몸을 통해 아들을 주시겠다는 약속을 이루어가셨다. 우리는 창세기 18장 9-15절에서, 천사들을 보내 아브라함 부부에게 허락하신 하나님의 약속을 볼 수 있다. 그 천사들은 늙어 노쇠한 아브라함과 경수가 끊어진 사라(창18:11) 사이에서 한 자녀가 출생하리라는 사실을 전달했다. 자녀를 잉태할 수 없는 자신의 몸 상태에 대해 잘 알고 있던 사라는 그 말을 도저히 받아들일 수 없었다. 인간의 상식으로는 그것을 쉽게 납득하기 어려웠던 것이다.

그렇지만 하나님께서는 사라로 하여금 아브라함의 독자 이삭을 출산하도록 하셨다. 사라의 경수가 완전히 끊어진 상태에서 이삭의 출생이 이루어졌다는 사실은 신약성경에서도 분명히 증거

되고 있다, 사도바울은 로마서 4장 19절에서, 사라의 태가 죽어 자식을 출산할 수 없는 상태였음을 밝히 말했다. 그리고 히브리서 11장 11절에도, 사라가 자녀를 출산할 수 없는 여성이었음을 기록하고 있다. 노쇠한 아브라함과 경수가 끊어진 사라 사이에서 약속의 자녀 이삭이 출생하게 된 것은 매우 중요한 구속사적 의미를 지닌다. 이는 장래 '여성의 경수와 아무런 상관없이' 하나님께서 선택하신 '한 특별한 여성'에 의해 잉태되고 출생하게 될 메시아를 예표하고 있었기 때문이다. 동정녀 마리아를 통해 예수 그리스도가 출생하게 될 사실이 그 가운데 이미 예언되고 있었던 것이다.

이광호 박사의 이 주장은 얼른 보면 꽤 설득력이 있어 보인다. 전체적인 흐름이 어느 정도 정통적인 입장과 비슷하기 때문이다. 그러나 이광호 박사의 해석에는 결정적인 결함이 있다.

성경을 해석할 때 가장 주의해야 할 것 중의 하나는 자기의 생각을 끼워넣어 해석하는 '읽어넣기'인데, 이광호 박사는 이런 우를 범하고 있기 때문이다.

읽어넣기

이광호 박사는 하나님께서 아브라함에게 독자 이삭을 '인신제사'로 바치라 하신 것을 눈여겨봐야 하는데, 그것은 그가 자연적인 방법으로 출생한 것이 아니라 하나님의 '특별한 방법'으로 출생한 인물이기 때문이라고 하면서 그것을 경수가 없는 가운데 자식을 낳게 주겠다는 것으로 구체화 시켰다. 아브라함은 노쇠했고 사라의 경수는 끊어졌기 때문에 자식을 낳는 것은 불가능하지만 전능하신 하나님의 능력으로 자식을 낳게 해 주시겠다는 하나님의 약속에 대해 '읽어넣기'를 해서 특별한 방법으로 낳게 해주시겠다는 것으로 바꾼 다음 그것을 사라의 경수와 관련시키고 마리아가 피 없이 예수님을 낳았다는 특별한 방법으로 이끈 것이다.

사라가 이삭을 낳은 것은 특별한 방법에 의한 것이라기보다 하나님의 능력에 의한 것이었다. 즉, 성령의 능력으로 말미암아 메시야가 탄생할 것을 예표 한 것이지 이광호 박사의 주장과 같이 "경수가 끊어진 사라를 통해 출산된 이삭이 보여주는 예표"로써 마리아의 피가 관여되지 않고 예수님이 출생할 특별한 방법을 예표 한 것은 아니라는 것이다.

물론, 특별한 방법도 하나님의 능력에 해당할 수는 있다. 그러나 예수님이 다윗의 혈통으로 나셨다는 것(롬 1:3)과 우리와 같은 살과 피를 가지셨다는 성경의 증언(히 2:14)으로 보았을 때, 그것을 마리아의 피가 관여되지 않는 특별한 방법이라고 할 수는 없는 것이다. 더구나 사라가 그의 경수와 상관없이 이광호 박사가 주장하고 있는 것과 같이 이미 임신이 불가능한 불임이었다면 사라의 경수와 관련시켜 그것을 월경 없이 낳은 것의 예표라고 보는 것은 더욱 무리가 있다. 왜냐하면 성경에는 다음과 같이 기록되어 있기 때문이다.

그가 백 세나 되어 자기 몸의 죽은 것 같음과 사라의 태의 죽은 것 같음을 알고도 믿음이 약하여지지 아니하고(롬 4:19)

성경에서는 자식을 낳을 수 없는 상태에 대해 사라의 경수가 끊어진 것만을 의미하지 않고 아브라함의 몸도 죽은 것과 같아서 자식을 낳을 수 없는 상태였다고 한다. 즉, 아브라함도 사라의 경수가 끊어진 것과 마찬가지로 자식을 생산할 수 있는 능력을 상실했기 때문에 성경은 그것을 '죽은 것 같음'이라 하고 있는 것이다.

이것은 중대한 의미를 갖는다. 이광호 박사는 사라의 경수를 언급하며 "사라의 태의 죽은 것 같음"을 마라아의 피가 예수님의 인성에 관여하지 않을 특별한 방법을 예표하는 것이라고 한다. 그러므로 그의 주장 속에는 사라의 피도 이삭과 관련되지 않았다는 것을 의미하기 때문에 그것은 자연히 아브라함의 피도 이삭에게 관여되지 않았다는 것을 의미하게 되기 때문이다.

그렇다면 이광호 박사의 주장은 결국 이삭은 아브라함이나 사라의 피와 전혀 상관없는 자가 되어 두 번째 아담과 같은 자가 되고 말기 때문에 도저히 용납할 수 없는 것이다.

마지막 아담과 둘째 사람

이광호 박사는 예수님을 '두 번째 아담'이라고 한다. 그러나 성경에 예수님을 두 번째 아담이라 한 곳은 단 한 곳도 없다. 성경'에서는 그분을 마지막 아담이라 하였으며, '두 번째 사람'이라고 한다. 다음 구절을 보자.

> 죽은 자의 부활도 이와 같으니 썩을 것으로 심고 썩지 아니할 것으로 다시 살며 욕된 것으로 심고 영광스러운 것으로 다시 살며 약한 것으로 살고 강한 것으로 다시 살며 육의 몸으로 심고 신령한 몸으로 다시 사나니 육의 몸이 있은즉 또 신령한 몸이 있느니라 기록된 바 첫 사람 아담은 산 영이 되었다 함과 같이 **마지막 아담**은 살려주는 영이 되었나니 그러나 먼저는 신령한 자가 아니요 육 있는 자요 그 다음에 신령한 자니라 첫 사람은 땅에서 났으니 흙에 속한 자이거니와 **둘째 사람**은 하늘에서 나셨느니라 무릇 흙에 속한 자는 저 흙에 속한 자들과 같고 무릇 하늘에 속한 자는 저 하늘에 속한 자들과 같으니 우리가 흙에 속한 자의 형상을 입은 것같이 또한 하늘에 속한 자의 형상을 입으리라(고전 15:42~49)

예수님을 마지막 아담이라 하고 또한 둘째 사람이라 한 것은 아주 중대한 의미를 갖는다. 왜냐하면 여기에서 아담과 예수님과의 관계에 대해 비록 땅에서 나고 하늘에서 나셨다는 표현을 쓰고 있지만 '보통 생육법'이 아닌 특별한 출생이란 입장에서 첫째 사람과 둘째 사람이라고 한 것이며, 그와 같은 출생이 다시는 없다는 측면에서 그분을 마지막 아담이라 하고 있기 때문이다. 그러므로 이것은 아담 이후 예수님 때까지 아담과 예수님을 제외 하고 이광호 박사가 이삭의 예를 들며 주장하고 있는 것과 같은 특별한 출생은 없었다는 것이며, 그런 특별한 출생도 예수님이 마지막이기 때문에 예수님 이후에 세 번째 아담이나 네 번째 아담 등 다시는 또 다른 아담이 없을 것이라는 것이다.

그러므로 아브라함과 사라의 아들인 이삭이 비록 하나님의 약속의 자녀로써 그분의 능력으로 말미암아 태어기는 했지만 이광호 박사의 주장과 같이 사라나 아브라함의 피를 받지 않고 태어난 것이 아니라 최삼경 목사의 주장과 같이 하나님께서 당신의 능력으로 그들에게 자녀를 생산할 수 있는 능력을 회복시켜 주셔서 이삭은 정상적으로 태어나 아브라함과 사라의 자식이 되었다고 보아야 하는 것이다.

이것은 창세기 25장에서 아브라함이 후처를 얻어 자식들을 낳은 사건을 통해서도 확인할 수 있다. 그러므로 이광호 교수의 주장은 틀렸다.

③ 이사야의 예언

이광호 박사는 이사야의 처녀 탄생에 관한 예언을 통해 다음과 같은 주장도 한다.

③ 처녀를 통한 메시아 출생에 관한 이사야의 예언

이스라엘 민족이 남북의 두 왕국으로 갈라져 심각한 혼란을 겪고 있을 때 하나님께서는 선지자 이사야를 보내 메시아에 관련된 말씀을 예언하셨다. 이사야는 남자와 아무런 상관이 없는 처녀를 통한 메시아 출생을 계시 받았던 것이다: "주께서 친히 징조로 너희에게 주실 것이라 보라 처녀가 잉태하여 아들을 낳을 것이요 그 이름을 임마누엘이라 하리라"(사7:14).

이 말씀은 메시아 출생에 대한 매우 중요한 징조가 된다. 메시아는 인간들의 일상적인 잉태와 출생과정과는 달리 초자연적인 방법으로 처녀의 몸에서 잉태되어 출생하게 될 것이기 때문이다. 그 예언의 말씀은 구약시대의 인본적인 이스라엘 백성들에게는 상식적으로 받아들여질 수 없는 말이었다.

그러나 구약성경에 기록된 예언에 대해 분명한 깨달음을 가지고 있던 믿음의 성도들은 달랐다. 인간이 타락한 후 하나님에 의해 약속된 '그 여자의 후손'(창3:15)과 '아브라함의 독자 이삭'의 출생비밀을 통한 메시아 예표를 기억하는 성도들에게는 이사야의 메시아 처녀 잉태와 출산이 분명하게 깨달아졌을 것이 틀림없다. 또한 그 처녀에게 잉태되어 출생하는 분이 '임마누엘'이라는 사실은 그 메시아가 곧 하나님이란 사실을 말해주고 있다.

이광호 박사는 이사야 7장 14절의 메시야의 예언을 언급하면서 '메시야는 인간들의 일상적인 잉태와 출생과정과는 달리 초자연적인 방법으로 처녀의 몸에서 잉태되어 출생하게 될 것'을 나타낸 것이라고 한다. 여기에서도 그는 '하나님의 능력'에 초점을 맞춰 처녀가 아이를 낳는 다는 것은 불가능하지만 하나님의 초자연적인 능력으로 말미암아 처녀에게서 아이를 낳게 하시겠다는 것으로 보지 않고 '특별한 방법'에 초점을 맞추면서 이삭의 사건으로 이끌어 간다. 이삭이 사라의 피를 받지 않고 태어난 것처럼 예수님도 마리아의 피를 받지 않고 출생했다는 것으로 이끌어가고 있는 것이다. 그러나 사라의 피와 이삭은 관련이 없는 것은 아니기 때문에 그것을 마리아의 피와 관련 없이 예수님이 태어났다는 근거도 되지 못한다. 이사야의 예언은 하나님의 구속계시가 역사를 통해 점진적으로 전개되는 과정에서 메시야의 예언이 조금 더 구체화 되어 처녀로 말미암아 탄생하게 될 것을 나타낸 것일 뿐이다.

④ 동정녀 탄생

이광호 박사는 예수님의 동정녀 탄생에 대해서 다음과 같은 주장을 한다. 그의 주장을 들어보자.

(2) 두 번째 아담으로 오신 예수 그리스도
① 동정녀의 잉태
예수님은 인간들의 의도와 상관없이 성령에 의해 잉태되신 분이다. 이는 삼위일체 하나님의 신비한 사역으로 이해해야 한다. 말씀에 대한 이해가 부족한 어떤 사람들이 그것을 마리아의 월경과 연관 짓고 있지만 그것은 결코 논리적이지 않을 뿐더러 타락한 이성을 배경으로 한 의미 없는 상상에 지나지 않는다. 그런 잘못된 상상력을 동원하게 되면 결국 전지전능하신 하나님과 그의 구원사역을 인간의 이성에 의해 판단하려는 심각한 오류에 빠지게 된다.
동정녀 마리아가 잉태한 아기 예수는 타락한 아담의 자손인 마리아의 부패한 살과 피를 상속받지 않았다. 죄로 인해 오염된 마리아의 피와 예수님의 보혈 사이에는 상호 연관성이 없다. 성자 하나님께서는 인간의 몸을 입고 완벽한 인간이 되시기 위해 아브라함과 다윗의 언약적 혈통 가운데 마리아의 몸을 통해 출생하심으로써 인성을 취하셨을 따름이다. 따라서 예수님이 아브라함과 다윗에게 속한 것이 아니라 도리어 저들이 영원 전부터 선재해 계셨던 예수 그리스도께 속한 자들이었던 것이다.

우리는 예수님께서 아브라함과 다윗의 혈통적 계보 가운데서 출생했지만 그들의 피와는 아무런 상관이 없는 분이라는 사실을 분명히 깨닫지 않으면 안 된다. 예수님의 육신의 부친 요셉은 패망한 다윗 왕가의 핵심 계보를 잇고 있던 인물이었다. 예수님께서 자신의 직접적인 혈통과 아무런 관련이 없는 왕족 출신의 요셉을 육신의 아버지로 둔 것은 그가 회복해야 할 영원한 왕국에서 소유하게 될 진정한 왕적인 지위를 보여준다.

우리가 또한 기억해야 할 바는, 예수님의 살과 피가 요셉의 그것과 아무런 상관없듯이 요셉과 정혼한 마리아 역시 저의 몸을 통해 아기 예수를 잉태하여 출산했지만 그녀의 오염된 혈액과는 무관하다는 사실이다. 이는 예수 그리스도의 살과 피는 아브라함과 다윗의 혈통을 잇는 요셉과 무관했으며, 다윗 왕의 후손으로서 그를 잉태하고 출산한 마리아의 살과 피와도 직접적인 관계가 없다는 점을 말해 주고 있다.

이광호 박사는 여기에서 아주 노골적으로 육체가 악하다는 영지주의적 사고와 피 가운데 죄가 있고 피를 통해 죄가 유전된다는 통일교와 전도관식의 죄관을 드러내고 있다. 그는 여자의 후손 -> 이삭의 예표 -> 이사야의 예언을 언급하고 이어서 예수님의 살과 피는 죄된 마리아의 살과 피와 아무런 관련이 없다며 결론으로 이끌어가고 있는 것이다. 그러나 이광호 박사의 이와 같은 주장은 죄에 대한 자신의 잘못된 전제로 인해 읽어넣기를 한 결과일 뿐이다.

그런데 여기에서 이광호 박사는 재미있는 주장도 한다. 그는 성자 하나님께서 육신을 입어 완벽한 인간이 되시기 위해 아브라함과 다윗의 언약적 혈통 가운데 마리아의 몸을 통해 출생하셨다고 한다. 그러나 그는 그런 주장을 하면서도 '마리아의 몸을 통해 출생하심으로써 인성을 취하셨을 따름' 이라고 하면서 '예수는 타락한 아담의 자손인 마리아의 부패한 살과 피를 상속받지 않았다.', '죄로 인해 오염된 마리아의 피와 예수님의 보혈 사이에는 상호 연관성이 없다' 는 상반된 주장을 하고, 상호 연관성이 있다는 사람들에 대해 하나님의 말씀에 대한 이해가 부족한 사람들이라고 한다. 기가 막힌 일이다.

⑤ 임마누엘

이광호 박사는 잘 알려진 '임마누엘' 이란 말을 근거로 해서 다음과 같은 주장도 한다.

② 이 세상에 오신 임마누엘 하나님
예수 그리스도께서 동정녀 마리아의 몸에 잉태되어 출생하게 된 사실은 구약에 기록된 예언 성취에 대한 중요한 징조가 되었다. 이사야 선지자의 예언대로 예수님께서 이 땅에 출생하셨을 때 그는 임마누엘 하나님으로 불렸다(사7:14; 마1:23). 이는 그가 부패한 인간의 살과 피를 이어받지 않은 완벽한 하나님이시면서 동시에 완벽한 인간이 되어 인간과 함께 계신다는 의미이다.
사도 베드로는, 타락한 아담의 살과 피를 물려받은 보통 인간들과 달리 거룩한 본질을 지닌 예수 그리스도의 거룩한 몸은 창세

전부터 이미 예언된 바였음을 분명히 증거하고 있다. 즉 거룩한 피와 살을 지닌 예수 그리스도의 흠 없고 점 없는 몸은 창세전부터 예언되어 있었던 것이다: "오직 흠 없고 점 없는 어린양 같은 그리스도의 보배로운 피로 한 것이니라 그는 창세전부터 미리 알리신바 된 자나 이 말세에 너희를 위하여 나타내신바 되었으니 너희는 저를 죽은 자 가운데서 살리시고 영광을 주신 하나님을 그리스도로 말미암아 믿는 자니 너희 믿음과 소망이 하나님께 있게 하셨느니라"(벧전1:19-21). 이 말씀 가운데서 언급된 예수 그리스도의 보배로운 피는 결코 마리아로부터 물려받은 것이라 할 수 없다.

이 세상의 모든 인간들은 타락한 첫 번째 아담의 후손이지만, 두 번째 아담이신 예수님은 죄로 말미암아 부패하게 된 첫 번째 아담의 몸을 상속받은 것이 아니다. 우리는 예수님의 육신의 부모인 요셉과 마리아가 첫 번째 아담의 피와 살을 이어받은 후손들이란 점을 기억하지 않으면 안 된다. 그러므로 인간의 몸을 입고 이 세상에 오신 예수 그리스도는 육신의 부모로부터 오염된 살과 피를 이어받지 않았으므로 아담의 죄에 연관된 분이 아니다.

임마누엘이란 말은 '하나님께서 우리와 함께 계시다'(마1:23)는 의미를 지니고 있다. 이 말은 단순히 영적인 의미로 해석해서는 안 된다. 즉 예수님은 언제 어디서나 항상 우리와 함께 계시는 초월적인 분이기 때문에 임마누엘이라 일컬어지는 것이 아니다.

예수 그리스도가 임마누엘 하나님이신 것은 그가 성육신(incarnation)하여 보통 인간들처럼 눈과 코, 입을 가지시고 팔다리를 지닌 다른 사람들과 동일한 모습의 완벽한 인간으로서 인간들 가운데 계신다는 의미이다. 그는 이 세상에 인간으로 오셨지만 타락한 세상에서 난 자들의 살과 피를 이어받지 않은 완

벽한 인간이었다. 이로써 예수 그리스도는 하나님 곧 하나님의
아들이란 사실을 성경이 증거하고 있는 것이다.

이광호 박사는 예영수 교수가 베드로전서 1장 18-19절을 엉터리
로 해석하여 최삼경 목사를 공격했던 것과 같이 베드로전서 1장
18-21절을 잘못 해석하여 예수님은 마리아의 피와 관련이 없다고
한다.

베드로전서 1장 18-21절은 죄 없으신 예수 그리스도의 대속적인
죽음을 통한 구원의 도리를 피라는 것으로 상징화 시켜 가르친 것
이지 피 자체에 무슨 죄가 있거나 능력이 있으며 피를 통해서 죄가
유전된다는 것을 가르친 것이 아니다. 그런데 이광호 교수 또한 앞
에서 이미 살펴본 박윤식 목사의 지지자들과 마찬가지로 혈통유전
설로 인해 그와 같은 시각으로 성경을 해석하고 있는 것이다.

완벽한 인간

이광호 박사는 피에 대한 잘못된 해석을 입증하기 위해서 하나님
이 우리와 함께 하신다는 '임마누엘'을 내세운다. 이사야의 예언
대로 예수님께서 출생하셨을 때 임마누엘 하나님으로 불리우셨기
때문에 그분은 부패한 인간의 살과 피를 이어받지 않은 완벽한 하
나님이시면서 동시에 완벽한 인간이 되어 인간과 함께 계신다는 것
이다.

이광호 박사의 이 주장은 옳은 것 같으면서도 그르다. 예수님이
완벽한 하나님이시면서 동시에 완벽한 인간이 되어 인간과 함께 하
신다는 것은 겉으로 보기에는 옳은 것 같지만 그가 생각하는 '완
벽한 인간'이란 이단으로 정죄된 가현설과 같은 것이기 때문이다.

예수님은 신성과 인성을 지니셔서 완전한 하나님이실 뿐만 아니라 완전한 인간이시다. 그러나 여기에서 완전한 사람이라고 하는 것은 죄가 없다는 의미에서만 우리와 다를 뿐 살과 피가 우리와 같아서 완전한 사람이란 의미이지 이광호 박사가 주장하는 것과 같이 살과 피를 이어받지 않아서 우리와 다르다는 의미에서 완벽한 인간이 아니다.

가현설은 예수님의 인성이 죄가 없다는 것만 다를 뿐 본질적으로 우리와 같다는 것을 부정하여 이단으로 정죄 되었는데, 역사가 진행되는 가운데 이 가현설은 여러 형태로 변형되어졌다. 영은 선하고 물질은 악하다는 헬라철학의 영향을 받은 영지주의는 선한 로고스가 육체를 입고 왔을 리가 없다고 하면서 예수님은 다만 육체를 입은 것처럼 보였을 뿐이라고 하면서 가현설을 주장했다.

사도요한은 이런 가현설에 대해 "미혹하는 자가 많이 세상에 나왔나니 이는 예수 그리스도께서 육체로 임하심을 부인하는 자라 이것이 미혹하는 자요 적그리스도니"(요이 1:7)라고 하면서 적그리스도라고 하였다.

영지주의 이후 영지주의와 관련이 있었던 말시온도 그와 같은 가현설을 주장하다 이단으로 정죄 되었다.

종교개혁 당시에는 재세례파의 지도자 중의 한 사람이었던 멜키오르 호프만(Melchior Hoffman: 약 1500-1543)이 예수님께서 이 세상에 육체로 오셨음을 인정하였으나 "그리스도의 몸이 하늘에서 내려왔다"는 소위 '천적실질'을 주장하다 이단으로 정죄되었으며,[143] 네덜란드의 카톨릭 신부였다가 재세례파에 합류했던 메노 시몬스(Menno Simons: 1496-1561) 또한 "그리스도의 몸이 하늘에

---

143) 후스토 L 곤잘레스, 『기독교사상사 (Ⅲ)』, 이형기/차종순(역)(서울: 한국장로교출판사, 2008), p.129.

서 내려오기 때문에 마리아는 그 몸에 영양을 공급했을 뿐"이라고 주장하다 이단으로 정죄 되었다.[144]

이들의 주장은 명백하게 가현설의 변형이다. 그런데 이광호 박사의 임마누엘을 통한 '완벽한 인간'은 바로 이와 같은 가현설의 변형인 것이다.

이 외에도 예수님의 인성을 부인하는 것은 여러 형태가 있었다. 아폴리나리우스와 같은 '단성론'이 있었는가 하면,[145] 유티케스와 같은 '단일본성론'도 있었고,[146] 천적실질과 같이 그리스도의 몸이 하늘에서 내려온다고는 하지는 않았지만 창조되지 않았다고 주장한 케스파 슈벵크펠트(Caspar Schwenckfeld: 1489-1561) 사상도 있었는데, 슈벵크펠트의 주장은 단성론의 일종이라 하여 이단으로 정죄 되었다.

그러므로 이광호 박사가 이런 교리사적 논쟁에 대해서 알고 있었다면 그는 결코 "예수 그리스도가 임마누엘 하나님이신 것은 그가 성육신(incarnation)하여 보통 인간들처럼 눈과 코, 입을 가지시고 팔다리를 지닌 다른 사람들과 동일한 모습의 완벽한 인간으로서 인간들 가운데 계신다는 의미"라고 하면서 "예수님이 이 세상에 인간으로 오셨지만 타락한 세상에서 난 자들의 살과 피를 이어받지 않은 완벽한 인간이었다."라는 주장은 하지 못했을 것이다. 이런 주장은 다 이단으로 정죄되었던 것이기 때문이다.

---

144) 후스토 L 곤잘레스, 『기독교사상사 (III)』, 이형기/차종순(역)(서울: 한국장로교출판사, 2008), pp.132-134.
145) 단성론은 예수님의 인성을 약화시켜 신성에 흡수시키거나 인성도 신성처럼 생각하는 것인데, 한철하 교수는 그의 『고대기독교사상』에서 이것을 '일성론'이라 번역하였다.
146) 단일본성론은 예수님의 신성과 인성을 혼합시킨 것으로 한철하 교수는 이것을 '말씀단성론'으로 번역하였다.

⑥ 영적인 실체로서의 예수님의 몸

이광호 박사의 성경 해석이나 신학사상 등은 전반적으로 많은 문제가 있어 보인다. 그가 주장하는 혈통 유전설도 문제지만 그 혈통 유전설의 근거로 제시하고 있는 성경 해석들도 문제이다. 그뿐만이 아니다. 심지어 그는 예수님의 인성에 관해 역사상 이단으로 정죄된 주장도 하니 어떻게 문제가 없다고 할 수 있겠는가! 이제 그의 또 다른 문제점에 대해서도 살펴보자.

③ 지상 교회 가운데 존재하는 영적인 실체로서의 예수님의 몸
예수님께서는 십자가에 달리시기 전 한 방에 모인 제자들에게 떡과 포도주를 나누어주시면서 그것을 자신의 거룩한 살과 피라는 사실을 상징적으로 말씀하셨다. 그것은 자신의 죄 없는 몸이 십자가에 달려 죽음으로써 교회를 위한 신령한 식량으로 제공될 것에 대한 예언적 성격을 지니고 있었다.
그 후 그의 몸은 항상 지상의 교회 가운데 존재하게 되었다. 그 몸은 아담의 살과 피를 이어받은 보통 인간들의 몸과는 본질적으로 다르다. 아담의 후손인 모든 인간들은 타락한 살과 피를 소유하고 있지만 예수 그리스도의 살과 피는 한 점 흠도 없는 거룩한 살과 피인 것이다.
따라서 지상에 존재하는 모든 교회는 예수 그리스도의 거룩한 몸을 통해 하나님을 찬양하며 경배하게 된다. 그 몸은 타락한 인간의 몸과 본질적으로 구별되는 신령한 몸이다. 하나님의 자녀들은 매주일 공 예배를 통해 천상으로부터 공급되는 예수 그리스도의 살과 피를 먹고 마시게 된다.
하나님의 몸 된 교회에 제공된 그리스도의 거룩한 살과 피는 동정녀 마리아의 몸 안에서 조성되었지만 그녀로부터 상속받지 않

은 보배로운 것이다. 예수 그리스도의 살과 피는 천상의 나라에 직접 연관되어 있으며 죄에 물든 인간들의 것과는 본질적으로 차이가 난다. 십자가에 달려 돌아가셨다가 사흘 만에 부활하신 그의 몸은 죄와 아무런 상관이 없는 거룩한 몸이었던 것이다.

여기에 있는 이광호 박사의 주장을 보면 가슴이 답답해진다. '영적'이란 말과 '실체'라는 말은 정반대라 할 정도로 서로 다른 의미를 가지고 있다. 그런데 그는 '영적인 실체'라고 하면서 같이 쓰며 혼동하고 있기 때문이다.

예수님의 몸은 지상에 있는 교회들 가운데 항상 함께 존재하신다. 그러나 그것은 어디까지나 영적인 의미에서 그렇다는 것이지 동정녀 마리아에게서 탄생하시고, 십자가에서 못 박혀 죽기까지 하셨으며, 부활승천 하셨던 그분의 실제적인 몸이 지상교회와 항상 함께 하신다는 뜻이 아니다.

주님은 교회의 머리이시고 지상에 있는 교회는 주님의 몸이지만 이것은 주님과 성도와의 신비적인 연합의 관계를 나타낸 것으로 영적인 의미이지 살과 피를 가진 그분의 실제적인 몸이 세상에 있는 교회가 아니라는 뜻이다. 만약 그렇다면 예수님의 인성도 편재한다는 것이 되며 육체적으로 이미 재림한 것이 되기 때문이다. 그런데 이광호 교수는 이것을 혼동하여 예수님의 영적인 몸에 해당하는 교회를 얘기하며, 예수님의 인성이 죄가 없을 뿐 우리와 동일본질이라는 칼케돈신경조차 무시하고 그분의 인성이 우리와 본질적으로 다르다고 하니 기가 막히는 것이다.

예수님은 신인 양성을 지닌 분으로 그분의 신성은 편재하지만 그분의 인성은 신성과 같이 편재하지 않고 하늘 보좌 우편에 계신다. 이 말은 그분의 육체가 지금 지상에 있는 것이 아니란 뜻이다. 그런데 이것을 무시하고 그분의 육체가 지금 지상에 있다고 한다면 그분은 이미 재림하신 것이 된다. 그러면 과연 주님은 이미 재림하셨는가?

주님이 이미 육체로 재림하셨다고 하면 그것은 이단이다. 물론, 이광호 박사는 "지상 교회 가운데 존재하는 영적인 실체로서의 예수님의 몸"이라고 하면서 주님의 몸을 실제적인 육체가 아니라 영적 실체라 하며 그것을 성찬과 연관시키고 있기 때문에 실제적인 육체의 재림을 얘기하는 것은 아닌 것 같다. 그렇다면 그는 애초에 그분의 실제적인 육체의 살과 피를 영적인 몸으로 설명하지 말았어야 했다. 그런데 그는 영적인 몸과 실제적인 육체의 몸을 혼동하여 예수님의 살과 피가 마리아의 피와 관련이 없다는 것을 주장하기 위해 그런 주장을 하고 있는 것이다. 하이델베르크 요리문답의 성찬에 관한 부분을 보자.

76문 십자가에 달린 그리스도의 몸을 먹고 거기서 흘린 그의 피를 마신다는 것은 무슨 뜻입니까?

답 그것은 믿는 마음으로 그리스도의 모든 고난과 죽으심을 받아들여서 죄 사함과 영생을 얻는 것이요, 더 나아가 그리스도 안에 거하시고 또한 우리 안에 거하시는 성령으로 말미암아 그의 거룩한 몸과 더욱 더 연합됨으로써, 비록 그리스도께서는 하늘에 계시고 우리는 땅에 있을지라도 우리가 그의 살 중의 살이요 그의 뼈 중의 뼈가 되어, 마치 한 몸의 지체들이 한 영혼으로 말미암아 사는 것처럼 한 성령으로 말미암아 살고 다스림을 받는다는 뜻입니다.

성찬과 관련하여 나타나고 있는 주님의 몸과 피는 '그리스도의 모든 고난과 죽으심을 받아들여서 죄 사함과 영생을 얻는 것'을 의미한다. 그래서 하이델베르크 요리문답서를 직접 작성했던 자카리아스 우르시누스는 그 의미를 다음과 같이 해석 하였다.

이 질문은 주의 성찬이 나타내는 것에 관한 것이다. **그리스도의 몸을 먹고 그의 피를 마신다는 것은 물질적인 것이 아니고 영적인 것이며,** 다음과 같은 것들을 포괄한다: 1. 그리스도의 고난과 죽으심을 믿는 믿음. 2. 그 믿음을 통하여 죄 사함과 영생을 선물로 받음. 3. 그리스도와 우리 안에 거하시는 성령을 통하여 우리가 그리스도와 연합함. 4. 동일한 성령의 살리시는 역사. **그러므로 십자가에 못 박히신 그리스도의 몸을 먹고 그리스도의 흘리신 피를 마신다는 것은, 곧 하나님께서 그리스도의 공로에 근거하여 우리를 그의 사랑 안으로 받아들이신다는 것과, 우리가 그 동일한 믿음으로 죄 사함과 하나님과의 화목을 얻는다는 것과,** 또한 우리의 본성을 스스로 취하신 하나님의 아들께서 그의 성령을- 그는 우리를 중생시키시며, 빛과 의로움과 영생 등 그 자신이 취하신 그 본성에 속한 것들을 우리 속에 회복시키시는 분이시다 - 우리에게 베푸사 그를 통하여 우리 안에 거하시며 우리를 그와 또한 그가 취하신 그 본성과 하나가 되게 하신다는 것을 믿는 것이다. 혹은 좀 더 간단히 말하자면, 그것은 곧 믿음으로 죄 사함을 얻는 것이요, 그리스도와 연합되는 것이요, 그의 생명에 참여하는 자가 되는 것이요, 혹은 그리스도와 우리 속에서 역사하시는 성령으로 말미암아 우리가 그리스도를 닮아 가는 것이다.[147]

성찬에서 말씀하고 있는 주님의 살과 피는 물질적인 것이 아니고 영적인 것으로, 주님의 몸을 먹고 주님의 흘리신 피를 마신다는 것은 하나님께서 그리스도의 공로에 근거하여 우리를 그의 사랑 안으로 받아들이신다는 것과, 우리가 그 동일한 믿음으로 죄 사함과 하나님과의 화목을 얻는다는 것 등을 의미하는 것이다. 그러므로 성찬에서 말하는 주님의 피는 이광호 박사의 주장과 같이 육체의 피를 말하는 것이 아닌 것이다.

---

147) 자카리아스 우르시누스, 『하이델베르크 요리문답 해설』, 원광연(역)(고양: 크리스챤다이제스트, 2011), p.616.

6. 이정환 목사

이정환 목사는 최삼경 목사에 대해 "이단 사이비 주장에 대한 질의, 조사의 건"을 제출했던 통합 측 서울북노회에 소속한 목사로써 월경잉태설 논쟁의 가장 중심에 있는 핵심적인 인물이다. 합동 측에 서북노회가 있고 그 중심에 구생수 목사가 있다면 통합 측에는 서울북노회가 있고 그 중심에 이정환 목사가 있는 셈이다. 그런데 그는 2010년에 있었던 통합 측 총회 직전에 최삼경목사의 마리아 월경잉태설, 무엇이 문제인가?』라는 책을 저술했다.

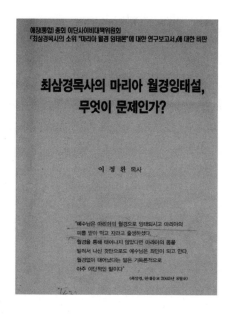

이정환 목사는 이 책을 일만 권 발행하여 통합 측 총대들은 물론 전국 목회자들에게 돌렸다. 그리고 그해 통합 측 총회는 난리가 났다.

이 책은 이정환 목사가 소속되어 있는 서울북노회에서 2009년 11월에 "이단 사이비 주장에 대한 질의, 조사의 건"이란 질의서를 총회에 제출한 후, 이대위에서 '최삼경 목사가 월경이란 자극적인 단어를 사용했지만 그것은 어디까지나 이단을 논박하기 위해 불가피하게 사용한 것이었으며, 또한 예수님이 마리아에게서 살과 피를 취하였으나 성령의 능력으로 죄는 없으시다고 고백한 교단의 전통에서 볼 때 최삼경 목사에게 이단성이 없다'는 연구 결과를 내어놓자 거기에 대해 반발하며 쓴 것이었다.

사실, 통합 측 이대위의 연구보고서는 최삼경 목사를 공격한 자들에게 치명적인 것이었다. 그래서 이정환 목사는 그 연구보고서를 보고 놀랐는지 다음과 같이 썼다.

> 그런데 이 연구보고서는 한 마디로 동문서답식의 내용으로 월경잉태설에 대한보고서가 아니라 예수님의 성육신을 부정하는 이단(마르시온, 재세례파)에 대한 연구보고서라는 점이다. 독자들께서 이 소책자의 후미에 게재한 서울북노회 질의서와 총회 이대위의 연구보고서를 비교 검토해 보시면 이 연구보고서가 얼마나 잘못된 보고서인가를 알게 될 것이다.[148]

이대위의 연구보고서는 벨직 신앙고백서와 하이델베르크 요리문답, 웨스트민스터 신앙고백서, 그리고 통합 측 교단에 있는 요리문답 등을 통해 비록 짧지만 깔끔하게 최삼경 목사의 주장에는 이단성이 없다고 했다.

사실, 연구보고서의 내용은 최삼경 목사에게 이단성이 없다는 것으로 그치는 것이 아니었다. 한 쪽이 이단이 아니면 나머지 한 쪽은 필연적으로 이단일 수밖에 없는 사생결단의 논쟁이었기 때문이

---

148) 이정환, 『최삼경목사의 월경잉태설, 무엇이 문제인가?』, p.3.

다. 그러자 이정환 목사는 최삼경 목사에게 이단성이 없다는 그 보고서에 대해 동문서답식의 답변이며, 이단이었던 말시온과 재세례파에 대한 보고서이지 최삼경 목사에 대한 보고서가 아니라 하면서 이 책을 통해 반발하였던 것이다.

이정환 목사는 서울북노회의 질의서와 이대위의 연구보고서를 비교 검토해 보면 그 사실을 알게 될 것이라 하면서 질의서와 보고서를 책 뒤에 실어둔다고 하였다. 그러므로 그가 그렇게 당당하게 나오는 것으로 보아 그의 주장이 옳은 것처럼 보이기 쉽다. 직접 비교해 보면서 검토해 보지 않으면 그의 주장은 억울함을 호소하고 있는 것처럼 보이기 때문이다. 그러나 그 내용을 살펴보면 그의 주장과는 정반대라는 사실을 발견하게 된다.

(1) 동문서답의 답변서

이정환 목사는 이대위의 연구보고서를 보고 그것은 이단인 말시온과 재세례파에 대한 보고서라 하면서 동문서답의 답변이라 한다. 그도 말시온이나 재세례파의 주장이 이단인줄은 알았던 모양이다. 그러나 미안하지만 그 자신과 그가 소속되어 있는 노회의 주장이야말로 그 자신이 이단이라고 한 말시온과 재세례파의 주장에 해당된다.

말시온과 재세례파

이광호 박사의 주장을 살펴보는 가운데 가현설의 여러 변형에 대해 살펴보았다. 가현설은 예수님께서 실제적인 육체를 입고 오신 것이 아니라 다만 육체를 입은 것처럼 보였을 뿐이라고 하는 것인데, 이 가현설은 역사적으로 여러 형태로 변형되었다. 영지주의와 영지주의의 한 분파라고 할 수 있는 말시온은 육체로 오신 예수 그리스도를 부인해서 가현설을 주장했다. 종교개혁시대에는 재세례파의 지도자들이었던 멜키오르 호프만, 멘노 시몬스 등이 육체로 오신 예수님을 인정하면서도 그 육체가 인간 마리아의 본질에서 유래한 것이 아니라 하늘에서 왔고 마리아는 단지 도관이나 운하처럼 쓰임 받았다는 '천적실질'을 주장하여 변형된 가현설을 주장하기도 하였다. 그러므로 말시온과 재세례파는 결국 만나게 되고, 마리아의 살과 피가 예수님의 인성에 관여되지 않았다면 그것은 말시온과 재세례파의 사상이라 할 수 있게 되었다.

이것은 마리아의 살과 피가 예수님의 인성에 관여 되었느냐 그렇지 않았느냐에 따라 말시온이나 재세례파의 사상과의 관련성이 있느냐 없느냐가 판별나게 된다는 뜻이다. 그렇다면 통합 측 서울북노회 질의서의 내용은 이정환 목사의 주장과 같이 말시온이나 재세례파의 사상과 관련이 없을까? 그래서 이대위의 연구보고서는 동문서답의 답변서였을까?

정확한 답변서

이정환 목사는 이대위의 보고서를 동문서답의 답변서라 했다. 그러면 이제 마리아의 피가 예수님의 인성에 관여 되었느냐 그렇지 않았느냐를 통해 그의 주장대로 그 보고서가 동문서답의 답변서인지 아니면 정확한 답변서인지 확인해 보자.

동정녀 탄생은 하나님의 신적 역사로 부정모혈이 아닌 신비한 하나님의 역사입니다. "동정녀 탄생이 요셉의 정액에 의해 마리아가 임신하지 않은 것"이라는 최목사의 주장은 신비한 하나님의 역사를 극히 인본적으로 해석하여 동정녀 탄생교리를 훼손하였습니다.

이것은 이정환 목사가 소속되어 있는 서울북노회에서 총회에 질의서를 제출하면서 두 번째 질의를 통해 최삼경 목사를 공격한 내용인데, 여기에 보면 "동정녀 탄생은 하나님의 신적 역사로 부정모혈이 아닌 신비한 하나님의 역사입니다"라고 하면서 최삼경 목사를 공격하고 있는 것을 볼 수 있다. 예수님은 마리아의 피와 상관 없다는 것이다. 세 번째 질의에도 비슷한 내용이 있다.

최 목사의 주장은 결국 "마리아의 월경(피)이 예수님에게로 갔다"는 뜻이 됩니다. 만일 예수님께서 마리아의 피와 살을 이어 받았다면 그것은 범죄한 아담의 피를 이어 받았다는 뜻으로, 이는 마리아의 유전적 죄악이 예수님에게 그대로 이어졌다는 것을 뜻하는 것이며...

마리아의 피가 예수님과 관련이 있다면 그것은 마리아의 유전적 죄악이 예수님에게 이어졌다는 것을 뜻한다고 하면서 최삼경 목사를 공격하고 있다. 서울북노회는 마리아의 피가 예수님과 아무런 관계가 없다고 함으로 명백하게 말시온이나 재세례파와 같은 주장을 하고 있는 것이다. 그러므로 통합 측 이단대책위원회의 연구보고서는 이정환 목사의 주장과 같이 동문서답의 답변서가 아니라 정확한 답변서이다.

(2) 오도된 보고서

이정환 목사는 그의 책자를 통해 이대위의 보고서는 최삼경 목사의 월경 잉태론을 비판하는 사람들에 대해 '오도하고 있다'라고 하면서 다음과 같이 항의했다.

> 이대위 연구보고서가 문제가 되는 것은 최목사의 월경잉태론을 비판하는 사람들에 대해서 "예수님이 마리아에게서 피와 살을 받지 않았다고 주장하는 것"으로 오도하고 이 같은 비판을 이단자들의 주장으로 몰아가고 있다는 사실이다.
> 필자는 예수께서 성령으로 마리아를 통해서 성육신하심과 실체적 인성을 취하신 것을 부정한 사실이 없다. 그럼에도 해 연구보고서는 월경잉태를 비판하는 사람들을 이단자로 몰아가는 최삼경목사의 주장을 그대로 옮겨 놓고 있다. 대교단의 이단 연구보고서라고 하기에는 참으로 부끄러운 모습이라 하지 않을 수 없다.[149)

이정환 목사 자신은 예수께서 성령으로 마리아를 통해 성육신하심과 실체적 인성을 취하신 것을 부정한 사실이 없다고 한다. 최삼경 목사를 비판하는 사람들 또한 밑줄 친 곳과 같이 마리아에게서 살과 피를 받지 않았다고 주장하지 않는다고 한다. 그런데 이대위 연구보고서에서는 최삼경 목사를 비판하는 사람들에 대해 예수님께서 마리아의 살과 피를 받지 않은 것으로 오도'하면서 이단자들의 주장으로 몰아가고 있다는 것이다.

그러면 그의 주장이 정당할까? 이정환 목사 자신은 예수께서 성령으로 마리아를 통해 성육신하심과 실체적 인성을 취하신 것을 부정한 사실이 없을까? 최삼경 목사를 월경 잉태설이라 비판하는 사람들이 예수님께서 마리아에게서 피와 살을 받았다고 주장하는데도 이대위에서 그렇지 않다고 오도하면서 그들을 이단자들의 주장으로 몰아가고 있는 것일까?

이정환 목사의 주장은 의도적으로 그렇게 한 것인지 아니면 사려

---

149) 이정환, 『최삼경 목사의 마리아 월경잉태설, 무엇이 문제인가?』, p.9.

깊게 살펴보지 않아서 그렇게 한 것인지는 모르겠지만 아주 황당하다. 먼저 그가 소속되어 있는 서울북노회의 주장을 보자.

　　최삼경목사 : "월경이란 인간의 피를 말하는 것이다. 월경이 있다는 말은 아이를 생산할 능력이 있다는 것을 피로서 말해 주는 것이다. 그래서 임신을 하면 월경이 없어지는데 그 피가 아이에게로 가는 것이다."
　　최 목사의 주장은 결국 "마리아의 월경(피)이 예수님에게로 갔다"는 뜻이 됩니다. 만일 예수께서 마리아의 피와 살을 이어 받았다면 그것은 범죄한 아담의 피를 이어받았다는 뜻으로, 이는 마리아의 유전적 죄악이 예수님에게 그대로 이어졌다는 것을 뜻하는 것이며 결국 예수님도 모든 인류와 같이 하나님의 구속이 필요한 한 사람의 인간이며, 그렇게 되면 예수 그리스도의 무죄잉태와 예수님을 통한 구원의 역사, 곧 기독교의 구원론마저 부정되고 기독교는 붕궤되는 심각한 이단사상이라 할 것입니다.

　이정환 목사는 이대위의 연구보고서가 최삼경 목사를 비판하는 자들을 "예수님이 마리아에게서 피와 살을 받지 않았다고 주장하는 것"으로 오도 하면서 이단으로 몰아간다고 비판했다. 그런 주장은 이단인 말시온과 재세례파의 주장인데, 말시온과 재세례파의 사상으로 오도 하면서 몰아간다는 것이다. 그러나 그의 주장은 진실이 아니다. 당장 그가 속해있는 노회의 주장만 하더라도 밑줄 친 곳과 같이 예수께서 마리아의 피와 살을 이어 받았다면 그것은 범죄한 아담의 피를 이어받았다는 뜻이 된다고 하면서 예수님은 마리아의 살과 피를 받지 않았다고 주장하기 때문이다.
　이것은 다른 사람들도 마찬가지이다. 언론포럼에서 최삼경 목사를 비판했던 이광호 박사 또한 다음과 같이 주장했다.

우리가 또한 기억해야 할 바는, 예수님의 살과 피가 요셉의 그것과 아무런 상관없듯이 요셉과 정혼한 마리아 역시 저의 몸을 통해 아기 예수를 잉태하여 출산했지만 그녀의 오염된 혈액과는 무관하다는 사실이다. 이는 예수 그리스도의 살과 피는 아브라함과 다윗의 혈통을 잇는 요셉과 무관했으며, 다윗 왕의 후손으로서 그를 잉태하고 출산한 마리아의 살과 피와도 직접적인 관계가 없다는 점을 말해 주고 있다.

이광호 박사도 예수님은 마리아의 살과 피와 아무런 관련이 없다고 한다. 예수님은 마리아의 살과 피를 받지 않았다는 것이다.

사실, 이광호 박사는 그의 웨스트민스터 신앙고백서 해설에서 "만일 예수 그리스도께서 마리아의 피와 살을 이어 받았다면 그것은 범죄한 아담의 피와 살을 이어받았다는 말과 같다"고 하면서 이미 예수님은 마리아의 살과 피를 이어받지 않았다고 했었다. 그런데 언론포럼에서 예영수 교수는 그 부분을 인용하여 최삼경 목사를 비판하였다. 그도 예수님은 마리아의 살과 피를 받지 않았다고 주장한 것이다.

그렇다면 이것은 무엇을 의미 하는가? 이것은 통합 측 이대위의 연구보고서가 오도된 보고서가 아니라 정확한 답변서이며, 정확한 답변서를 오도하고 있는 사람이 바로 이정환 목사라는 사실을 의미하고 있는 것이다.

(3) 이정환 목사의 이단 정죄

이정환 목사는 『최삼경목사의 월경잉태설, 무엇이 문제인가?』라는 책을 통해 말시온과 재세례파의 사상에 대해서 이단으로 정죄한다.

그는 그 책의 머리말에서 "이 연구보고서는 한 마디로 동문서답식의 내용으로 월경잉태설에 대한 보고서가 아니라 예수님의 성육신을 부정하는 이단(마르시온, 재세례파)에 대한 연구보고서라는 점이다"라고 하면서 이대위의 연구보고서에 대해 비판했다. 9페이지에서는 "이대위 연구보고서가 문제가 되는 것은 최목사의 월경잉태론을 비판하는 사람들에 대해서 "예수님이 마리아에게서 피와 살을 받지 않았다고 주장하는 것"으로 오도하고 이 같은 비판을 이단자들의 주장으로 몰아가고 있다는 사실이다." 라는 주장을 하기까지도 하였다.

이정환 목사는 말시온과 재세례파가 이단이라는 것을 알고 있었다. 예수님이 마리아에게서 살과 피를 받지 않았다고 하는 것이 말시온과 재세례파의 사상이라는 것도 알고 있었다. 그러므로 그의 주장에 의하면 마리아의 살과 피를 예수님이 받지 않았다고 하면 그것이 바로 말시온과 재세례파의 사상으로 이단이기 때문에 자신이 속해있는 통합 측 서울북노회는 물론 예영수 교수와 이광호 박사도 그가 이단으로 정죄하고 있는 셈이다.

그렇다면 그것은 그들에게만 해당하는 것일까? 자기 자신에게는 해당하지 않는 것일까?

(4) 스스로의 이단규정

이정환 목사는 자신의 책을 통해 이대위의 보고서를 동문서답의 답변서, 오도된 보고서라 하면서 비판하였다. 그러나 살펴본 바와 같이 이대위의 연구보고서는 정확한 답변서였을 뿐만 아니라 정확한 답변서를 오도하고 있는 사람이 바로 이정환 목사 자신이며, 그의 주장은 결국 최삼경 목사를 비판하는 사람들을 이단으로 정죄하는 것과 같다는 사실도 살펴보았다.

그런데 그의 주장은 거기에서 멈추는 것이 아니다. 그것은 사실 그 자신을 이단정죄 하는 것과도 같다. 합동 측 서북노회에서는 다음과 같이 주장하였다.

⑵ 그리스도의 '성령잉태'는 '죄가 전혀 없는 인간', '죄과의 전달도 전혀 없는 인간', '무죄인이요 완전한 의인이요 죄의 오염이 완전히 배제되었으므로 완전히 거룩한 사람'으로 출생한 것임에도 이를 '마리아의 월경을 통해서'라고 주장함으로서 "인간 부모 중 어머니의 개입을 가져옴으로써 이 모든 성령의 역사를 부정하고 훼손하는 결과"를 가져왔으며,

최삼경 목사를 공격하는 사람들의 핵심 사상은 피 속에 죄가 있고 피를 통해 죄가 유전된다는 '혈통유전설'이다. 더 폭을 넓혀 말하자면 살과 피로 이루어진 인간의 육체 자체에 죄가 있다는 영지주의적 사고이다. 그래서 그들은 이 사상으로 예수님이 마리아의 살과 피를 받았느냐 받지 않았느냐를 따지기 때문에 밑줄 친 서북노회의 주장과 같이 인간 부모 중 어머니의 개입, 즉 어머니의 유전자가 개입되었느냐 그렇지 않았느냐가 중요한 이슈로 등장한다. 이와 같은 사실은 그들의 공통된 주장을 통해 보다 더 확실하게 확인할 수 있다.

<통합 측 서울북노회>

최 목사의 주장은 결국 "마리아의 월경(피)이 예수님에게로 갔다"는 뜻이 됩니다. 만일 예수께서 마리아의 피와 살을 이어 받았다면 그것은 범죄한 아담의 피를 이어받았다는 뜻으로, 이는 마리아의 유전적 죄악이 예수님에게 그대로 이어졌다는 것을 뜻하는 것이며 결국

예수님도 모든 인류와 같이 하나님의 구속이 필요한 한 사람의 인간이며, 그렇게 되면 예수 그리스도의 무죄잉태와 예수님을 통한 구원의 역사, 곧 기독교의 구원론마저 부정되고 기독교는 붕궤되는 심각한 이단사상이라 할 것입니다.

<구생수 목사>
예수님께서 인성을 가지고 나셨지만 그러나 그 인성마저도 성령 하나님의 특별한 역사로 얻으신 것이지, 죄로 오염된 인간 마리아의 피(육신)를 통해서 물려받으신 것이 아니다.[150]

<예영수 교수>
최삼경 목사의 주장처럼 예수님이 "마리아의 피를 통해 출생하셨다"고 한다면 결국 예수님의 생명은 마리아로부터 받은 것이며, 예수님의 피도 마리아의 죄로 오염된 피를 받았기 때문에 예수님도 죽고 썩어질 죄인 중의 한 사람에 불과하며, 예수님의 무죄성도 부정되며, 구원의 역사를 이룰 자격도 상실하게 된다.

<이광호 박사>
우리가 또한 기억해야 할 바는, 예수님의 살과 피가 요셉의 그것과 아무런 상관없듯이 요셉과 정혼한 마리아 역시 저의 몸을 통해 아기 예수를 잉태하여 출산했지만 그녀의 오염된 혈액과는 무관하다는 사실이다. 이는 예수 그리스도의 살과 피는 아브라함과 다윗의 혈통을 잇는 요셉과 무관했으며, 다윗 왕의 후손으로서 그를 잉태하고 출산한 마리아의 살과 피와도 직접적인 관계가 없다는 점을 말해 주고 있다.

이들이 한결같이 문제 삼고 있는 것은 예수님이 마리아의 살과 피를 받았다면 그것은 마리아의 오염된 살과 피를 받았다는 것이 되기 때문에 예수님의 무죄성이 무너져 구속주가 되지 못한다는 것

---

150) 구생수, 『실상은 사단의 회라』(서울: 베드로출판사, 2010), p.31.

이다. 그래서 예영수 교수는 언론포럼에서 "마리아는 죄인이다. 그의 피가 그리스도의 모든 피의 단 1%, 아니 0.001%만이라도 들어 있다면 그리스도도 역시 죄인이 된다. 따라서 그의 피가 우리의 죄를 대속할 수 없음은 물론이다"라는 주장을 하기까지도 하였다. 그러면 이정환 목사는 다를까?

이와 같은 주장은 이정환 목사도 전혀 다르지 않다. 그도 다음과 같은 주장을 하기 때문이다.

> 모든 태아는 산모의 피를 먹고 자라는 것이 아니며 동시에 마리아의 피는 한 방울도 예수님이 받아 먹지(취하지) 않으셨다. 오히려 마리아의 피를 받으셨다면 타락한 마리아의 피를 예수님이 받으신 것이 되므로 예수님도 죄인이 되고 만다. 그러므로 마리아의 피를 예수님이 태중에서 먹고 자랐다는 주장이 오히려 이단적이다라는 것이다.151)

이정환 목사는 예수님이 마리아의 살과 피를 받지 않았다고 주장하는 것이 말시온과 재세례파 이단이라고 하면서도 그는 마리아의 피를 한 방울도 받아먹지 않았다고 한다. 그러므로 이것은 스스로 모순된 주장을 하는 것으로 자신이 자신을 이단이라 정죄 하고 있는 것과 같다.

물론, 이정환 목사가 주장하고 있는 것은 마치 수혈을 받듯 한 방울도 마리아의 피를 예수님께서 직접 받지는 않았다고 주장하는 것 같다. 그러나 그가 마리아의 피에 대해서 언급하는 이유가 그 피를 받게 되면 예수님도 죄인이 되고 만다는 입장에서 마리아의 피를 받지 않았다고 주장하는 것이기 때문에 그것이 문제가 되는 것이다. 직접적이 되었건 간접적이 되었건 예수님의 인성이 마리아

---

151) 이정환, 『최삼경목사의 월경잉태설, 무엇이 문제인가?』, p.30.

의 살과 피와 관계가 없다면 그것은 마리아와 아무런 상관이 없게 되어 결국 앞에서 언급한 자들과 동일한 주장이 되어 동정녀 탄생 과 그분의 인성을 부인하는 것이 되기 때문이다.

(5) 모순된 주장

이정환 목사는 성육신에 대해 서로 반대되는 주장을 한다. 즉, 논쟁하는 상대편 중 어느 한 편의 주장만 하는 것이 아니라 양편의 주장을 같이 한다. 그는 다음과 같이 말한다.

필자는 예수께서 성령으로 마리아를 통해서 성육신하심과 실체적 인 성을 취하신 것을 부정한 사실이 없다.152)

성령님께서는 마리아의 몸에서 인성의 실체를 취하여 거룩하게 하시 고 죄로 오염되지 않은 정결한 인성으로 마리아의 몸에 잉태되도록 하셨다.153)

개혁교회는 그리스도는 세상에 오실 때 인성을 가지고 오신 것이 아 니라 어머니 마리아의 몸을 통해서 성육신하시고 인성을 취하셨다고 믿는다.154)

예수님은 성령으로 마리아의 몸에 잉태되시고 어머니의 몸을 통해서 성장에 필요한 영양분을 취하였고 성령으로 그 어머니에게서 인성을 취하신 것이지155)

---

152) 이정환, 『최삼경목사의 월경잉태설, 무엇이 문제인가?』, p.9.
153) 같은 책 p.25.
154) 같은 책 p.34.
155) 같은 책 p.22.

이정환 목사는 최삼경 목사를 공격하는 다른 사람들과는 다르게 예수께서 성령으로 마리아를 통해 실체적 인성을 취하셨고, 마리아의 몸에 잉태되어 어머니의 몸을 통해 성장에 필요한 영양분을 취하셨다고 한다. 그는 마리아의 몸에서 인성의 실체를 취하여 거룩하게 하시고 죄로 오염되지 않은 정결한 인성으로 마리아의 몸에 잉태되도록 하셨다고 하면서 예수님은 세상에 오실 때 인성을 가지고 온 것이 아니라 어머니 마리아의 몸을 통해서 성육신하시고 인성을 취하셨다 하고 있는 것이다.

이정환 목사의 이런 주장은 정통이다. 그러므로 이정환 목사의 이와 같은 주장은 마리아의 살과 피와 아무런 관련이 없다고 하면서 최삼경 목사를 공격하고 있는 논쟁의 한 당사자들을 이단으로 정죄하는 것과 같다. 그러나 그는 모순되게 논쟁의 또 다른 당사자로 최삼경 목사를 공격하는 사람들과 같은 주장을 하기도 한다.

> 월경잉태 논란의 핵심은 예수님이 마리아의 월경에 의해 잉태되고 복중에서 마리아의 피를 먹고(받고) 자라셨는가 아닌가 하는 것이 핵심이다. 예수님이 마리아의 피를 받아먹고 자라지 않았다면 예수님의 인성을 부정하는 이단이라는 최목사의 주장과 "모든 태아는 산모의 피를 먹고 자라는 것이 아니며 동시에 마리아의 피는 한 방울도 예수님이 받아 먹지(취하지) 않으셨다. 오히려 마리아의 피를 받으셨다면 타락한 마리아의 피를 예수님이 받으신 것이 되므로 예수님도 죄인이 되고 만다. 그러므로 마리아의 피를 예수님이 태중에서 먹고 자랐다는 주장이 오히려 이단적이다" 라는 것이다.[156]

이정환 목사는 예수님이 마리아의 피를 먹고 자랐느냐 그렇지 않느냐가 논쟁의 핵심이라고 하면서 예수님은 마리아의 피를 한 방울도 받아먹지 않았다고 한다. 그는 마리아의 살과 피를 받지 않았다

---

156) 이정환, 『최삼경목사의 월경잉태설, 무엇이 문제인가?』, p.22.

고 하는 것이 말시온과 제세례파의 이단 사상이라고 하면서도 이번에는 최삼경 목사의 반대편에 서서 마리아의 피를 한 방울도 받지 않았다 하고 있는 것이다. 그렇다면 그는 왜 이렇게 하고 있는 것일까? 그의 진정한 의도는 무엇일까?

이정환 목사가 정통적인 성육신에 관한 주장을 하면서도 왜 그와 같은 주장을 하고 있는지, 그가 진정으로 믿고 있는 것이 무엇인지는 다음과 같은 그의 글에 잘 나타나 있다.

> ① 예수님은 인성을 가지고 나셨지만 그러나 그 인성마저도 성령 하나님의 특별한 역사로 얻으신 것이지 ② 죄로 오염된 인간 마리아의 피를 통해서 물려받으신 것이 아니다.[157]

이정환 목사는 최삼경 목사를 공격하고 있는 사람들과 동일하게 인간의 살과 피 속에는 죄가 있다는 잘못된 사상을 가지고 있다. ②번의 "죄로 오염된 인간 마리아의 피" 라는 그의 말이 그 사실을 증거 한다. 그래서 그는 그와 같은 잘못된 사상을 가지고 있기 때문에 예수님의 인성에 마리아의 살과 피가 관련되어 있다는 사실을 부인하고 ①번과 같이 그의 인성이 성령 하나님의 특별한 역사로 얻어진 것이라고 한다. 결국 그는 예수님의 인성은 마리아의 살과 피와 상관없다는 주장을 하고 있는 것이다.

사내를 알지 못하는 숫처녀가 자식을 낳는다는 것은 불가능하다. 남자의 개입 없이 여자만으로는 자식을 낳을 수 없기 때문이다. 그러나 하나님의 성령이 역사하시면 남자를 알지 못하는 여자만으로도 자식을 낳게 하실 수 있다. 성령 하나님은 전능하시기 때문이다.

---

157) 이 글은 에클레시안뉴스(현 법과교회)에 이정환 목사가 기고한 "월경잉태설은 이단사상이다"라는 제목의 글 가운데 있는 것으로 2010년 3월 29일자로 실려있다.
http://www.lawnchurch.com/sub_read.html?uid=1645&section=sc55&section2=

동정녀 탄생이 바로 그렇다. 남자를 알지 못하는 동정녀 마리아가 자식을 낳는다는 것은 불가능하다. 그러나 부성이 제외된 가운데 마리아의 본질인 살과 피를 취하여 성령의 능력으로 예수님이 탄생하셨는데, 이것이 바로 동정녀 탄생이다.

그런데 여기에서 주의해야 할 것이 있다. 그것은 성령께서 역사하셔서 부성이 제외된 가운데 잉태되고 죄의 오염으로부터 방지 되어서 죄가 없다는 것만 다를 뿐 나머지는 일반적인 과정을 거쳤다는 것이다. 즉, 예수님은 성령의 역사로 잉태 된 것이 특별하고 죄의 오염으로부터 방지된 것이 특별하지 나머지는 보통의 태아가 자라듯 자라나시고 탄생하신 것이다. 그러므로 이정환 목사처럼 예수님의 인성마저도 성령 하나님의 특별하신 역사로 얻으신 것이라 표현해서는 안 된다. 그것은 예수님의 인성이 마리아의 피와 상관없이 성령의 특별하신 역사로 얻어진 것이라는 뜻이 되어 결국 동정녀 탄생의 의미를 부정하고 예수님의 인성을 부인하는 것이 되고 말기 때문이다.

동정녀 탄생은 우리를 구원하기 위하여 성자 하나님이 성령으로 말미암아 마리아의 살과 피를 취하여 다만 죄가 없을 뿐 우리와 같은 형제가 되신 사건이다. 그래서 칼케돈 신경에서는 다만 죄만 없을 뿐 우리와 동일본질이라고 하면서 우리와 같은 인간이라 했는데, 이정환 목사는 그것을 어기고 정반대의 주장을 하고 있는 것이다.

(6) 박형룡 박사와 '생리'

최삼경 목사를 비판하는 사람들의 주장을 보면 누군가 한 사람이 쓴 글을 나머지 사람들이 그대로 베껴서 주장하는 것이 아닌가 하는 생각이 든다. 판박이처럼 같은 주장을 하는 것이 여럿 있는데, 그중에는 알고 보면 부끄러워서 얼굴도 들 수 없는 엉터리 주장도 같이 하고 있기 때문이다. 대표적인 것이 박형룡 박사가 주장했다는 '생리'인데, 이정환 목사도 '생리' 문제를 언급하며 박형룡 박사가 월경잉태설을 반대했다고 하면서 다음과 같이 주장했다.

예수님은 인성을 가지고 나셨지만 그러나 그 인성마저도 성령 하나님의 특별한 역사로 얻으신 것이지 죄로 오염된 인간 마리아의 피를 통해서 물려받으신 것이 아니다. 이에 대하여 합동측 신학의 대부 <u>박형룡박사는 "예수께서 통상 인간의 생리를 따라 출생하셨다면 일개인으로서 행위언약에 포함되고 인류의 공동죄책에 참여하시고 오염되었을 것이다"고 하였다. 소위 월경잉태설은 예수님의 신성을 부정하는 잘못된 주장으로 기독론 이단이라는 뜻이다."</u> 158)

박형룡박사는 **"그리스도께서 통상한 생리대로 사람에 의해 발생되셨다면 그는 한 개(인)159)의 인적 인격이 되어 행위언약에 포함되고, 또한 인류의 공동죄책에 참여하시고 또 오염되었을 것이다. <u>예수께서 마리아의 생리(월경)로 태어나셨다면 우리와 같은 인간으로 죄악 중에 출생한 것</u>"**이라고 하였습니다. 박형룡박사의 말대로 하면 이 같은 주장은 결국 예수 그리스도의 동정녀 탄생을 부인하는 것으로 이단적 주장이라 사료됩니다.160)

---

158) <http://www.lawnchurch.com/sub_read.html?uid=1645&section=sc55&section2=> (2010.3.29.)
159) 박형룡 박사의 책에는 "한 개(個)의 인적 인격(人的人格)이 되어 행위언약(行爲言約)에 포함되고" 라고 되어 있는데, 이정환 목사는 아무래도 한자를 잘못 읽어 괄호 안의 '個'를 '인'으로 해 둔 것 같다.
160) 이정환, 『최삼경목사의 월경잉태설, 무엇이 문제인가?』, p.46.

두 인용 글 중 앞의 것은 2010년 3월 29일 법과교회(당시 에클레시안뉴스)에 이정환 목사가 기고한 것이며, 뒤에 있는 글은 약 5개월 후에 그가 쓴 책에 기록되어 있는 내용이다. 내용은 거의 비슷하지만 에클레시안뉴스에 기록된 기사보다 약 5개월 이후에 쓴 그의 책에는 생리 다음에 괄호를 해서 월경이라 해놓은 것을 볼 수 있다.

이것은 명백하게 이정환 목사가 왜곡하고 조작한 것이다. 앞의 글은 '생리'를 해석상으로 왜곡한 것이지만, 약 5개월 후에는 자기의 왜곡된 주장을 보다 더 분명히 하기 위해 대담하게도 원 글에 없는 '월경'이란 말을 생리 다음 괄호 속에 집어넣어 "월경잉태설은 예수님의 신성을 부정하는 잘못된 주장으로 기독론 이단"이기 때문에 박형룡 박사가 반대했다는 식으로 자신의 해석을 덧붙이고 있기 때문이다. 그러나 박형룡 박사가 말한 '생리'는 월경이 아니며, '월경'이란 말은 아예 없고, 박형룡 박사는 그런 해석을 하지도 않았다.

이와 같은 사실은 박형룡 박사의 글을 보면 쉽게 확인할 수 있다.

> 그리스도께서 통상(通常)한 생리(生理)대로 사람에 의해 발생(發生)되셨다면 그는 한 개(個)의 인적 인격(人的人格)이 되어 행위언약(行爲言約)에 포함되고, 또하나 인류의 공통죄책(共通罪責)에 참여하시고 또 오염되게 되셨을 것이다. 그러나 이적적 성탄으로 말미암아 그의 자아(自我), 그의 주체(主體), 그의 품위(品位)는 아담에게서 오지 아니하였으니 그는 행위언약아래 있지 않으시며 죄의 책임과 관계없으시고 따라서 그의 인성은 출생전과 후에 오염을 면하신 것이다. 반대자는 그리스도가 여인에게서만 출생되었다고 해서 죄악(罪惡)한 본성(本性)의 유전(遺傳)을 피하셨을 바 아니니 처녀성탄은 그의 무죄성결(無罪聖潔)을 보증하지 못한다고 말한다. 그러나 처녀성탄은 성령잉태의

이적적 사실을 주로 한 것이기 때문에 그리스도를 행위언약 밖에 두고 인류의 공통한 죄책과 오염을 면케 할 수 있는 것이다. 성령잉태의 이적적 사실을 현저하게 함에는 부성(父性)의 제외가 필요하였을 것을 우리는 추상(推想)할 수 있다.[161]

박형룡 박사의 글을 보면 '생리'를 '월경'이라는 의미로 보지 않았을 뿐만 아니라 '월경'이란 말도 없고, "죄로 오염된 인간 마리아의 피"라는 말이나 "월경잉태설은 예수님의 신성을 부정하는 잘못된 주장으로 기록론 이단"이라는 말도 내용적으로나 의미적으로도 없다. 그런데 이정환 목사는 박형룡 박사가 마치 그런 주장을 한 것처럼 월경이란 말을 넣고 그런 해석까지 덧붙였기 때문에 박형룡 박사의 책을 직접 살펴보지 않은 사람은 박형룡 박사까지도 그런 주장을 했다고 생각하기 쉬웠던 것이다. 그러나 그것은 이정환 목사가 완전히 조작하여 놓고 왜곡하여 놓은 것이다.

그런데 사실 여기에는 또 다른 조작과 왜곡도 있다. 이정환 목사는 부분적으로 보았을 때 '출생의 원리'인 생리를 '월경'으로 조작하여 놓았지만, 전체적으로 보았을 때도 다음과 같이 조작하여 놓았다. 이정환 목사의 글과 박형룡 박사의 책에 있는 내용을 비교해 보자.

박형룡 박사의 글	이정환 목사의 글
그리스도께서 통상(通常)한 생리(生理)대로 사람에 의해 발생(發生)되셨다면 그는 한 개(個)의 인적 인격(人的人格)이 되어 행위언약(行爲言約)에 포함되고, 또하	예수님은 인성을 가지고 나셨지만 그러나 그 인성마저도 성령 하나님의 특별한 역사로 얻으신 것이지 **죄로 오염된 인간 마리아의 피**를 통해서 물려받으신 것이 아니

---

161) 박형룡, 『박형룡박사 저작전집 제 4권』(서울: 개혁주의신행협회, 2011), pp.148-149.

나 인류의 공통죄책(共通罪責)에 참여하시고 또 오염되게 되셨을 것이다. 그러나 이적적 성탄으로 말미암아 그의 자아(自我), **그의 주체(主體), 그의 품위(品位)는 아담에게서 오지 아니하였으니** 그는 행위언약아래 있지 않으시며 죄의 책임과 관계없으시고 따라서 그의 인성은 출생전과 후에 오염을 면하신 것이다.	**다.** 이에 대하여 합동측 신학의 대부 박형룡박사는 "예수께서 통상 인간의 생리를 따라 출생하셨다면 일개인으로서 행위언약에 포함되고 인류의 공동죄책에 참여하시고 오염되었을 것이다"고 하였다. 소위 월경잉태설은 예수님의 신성을 부정하는 잘못된 주장으로 기독론 이단이라는 뜻이다."

박형룡 박사는 생리를 언급한 다음 그것을 아담과 관련시켰다. 그러므로 그 생리라는 것이 무엇을 의미하는지 생각이 있는 사람이라면 월경이라 하지 못할 것이다. 남자가 월경을 할 리 없기 때문이다. 그런데 이정환 목사는 그 생리를 월경이란 말로 이해하도록 박형룡 박사가 아담이라 해놓은 것을 아담 대신에 마리아로 바꿔치기 해놓았다.

이정환 목사는 원문에도 없는 "죄로 오염된 인간 마리아의 피를 통해서 물려받은 것이 아니다"는 자신의 해석을 미리 해놓고 박형룡 박사의 글을 인용하였다. 아담이란 말 대신에 마리아로 이해하도록 그렇게 조작해 놓은 것이다. 그리고 이정환 목사는 그것도 모자라 거기에다 "소위 월경잉태설은 예수님의 신성을 부정하는 잘못된 주장으로 기독론 이단이라는 뜻이다"라는 자기의 해석을 마치 박형룡 박사의 주장인 것처럼 해놓았다. 이정도 되면 뭐 가히 조작과 왜곡의 선수 급이다.

박형룡 박사가 말한 '생리'는 월경이 아니라 '출생의 원리'를 의미한다. 그는 예수께서 성령으로 말미암아 생리대로 출생하지 않고, 즉 남자와 여자의 정상적인 관계에 의한 출생의 원리에 의하지 않고 부성이 제외된 가운데 동정녀로 말미암아 이적적으로 탄생하셨다고 한 것이다. 그래서 그 결과 예수님은 행위언약 아래 있지 않았다는 것이다. 그러므로 박형룡 박사의 글은 이정환 목사의 주장과 정반의 내용이다.

사실, 박형룡 박사는 이런 말을 하기 전에 '인류의 일원화'라는 제목으로 다음과 같이 말하기도 하였다.

성육신은 그리스도를 인류의 일원(一員)으로 만들었다. 초대 이단자(異端者)들 중에서 혹은 그리스도가 진정한 인생신체를 가지지 아니하셨다 하고 혹은 그의 신체는 물질로 구성된 것 아니라 천적 실질(天敵實質)로 형성 되었다고 말하였다. 그런고로 교부들은 그들에 반대하여 그는 「동정녀 마리아의 실질로 출생되셨다」는 문구를 그들의 신조(信條)에 삽입(揷入) 하였다. 재세례파(再洗禮派)의 교훈에 반대하여 웨스트민스터 신도게요서(信徒揭要書) 8징 2조 도 그리스도께서 그의 모친의 실질로부터 인성을 취해 입으셨다는 것을 긍정한다. 재세례파 중에 성행하는 의견은 주께서 그의 인성을 하늘로부터 가져오셨고 마리아는 그것이 통과하여 온 운하(運河) 혹 도관(導管)뿐이었다는 것이었다. 그 견해에 의하면 그의 인성은 실로 새 피조물이어서 우리의 것과 유사하면서도 유기적(有機的)으로 연결된 것이 아니었다. <u>죄는 물질적인 무언인듯이, 그들은 그리스도가 만일 마리아로부터 살과 피를 취하셨으면 그는 거룩하지 못하실 것이라 하였다</u>. 그 견해에 반대할 필요는 쉽게 알려질 것이다. 만일 그리스도의 인성이 우리의 것과 같은 근원(根源)에서 오지 않고 유사하기만 하다면 우리의 복리(福利)를 위한 그의 중재(仲裁)에 필요한 밀접관계가 우리와 그의 사이에 있을 수 없다. 주께서 그의 모친의 실질로부터 인성을 취해 입으셨다는 것은 그가 여인에게서 나셨다고 한 성경적 진술에 함의(含意) 되었으니 그 진술은 주께서 다른 아이들이 여인에게서 출생됨과 같은 의미로 출생되셨다는 것 밖에 다른 것을 의미할 수 없다. 이것은 그의 성육신에 근본적으로 중요하니 성육신은 그가 혈육(血肉)에 동참(同參) 하심으로 사람들과 같이 되시어 그들로 하

여금 그의 동생이 되게 함이었다(히2:14)[162]

박형룡 박사는 여기에서 왜 동정녀 탄생에 대한 문구가 신조에 들어가게 되었는지 그 이유를 밝히고 있다. 어떤 이단들은 예수님이 진짜 육체를 가진 것이 아니라 했으며, 또 어떤 이단들은 물질이 아니고 하늘로부터 온 천적실질이라 했기 때문에 신조에 그런 문구를 넣었다는 것이다.

종교개혁 당시의 재세례파에서 성행하던 의견은 예수님의 인성이 하늘로부터 온 것이며, 마리아는 다만 운하나 도관처럼 쓰임 받았다는 것이었다. 그들은 이정환 목사나 최삼경 목사를 비판하는 사람들이 이구동성으로 주장하는 것과 같이 그리스도가 만일 마리아의 살과 피를 받았다면 그분은 거룩하지 못한 분이 되고 말 것이라고 했다.[163] 재세례파에서 성행하던 의견은 죄가 마치 물질이나 되는 것처럼 생각했기 때문이었다.

박형룡 박사는 그와 같은 주장에 대해 비판했다. 죄는 물질이 아니며, 예수님의 인성이 하늘로부터 왔고 마리아는 마치 도관이나 운하와 같이 쓰임 받아서 그 근원이 우리와 다르다면 그분의 인성은 새로운 피조물이 되기 때문에 우리와 관계없는 분이 되어버리고 만다는 것이다. 박형룡 박사는 이정환 목사의 주장과는 정반대의 주장을 하고 있는 것이다.

박형룡 박사는 구원론에 있어서 이 문제는 아주 중대한 문제라고 한다. 성육신에 있어서 부성이 제외된 것은 누구나 인정한다. 그러나 마리아의 혈육인 그녀의 살과 피까지도 상관이 없다고 한다면

---

162) 박형룡, 『박형룡박사 저작전집 제 4권』 (서울: 개혁주의신행협회, 2011), pp.144-145.
163) 재세례파의 이 주장은 최삼경 목사를 공격하는 사람들의 주장과 거의 일치한다. 그들은 예수님이 마리아의 죄된 살과 피를 받았다고 한다면 그분은 죄인이 되어버리기 때문에 거룩하지 못한 분이 되어 메시야가 되지 못하게 될 것이라고 하면서 최삼경 목사를 공격했다.

그것은 우리의 복리를 위한 그의 중재에 필요한 밀접관계가 깨어져서 우리는 구원받지 못하게 된다는 것이다. 즉, 그분은 우리와 상관없는 새로운 인류가 되기 때문에 인류와 일원화가 되지 못하여 그분의 대속적인 죽음은 인류를 위한 속죄사역이 되지 못하기 때문에 중대한 문제라는 것이다.

예수님은 여인에게서 나셨다(갈 4:4). 그분은 성육신을 통하여 마리아의 혈육에 동참하심으로 우리와 같은 형제가 되셨다(히 2:11). 그래서 이 사실을 언급하며 박형룡 박사는 우리는 그분의 동생이 된 것이라고 표현했다.

그러므로 전체적인 내용을 보았을 때, 박형룡 박사가 말한 '생리'는 월경이 아니다. 월경이라는 말은 아예 없고, 괄호 속의 월경은 이정환 목사가 멋대로 덧붙여놓은 것에 불과하다. 그러니 이정환 목사의 주장과 같이 박형룡 박사는 월경잉태를 당연히 반대하지 않았다. 오히려 그의 주장과는 반대로 그는 마리아의 살과 피가 예수님과 아무런 관련도 없다는 주장에 대해 비판하고 있다. 그러므로 이정환 목사는 박형룡 박사의 주장을 반대로 왜곡하여 최삼경 목사를 공격하고 있는 것이다. 기가 막힌 일이다.

(7) 이정환 목사와 난자잉태설

이정환 목사가 최삼경 목사를 비판하는 글은 주로 황규학이 발행인으로 있는 모 인터넷 신문에 실려 있다. 이정환 목사의 글이 그 신문에 37편이나 실려 있으니 상당한 협력관계에 있다고 볼 수 있다.

사실, 최삼경 목사를 공격하는 대부분의 글은 그 신문과 그 신문의 발행인으로 있는 황규학을 통해 생산되고 유포된다 해도 과언이 아니다. 그 신문에는 최삼경 목사를 공격하는 글이 무려 350편 이상이나 실려 있는데, 그 글 중의 대부분이 황규학이 쓴 글이기 때문이다. 그런데 그 신문을 보면 재미있는 사실을 발견하게 된다.

황규학은 최삼경 목사를 '난자잉태설'이라는 식으로 몰아 부치면서 그것은 예수의 피조성을 인정하는 신종이단이라며 맹렬하게 공격한다.164) 그런데 재미있는 것은 황규학과 같이 최삼경 목사를 공격하고 있는 이정환 목사도 그와 같은 '난자잉태설'을 주장하고 있다는 사실이다. 그러므로 황규학은 이정환 목사를 신종이단이라 공격하고 이정환 목사는 그런 황규학을 결국 이단이라 공격하고 있는 셈이다. 이제 그와 같은 사실을 살펴보자.

"성령으로 잉태하사 동정녀 마리아에게서 나신 예수 그리스도"를 주님으로 믿고 고백하는 것은 예수님께서 성령의 능력으로 마리아에게 잉태되시고 마리아의 복중 성장과정을 통해서 인성을 취하셨음을 인정하고 믿는 것이다. 그리스도께서 성령으로 잉태되어 그의 모친에게서 인성을 취하신 것은 분명하지만, 그러나 그리스도의 잉태와 출생은 마리아의 피를 먹고 자라고 출생하신 것이 아니다. 거듭 말하지만 정자와 난자는 피가 아니다. 정자와 난자는 생식세포일 뿐이다.165)

이정환 목사는 난자와 정자는 피가 아니라 하면서 생식세포라고

---

164) 법과교회의 황규학은 "소물주의 몸을 피조물의 몸으로 비하"했다고 하면서 「최삼경 목사는 왜 신종 이단인가?」라는 제목으로 맹렬히 비판했다. 아무래도 그의 사상은 단성론이거나 성육신하기 이전에 주님은 인성의 육신을 이미 가지고 있었다고 생각하는 것 같다. 그러나 성육신하기 이전에 주님은 육체를 가지고 있지 않으셨다. 하나님은 영이시기 때문이다.
   <http://www.lawnchurch.com/sub_read.html?uid=2300&section=sc50&section2=>
165) 이정환, 『최삼경목사의 월경잉태설, 무엇이 문제인가?』, p.24.

한다. 그리고 그는 이어서 다음과 같이 주장한다.

> 태아의 성품은 산모의 피를 받아 먹음으로 형성된 것이 아니라 부모의 전인적인 유전형질에 의해 결정되는 것이다. 즉 부모로부터 (생식세포를 통해) 물려받은 유전자와 임산부의 행동양식과 그가 처한 환경적 요인에 의해 아기의 신체적 특성과 성품이 형성되는 것이다. 그러므로 태교가 가능한 것이다. 예수님도 성령으로 마리아의 몸에 잉태되어 이 같은 출생과정을 통해서 인성을 취하신 것이다. 그러므로 마리아의 피를 받아먹고 자라지 않았다면 그리스도의 인성이 부정되고 만다는 최 목사의 주장은 잘못된 것이다.166)

이정환 목사의 주장은 마리아의 피를 직접 받지 않고 그의 생식세포인 난자를 통해 예수님의 인성이 형성되었다는 것이다. 그러므로 이정환 목사는 황규학이 최삼경 목사를 신종이단이라 하면서 공격하고 있는 난자잉태설을 명백하게 주장하고 있는 셈이다.

이것은 이정환 목사의 주장과 최삼경 목사의 주장이 서로 부분적으로는 같다는 것을 의미한다. 그러나 두 사람의 주장에는 근본적으로 다른 것이 있다.

동양에서의 피에 대한 관념은 단순히 피 자체만을 의미하지 않고 인간의 정수를 의미한다. 그러므로 동양에서의 피는 인간의 정수인 사람들의 정자와 난자를 의미하기도 하기 때문에 사람들이 부모의 피를 직접 받지 않았음에도 불구하고 누구는 누구의 핏줄이다. 혹은 누구는 누구의 '혈통이다'라고 한다.

이것은 이정환 목사의 주장에 무슨 문제가 있는지를 분명히 밝혀준다. 그는 최삼경 목사가 마리아의 죄 된 피를 받아먹고 자랐다고 하면서 그것을 비판한다. 예수님은 마리아의 죄 된 피를 한 방울도

---

166) 이정환, 『최삼경목사의 월경잉태설, 무엇이 문제인가?』, p.25.

받지 않았다는 것이다. 그는 아마 예수님이 마리아의 피를 직접 받지 않았다는 뜻으로 그런 주장을 하는 것 같다. 그러나 이정환 목사의 이와 같은 주장은 다음과 같은 것들을 간과한 것이다.

첫째, 죄란 하나님과의 언약관계에 있는 것이지 피라는 물질에 있는 것이 아니다.

둘째, 생식세포인 마리아의 난자를 통해서 예수님의 인성을 형성되었다는 그의 주장이 바로 마리아의 피를 받았다는 것이다.

셋째, 마리아의 피를 직접적으로 받았느냐 아니면 간접적으로 받았느냐 하는 의학적인 문제이지 교리적인 문제가 되지 못한다.

넷째, 우리가 믿고 있는 성경과 신앙고백서들에는 마리아의 살과 피를 받았다고 되어 있다.

결국 이정환 목사의 주장은 성경과 신앙고백서, 그리고 동양에서의 피에 관한 관념을 잘 알지 못한 가운데 잘못된 죄관을 가지고 최삼경 목사를 공격하고 있는 것이다.

(8) 이정환 목사의 주장에 대한 평가

최삼경 목사를 공격하는 대부분의 사람들과 단체들의 주장은 거의 비슷하다. 마치 붕어빵 틀에서 빵을 찍어내듯 거의 같다. 그러나 이정환 목사의 주장은 같으면서도 다르다.

이정환 목사가 최삼경 목사를 공격하는 내용은 다른 사람들과 거의 비슷하다. 마치 마리아의 피 속에 죄가 있는 것처럼 주장하는 죄관이나 그로인해 예수님이 마리아의 피를 한 방울도 받지 않았다는 것, 예수님이 혈통으로 육정으로 나지 않았다고 하면서 그리스도인들을 향해 한 말을 주님에게 적용한 것[167], 그리고 심지어 박형룡 박사가 말한 생리를 마치 월경인 것처럼 잘못 해석하여 주장하는 황당한 내용까지도 똑같다. 그러나 그는 그들과 전혀 다른 주장도 한다.

이정환 목사는 최삼경 목사를 공격하는 다른 사람들과는 다르게 예수님이 마리아의 유전인자를 받았다고 한다. 황규학이 신종이단이라고 하는 난자잉태설도 주장한다. 즉, 이정환 목사는 난자인 마리아의 생식세포를 통해 예수님의 인성이 형성되었다고 한다.

이정환 목사의 이와 같은 입장은 사람을 혼란스럽게 한다. 완전히 반대되는 두 주장을 동시에 하고 있어서 그가 진정으로 주장하고 있는 것이 어떤 것인지 그의 진심을 알기 어렵기 때문이다. 그러나 분명한 것이 있다. 어떤 것이 진심이건 그는 육체가 악하다는 영지주의적 사고와 통일교와 전도관식의 죄관인 혈통유전설을 가지고 있기 때문에 결국 최삼경 목사를 공격하는 자들과 같은 입장에 설 수밖에 없다는 사실이다. 그러나 그것은 비성경적이며 우리가 믿고 있는 신앙고백과 정반대되는 것이다.

---

167) http://www.lawnchurch.com/sub_read.html?uid=1645&section=sc55&section2=

제 Ⅲ 부
월경잉태설 논쟁에 대한 평가

지금까지 월경잉태라는 용어를 누가 최초로 사용하였으며, 논쟁의 배경과 전개 과정을 통해 누구에 의해, 무엇 때문에 발생했는지, 그리고 어떤 주장이 옳고 그른지에 대해 살펴보았다.

월경잉태라는 용어를 최초로 사용한 사람은 박윤식 목사였다. 그는 최삼경 목사가 통일교 사상과 관련 있다며 공격했던 문제의 설교 "월경하는 여인들의 입장에서 탈출하자"에서 정확하게 월경잉태라는 용어를 사용하였다.

박윤식 목사는 "월경하는 여인들의 입장에서 탈출하자"에서 인간이 타락한 이후에 월경이 생겼다. 여인에게서 난 자는 월경을 통해서 낳은 자이다. 월경은 사람의 육신을 가리킨다.[168] 월경으로 낳은 자는 다 부정한 자이다. 약속의 자녀는 월경 없이 낳은 자이다. 이삭과 세례요한과 예수님은 월경 없이 낳았다. 사람의 피와 예수님의 보혈은 차이점이 있다. 예수님의 혈통은 인간이 가질 수 없는 신령한 혈통이라는 등의 주장을 하였고, 그러는 가운데 그는 정확하게 '월경잉태'라는 용어를 최초로 사용하였다.

최삼경 목사는 박윤식 목사의 그와 같은 주장을 반박하였다. 그는 타락한 이후에 월경이 생기지 않았다. 월경이란 피를 말하는 것이기 때문에 사라나 엘리사벳이 월경 없이 이삭이나 세례요한을 낳았다면 그것은 이삭이나 세례요한이 사라나 엘리사벳의 피를 받지

---

168) 박윤식 목사가 월경을 사람의 육신이라 하고, 마리아가 월경 없이 예수님을 낳았다고 한 것은 예수님이 마리아의 살과 피를 이어받지 않고 낳았다고 하는 주장과 같다. 그러므로 박윤식 목사의 주장은 예수님이 마리아의 살과 피를 받지 않았다고 하면서 최삼경 목사를 공격하는 사람들의 주장과 동일하다.

않았다는 것이 된다. 월경으로 낳았느냐 월경 없이 낳았느냐 즉, 피를 받고 태어났느냐 그렇지 않았느냐에 따라 구원 받아야할 죄인이 되느냐 그렇지 않느냐가 된다면 이삭이나 세례요한은 원죄 없는 자가 된다. 월경의 유무에 따라 구원받는 것이 아니다. 예수님이 마리아의 월경 없이 태어나서 그분이 마리아의 피를 받지 않았다면 그것은 그분의 인성을 부인하는 것이 된다. 예수님의 인성은 요셉의 정액 없이 성령의 능력으로 임신이 가능한 정상적으로 월경하는 여자를 통한 것이다. 박윤식 목사의 주장은 성적 모티브 없이 나올 수 없고, 그런 측면에서 그는 통일교 출신 변찬린의 영향을 받은 것이라고 했다.

최삼경 목사의 주장에 대해 평강제일교회를 영입했던 합동 측 서북노회에서는 즉각 반발하며 "최삼경 목사 이단성 여부 조사청원서"를 제출하였다.[169]

그 후 통합 측 서울북노회에서도 질의서를 제출하였고,[170] 구생수, 이광호, 예영수, 이정환 목사 등도 "서북노회와 서울북노회의 주장에 동조하면서 최삼경 목사가 주장한 것을 '월경잉태설'이라 하며 그의 이단성을 제기하였다.[171] 그러나 그와 같은 주장에 대해 김병훈 교수와 원문호 목사 등 또한 반발하면서 본격적으로 논쟁의 불이 붙기 시작하였다. 그러므로 월경잉태설 논쟁은 결국 박윤식 목사의 주장을 공격한 최삼경 목사에게 힘을 실어주는 쪽과 최삼경 목사를 공격하여 결과적으로 박윤식 목사에게 힘을 실어주는 쪽으로 나누어져서 벌어지게 된 것이다.

---

169) <http://www.christiantoday.co.kr/view.htm?id=205067> (2009.11.2).
170) 이정환, 『최삼경목사의 마리아 월경잉태설, 무엇이 문제인가?』, pp.43-47.
171) 구생수 목사와 이광호, 예영수 교수 등은 2010년 4월 9일 한국교회백주년기념관 소강당에서 포럼을 통해 "최삼경 목사의 월경잉태론, 기독교 근본 흔드는 이단"이라고 하면서 최삼경 목사를 공격하였다.

그렇다면 박윤식 목사의 주장에 힘을 실어주면서 최삼경 목사를 공격한 사람들의 주장이 옳을까? 아니면 박윤식 목사의 주장이 잘못되었다는 최삼경 목사의 주장에 힘을 실어주는 주장이 옳을까?

이것은 교리사의 전체적인 흐름을 이해하고 있거나 성경과 신앙고백서 등을 보면 어느 쪽이 옳은지 명확하게 확인할 수 있다.

간추린 교리사

교리는 성경을 근거로 한 기독교의 근본이 되는 가르침으로 믿음의 도리를 의미하며, 교리사는 교회의 교리들을 탐구의 대상으로 교리의 발생과정과 그 결정을 다루는 학문이다. 그러므로 교리사를 살펴보게 되면 공회의에서 어떤 과정을 통해 교리가 논의되고 전개되었는지 알게 되기 때문에 어떤 것이 정통이고 어떤 것이 이단적인 주장인지 잘 알게 된다. 교리들은 주로 누군가 물의를 일으키는 어떤 주장을 하게 되면 그것에 대해 비판에 이어 논쟁을 하게 되고 옥석을 분명히 가린 다음 공회를 통해 다시는 그런 주장을 하지 못하도록 교리를 통해 조치를 취했기 때문이다.

교리사는 주로 기독론을 중심으로 발전 하였다. 유대인들은 매일 아침마다 외우는 신명기 6장 4절에 근거해 유일신 사상을 가지고 있었다. 그러므로 유대인들 가운데 기독교인이 된 사람들은 예수님을 누구로 믿어야 하느냐 하는 문제가 발생하게 되었다.

기독교의 울타리 안에 들어온 어떤 유대인들은 예수님을 하나님으로 인정할 수 없었다. 예수님을 하나님으로 믿게 되면 두 하나님을 믿게 됨으로 유일신 사상이 무너지고 다신론이 되기 때문이었다. 그래서 그들 가운데에는 예수님은 평범한 사람이었는데 세례 받을 때 메시야가 되었다고 주장하는 사람들도 있었다.

이런 주장을 가리켜 흔히 양자론(養子論) 혹은 역동적 단일신론 (Dynamic Monarchianism)이라 하는데,172) '에비온파'(Ebionites) 로 알려진 자들이 이와 비슷한 주장을 했다. 최초의 이단 논쟁은 결국 예수님의 신성을 다룬 것이었다.

예수님의 인성을 부인한 자들도 있었다. 영지주의자로 알려진 자들은 영은 선하고 물질은 악하다는 헬라철학의 영향으로 예수님의 인성을 부정했다. 그들은 선한 영이 어떻게 악한 육체에 임했겠느냐고 하면서 예수님은 육체를 입은 것처럼 보였을 뿐이지 실제로 육체를 가진 것은 아니라고 했다. 실제적으로 육체를 가진 것은 아니기 때문에 심지어 십자가에서 못 박혀 고난 당하셨다는 것조차 부인하는 자들도 있었다. 그들은 가현설(Docetism)을 주장한 것이다.173)

또 다른 이단도 있었다. 소위 단일신론(Monarchianism)이라는 것이다. 하나님의 유일성을 지나치게 강조하게 되면 하나님의 유일성과 그리스도의 신성을 조화시키기 어렵게 된다. 단일신론은 하나님의 유일성을 지나치게 강조하는 사람들 가운데 그리스도의 신성을 부인하든지 아니면 그리스도의 신성을 인정한다 하더라도 개별적 실체(ὑπόστασις)를 인정하지 않았다.174) 개별적 실체를 인정하게

---

172) 양자론에는 알로그파, 무두장이 데오도토스, 멜기세덱파, 아르테몬파, 베릴로스, 사모사타의 바울파 등이 있는데, 이중 사모사타의 바울은 안디옥파의 시조라 할 수 있고, 그의 제자가 루키안이며 루키안의 제자가 바로 그 유명한 아리우스였다.

173) 가현설은 영지주의에서 주장했는데, 사도 요한은 가현설을 맹렬히 반대했다. 그래서 그는 "미혹하는 자가 많이 세상에 나왔나니 이는 예수 그리스도께서 육체로 임하심을 부인하는 자라 이것이 미혹하는 자요 적그리스도니" (요이 1:7)라고 하면서 공격하였고, 영지주의에서 영향을 받은 말시온도 비슷한 주장을 하다 A.D. 144년에 이단으로 정죄 되었다.

174) 삼위일체의 논쟁은 용어의 논쟁이라 할 만큼 용어상의 큰 혼동이 있었다. 실체를 나타내는 휘포스타시스(ὑπόστασις)라는 단어는 히 1:3절에서 '본체'에 사용되기도 했기 때문에 위격이 아니라 본질을 나타내는 단어인 우시아(οὐσία)와 동의어로도 사용되기도 하였다. 그러나 이 단어는 삼위일체에 관한 교리가 정립되는 가

되면 하나님이 두 분이 되어 다신교가 된다고 생각했기 때문이다.175) 그래서 단일신론에는 두 가지 형태가 있었다.

하나는 역동적 단일신론(Dynamic Monarchianism)이라는 것으로, 흔히 양자론(養子論인)이라 하는 것이고,176) 또 다른 하나는 노에토스(Noetos)177)로부터 시작되어 사벨리우스(Sabellius)에게서 꽃을 피운 양태론적 단일신론(Modalistic Monarchianism)으로, 흔히 양태론(Modalism)이라 하는 것이다.178)

양태론은 역동적 단일신론인 양자설과는 다르게 예수님의 신성을 인정한다. 그러나 그분의 개별적 실체를 인정하지 않았다.179) 하나

운데 위격(인격- persona, πρόσωπον)을 나타내는 의미로 정리가 되었다.

175) 최삼경 목사를 삼신론이라 공격하고 있는 사람들의 주장을 유의해 볼 필요가 있다. 그들의 주장은 삼위일체 교리가 정립되는 가운데 양태론자들이 주장했던 것과 거의 일치하고 있기 때문이다. 더구나 그들의 주장을 보면 구별된 세 위격조차 분리된 세 본질이라는 식으로 왜곡하여 공격하고 있는데, 이것은 지방교회의 주장과 거의 같다. 사실, 지방교회에서는 최삼경 목사가 성자 하나님의 성육신 하셨다고 한 것에 대해 그것은 삼위일체 하나님을 분리한 것이라고 하면서 삼신론이라 공격하였고 삼위일체 하나님이 성육신 하셨다고 주장했다. 그들은 삼위 간의 상호교류를 지나치게 강조한 나머지 세 인격을 인정하기는 하지만 한 인격 안에는 늘 두 인격이 같이 있다는 삼일론을 주장하기 때문이다.

176) 양자론은 유일하신 하나님에 대한 신앙과 그리스도에 대한 신앙을 조화시키기 위해 그리스도를 하나님으로부터 특별한 능력을 부여 받은 인간으로 봄으로 문제를 해결하려 했다.

177) 양태론자인 노에토스에게 있어서는 성부와 성자의 구별이 필요 없었다. 그래서 그는 동정녀 마리아의 몸에서 태어나신 그리스도는 성부이면서 동시에 성자라 할 수 있다. 달리 말해, 성자 그리스도의 성육신은 성부 하나님의 성육신이라 할 수 있다. 이것을 또, 그리스도의 십자가와 관련시켜 생각해 보면, 십자가에 달리신 분은 성자이면서 동시에 성부라 할 수 있다고 했다. 김광채, 『고대교리사』(서울: 보라상사, 2003), p.111.

178) 양태론의 시조라 할 수 있는 노에토스는 그리스도의 성육신을 로고스의 성육신으로 보지 않고 성부 하나님이 성육신한 것으로 보아 유일하신 하나님과 그리스도에 대한 신앙을 조화시키려 하였고, 사벨리우스는 구약시대에는 성부 하나님이, 신약시대에는 성자 하나님이 나타났다는 식으로 시대구분을 하여 문제를 해결하려 하였다.

179) 지방교회나 인격적인 구별조차 분리라는 식으로 보아 최삼경 목사를 삼신론으

님은 유일하신 분으로 한 분이시지만 구약시대에는 성부로, 신약시대에는 그 성부가 성자의 모습으로 모양만 바꾸어서 나타나셨다는 식으로 주장했다. 그러나 이런 양태론은 치명적인 약점을 가지고 있었다. 성경에는 예수님이 세례 받으실 때 삼위 하나님이 동시에 나타나는데, 이 주장에 의하면 성부시대에는 성자와 성령이, 성자시대에는 성부와 성자가 없었다는 주장이 되기 때문이다.[180]

기독교의 교리는 이와 같이 기독론을 중심으로 발전하면서 처음으로 정리 된 것이 삼위일체 교리였다.[181]

성부와 성자와 성령 삼위 하나님과의 관계를 다룬 삼위일체 논쟁은 대략 아리우스가 출교처분이 내려진 알렉산드리아 회의(A.D. 318년)부터 시작해서 성령론까지 정리된 콘스탄티노플 종교회의(A.D. 381년)까지 약 60여년의 세월이 걸렸다. 그리고 그 후에야

로 공격하는 자들은 "아버지가 삼위일체가 아니고, 아들이 삼위일체가 아니며, 양자의 선물인 성령도 삼위일체가 아니다"고 했던 어거스틴의 말을 기억해야 한다. 서철원 교수의 교리사에 보면 다음과 같이 되어 있다. "아우구스티누스는 일체를 강조하여 삼위일체가 다 함께 일한다고 하여도 위격들에게 고유한 사역을 배정하였다. 즉 삼위일체가 동정녀 마리아에게서 나셔서 본디오 빌라도 아래서 십자가에 달리셔서 장사되고 삼일에 다시 살아나셔서 하늘로 올리우신 것이 아니라, 오직 성자가 그렇게 하셨다. 다시 삼위일체가 비둘기의 형체로 세례 받는 예수께 오신 것도 아니고, 주의 승천 후 오순절 날에 하늘로부터 급하고 강한 바람과 같은 소리가 있을 때, 삼위일체가 불의 혀같이 갈라짐으로 그들 각자 위에 오신 것이 아니고, 오직 성령이 오셨다. 또 너는 내 아들이라고 말한 것이나, 내가 이것을 영화롭게 하였고 다시 이것을 영화롭게 할 것이다고 말하는 소리가 들렸을 때 삼위일체가 말한 것이 아니라, 오직 아버지께서 아들에게 말씀 하셨다". 서철원, 『교리사』(서울: 총신대학출판부, 2005), pp.402-403.

180) 단일신론 논쟁에 있어서 양태론을 정리하는데 가장 앞장섰던 사람은 히폴리투스(Hippolytus)였다. 그는 당대에는 가장 유명한 사람이었지만 역사 속에서는 거의 감추어진 인물이나 마찬가지인 사람이다.

181) 삼위일체 교리는 예수님의 신성과 성부 하나님과의 관계로부터 시작해서 성령님까지 포함해 삼위 하나님과의 관계로 나아가게 됐는데, 갑바도기아의 세 교부였던 가이사랴의 바실, 나지안주스의 그레고리, 닛사의 그레고리에 등의 연구와 활약에 의해 페리코레시스라고 불리는 '상호 내재' 혹은 '상호 교류'나 '상호 순환'에 이어 '상호 구별'에 가서야 정립되었다.

본격적으로 예수님의 신인 양성의 관계를 다룬 기독론의 논쟁이 시작되었다.

전체적인 교리 논쟁이 주로 기독론을 중심으로 시작되었기 때문에 삼위일체 논쟁이 끝나고 기독론 논쟁이 시작되었다고 말하기는 어렵다. 시기적으로 중첩되기도 했고 예수님의 신성에 관한 문제는 삼위일체에 관한 논쟁에 포함되기도 하기 때문에 삼위일체 논쟁은 기독론 논쟁이라고도 볼 수 있기 때문이다.

예수님의 인격과 신인 양성의 문제를 다룬 기독론 논쟁은 대략 아폴리나리우스(Apollinarius) 논쟁이 시작된 A.D. 360년부터 시작해서 A.D. 680년에 있었던 제 3차 콘스탄티노플 회의에서 일의론을 정죄하기까지 약 300년 이상이 걸려서야 정리 되었다.

기독론에는 대표적인 네 가지 종류의 이단이 있다. 첫째는 그리스도의 신성을 부인하는 것이며,[182] 둘째는 그분의 인성을 부인하는 것이고,[183] 세 번째는 신성과 인성을 분리하여 나누는 것이며,[184] 네 번째는 신성과 인성을 혼합시키는 것인데,[185] 이 네 가지를 기본으로 하여 다양하게 파생된 약 20여 종의 이단 교리가 발생 하게 되었다.

기독론에 있어서 예수님의 인성에 관한 문제가 종교개혁 당시에

---

182) 그리스도의 신성을 부인한 대표적인 이단은 니케아 종교회의(A.D. 325년)에서 정죄당한 아리우스(Arius)라 할 수 있다.

183) 예수님의 인성을 부인한 대표적인 이단은 콘스탄티노플 종교회의(A.D. 381년)에서 이단으로 정죄된 아폴리나리우스(Apollinarius)라 할 수 있는데, 아폴리나리우스주의를 가리켜 흔히 '단성론'이라 한다.

184) 예수님의 신성과 인성을 분리한 이단은 에베소 종교회의(A.D. 431년)에 정죄된 네스토리우스(Nestorius)인데, 네스토리우스주의는 '경교'라는 이름으로 당나라에까지 전파 되었다.

185) 예수님의 신성과 인성을 혼합한 이단은 칼케돈 회의(A.D. 451년)에서 정죄당한 유티케스(Eutyches)인데, 그의 주장을 가리켜 단일본성론(말씀단성론)이라 하거나 그냥 '단성론'이라 하기도 한다.

어떻게 변형되어 논쟁하게 되었는지를 알게 되면 기본을 이루는 네 가지 이단을 통해 어떻게 20여 가지나 되는 이단이 발생할 수 있게 되었는지 한 면을 엿볼 수 있다.

초대교회 당시의 영지주의 자들과 영지주의의 한 분파라고 할 수 있는 말시온은 예수님이 살과 피를 가진 육체로 오신 것을 부인하여 가현설을 주장하였고,[186] 어거스틴이 빠졌던 마니교에서는 둘째 아담이 하늘에서 났으니 하늘의 사람이라고 해서 그를 "공기의 몸"이라고 하기도 하였다.[187]

종교개혁 당시에는 재세례파의 지도자 중의 한 사람이었던 멜키오르 호프만(Melchior Hoffman: 약 1500-1543)이 예수님께서 이 세상에 육체로 오셨음을 인정하였으나 "그리스도의 몸이 하늘에서 내려왔다"는 소위 '천적실질'을 주장하다 이단으로 정죄 되었고,[188] 네덜란드의 카톨릭 신부였다가 재세례파에 합류했던 메노 시몬스(Menno Simons: 1496-1561) 또한 "그리스도의 몸이 하늘에서 내려오기 때문에 마리아는 그 몸에 영양을 공급했을 뿐"이라고 주장하다 이단으로 정죄 되었다.[189]

칼빈은 이들과 논쟁했는데, 이들의 주장은 명백하게 가현설의 변형이었다. 그런데 케스파 슈벵크펠트(Caspar Schwenckfeld: 1489-1561)는 이들의 주장과 같이 그리스도의 몸이 하늘에서 내려온다고 하지는 않았지만 창조되지 않았다고 해서 단성론의 일종이

---

186) 예수님이 마리아의 살과 피를 받지 않았다고 주장하면서 최삼경 목사를 공격하고 있는 사람들은 사실상 이와 같은 가현설의 변형을 주장하고 있는 것이다. 그러므로 그들의 주장은 결국 예수님이 육체로 오신 것을 부인하는 것으로 그분의 인성을 부정하는 것이 된다.

187) 존 칼빈, 『기독교강요 2권』, 김문제(역)(서울: 혜문사, 1982), pp.459-471.

188) 후스토 L 곤잘레스, 『기독교사상사 (III)』, 이형기 차종순(역)(서울: 한국장로교출판사, 2008), p.129.

189) 같은 책, pp.132-134.

라 하여 이단으로 정죄되기도 하였다.190) 그러므로 이런 식으로 해서 네 가지 기본을 이루는 이단이 각각 변형되어 발전하기도 하고 서로 섞이기도 했기 때문에 20여 종이나 되는 이단이 발생하게 되었던 것이다.

종교개혁 직후 이단이 아닌 정통 내에서도 성만찬을 통해 예수님의 인성에 관한 문제가 치열하게 전개 되었다. 루터파에서는 로마 카톨릭의 화체설은 반대하였으나 공재설(Consubstaniation)을 주장한 반면 개혁주의에서는 영적 임재설(spiritual presence)을 주장하였기 때문이다.

루터파에서는 화체설과 같이 성찬시 떡과 포도주가 본질이 질적으로 변하여 예수님의 살과 피가 되는 것은 아니라고 하면서도 신성과 인성의 속성교류를 지나치게 강조한 나머지 예수님의 인성의 편재하심을 주장하게 되었고, 신체적으로도 공재한다고 주장하였다. 그러나 칼빈을 위시한 개혁파에서는 속성의 교류를 제한하거나 배격하여 부활 승천하신 주님의 몸이 피조물의 한계를 넘어 동시에 어디에서나 존재한다는 편재성을 인정할 수 없었다. 그래서 서로 간에 치열하게 논쟁하게 되었다.

그들의 논쟁의 핵심은 예수님의 인성에 관한 것이었다. 루터파의 입장에서 보면 개혁파는 신성과 인성을 분리하는 것처럼 보였고, 개혁파 입장에서 보면 루터파는 인성의 제한된 피조성을 부인하여 인성도 신성처럼 보는 것과 같은 단성론으로 보였던 것이다. 그리고 성만찬시 예수님의 인성조차 임한다고 하는 것은 예수님이 성찬 때 이미 재림한 것처럼 되어버리는 것이었다.

이와 같은 상황에서 루터파인 마틴 쳄니쯔(Martin Chemniz)는

---

190) 아다나시우스는 "하나님이 육을 취하사 사람이 되시되 하나님으로서 인격이므로 창조된 몸을 입은 창조주이다"라고 했다. 서철원, 『교리사』(서울: 총신대학 출판부, 2005), p.267.

「그리스도의 두 본성에 관하여」(On the Two Nature of Christ)라는 논문을 발표 하였으며, 개혁파 입장에서 자카리아스 우르시누스(Zacharias Ursinus)와 캐스파 올리비아누스(Casaper Olevianus)는 하이델베르크 요리문답을 작성하였다.

챔니쯔는 그의 논문을 통해 신성과 인성이 연합하면 인성이 신성을 완전하게 받아들이기 때문에 인성도 신성의 의지에 따라 신성의 속성을 수행할 능력을 지니게 된다고 하였다. 인성의 본성에 의한 것이 아니라 신성에 의해 그렇게 되는 것이며, 그리스도의 몸이 무분별적으로 어디에나 임재하지 않고 그리스도가 원하는 곳에만 임하며, 성찬행위를 위해서 마련된 성찬에 임재 한다고 하였다.

우르시누스는 하이델베르크 요리문답 46번부터 주님의 높아지신 신분인 '그리스도의 승귀'에 대해 다루면서 '하늘에 오르사' 라는 말은 신성은 어디든지 계시기 때문에 인성이 올라간 것이라고 하며, 그리스도께서 세상 끝날까지 우리와 함께 하신다는 말은 그의 인성과 관련해서는 더 이상 이 땅에 계시지 않으나 그의 신성으로는 우리에게서 떠나 계시지 않는다 하고, 그리스도의 신성이 있는 곳마다 그의 인성이 있는 것이 아니라는 두 본성을 분리하는 것이 아니냐는 것에 대해 신성은 제한을 받지 않고 편재하므로 그가 취하신 인성의 영역을 뛰어넘으나 그럼에도 불구하고 신성이 인성 속에 있고 또한 인격적으로도 인성과 연합한 상태로 남아 있다고 하였다.

하이델베르크 요리문답은 개혁 신앙에 있어서 '칼빈주의 신학 밖에서'(Extra Calvinistcum)라는 유명한 개혁신앙의 독특성을 드러냈다. 루터파가 기독론에 있어서 예수님의 신성과 인성의 속성교류 혹은 속성전달을 통해 성만찬시 예수님의 신성이 인성으로 전달되어 빵과 포도주의 각 요소 "안에, 그와 함께, 그 아래"에 신체적으로 함께 현존하실 수 있다는 공재설을 주장하자 칼빈주의자들은 고대 칼케돈 신조에서 확립된 그리스도의 신성과 인성의 구조를 다시 한 번 재확인 했던 것이다.

하이델베르크 요리문답은 이후 도르트 총회에서 정통적인 기독교 신앙과 잘 조화 된다며 받아들여졌고, 이어 웨스트민스터 신앙고백서에도 반영되어 개혁신앙을 확고하게 하는데 공헌하여 오늘의 개혁주의 기독론을 있게 하였던 것이다.

성경과 신앙고백서

이제부터는 성경과 신앙고백서들을 통해 박윤식 목사의 주장이 잘못되었다고 하면서 예수님이 마리아의 살과 피를 받았다고 하는 것이 옳은지 아니면 최삼경 목사를 공격하면서 박윤식 목사를 지지하여 예수님이 마리아의 살과 피를 받지 않았다고 하는 것이 옳은지 살펴보자.

신약성경 로마서 1장 3절을 보면 "이 아들로 말하면 육신으로는 다윗의 혈통에서 나셨고" 라고 되어 있는데, 원문에는 다음과 같이 되어 있다.

περὶ τοῦ υἱοῦ αὐτοῦ τοῦ γενομένου ἐκ σπέρματος Δαυὶδ κατὰ σάρκα,

원문의 "다윗의 혈통에서" 에 해당하는 부분은 에크 스페르마토스 다위드(ἐκ σπέρματος Δαυὶδ)인데, 이것은 예수님이 마리아의 혈통을 물려받았다는 것을 의미한다. 교회를 나타내는 엑클레시아(ἐκκλησία)가 ~의 안에서부터 밖으로를 의미하는 에크(ἐκ)라는 전치사와 내가 부르다는 뜻의 동사 칼레오(καλέω)가 결합되어 이전의 인간과 전혀 다른 새로운 인류가 출현하여 교회가 된 것이 아니라 ~의 안에서 밖으로 부름 받은 성도들, 즉 세상 사람이었던 사람들이 부름 받아 교회가 된 것을 의미하듯이 ἐκ σπέρματος Δαυὶδ는 예수님이 다윗의 후손이어서 그의 혈통을 물려받은 마리아의 혈통을 물려받았다는 것을 의미하고 있기 때문이다.

이것은 어느 주장이 잘못되었는지 밝혀 대못을 치는 것과 같다. 그래서 그런지 월경은 사람의 육신과 피를 의미한다고 하면서 예수님이 마리아의 피를 받은 월경잉태를 한 것이 아니라고 하여 논란의 중심에 섰던 박윤식 목사는 로마서 1장 3절을 인용하여 예수님의 인성을 인정하고 있다. 물론, 앞뒤 문맥을 살펴보았을 때 그의 주장에는 변함없는 것 같지만 부분적으로는 그의 구속사 시리즈 제2권에서 "그리하여 로마서 1:3에서는 "육신으로는 다윗의 혈통에서 나셨고"라고 하여 예수 그리스도의 완전한 사람 되심(인성)을 말씀하였고, 이어서 1:4에서는 부활하심으로 사망 권세를 이기신 예수 그리스도 자신의 완전한 하나님 되심(신성)을 확증하시고 선포하셨습니다."라고 하여 정통적인 견해를 드러내기도 하고 있는 것이다.[191]

히브리서 2장 14-15절 또한 어떤 주장이 옳은지 분명히 밝혀주고 있다.

> 자녀들은 혈육에 함께 속하였으매 그도 또한 한 모양으로 혈육에 함께 속하심은 사망으로 말미암아 사망의 세력을 잡은 자 곧 마귀를 없이 하시며 또 죽기를 무서워하므로 일생에 매여 종노릇하는 모든 자들을 놓아 주려 하심이니

---

191) 박윤식 목사는 이 문장 바로 앞에서 요셉과 멜기세덱에 대해 언급하면서 예수님은 혈통을 통해서 오시지만 혈통을 초월해 오신다 하고 있기 때문에 그는 여전히 예수님은 마리아의 혈통과 관련 없는 것처럼 얘기하고 있다. 박윤식, 『잊어버렸던 만남』(서울: 도서출판 휘선, 2008), pp.391-392.

히브리서 2장 14-15절은 예수님께서 왜 성육신을 하게 되었는지 성육신의 의미를 밝혀주면서 그분이 왜 우리와 같은 혈육을 갖게 되셨는지를 밝혀주고 있다. 그 이유는 우리를 구원하기 위해서 우리와 같은 형제가 되셨다는 것이다.

히브리서 2장 14-15절에 있는 혈육은 원어에 '하이마토스 카이 싸르코스'(αἵματος καὶ σαρκός)로 되어 있는데, 이것은 문자 그대로 하자면 '피와 육체'를 뜻한다. 이 구절 또한 예수님께서는 우리의 구원을 위하여 마리아의 살과 피를 취하셔서 우리와 똑같은 살과 피를 가졌다 하고 있는 것이다.

그러므로 이와 같은 성경 구절들을 근거로 하여 보았을 때 예수님이 마리아의 피를 받지 않았다는 주장이 성경적이지 않다는 것을 알 수 있다.

이와 같은 사실은 다음과 같은 신조나 신앙고백들을 보면 보다 더 분명해 진다.

칼케돈 신조(451년)

종교회의는 성육신의 신비를 두 아들로 나누고자 했던(네스토리우스는 이것 때문에 정죄 당했다) 사람들을 거부하며, 또한 독생자의 신성(神性)이 수난 가능하다고 감히 주장하는 자들(아리우스 또는 유티케스?)은 성직에서 추방한다. 그리스도의 두 본성을 혼합 또는 혼동하는 자(유티케스)들을 거부한다.

그분이 우리에게서 취하신 「종의 형상」(인성)을 하늘에, 또는 어떤 다른(인간이 아닌) 본질(이것 때문에 아폴리나리스는 정죄 당했다)에 속한다고 상상하는 자들을 출교한다. 그리고 주께서는 두 본성이 연합되기 전에는 두 본성을 가지고 계셨고, 연합된 후에는 한 본성만 가지고 계셨다고 생각하는 자들(유티케스)을 출교한다.

거룩한 교부들을 좇아 우리도 이구동성으로 우리 주 예수 그리스도이시며 단 한 분이신 독특한 아들이 완전한 하나님이시며 완전한 인간,

즉 참 하나님이신 동시에 참 인간이신 것과 이성적인 영혼과 육체를 가지고 계신 것으로 믿고 고백한다. 그분은 하나님으로서 성부와 동일 본질(homoousios)이시며, 또한 사람으로서 우리와 동일 본질(homoousios)이시다. 그분은 모든 점에서 우리와 같으시나 죄는 없으시다. 그분은 하나님으로서 태초에 성부에게서 나셨고 마지막 때에 우리를 구원하시기 위해 동정녀 마리아에게서 사람으로 태어나셨다(theotokos). 이 전혀 동일한 그리스도, 성자, 주님, 독생자는 두 본성을 가진 것으로 공표되었는데, 이 두 본성은 혼동되거나 변하거나 나누어지거나 분리되는 것이 없이 존재한다. 그 본성들의 특성은 통일에 의해 결코 사라지는 것이 아니라, 오히려 각 본성의 독특한 속성이 보존된다. 두 본성은 한 존재 곧 한 본질(hypostasis)에 결합되었다. 이것들은 두 존재로 나누어지거나 분리되는 것이 아니라 전혀 동일한 성자, 독생자, 하나님, 말씀, 주 예수 그리스도이시다. 이것은 바로 옛 선지자들이 그분에 대해 말씀하셨고, 주 예수 그리스도께서 우리에게 가르치셨고, 교부들의 신경이 우리에게 전하여 준 것이다.192)

벨직 신앙고백서(1561년) 18항: 성육신
그러므로 우리는 그리스도께서 그의 어머니로부터 인간의 살을 취하셨다는 것을 부인하는 재세례파 이단들과 반대하며 다음과 같이 고백한다: 그리스도는 자녀들의 살과 피를 공유하며, 육체에 따른 다윗의 허리의 열매이며...

하이델베르크 요리문답(1563년) 질문 35
질문 35, "성령으로 잉태되어 동정녀 마리아에게서 나시고"라는 뜻은 무엇입니까?
대답: 그것은 현재나 장래나 참되며 영원한 하나님이신 영원한 하나님의 아들이 성령의 능력으로 동정녀 마리아의 살과 피로부터 참된 사람의 본질을 취하셨으며, 따라서 다윗의 참된 씨가 되었으며, 죄가

---

192) 토니 레인, 『기독교 사상사』, 김응국(역)(서울: 나침반, 1993), pp.110-111.

없으신 것을 제외하고는 모든 면에서 다른 사람들과 동일하다는 뜻입니다.

웨스트민스터 신앙고백서(1647년) 8장 2항

성삼위 중에 제2위이신 하나님의 아들은, 참되시고 영원하신 하나님이시오, 성부와 한 본체이시며 또한 동등하신 분으로서, 때가 차매 인간의 본성을 입으셨다. 또한 인간의 본성에 속한 모든 본질적인 성질들과 일반적인 약점들을 아울러 취하셨으나, 죄는 없으시다. <u>그는 성령의 능력으로, 동정녀 마리아의 몸에 잉태되시고, 그녀의 피와 살을 받아 태어나셨다.</u> 그러므로 두 개의 온전하고, 완전하고, 구별된 본성인 신성과 인성이, 전환이나 혼합이나 혼동됨이 없이 한 위격 안에서 분리할 수 없게 서로 결합되었다. 그 위격은 참 하나님이자 참 사람이시되, 한 분 그리스도시요, 하나님과 사람 사이의 유일한 중보자이시다.[193]

어느 쪽이 옳을까?

박윤식 목사와 그를 지지하는 사람들의 주장은 거의 비슷하다. 그들은 예수님의 인성과 관련하여 말할 때, 예수님은 마리아의 살과 피를 받지 않았다. 예수님은 마리아의 피를 단 한 방울도 받지 않았다. 예수님의 인성은 우리의 인성과 본질적으로 다르다. 예수님은 인간 부모 중 어머니의 개입 없이 태어나셨다. 예수님의 인성은 하늘에서 왔다는 주장을 하기도 하고, 심지어 또 어떤 사람은 예수님이 마리아의 피를 받았고 마리아가 예수님께 피를 주었다면 그것은 '마리아의 피가름'이라고 하면서 통일교 사상과 같은 것

---

[193] 이 웨스트민스터 신앙고백서는 최삼경 목사를 이단으로 정죄한 한기총의 이단대책위원회 전문위원으로 있었던 나용화 교수가 번역했던 것이다. 고든 H. 클라크, 『장로교인들은 무엇을 믿는가?』, 나용화(역)(서울: 개혁주의신행협회, 2010), p.127.

이라고 주장하기도 한다. 그러나 박윤식 목사의 주장을 지지하지 않는 사람들은 이들의 주장과는 오히려 반대이다. 그러므로 논쟁의 쌍방은 어느 한쪽이 옳으면 어느 한쪽은 그를 수밖에 없는 구조이다.

자, 그렇다면 이제 지금까지 살펴본 내용들을 통해 우리 모두 결론을 내려보자! 박윤식 목사와 그를 지지하는 사람들의 주장이 옳으며 성경적일까? 아니면 그의 주장에 반대하는 사람들의 주장이 옳으며 성경적일까? 어느 것이 동정녀 탄생에 대한 진정한 의미일까?

사람은 누구나 잘못 알 수 있고 실수 할 수도 있다. 인간은 완벽하지 않기 때문이다. 이것은 신앙에 있어서도 마찬가지이다. 그러나 잘못된 줄 알면서도 끝까지 돌이키지 않고 고집을 피운다면 용납할 수 없을 것이다. 그러므로 이제 우리 스스로 돌아보자. 그리고 더 이상 소모적인 논쟁을 그치고 진리로 하나가 되자.

잘못을 뉘우치고 돌아서는 것은 부끄러운 짓이 아니다. 용기 있는 일이다. 주님은 "죄인 하나가 회개하면 하늘에서는 회개할 것 없는 의인 아흔 아홉을 인하여 기뻐하는 것보다 더하리라"(눅 15:10)고 하셨다.

"전능하사 천지를 만드신 하나님 아버지를 내가 믿사오며
그의 외아들 우리 주 예수 그리스도를 믿사오니
이는 성령으로 잉태하사 동정녀 마리아에게 나시고…"

참·고·문·헌

고든 H. 클라크. 『장로교인들은 무엇을 믿는가?』. 나용화 역. 서울: 개혁주의신행협회, 2010.

구생수, 『실상은 사단의 회라』. 서울: 베드로출판사, 2010.

구생수. 『예수님은 성령으로 잉태했는가 월경으로 잉태했는가』. 서울: 베드로출판사.

김광채. 『고대교리사』. 서울: 보라상사, 2003.

김광채. 『교부 열전 (상권)』. 서울: 기독교문서선교회, 2010.

김광채. 『교부 열전 (중권)』. 서울: 기독교문서선교회, 2005.

김병훈. 『하이델베르크 요리문답』. 수원: 합신대학원출판부, 2008.

김석환. 『교부들의 삼위일체론』. 서울: 기독교문서선교회, 2006.

김영재. 『기독교신앙고백』. 수원: 도서출판 영음사, 2011.

김재성. 『개혁신학의 전통과 유산』. 용인: 킹덤북스, 2012.

더필드/밴 클리브 공저. 『오순절 신학』. 임열수 역. 서울: 성광문화사, 2007.

로버트 L. 레이몬드, 『개혁주의 기독론』. 나용화 역. 서울: 기독교문서선교회, 2007.

로버트 L. 레이몬드. 『최신 조직신학』. 나용화/손주철/안명준/조영천 공역. 서울: 기독교문서선교회, 2010.

로이드 존스, 『성령 하나님과 놀라운 구원』. 임범진 역. 서울: 부흥과개혁사, 2010.

로이드 존스, 『성부 하나님과 성자 하나님』. 임범진 역. 서울: 부흥과개혁사, 2007.

루이스 벌코프. 『기독교 교리사』. 신복윤 역. 서울: 성광문화사, 1998.

루이스 벌코프. 『합권 벌코프 조직신학』. 권수경/이상원 공역. 고양: 크리스챤다이제스트, 2009.

밀라드 J. 에릭슨. 『기독론』. 홍찬혁 역. 서울: 기독교문서선교회, 1994.

박영관. 『이단종파비판 (Ⅰ)』. 서울: 기독교문서선교회, 1982.

박윤식. 『잊어버렸던 만남』. 서울: 도서출판 휘선, 2008.

박일민. 『개혁교회의 신조』. 서울: 성광문화사, 2002.

박형룡. 『박형룡박사 저작전집 II, IV』. 서울: 개혁주의신행협회, 2011.

방진용. 『천상천하 하나님이신 박태선 장노님의 설교집-예수는 개자식이다』. 서울: 도서출판 선경, 1989.

서철원. 『교리사』. 서울: 총신대학출판부, 2005.

성 아우구스티누스. 『삼위일체론』. 김종흡 역. 고양: 크리스챤다이제스트, 2011.

올리버 버스웰. 『조직신학 1권, 2권』. 권문상/박찬호 공역. 서울: 웨스트민스터 출판부, 2005.

원문호. 『마리아의 무월경잉태 비판』. 도서출판 진리수호, 2011.

웨인 그루뎀. 『조직신학(상, 중, 하)』. 노진준 역. 서울: 은성출판사, 2009.

윌리스턴 워커. 『기독교회사』. 송인설 역. 고양: 크리스챤다이제스트, 2012.

유세비우스 팜필루스. 『유세비우스의 교회사』. 엄성옥 역. 서울: 은성, 1991.

이승구. 『진정한 기독교적 위로』. 서울: 나눔과섬김, 2013.

이정환. 『최삼경목사의 마리아 월경잉태설, 무엇이 문제인가?』

이종성. 『그리스도론』. 서울: 대한기독교출판사, 1992.

자카리아스 우르시누스. 『하이델베르크 요리문답해설』. 원광연 역. 고양: 크리스챤다이제스트, 2011.

제임스 사이어. 『비뚤어진 성경 해석』. 박우석 역. 서울: 생명의말씀사, 1993.

존 칼빈. 『기독교강요 제2권』. 김문제 역. 서울: 혜문사, 1982.

필립 샤프. 『신조학』. 박일만 역. 서울: 기독교문서선교회, 1984.

한철하. 『고대기독교사상』. 서울: 대한기독교서회, 1986.

황승룡. 『통전적 관점에서 본 그리스도론』. 서울: 장로교출판사, 2001.

후스토 L 곤잘레스 『기독교사상사 (I, II, III)』. 이형기/차종순 역. 서울: 한국장로교출판사, 2008.

A.A. 하지. 『웨스트민스터 신앙고백서해설』. 김종흡 역. 서울: 크리스챤다이제스트, 2010.

DCP Korea. 『재평가 된 지방교회』. 서울: DCP Korea 출판사, 2011.

E.H. 클로제. 『기독교 교리사』. 강정진 역. 서울: 기독교문서선교회, 2002.

G.I 윌리암슨. 『웨스트민스터 소요리문답강해』. 유태화 역. 고양: 크리스챤
출판사, 2006.

G.I. 윌리암슨. 『웨스트민스터 신앙고백서강해』. 나용화/류근상 역. 고양:
크리스챤출판사, 2009.

M.R. 디한. 『예수의 피』. 서울: 두란노서원, 1987.

R.C. 스프라울. 『쉽게 쓴 성경해석학』. 이세구 역. 서울: 아가페출판사, 1994.

TONY LANE. 『기독교 사상사』. 김응국 역. 서울: 나침반사, 1993.

사전 및 주석

강병도(편). 『카리스 종합주석』. 서울: 기독지혜사, 2004.

기독교대백과편찬위원회. 『기독교 대백과사전』. 서울: 기독교문사, 1991.

기독교사학연구소. 『교회사 대사전』. 온글 번역팀. 전봉준 공편. 서울: 기
독지혜사, 1994.

네이버. 『어학사전』. http://dic.naver.com

렌스키. 『성경주석』. 차영배 역. 서울: 백합출판사, 1975.

매튜 헨리. 『성서주석시리즈』. 김현영 역. 서울: 기독교문사, 1988.

윌럼 핸드릭슨. 『핸드릭슨 성경주석』. 서울: 아가페출판사, 1988.

윌리엄 바클레이. 『성서주석시리즈』. 황장욱 역. 서울: 기독교문사,
1993.

카일 델리취. 『카일 델리취 구약주석』. 서울: 기독교문화사, 1992.

J. A 벵겔. 『벵겔 신약주석』. 서문 강 역. 서울: 도서출판 로고스,
1991.

J. P. LANGE. 『랑게주석』. 김진홍 역. 서울: 백합출판사, 1986.

인터넷, 신문, 보고서

개신대학원대학교 기독교신학검증위원회. 『평강제일교회 박윤식 원로목사 신
학검증보고서』, 2009.

국제종교연구문제소. 『한국의 종교단체 실태조사연구』. 정동섭 외, 2000.

강춘오. "최삼경 목사의 "마리아 월경 잉태설"의 오류 및 이단성". 「교회연합신문」. 2010/4/13.
http://www.ecumenicalpress.co.kr/article.html?no=49444

강춘오. "예수님의 성령에 의한 잉태와 동정녀 탄생 - 최삼경 목사의 소위 '월경잉태론'을 염두에 두고". 「교회연합신문」. 2010/4/13.
http://www.ecumenicalpress.co.kr/article.html?no=49443

강춘오. "한기총 질서위, 최삼경목사 이단 규정". 「교회연합신문」. 2011/12/8. http://www.ecumenicalpress.co.kr/article.html?no=60605

강춘오. "한기총과 한교연, 합동측 통합측 어느쪽이 옳은가". 「교회연합신문」. 2013/8/23. http://www.ecumenicalpress.co.kr/article.html?no=65554

기독인뉴스. "예장총회 경서교회 창립총회서 총회장 홍재철 목사 선출".「실시간기독인뉴스」 2014/10/16.
http://blog.naver.com/sunysis?Redirect=Log&logNo=220152164243

김경직. "기독교포털뉴스 기사에 대한 반박 성명". 「기독교시민연대」. 2014/10/5.
http://www.christiancitizenunion.com/sub_read.html?uid=1592&section=sc3&section2=

김만규. "「이단 바로 알기」 현대종교 출간(대표이단 12개 종류)". 『기독신보』. 2011/2/28. http://www.ikidok.org/ca_newspaper/detail.php?aid=1298869084

김만규, "교회사에 등장한 이단들 중 가장 악한 이단이다". 『기독신보』. 2011/12/9.
http://www.ikidok.org/ca_institution/detail.php?aid=1323414225

김종희. "이단 감별사는 욕하고 이단은 옹호하는 언론사 대표". 「뉴스앤조이」. 2014/8/1. http://www.newsnjoy.or.kr/news/articleView.html?idxno=197241

임성수. "합동 서북노회의 최삼경 목사 이단성 여부 조사청원서". 「크리스천투데이」. 2009/11/2.
http://www.christiantoday.co.kr/view.htm?id=205067

임성수. "최삼경 목사의 월경잉태론, 기독교 근본 흔드는 이단". 「크리스천 투데이」. 2010/4/10.
http://www.christiantoday.co.kr/view.htm?id=207910

임성수. "최삼경 '월경잉태론', 임원회서 특별위 구성해 처리키로". 「크리스천투데 이」. 2010/9/9.
http://www.christiantoday.co.kr/view.htm?code=cg&id=240733

임성수. "최삼경 목사의 삼신론과 월경잉태론 조사보고서". 「크리스천투데 이」. 2011/11/24.
http://www.christiantoday.co.kr/view.htm?id=251769

임성수. "최삼경 삼신론·월경론 비호하면 이단옹호자 규정". 「크리스천투데 이」. 2011/12/20.
http://www.christiantoday.co.kr/view.htm?id=252393

장경덕. "박윤식씨 이단 시비의 핵심". 「교회와신앙」. 2005/6/30.
http://www.amennews.com/news/articleView.html?idxno=5549

장경덕. "평강제일교회 가입 절대 안 된다". 「교회와신앙」. 2005/6/ 30.
http://www.amennews.com/news/articleView.html?idxno=5548

장경덕. "총신신대원 원우회 "조기 달고 수업"". 「교회와신앙」. 2005/9/1.
http://www.amennews.com/news/articleView.html?idxno=5832

장경덕. "총대들이여, '평강제일' 영입 거부하라". 「교회와신앙」. 2005/9/12.
http://www.amennews.com/news/articleView.html?idxno=5879

장경덕. "합동, 서북노회 제명 헌의 사과 받고 무마". 「교회와신앙」. 2006/9/23.
http://www.amennews.com/news/articleView.html?idxno=7215

장경덕. "합동 "'최삼경 삼위일체론' 이단성 없다"". 「교회와신앙」. 2006/9/23.
http://www.amennews.com/news/articleView.html?idxno=7213

장경덕. "'이단 박윤식 옹호' 이정환 목사의 이단성(1)". 「교회와신앙」. 2010/10/4.
http://www.amennews.com/news/articleView.html?idxno=10679

장경덕. "통합측, 최삼경·이정환 목사 '월경잉태론' 시비 종결". 「교회와신앙」. 2010/10/13.
http://www.amennews.com/news/articleView.html?idxno=11590

장경덕. "'이단 박윤식 옹호' 이정환 목사의 이단성(3)". 2010/10/13.
http://www.amennews.com/news/articleView.html?idxno=10703

장경덕. "이광선 목사 체제 한기총 '이대위 해체' 결의". 「교회와신앙」. 2010/12/22.
http://www.amennews.com/news/articleView.html?idxno=10883

장경덕. "저번은 박윤식 이번은 다락방 다음은 신천지냐?". 「교회와신앙」. 2011/5/6.
http://www.amennews.com/news/articleView.html?idxno=11223

장경덕. "다락방 영입 개혁측의 한기총 가입을 무효화하라". 「교회와신앙」. 2011/10/6.
http://www.amennews.com/news/articleView.html?idxno=11578

장경덕. "한기총은 다락방+개혁 교단의 회원자격 박탈하라". 「교회와신앙」. 2011/12/13.
http://www.amennews.com/news/articleView.html?idxno=11715

장경덕. "한기총, 한장총 이대위 5인 이단옹호자 규정". 「교회와신앙」. 2012/7/19.
http://www.amennews.com/news/articleView.html?idxno=12196

장경덕. "합신측, "최삼경 목사는 삼신론자도 월경잉태론자도 아니다"". 「교회와신앙」. 2012/9/2.
http://www.amennews.com/news/articleView.html?idxno=12283

장경덕. "전도관 박태선 교주와 박윤식 씨의 '피' 사상". 「교회와신앙」. 2013/7/31.
http://www.amennews.com/news/articleView.html?idxno=12762

장경덕. "[영상] 신천지유사 김풍일씨 한기총 가입?…'이단성 여전' 확인①". 「교회와신앙」. 2013/9/24.
http://www.amennews.com/news/articleView.html?idxno=12842

장경덕. "[영상] 김풍일 씨, "영생하려면 '왕포도 말씀' 먹어야"". 「교회와신앙」. 2013/9/26.
http://www.amennews.com/news/articleView.html?idxno=12847

장경덕. "홍재철 목사(한기총 대표자)의 박윤식 이단 해제를 보고". 「교회와
   신앙」. 2014/1/1.
   http://www.amennews.com/news/articleView.html?idxno=12987
장경덕. "평강제일교회 박윤식 씨, 드디어 한기총 회원되다". 「교회와신
   앙」. 2014/1/14.
   http://www.amennews.com/news/articleView.html?idxno=12992
장경덕. "〔영상〕'월경잉태' 용어 최초 사용자는 박윤식 씨". 「교회와신
   앙」. 2014/1/24.
   http://www.amennews.com/news/articleView.html?idxno=13005
정주채. "홍재철 목사, 평강제일교회와 새 '교단' 만들었다". 「코람데오닷컴」. 2014/3/10.
   http://www.kscoramdeo.com/news/articleView.html?idxno=7014
최삼규. "1,200만 한국교회 성도님들께 드리는 글". 『국민일보』,
   2012/12/21. 40쪽.
합신. "'마리아 월경잉태설' 주장에 대한 비판". 「기독교개혁신보」 2010/5/1.
합신. "'성령으로 잉태하사'의 개혁신학적 관점" 「기독교개혁신보」 2010/5/1.
황규학. "최삼경목사는 왜 신종 이단인가?". 『법과교회』. 2010/3/11.
   http://www.lawnchurch.com/sub_read.html?uid=2300&section=sc50&section2=
황규학. "월경잉태설은 이단사상이다". 『법과교회』. 2010/3/29.
   http://www.lawnchurch.com/sub_read.html?uid=1645&section=sc55&section2=
황규학. "최삼경 이론은 '통일교 피가름'이론". 「법과교회」. 2014/7/20.
   http://www.lawnchurch.com/sub_read.html?uid=4306&section=sc82&section2=
moyumoyu. "사랑스럽고 신기한 태아 성장과정을 알아보아요".『플로라 수
   유축기』. 2012/7/18.
   http://blog.naver.com/moyumoyu?Redirect=Log&logNo=90147767931

"너희는 이 세대를 본받지 말고 오직 마음을 새롭게 함으로
변화를 받아 하나님의 선하시고 기뻐하시고 온전하신
뜻이 무엇인지 분별하도록 하라"(롬12:2)

<한국교회를 강타한>
월경잉태설 논쟁, 무엇이 문제인가?

....

2015년 5월 7일 초판 발행
출 판 사 : 바른말씀
저　　자 : 한창덕
발 행 인 : 한창덕
표　　지 : 엄지명
주　　소 : 경기도 부천시 소사구 소사본동 232-41
등　　록 : 130-92-66384
전　　화 : 070- 7351- 2315
　　　　　 010- 2352- 5651
연 락 처 : E-mail : zhfkaepo@naver.com
가　　격 : 17,000 원

책에 대해 질문이 있으신 분은 네이버에 있는 아래의 카페에
가입 하셔서 문의 하시면 언제든지 답변하여 드리겠습니다.
이단문제상담실(http://cafe.naver.com/cultcounsel.cafe)

....

ISBN : 978-89-967870-3-7